AF266766

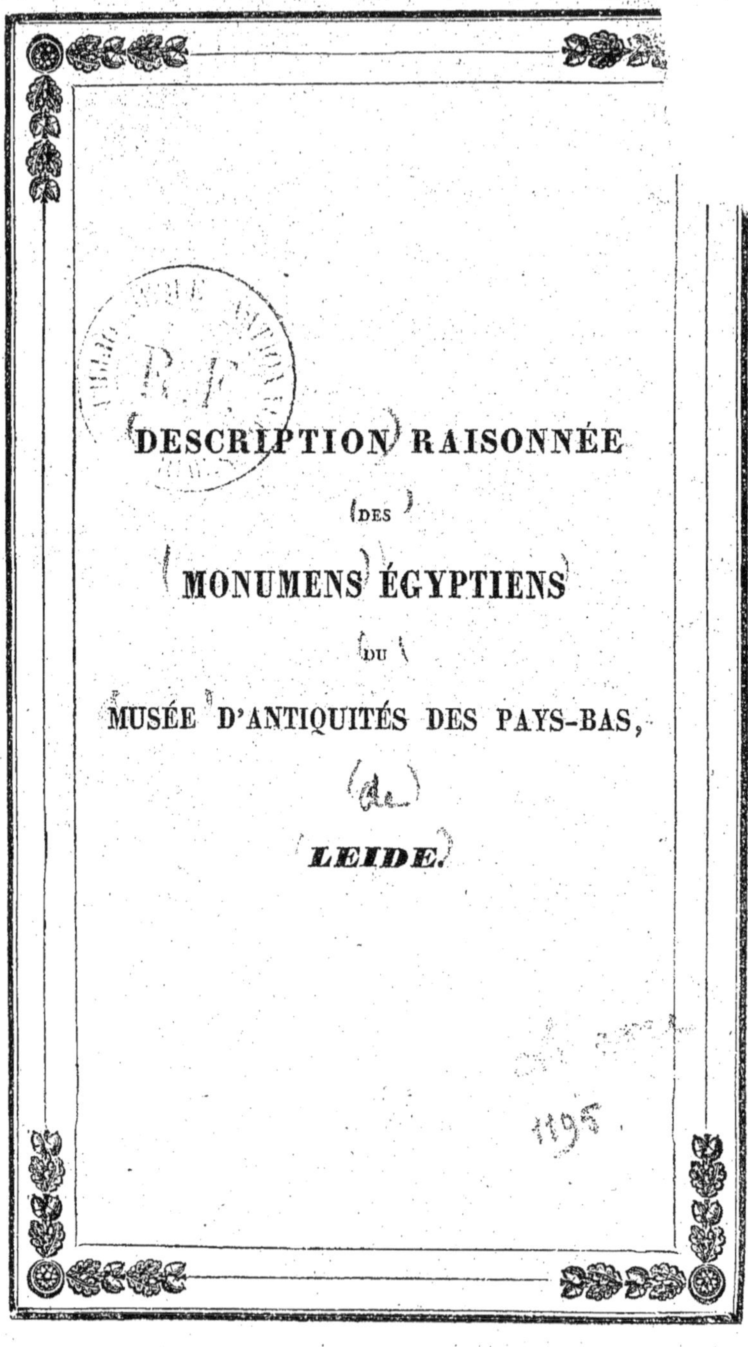

DESCRIPTION RAISONNÉE

DES

MONUMENS ÉGYPTIENS

DU

MUSÉE D'ANTIQUITÉS DES PAYS-BAS,

DE

LEIDE.

DESCRIPTION RAISONNÉE

DES

MONUMENS ÉGYPTIENS

DU

MUSÉE D'ANTIQUITÉS DES PAYS-BAS,

À

LEIDE.

La demeure d'Amon est Thèbes – p. 151

Couleurs – p. 168

Osiris – Socar – p. 179.

Osiris – 534, 641, 652, 1045, 1323

Horus – Amon – 888

Anubis – 1057

19
___
124
___
438 – Aahmès
___
229
384
___
10 – Osiris ⌣ 𓀭 = Chons – neb – Onch – p. 178
___
6 – Dohmes ⚏ p. 184 Cartes :

    p. 304 , n°. 19

DESCRIPTION RAISONNÉE

DES

MONUMENS ÉGYPTIENS

DU

MUSÉE D'ANTIQUITÉS DES PAYS-BAS,

À

LEIDE,

PAR

Le Dr. C. LEEMANS,

DIRECTEUR DU MUSÉE,

MEMBRE DE LA SOC. ROYALE DES ANTIQQ. ET DE LA SOC. NUMISM. A LONDRES; DE LA
SOC. ROYALE DES ANTIQQ. DU NORD A COPENHAGUE; DE L'INSTIT. DE CORRESPOND.
ARCHÉOL. A ROME; DE LA SOC. ARCHÉOL. D'ATHÈNES; CORRESPOND. DE LA SOC.
ARCHÉOL. DE HALLE; DE LA SOC. DES SCIENCES A BATAVIA, ETC.

Leide,

CHEZ H. W. HAZENBERG ET COMP., LIBRAIRES, BREEDESTRAAT.

Londres,	**Leipzic,**
CHEZ BLACK ET ARMSTRONG,	CHEZ T. O. WEIGEL,
2, Tavist. str. Cov. Grd.	**Florence,**
Paris,	CHEZ G. P. VIEUSSEUX.
CHEZ LA VEUVE DONDEY DUPRÉ,	**St. Petersbourg,**
Rue Vivienne, 2.	CHEZ SCHWETSCKE.
CHEZ BROCKHAUS ET AVENARIUS,	**Moscou,**
Rue Richelieu, 60.	CHEZ OELSNER.
Copenhague,	
CHEZ F. BRUMMER,	

1840.

A

SON EXCELLENCE

LE LIEUTENANT GÉNÉRAL

BARON H. MERKUS DE KOCK,

GRAND CROIX DE L'ORDRE MILITAIRE DE GUILLAUME,

MINISTRE POUR LES AFFAIRES DE L'INTÉRIEUR.

Monsieur le Baron,

En m'accordant la permission de Vous faire hommage de mon travail, Vous m'avez donné un nouvel encouragement dans mes études archéologiques. Je saisis cette occasion avec empressement, pour reconnaître en public, combien le Musée, dont la direction m'est confiée, est redevable à Votre protection; combien je me sens obligé à redoubler de zèle, et à faire tous mes efforts, pour que je puisse dignement répondre à la bienveillance et à l'approbation, dont Vous avez bien voulu m'honorer.

*Daignez , Monsieur le Baron, agréer les as-
surances réitérées de ma profonde et sincère re-
connaissance , ainsi que du dévouement respec-
tueux , avec lesquels j'ai l'honneur d'être ,*

Monsieur le Baron ,

*Votre très-humble et très-obéissant
serviteur ,*

C. LEEMANS.

PRÉFACE.

La plupart des Monumens Egyptiens du Musée ont fait partie de trois collections entières, acquises pour le compte du Gouvernement des Pays-Bas. La première de ces collections, ayant appartenu à M. DE L'ESCLUZE, fut vendue à Anvers en 1826; la seconde fut achetée de la Dame MARIA CIMBA à Livourne dans la même année; et la troisième, la plus grande et la plus intéressante, rassemblée par M. le Chevalier D'ANASTASY, Consul général du Danemarc à Alexandrie, devint en 1828 la propriété du Gouvernement, qui en fit l'acquisition à Livourne par l'intermédiaire de feu M. le Lt. Colonel HUMBERT. Nous devons plusieurs autres objets, achetés soit à Tunis soit en Italie, au zèle infatigable de ce même officier, aux soins assidus de feu M. le Professeur REUVENS, Directeur du Musée, et à la protection éclairée d'un Gouvernement qui aime à encourager et à protéger les arts et les sciences. Quelques achats partiels, à l'occasion des ventes des collections SALT en 1825 et D'ATHA-NASI en 1837 à Londres, ont contribué à augmenter les trésors des antiquités Égyptiennes, et à assurer au Musée des Pays-Bas une place distinguée parmi ceux du premier rang.

Ce ne fut qu'après la mort de M. REUVENS en 1835, qu'on trouva l'occasion d'acquérir un édifice assez grand pour y placer et exposer les monumens. Dès que ce local eut subi les changemens et les réparations nécessaires, les monumens y furent transportés; et les quatre salles (II—V) des monumens *Égyptiens* furent ouvertes au public dans l'été de 1838. Celles des antiquités *Asiatiques*, *Américaines*, et des monumens sépulcraux *Grecs*, *Étrusques*, *Romains* et *Germaniques* (I, VI et VII) ont été ouvertes dans le commencement de l'année suivante. L'arrangement et l'exposition de tous ces objets, ainsi que la publication de la première Livraison des *Monumens Égyptiens*, nous empêchèrent d'abord de travailler au catalogue, de la rédaction duquel nous ne pouvions nous occuper avant l'automne de l'année passée. Ceux qui ont fait l'expérience des soins que l'arrangement d'un Musée si riche et si vaste exige, voudront bien excuser, que ce catalogue, n'ait pas été publié plutôt.

Nous avons suivi la division en trois grandes parties, adoptée par M. CHAMPOLLION dans sa *No-*

tice descriptive des monumens Égyptiens du Musée CHARLES X. La première partie contient les *mo-numens de la religion et du culte public ou privé,* la seconde *ceux de la vie civile,* et la troisiéme les *monumens funéraires.* Si nous nous sommes éloignés quelquefois de l'exemple de l'illustre hiérogrammate, il faudra l'attribuer, soit aux découvertes des douze dernières années, soit à la richesse de notre collection. Au reste nous avons donné raison de notre arrangement systé-matique dans les courtes introductions, placées à la tête des sections. Dans la seconde et la troisième des sections de la IIe Partie de sa *No-tice,* M. CHAMPOLLION avait réuni tous les monu-mens portant des cartouches de Pharaons Égyp-tiens, et cette disposition en rappellant les noms des souverains de l'Égypte dans leur ordre chro-nologique, est d'une grande utilité par l'étude de l'histoire; mais nous ne pouvions suivre cet ar-rangement, sans nous éloigner trop du système que nous avions adopté. L'index des noms royaux, ajouté à la fin du catalogue, pourra peut-être satisfaire aux savans qui désirent savoir quel-les lumières nos monumens peuvent leur faire attendre pour leurs études historiques.

Les inventaires, et les autres documens joints aux objets, indiquent quelquefois l'endroit, où les monumens furent trouvés; dans ces cas nous avons ajouté une telle indication à nos descrip-

tions. De même nous avons cru rendre un service
à nos lecteurs par l'addition des dimensions des
principaux objets. Nous aurions pu entrer dans
des descriptions plus détaillées, et plusieurs arti-
cles paraissaient réclamer des observations archéologiques ou philologiques; mais nous avons dû
nous prescrire des bornes, pour que le prix de
l'ouvrage ne fût pas trop augmenté; et plus heureux que M. CHAMPOLLION, lors de la publication
de sa *Notice*, nous pouvons renvoyer nos lecteurs
aux ouvrages publiés depuis ce temps sur les monumens de l'Égypte, par M. ROSELLINI, *I monumenti dell' Egitto et della Nubia*, par M. WILKIN-
SON, *Topography of Thebes* (1835) et *Manners
and customs of the ancient Egyptians* (1837); pour
ce qui concerne l'embaumement des momies on
peut consulter l'ouvrage de M. PETTIGREW, *History
of Egyptian mummies* (1834).

Il nous reste de prier les savans de vouloir par-
donner les défauts, dont notre travail ne sera
nullement exempt. Nous espérons profiter de
leurs observations pour une seconde édition de
l'ouvrage.

Leide, ce 28 Avril 1840.

NB.

1. Nous avons marqué chaque section d'une lettre majuscule ; cette lettre est répétée devant les numéros de ces différentes sections, et placée à la tête de chaque page.
2. Les monumens dont les numéros sont marqués d'un astérisque (*) sont placés dans la IIe salle du rez-de chaussée.
3. Les objets en *or* ou en *argent*, les *bijoux* et *objets de parure*, les *ornemens*, les *amulettes*, quelques *sceaux*, les *scarabées*, les *pectoraux* et quelques *MSS.* sont exposés dans des montres.

EXPLICATION DE QUELQUE TERMES.

Androcéphale	à tête d'homme.
Basilicogrammate	Scribe royal.
Calasiris	longue tunique.
Claft	sorte de *coiffure*.
Criocéphale	à tête de bélier.
Crocodilocéphale	à tête de crocodile.
Cynocéphale	Singe.

Hiérogrammate	Saint-scribe.
Ibiocéphale	à tête d'Ibis.
Léontocéphale	a tête de lion.
Monolithe	fait d'une seule pière.
Osh	Sorte de *Collet* qui orne la poitrine.
Otf	Sorte de *Coiffure* ornée des *cornes de bouc*.
Pschent	Sorte de *Coiffure* composée de deux différentes parties.
Ptérophore	Ailé.
Schenti	Courte tunique.
Uréocéphale	à tête d'uréus.

TABLE DES MATIÈRES.

<hr>

Iᵉ PARTIE.

MONUMENS DE LA RELIGION ET DU CULTE PUBLIC OU PRIVÉ.

<hr>

IIᵉ PARTIE.

MONUMENS CIVILS.

IIIᵉ PARTIE.

MONUMENS FUNÉRAIRES.

RÉCAPUTILATION.

La Section A contient 1472 numéros.

B	»	1920	»
C	»	67	»
D	»	167	»
E	»	30	»
	»	1	»
F	»	94	»
	»	2	»
G	»	1692	»
	»	92	»
H	»	593	»
I	»	661	»
K	»	17	»
L	»	9	»
M	»	103	»
N	»	46	»
O	»	193	»
P	»	580	»
Q	»	11	»
R	»	102	»
S	»	4	»
T	»	79	»
U	»	34	»
V	»	134	»
W	»	21	»
X	»	4	»
Y	»	14	»

Total 8142 numéros.

MONUMENS ÉGYPTIENS.

(SALLES III–V DU MUSÉE.)

I.

MONUMENS DE LA RELIGION ET DU
CULTE PUBLIC ET PRIVÉ.

A. Images de divinités.

Dans la théosophie Égyptienne il n'y avait qu'un seul
Être suprême ; mais les manifestations de cet Être et ses
développemens, présentés sous différentes formes à la vé-
nération des hommes, firent bientôt naître autant de divinités, et la doctrine d'un seul Dieu dégénéra en un
polythéisme, au milieu d'un peuple, qui ne pouvait
s'imaginer une divinité que sous une forme visible. —
Cet Être suprême, A m o n, ou A m o n - R a, avec son dé-
ployement, le principe générateur femelle, N e i t h, occupe donc la première place dans la section des divinités
Égyptiennes. Nous avons tâché de faire suivre les autres
divinités autant que possible dans le rang, que chacune
tenait dans le système théogonique du peuple ; mais ce
système lui-même n'est pas encore assez connu, pour que
nous puissions considérer cette classification comme arrê-
tée. Nous savons par les auteurs Grecs, qui dans ce cas
ne sont pas réfutés par les monumens, que les Égyptiens
eurent d'abord une *ogdoade*, composée de huit divinités,

1

ensuite une *dodécade* ou série de douze dieux, et enfin un troisième ordre ou émanation composée, selon les uns de dix, selon les autres de trois cent soixante dieux, plus cinq autres, nés pendant les épagomènes. Mais jusqu'à-présent il a été impossible de savoir à quel des trois ordres chacune des divinités appartient. Cette question une fois décidée, l'on ne pourra suivre une meilleure classification que celle de ces trois ordres.

Toutes les images de divinités, indiquées dans cette section, à l'exception du n. A* 93, paraissent avoir servi pour un culte privé, ou avoir été portées comme amulettes. Cette destination est prouvée par la forme et la matière de ces objets, mais surtout par les inscriptions sur les bases etc., et les bélières, dont plusieurs des statuettes en *bronze*, et presque toutes en *terre émaillée* sont munies. Comme la figure de la divinité est la représentation principale sur ces amulettes, nous avons placé ces derniers dans cette section, pour compléter ainsi autant que possible la série des dieux. Une même raison nous a fait décrire les *égides*, ou images d'*égides*, à la suite des divinités, dont elles nous offrent la tête, mais il nous a paru utile d'exposer ces monumens mêmes dans la série des *armes*, des *insignes militaires*, etc.

Les images des *divinités Grecques, Romaines, Chrétiennes* et *Gnostiques*, dont la description vient à la fin de cette section, sont trouvées en Égypte; ou elles offrent dans leurs attributs, leurs ornemens symboliques, et la manière de la représentation, des rapports plus ou moins directs avec les divinités *Égyptiennes*.

§ 1. Divinités égyptiennes.

A. 1. *Bronze*. Amon-Chnouphis à double tête; l'une, humaine d'Amon-Ra, est surmontée de la coiffure *otf*; l'autre tête, du bélier de Nou, Noum, Nouf, Chnouphis, une des formes d'Amon-Ra, surmontée du *disque* avec l'*uréus* au milieu. — *Haut.* 0.15.

A. **2-14.** *Bronze* et *terre émaillée.* 13 images d'Amon-Ra le roi des dieux, la tête ornée ou ayant été ornée d'une coiffure surmontée du *disque* et de deux longues *plumes* ou *palmes.* Les plumes du n. 3 ont été incrustées jadis de diverses couleurs.

15-23. *Bronze, talc* et *terre émaillée.* Amon *générateur,* nommé Har-Saf, ayant la tête surmontée de la coiffure d'Amon-Ra, et élevant de sa main droite un *fléau.*

24-26. *Bronze.* Trois Égides ou enseignes avec les têtes d'Amon-Ra et de Neith Bubastis *léontocéphale.* La tête d'Amon-Ra surmontée du *disque* avec les deux *plumes ;* celle de Neith ornée du *disque* avec l'*uréus.*

27-30. *Bronze* et *terre émaillée.* Neith Thermouthis (*la grande mère*) première émanation d'Amon-Ra, debout, la tête coiffée du *pschent.*

31. *Or.* La même déesse.

32, 33. *Terre émaillée.* Égides de Neith Thermouthis.

34, 35. *Bronze.* Neith debout, coiffée de la partie inférieure du *pschent.*

36-52. *Terre émaillée.* La même déesse.

53. *Bronze.* La même déesse assise sur un trône, entre les ailes du *vautour,* emblème de la *maternité ;* les pieds mis sur un marchepied, qui porte le nom hiéroglyphique de Mouth. L'inscription gravée sur la base est illisible; mais on y distingue encore le nom de Neith. Parmi les gravures sur le trône on voit un Pharaon faisant une offrande de deux petits vases. Le cartouche porte le prénom Ré-Nofre-Hèt, de Psamétichus I, de la XXVIᵉ dynastie.

54. *Bois.* La même déesse accroupie, et habillée d'un vêtement, qui ne laisse sortir que la tête.

55, 56. *Bronze.* Têtes de la même déesse.

57. *Bronze.* Égide de Neith. La tête de la déesse est flanquée de deux *uréus,* coiffés des deux différentes parties du *pschent* (la coiffure de l'un manque). Ces deux *uréus* sont dressés, l'un sur la partie antérieure d'un *lion,* l'autre sur celle d'un *lion hiéracocéphale.* Sur le contre-

poids de l'égide sont sculptées: 1º. les figures de Neith
Thermouthis et d'Isis, au-dessus de l'hiéroglyphe de
dominion, et un *scarabée* planant au-dessus de leurs têtes; 2º. un homme adorant Harsiesi, coiffé du *pschent*,
et Isis. Les trois colonnes verticales d'hiéroglyphes,
sur le derrière de l'égide sont peu lisibles.

A. 58. *Bronze.* Chnouphis, (Nou, Nouf, Noum dans les inscriptions hiérogll.) à double tête, de *bélier* et de *schacal*;
coiffé de l'*otf*, agenouillé; avec deux serpens dans les
mains. Un *uréus* dressé derrière le dieu, l'embrasse de
ses deux ailes.

59-87. *Terre émaillée.* 29 images du même dieu à
tête de *bélier*; le Jupiter Ammon des Grecs et des
Romains.

88. *Terre émaillée.* Égide du même dieu, la tête surmontée du *disque*.

89. *Bronze.* Égide du même dieu, la tête surmontée
de la coiffure *otf*.

90. *Bronze.* La déesse Anouké, la compagne de Chnouphis, l'Hestia des Grecs, debout, la tête surmontée
d'une coiffure de *feuilles* ou de *palmes*, et ornée du *disque*. Elle élève sa gauche à l'hauteur de l'épaule, et
tient la droite devant la poitrine, comme si elle avait
porté quelque instrument de musique dans les mains.

91. *Pierre calcaire.* Image de la même déesse gravée
à trait; coiffée de quatre *plumes* ou *feuilles*, et élevant
dans ses mains des *bandages* funéraires.

92. *Bois peint et doré.* Tête symbolique de la même
déesse, sur un piédestal à forme d'un tronc d'arbre. La
tête à oreilles de *vache* et avec les yeux incrustés en
verre, porte un *modius*, dans lequel les *feuilles* ou *plumes* ont été placées.

*93. *Basalte vert.* Grande statue du dieu Phtah, enveloppé dans un vêtement très-étroit, qui va du cou jusqu'au-dessous de la plante des pieds. La tête du dieu,
qui manque à cette statue, est ordinairement travaillée
avec beaucoup de soin, et couverte d'une coiffure très

simple, qui se modèle sur tout son contour. Dans les mains, qui sortent du vêtement, il tient devant sa poitrine, le *sceptre des dieux* et les emblèmes de *la vie* et de *la stabilité*. La statue est adossée contre un obélisque. L'inscription hiéroglyphique doit avoir été sculptée sur la partie de la base qui manque. — *H*. 1.40.

A. 94-105. *Bronze, terre émaillée et bois.* 12 images du même dieu.

106. *Terre émaillée.* Tête du même dieu.

107, 108. *Bronze.* Base et fragment de base avec un escalier de six gradins; ayant probablement servi pour des statues du même dieu.

109, 110. *Or et argent doré.* Deux plaques, avec l'image en relief de ce même dieu.

111-174. *Bois, bronze, terre émaillée, schiste, cornaline.* Phtah, *Pataeque*, figuré sous la forme d'un nain ou pygmée défiguré, entièrement nu, l'Héphaestus des Grecs et le Vulcain des Romains.

175. *Or.* Phtah, *Pataeque*, enfant.

176. *Terre émaillée.* Tête du même dieu.

177-179. *Terre émaillée.* Le même dieu, mais portant sur la tête la figure en relief du *scarabée*, emblème de la *génération* et du *monde matériel*.

180-185. *Terre émaillée.* Le même dieu à double face avec le *scarabée* sur la tête.

186, 187. *Terre émaillée.* Le même dieu debout sur les têtes de deux *crocodiles*; sur chaque épaule un *épervier*. Dans ses mains il tient deux serpens. Sur le derrière de ces statues on a figuré la déesse Hathor *ptérophore*; sur les deux côtés les déesses Isis et Nephthys.

188. *Terre émaillée.* Le même dieu, les pieds placés sur les têtes de deux *crocodiles*; la tête ornée de cheveux, et surmontée d'une coiffure symbolique, composée des cornes du *belier*, avec les tiges de *fleurs* liées ensemble, et flanquées de deux *uréus*. La partie postérieure nous offre l'image d'Hathor *ptérophore*, et l'inscription Phtah *le vivificateur*.

A. 189. *Terre émaillée*. Le même dieu, avec les pieds sur les têtes de deux *crocodiles;* le dessus de la tête ornée d'un *scarabée*, un *épervier* sur chaque épaule; il tient des *serpens* dans ses mains. La partie postérieure représente Hathor *ptérophore*, enveloppant le dieu de ses ailes.

190, 191. *Terre émaillée*. Le même dieu avec le *scarabée* sur la tête, debout sur les têtes de deux *crocodiles*. Une tresse de cheveux nattée en forme d'anse orne le côté droit de la tête.

192-201. *Bronze* et *terre émaillée*. La déesse Mérepthah-Pascht, (Bubastis) une des formes de Neith ou de Thermouthis, *léontocéphale*, debout, la tête surmontée du *disque* avec l'*uréus*. Une de ces statues, le n. 194, tient dans les mains deux instrumens (des *sistres?*).

202-208. *Terre émaillée*. La même déesse debout, les nn. 202-205 avec le sceptre des déesses dans la main gauche; mais sans *disque* sur la tête.

209-213. *Terre émaillée*. Images de la même déesse debout, vues de profil et travaillées en relief.

214-228. *Terre émaillée*. La même déesse assise sur un trône, qui dans le n. 214 est travaillé à jour. Les mains de la déesse reposent sur les genoux; quelques images tiennent le sceptre à calice de *lotus*, le n. 223 tient le sceptre et un *sistre*. Les cinq derniers numeros nous offrent son image en relief, vue de profil.

229. *Terre émaillée*. La même déesse debout, la tête surmontée d'un *uréus* dressé. Elle tient dans sa gauche le sceptre divin surmonté des deux *feuilles* ou *palmes*, emblème de Nofre Atmou.

230, 231. *Terre émaillée*. La même déesse coiffée du *pschent;* l'une des figurines est assise, l'autre debout.

232. *Bronze*. La même déesse à tête de *chatte*, assise sur un trône.

233. *Bronze*. La même déesse debout, à tête de *chatte*, avec une égide à tête de *lion*, surmontée du *disque*, qu'elle tient devant la poitrine.

A. 234. *Bronze.* La même déesse, mais l'égide ornée de la tête d'une *chatte*, dans la gauche un *vase ;* dans la droite un *sistre.*

235-237. *Bronze.* Égides de la même déesse, la tête de *lion* surmontée du *disque,* avec l'*uréus ;* les deux bouts de l'égide ornés d'une tête d'*épervier ;* dans le n. 237 le disque manque.

238. *Argent.* Égide de la même déesse à tête de *lion,* sur le devant on a figuré à trait l'*oeil mystique* entre deux *chattes.*

239, 240. *Terre émaillée.* Égides de la même déesse *léontocéphale,* le n. 240 sans disque.

241. *Terre émaillée.* Égide de la même déesse *léontocéphale,* coiffée du *pschent.*

242-256. *Bronze* et *terre émaillée.* Le dieu Chons, fils de Neith Thermouthis, enveloppé jusque sous la plante des pieds, par un vêtement fort étroit; il porte un *casque,* qui se modèle, comme celle de Phtah, sur tous les contours de la tête; le côté droit de la tête est orné d'une tresse de cheveux nattée en forme d'une anse; le casque est surmonté du *croissant* et du *disque* combinés; dans ses mains, qui sortent du vêtement, il tient le *fléau,* la *crosse,* le *sceptre divin* et l'*autel à quatre bases.* — *Le n. 242 a une hauteur de 0.31.*

257. *Argent.* Le même dieu, enfant, assis.

258. *Terre émailllée.* Le même dieu, enfant, assis sur un calice de *lotus* et portant l'index de la main gauche sur la bouche.

259. *Bronze.* Le même dieu *hiéracocéphale,* la tête surmontée du *disque* et du *croissant,* combinés avec l'*uréus.*

260-267. *Bronze, terre émaillée de diverses nuances.* Le dieu Hobs, nourrisson de Mérepthah-Pascht, *léontocéphale,* coiffé de la partie supérieure du *pschent,* flanquée de deux *plumes d'autruche.*

268-271. *Bronze.* Imôtp (imouth), fils de Phtah et de Pascht, assis, vêtu d'un habit très-serré, qui va du milieu du corps jusqu'aux pieds, et coiffé d'un casque semblable à celle de P h t a h. Il tient sur ses genoux un volume de papyrus déployé. Le nom du dieu se lit sur la base d'une de ces statuettes, et sur le papyrus la phrase: I m ô t p, *fils de* P h t a h.

A. 272, 273. *Bronze, terre émaillée.* Dieu à tête de *couleuvre*, l'un des enfans ou des parèdres de P a s c h t - M é - r é p h t a h. L'une de ces figures soutient la tête avec ses mains.

274. *Or.* Plaque avec l'image en relief de la déesse Hathôr ou Athôr, la V é n u s des Égyptiens.

275-283. *Bronze, terre émaillée.* Têtes de la même déesse, avec les oreilles de *vache*, la coiffure surmontée d'une corniche ornée d'*uréus*, et ayant supporté jadis un petit édifice symbolique. La première de ces têtes (275) est flanquée de deux *uréus* dressés, dont l'un porte la partie inférieure, l'autre la partie supérieure du *pschent.* Quelques unes sont à double face.

284. *Or.* Tête de la même déesse.

285-315. *Terre émaillée, bois, bois doré.* Le dieu Phré, Ré ou Ra, le S o l e i l fils de P h t a h, *hiéracocéphale*, la tête surmontée du *disque* avec l'*uréus*.

316. *Terre cuite.* Le même dieu, enfant, assis sur la fleur épanouie de *lotus*.

317, 318. *Bronze* et *terre glaise*. Le dieu Month, (Mandou, Mandoúli) l'une des formes de Phré, *hiéracocéphale*. La coiffure, composée du *disque* avec les deux longues *palmes*, manque.

319. *Argent*. Le dieu Nofre-Tmou, nofre-Atmou, fils de P h t a h et de P a s c h t. La tête surmontée d'un calice de *lotus* épanoui, d'où sortent deux longues *palmes*, la fleur de lotus flanquée de deux *contrepoids de collier*. — *H.* 0.175.

320-343. *Bronze, terre émaillée.* Images du même dieu plus ou moins complètes.

344. *Terre émaillée.* Le même dieu, debout sur un *lion*, le dos contre un pilier ou un obélisque.

345. *Terre émaillée.* Le même dieu adossé contre un

obélisque; avec une inscription hiéroglyphique, dans laquelle Nofre-Tmou est prié *d'accorder une vie durable à Horus, fils de Ré-ha-hèt.* Ce dernier nom, semblable au prénom du Pharaon Psamétichus II, rapporte la statuette au temps de la XXVIe dynastie.

A. 346. *Bronze, avec incrustations en argent.* Coiffure de Nofre-Tmou.

347-398. *Terre émaillée,* etc. Le dieu Mou, Moui, fils de Phré, la tête surmontée du *disque,* les bras élevés pour soutenir le ciel. Parmi ces figurines on remarque plusieurs d'une première beauté.

399-406. *Lapis lazuli, terre émaillée.* La déesse Mé ou Tmé, fille de Phré, déesse de la *justice* et de la *vérité,* accroupie, la tête surmontée de la *plume d'autruche,* les bras et les mains enveloppés par le vêtement, qui recouvre le corps entier.

407-421. *Lapis lazuli, terre émaillée.* La déesse Selk, la coiffure surmontée d'un *scorpion* avec la queue dressée; divinité protectrice de la ville de Pselcis en Nubie.

422. *Pierre calcaire.* Image en relief de la déesse Netpé ou netphé, l'une des formes de Neith, l'épouse de Sèb ou Sèv, la mère des dieux de la troisième classe. Elle est représentée agenouillée, la tête surmontée du *disque* avec la *plume d'autruche,* tenant dans ses mains élevées deux *plumes d'autruche.*

423. *Bois.* Le dieu Noubti, à tête de *griffon,* le fils de Netpé, protecteur des guerriers et des exercices militaires. Il est assis sur un trône, vêtu de la courte tunique, nommée *schenti,* et orné de la coiffure ordinaire des hommes. Les mains reposent sur les genoux; dans sa gauche il tient l'emblème de la *vie divine.* Le trône est placé sur une base, dont l'inscription a beaucoup souffert, mais qui nous offre encore les légendes suivantes: ....de Netpé, *le grand vigilant, celui qui aime Phré.* Autour de la base: *Adoration à Noubti, le fils de Netpé; le grand vigilant, le dieu grand, demeurant au-dessus du ciel, le seigneur de la victoire.* La statuette paraît

être dédiée par un homme appelé Naschti-Hor ou Horus *le victorieux;* qui probablement fut un chef militaire. — *H. avec la base* 0.185.

> Ce monument est un des plus rares, qui existent; l'image de cette divinité ayant souffert sur presque tous les monumens Égyptiens, d'une mutilation préméditée, il paraît que son culte a été abrogé en Égypte, déjà dans un temps très-ancien. Le travail de notre statue appartient à la plus belle époque de l'art Égyptien, et remonte au moins jusqu'au commencement de la XVIIIe dynastie. Voyez ma *Lettre sur les Monumens Égyptiens etc.* (1), pgg. 84-90, Pl. XVI.

A. 424-526. *Terre émaillée de diverses nuances, pierre etc.* Le *second* Thôth, *ibiocéphale*, inventeur des sciences et des arts, le sécrétaire d'Osiris dans l'Amenti, et compagnon de ce dieu, dans son incarnation sur la terre.

527. *Plâtre* du même dieu.

528. *Bois.* Le même dieu debout dans une barque, dont la proue est ornée d'une tige de *lotus.* La partie inférieure du bec d'*ibis* manque. — *Long. de la barque* 0.33. *H. de la statue* 0.19.

529. *Bronze.* Le même dieu *ibiocéphale*, épanchant l'eau d'un vase qu'il tient dans ses mains, allusion à sa fonction de purifier les âmes.

530. *Or.* Le même dieu, enveloppé comme une momie.

531. *Terre émaillée.* Le dieu Ooh-Thôth, Ioh-Thôth, ou Thôth identifié avec le dieu Lunus, tenant dans sa main l'*oeil mystique.*

532. *Lapis.* Le même dieu, gravé à trait, sur un amulette carré.

533. *Terre émaillée.* Le même dieu, la tête surmontée

---

(1) c. leemans, Lettre à M. f. salvolini, sur les monumens Égyptiens, portant des légendes royales, dans les Musées d'antiquités de Leide, de Londres, etc. avec des observations sur l'hist., la chronol. et la langue hiérogl. des Égyptt. et une Append. sur les mesures de ce peuple. Av. 32 planches. Leide 1838, 8º.

du *croissant* avec le *disque* combinés, et tenant *l'oeil symbolique* dans ses mains.

A. 534, 535. *Bronze.* Osiris *Fent-hem-pamenti, Ouôn-nofre, celui qui réside dans l'Amenti, qui ouvre les biens,* le fils de Sèv et de Netpé, l'incarnation d'Amon-Ra dans le monde terrestre, et le juge des âmes après la mort. Le dieu est enveloppé dans un vêtement, comme une momie; la tête est ornée de la partie supérieure du *pschent,* flanquée de deux *plumes d'autruche.* Il tient les bras croisés sur la poitrine, et porte dans les mains le *fléau* et la *crosse* ou le *sceptre de modérateur.* Ces deux statues remarquables par leur grandeur, ont été couvertes d'un stuc doré, dont les restes sont encore visibles. — *H.* 1.06 *et* 0.92.

536-594. *Bronze.* Le même dieu. Une de ces statuettes a le nom gravé sur la base; quelques autres sont munies d'une bélière.

595-601. *Bois* et *bois doré.* Le même dieu, les yeux incrustés en émail.

602-606. *Basalte.* Le même dieu, adossé contre un obélisque. Sur l'obélisque et autour de la base d'une de ces statues (602) il y a une inscription, contenant une *adoration à·Osiris, afin qu'il accorde une vie durable* etc. *à Ouôn-Amon, le fils de Terker et de Toutou;* et l'indication d'une 40e année.

607. *Talc.* Le même dieu assis sur un trône et adossé contre un obélisque.

608. *Bois.* La tête et la partie supérieure du même dieu, travaillées en relief.

609. *Bronze.* Deux images du même dieu combinées, avec une bélière attachée au dos.

610. *Plâtre* du même dieu.

611. *Bronze.* Tête du même dieu.

612-616. *Bronze.* Le même dieu, la tête surmontée du *disque.*

617. *Bois.* Le même dieu debout sur un *crocodile,* emblème des *ténèbres* et du *temps.*

A. 618, 619. *Cartonnage de toile peint.* Deux statues du même dieu, *phalléphore,* la face peinte en vert. Le cartonnage est couvert de stuc et de bitume, et le corps enveloppé dans des bandages de toile. L'une de ces statues est remplie de sable, l'autre de paille.

620-640. *Bronze.* Le même dieu, mais la coiffure combinée avec les deux *cornes de bouc,* emblème spécial de Phtah-Socari. La base des nn. 620 et 621 porte une inscription hiérogl. avec le nom d'Osiris; dans le n. 621 les yeux sont incrustés en or, quelques unes de ces statues ont des bélières attachées aux cornes ou à la base. — *H. des trois premières* 0.43, 0.345 *et* 0.19.

641-645. *Bronze.* Le même dieu Socar-osiris, mais avec deux *uréus* dressés sur les épaules (641, 644 et 645), ou sur les *cornes* (642, 643) de la coiffure.

645-649. *Bronze.* Le même dieu, mais la coiffure surmontée du *disque.*

650. *Bois doré.* Osiris *hiéracocéphale* coiffé de la partie supérieure du *pschent.* C'est le dieu Osiris identifié avec le Soleil, et dominateur des régions supérieures, enveloppé dans un vêtement fort étroit, qui va jusque sous la plante des pieds, et assis sur un trône avec le dos contre un obélisque, dont l'intérieur peut avoir contenu quelque corps embaumé.

651. *Bronze.* Osiris *Fent-hem-pamenti* debout entre Isis *céleste,* et Horus *hiéracocéphale,* coiffé du *pschent.* La base porte une inscription hiéroglyphique.

652. *Terre émaillée.* Le même dieu entre les quatres *génies des morts* (v. infra 1323-1326) vêtus du *schenti.* Les cinq divinités sont adossées contre une stèle, sur les deux parties latérales de laquelle on a sculpté les images d'Horus *hiéracocéphale,* coiffé du *pschent;* d'Isis, de Thôth *ibiocéphale* et de Nephtys. Au-dessus les deux *schacals* couchés sur un naos. La partie postérieure de la stèle nous offre la barque avec le dieu Thoré, l'une des formes de Phtah, *cantharocéphale,* dans le *disque* du *Soleil;* deux *cynocéphales* adorans et une *grue.* L'inscription

hiérogl., de six lignes, contient une dédication à O s i r i s
Fent-hem-pamenti Ouôn-nofre, et à A n u b i s, pour le
défunt, *le scribe* S c h a r i ou S c h a l i. Sur le dessous de
la base on voit le défunt, sa mère, et deux hommes avec
deux femmes agenouillés.

A. 653-659. *Bronze.* Fragmens de statues du même dieu,
deux grandes plumes, l'une des cornes et autres fragmens
de sa coiffure.

660-669. *Bronze, terre émaillée.* La déesse Isıs, fille
de N e t p é, soeur et épouse d'O s i r i s, incarnation de
N e i t h, debout, la tête coiffée d'un diadème *d'uréus*
dressés, surmonté du *disque* entre les deux *cornes de
vache.*

670, 671. *Bronze, terre émaillée.* Isıs, *Ptérophore*, la
déesse debout avec les longues ailes étendues en avant.

672. *Bronze.* La même déesse, allaitant son fils H o r u s;
assise sur un fauteuil supporté par deux sphinx, dont la
tête est surmontée des deux *cornes de belier*, avec le *disque* et les deux *plumes d'autruche*, (la coiffure ordinaire
de P h t a h - S o c a r i). Le dos du fauteuil est formé par
un *vautour*, travaillé à jour, les ailes étendues, emblème
de la *maternité*, au dessous, le *disque ailé* gravé à trait.
Une petite figure agenouillée se trouve devant les pieds
de la déesse; l'entier est placé sur une grande base. —
H. 0.23.

673-749. *Bronze, basalte, marbre doré, bois, pierre
calcaire et dorée, terre émaillée etc.* La même déesse allaitant son fils H o r u s; dans le n. 675 le petit dieu est
coiffé du *pschent;* sur le dos et la base du n. 707 se
trouve une inscription, dans laquelle I s i s *la divine mère*
est priée *d'accorder la vie* à P s a m é t i c h u s *le fils de*
R é - h a a - h è t. Ce dernier nom est composé des signes
du prénom du Pharaon P s a m é t i c h u s II; le monument appartient donc à la XXVIe dynastie. Le n. 708
porte une inscription d'un individu, *fils de* F a i n o f r e
et de la dame A ï s i ou H o r t i s i; dans les nn. 710, 711
les yeux ont été incrustés; le n. 712, de *terre émaillée*

dorée, porte une inscription sur le dos du trône, et a la tête surmontée du *disque* avec *les cornes* en *bronze*. — *L'hauteur des quatre premières statues est de 0.215 à 0.33; le n. 699 a une hauteur de 0.25.*

A. 750, 751. *Bronze.* Le *disque* entre les *cornes de vache*, coiffure symbolique de la même déesse.

752, 753. *Bronze.* Diadèmes formés *d'uréus* dressés, et surmontés des *cornes de vache;* coiffure symbolique de la même déesse. — *H.* 0.18 et 0.15.

754. *Bronze.* Diadème de la même déesse, formé *d'uréus* dressés.

755. *Bronze.* Grande égide de la même déesse. — *H.* 0.38.

756. *Terre émaillée.* Petite égide de la même déesse.

757-816. *Terre émaillée de diverses nuances, lapis, etc.* Isis *terrestre, la reine de l'Amenti*, debout, la tête surmontée d'un *trône.*

817-828. *Bronze, terre émaillée, etc.* La même déesse assise, et donnant le sein à son fils Horus.

829, 830. *Terre émaillée.* Isis, *terrestre, veuve,* déplorant la mort d'Osiris.

831. *Terre émaillée.* La même déesse agenouillée.

832-878. *Bronze, terre émaillée de diverses nuances, lapis, etc.* La déesse Nephtys ou Nebtéi, la soeur d'Osiris et d'Isis, la tête ornée d'un diadème *d'uréus* dressés, et d'un *petit édifice* avec la *corbeille.*

879. *Or.* Petite plaque avec l'image gravée de la même déesse.

880. *Bronze.* Nephtys *ptérophore.* La déesse debout avec les longues ailes étendues en avant.

881, 882. *Terre émaillée.* Nephtys accroupie et agenouillée, déplorant la mort de son frère Osiris.

883-886. *Bronze.* Horus, le fils d'Osiris et d'Isis, enfant, assis, le corps entièrement nu, la tête couverte d'une calotte ou casque, avec une tresse de cheveux nattée dans la forme d'une anse.

887. *Or.* Horus harpocrate, Horus portant l'index de la main gauche sur les lèvres.

A. 888. *Bronze*. Horamon ou Horus identifié avec Amon, assis, orné de la coiffure d'Amon; les *plumes* avec le *disque*, qui ont surmonté la coiffure, ainsi que la partie inférieure des bras, manquent. — *H.* 0.43.

889. *Bronze*. La même divinité, portant l'index de la main gauche sur les lèvres, Horamon harpocrate.

890. *Bronze*. Haroéri ou Horus *l'aîné*, assis, la tête ornée des *cornes de bouc*, avec trois *faisceaux de tiges de fleurs* réunies, surmontés de trois *disques*, et flanqués de deux *uréus* dressés.

891-893. *Bronze*. Haroeri harpocrate, assis, Haroeri portant l'index de la main gauche sur la bouche.

894. *Terre émaillée*. Le même dieu assis.

895-901. *Bronze*. Horus harpocrate, dominateur des régions supérieures et inférieures, coiffé du *pschent*, debout et assis.

902. *Bronze*. Le même dieu, domininateur des régions inférieures, coiffé de la partie inférieure du *pschent*.

903-910. *Bronze, terre émaillée*. Horus harpocrate debout. — *Les trois premières statues ont une hauteur de* 0.20-0.27.

911-927. *Bronze, terre émaillée, ivoire, agate, cornaline, etc.* Le même dieu assis ou accroupi. — *La première de ces statues a une hauteur de* 0.195.

928. *Terre émaillée*. Le même dieu assis sur un trône.

929. *Bronze*. Le même dieu assis sur un *calice de lotus* (?).

930-954. *Terre émaillée, lapis lazuli, etc.* Horus *hiéracocéphale*, debout.

955-969. *Terre émaillée*. Le même dieu accroupi, enveloppé par un vêtement qui va jusque sous la plante des pieds.

Ces images pourraient encore représenter le quatrième des génies funéraires, v. infra nn. 1397-1418.

970. *Cornaline*. Le même dieu.

971. *Bronze*. Horus ou Haroéri *hiéracocéphale*, dominateur des régions supérieures et inférieures, coiffé du

pschent, et vêtu du *schenti*. Il foule sous ses pieds un *oryx*, dont les jambes sont liées ensemble. L'*uréus* de la coiffure, les contours des yeux, et le collier de cette belle statue sont incrustés et dorés. L'inscription autour de la base porte: qu'*Haroéri accorde une vie durable au chef Petisis, fils de Riro et de la dame Tethor.* — *H.* 0.29.

A. 972-1003. *Terre émaillée, fer, etc.* Le même dieu.

1004. *Lapis lazuli.* Image gravée à trait de la même divinité, tenant dans les mains l'emblème de la *vie* et le *sceptre des dieux.*

1005-1044. *Terre émaillée* et *porcelaine.* Isis *terrestre* et Nephtys donnant la main à Horus enfant, en relief ou gravées à trait sur des petits cippes, munis de bélières.

1045-1055. *Serpentine, pierre, talc, pierre calcaire, bois, etc.* Horus *vainqueur de Typhon.* Monumens en forme de cippes, sur le devant desquels l'image du dieu est représentée en haut-relief. La tête, dont la chevelure est nattée en forme d'anse, est surmontée de la tête de Typhon, coiffée sur quelques uns de ces monumens de cinq *feuilles* ou *plumes.* Il tient dans ses mains quatre *couleuvres*, l'*oryx*, deux *scorpions* et un *lion*, et foule aux pieds deux *crocodiles.* De chaque côté se trouve un *sceptre* à fleur de *lotus*, l'un surmonté de l'*épervier* d'Amon (portant les cornes de *bouc* et les deux *palmes*); l'autre avec les insignes de Nofre-Atmou. Un énorme *serpent*, tenant la queue dans la bouche forme un encadrement elliptique autour du dieu et des crocodilles.

Les cippes eux-mêmes sont chargés sur toutes les faces de figures de divinités et d'inscriptions hiéroglyphiques. Sur la partie antérieure l'on voit Amon-Saph, Isis, Phré, Nephtys, Month, Selk, Sebek, Moui, Tafne, *le lion de* Nofre-Atmou, un *lion* ayant au lieu d'une tête les deux *plumes d'autruche*, une *grenouille* sur une *fleur de lotus*, le crocodile *discophore* de Sebek, l'*oeil symbolique gauche*, etc. Sur le devant de la base: la déesse Isis *céleste* agenouillée au milieu des tiges de lotus, allaitant *le jeune* Horus, Neith, Nephtys, Selk, Hathor et Thôth *ibiocéphale.* — Sur la partie postérieure Amon-Chnouphis *à quatre têtes de bélier dans le disque,* (le Soleil à la 6ᵉ heure), élevé par *deux bras,* et adoré par deux *hommes* et huit *cynocéphales;* 2º. L'*épervier à bras humains,* coiffé du *pschent,* emblème d'Horus, debout sur l'*oryx,* animal consacré à Typhon, Thôth *ibiocéphale,* Horus et l'*épervier* d'Horus, (ces trois derniers la tête surmontée de la coiffure de Socar-Osiris) et Tmé; 3º. Neith ou Bouto *entre deux crocodiles,* Horus-Saph, ou Harsaph *hiéracocéphale,* coiffé du *pschent,* et tenant dans sa gauche l'*oeil symbolique;* l'image du dieu est composée de ses deux formes de *corps humain* et d'*épervier* réunies, la *vache, mère du soleil* allaitant un *crocodile,* avec *deux ailes* de Harhat planant au-dessus.

Les inscriptions sur le devant, le dessous de la base, les faces latérales et postérieure du cippe, contiennent des invocations à *Horus le dieu, fils du dieu, l'oryx, fils de l'oryx, le taureau, fils du taureau, et d'une déesse, le manifesté d'Osiris, le fils d'Isis.*

Nous avons suivi pour cette description le plus complet de ces cippes (le n. 1053). Sur un de ces monumens (le n. 1057) deux grands *serpens* flanquent le cippe, et reposent avec leurs têtes sur la tête de Typhon.

A. 1056. *Plâtre* d'un cippe comme les précédens.

1057-1107. *Bronze, porcelaine, terre émaillée.* Le dieu Anepô, Anubis, *fils d'Osiris et de Nephtys,* caractérisé par la tête de *schacal,* l'Hermes *psychopompe* des Grecs, le dieu qui présidait aux tombeaux et aux embaumemens, et qui pesait, de concert avec son frère Horus, le coeur des défunts dans la balance infernale de l'*Amenti.*

1108. *Terre émaillée.* Partie supérieure d'une image du même dieu.

1109, 1110. *Bronze.* Le même dieu assis.

A. 1111. *Agate.* Le même dieu accroupi.

Cette image pourrait encore représenter le troisième des génies funéraires, voyez infra 1359-1395.

1112-1188. *Bois, terre cuite, terre émaillée de diverses nuances, bronze, cornaline.* Typhon, le fils de S e b et de N e t p é, le principe des maux et l'ennemi mortel d'O s i r i s, nommé Baby, Bébon, Seth, en langue Égyptienne. Ayant tué son frère O s i r i s, il fut à son tour vaincu et chassé de l'Égypte, par H o r u s le fils d'Osiris. Ces images nous représentent le dieu sous la forme d'un nain robuste, la partie postérieure souvent couverte d'une peau de lion, la tête surmontée de plusieurs longues *plumes* ou *palmes.* Le n. 1120 en *bois* a les bras mobiles et est d'une hauteur de 0,28.

1189. *Terre émaillée.* Le même dieu avec un *tambour* ou un *disque* dans les mains.

1190, 1191. *Bronze.* Le même dieu, debout sur une colonne ornée d'un chapiteau à fleur de lotus. L'une de ces statuettes foule sous ses pieds une *gazelle* dont il tient les cornes dans sa main gauche.

1192. *Bronze.* La même divinité, la tête terminée par un point.

Probablement une partie de quelque instrument.

1193, 1194. *Bronze.* Le même dieu, la partie inférieure du corps finissant dans une patte de *lion.*

Ce monument est de travail Grec et paraît avoir servi d'ornement à quelque meuble.

1195-1197. *Terre émaillée.* Égides de Typhon.

1198-1207. *Terre émaillée.* Têtes du même dieu.

1208-1210. *Pierre, terre émaillée.* Déesse T y p h o n i e n n e, Taoër ou Thavëri, Thuouéris, la compagne de T y p h o n, appelée aussi dans les inscriptions Schapou (?), représentée sous la forme d'un *hippopotame* dressé, la coiffure (qui manque dans le n. 1208) composée des *cornes de vache* avec le *disque* et *deux palmes.* Elle tient dans ses mains un instrument indéterminé. La première de ces figurines est d'un travail magnifique.

A. 1211. *Terre émaillée.* La même déesse, mais *léonto-céphale*, et coiffée comme les précédens.

1212. *Terré émaillée.* La même déesse, sous la forme d'un *lion* dressé.

1213-1223. *Terre émaillée et cornaline.* La même divinité, ou quelqu'autre déesse représentée sous la forme d'un *hippopotame* dressé, mais sans coiffure. Les quatre dernières figurines représentées en profil, tiennent dans les mains un *sceptre*, avec les emblèmes de la *vie* et de la *stabilité*.

1224-1322. *Terre émaillée, serpentine, lapis lazuli, etc.* La même divinité, ou la déesse Omt, la constellation de la *grande ourse*, compagne de Typhon, sous la forme d'un *hippopotame* dressé, sans coiffure.

1323-1326. *Or.* Les quatre génies funéraires, fils d'Osiris, roi de l'*Amenti* ou du règne des morts, nommés Amset, Hapi, Sioumoutf et Kebhnisnauf, représentés en forme de momie embaumée. Ces divinités présidaient, de concert avec Anubis, à l'embaumement des corps, et portent souvent dans leurs mains les *bandages de momie* et la *plume d'autruche*.

1327-1345. *Terre émaillée de diverses nuances, agate, albâtre doré, baume, cire, etc.* Le dieu Amset, le premier des quatres génies funéraires.

1346-1357. *Terre émaillée, pierre calcaire, baume, cire.* Hapi, à tête de cynocéphale, le second des génies funéraires.

1358. *Argent doré.* Plaque avec l'image du même dieu; la tête surmontée du *disque*, et les *bandages de momie* dans les mains.

1359-1395. *Terre émaillée, pierre calcaire, porcelaine, baume, cire.* Sioumoutf, à tête de *schacal*, le troisième des génies funéraires.

1396. *Terre émaillée.* Le même dieu accroupi.

1397-1418. *Talc, porcelaine, terre émaillée, baume, cire.* Kebhnisnauf, à tête d'*épervier*, le dernier des quatres génies funéraires.

A. 1419. *Cire dorée*. Fragmens de figurines des génies funéraires.

1420. *Bronze*. Le dieu Hapi ou Api sous forme *humaine* à tête de *taureau ;* une autre représentation du second des génies funéraires ; la tête est surmontée du *disque* avec l'*uréus*.

1421-1423. *Terre émaillée*. Le dieu des *panégyries* ou des périodes de trente années, agenouillé, la tête surmontée du *disque ;* dans ses mains il tient les deux sceptres de *branche de palmier*, symboles des périodes d'années.

1424. *Bronze*. Partie inférieure d'une statuette de quelque divinité embaumée.

1425. *Bronze*. Fragment d'une *coiffure divine* surmontée du *croissant* et du *disque* combinés ; au-dessus du *disque* un *uréus* entre *deux palmes*, et deux autres *uréus*, qui sont coiffés des deux différentes parties du *pschent*.

§ 2. Divinités grecques, romaines, chrétiennes et gnostiques.

1426. *Bronze*. Jupiter Serapis, caractérisé par le *modius* sur la tête ; le bras gauche élevé, dans la main droite une *patère*. — *H*. 0.125.

1427, 1428. *Bronze*. Deux bustes du même dieu. — *H*. 0.123 et 0.065.

1429. *Bronze*. Buste de Junon, en forme d'égide Égyptienne ; avec une bélière au-dessus de la coiffure.

1430. *Terre cuite*. Venus, portant sur sa tête un panier avec offrandes, fruits, etc. ; à sa droite une petite figure (un *satyre*) jouant de la double flûte ; à sa gauche une *amphore*.

1431. *Bronze*. Buste de Mercure ; la main droite à la hauteur de la poitrine, et tenant une *branche de palmier* contre l'épaule gauche.

1432. *Terre cuite*. Fragment supérieur d'une statuette

d'Hermes ou Mercure *psychopompe*, le pétase surmonté des *cornes de bouc*, du *disque* et des *deux plumes d'autruche*, coiffure de Phtah-Socar.

A. 1433. *Or.* Amour ailé, dans l'attitude d'une Néréide s'élevant des ondes.

1434. *Bronze.* Génie ailé, portant une *amphore* sur l'épaule gauche.

1435. *Bronze.* Génie ailé, les bras tendus en avant.

1436. *Terre cuite rouge.* Isis accroupie avec son fils Horus dans le bras droit.

1437. *Terre cuite.* Isis assise dans un fauteuil, avec son fils Horus dans le bras gauche. La tête de la déesse surmontée du *disque* et des deux *feuilles de palme*. La statue est munie d'une anse à la partie postérieure.

> Ces deux statuettes, représentent peut-être Marie avec l'enfant Jésus; la première, ayant une ouverture et une anse à la tête, a apparemment servi de balsamaire ou de vase à huile; la seconde est également un fragment de vase

1438. *Or.* Isis (?) la tête surmontée du *disque*.

1439. *Bronze.* Statue d'un saint, placé sur le chapiteau d'une colonne.

1440, 1441. *Or, argent.* Horus Harpocrate, caractérisé comme dieu de l'amour et de la silence. Ces petites statues d'un travail excellent ont la tête coiffée de fleurs et surmontée du *croissant* (1440), ou du *croissant* avec le *disque* entre les *deux palmes* (1441). Un petit *vase* est attaché au collier du dieu; son corps est couvert par une *peau de lion*, dans la gauche il tient la *corne d'abondance*, et sur le dos le *carquois* avec les *flèches*. Deux petites ailes sortent des épaules. A gauche on voit un *chien*, à droite un *épervier* coiffé du *pschent*, et un *arbre*, autour duquel se roule un *serpent*.

1442. *Terre cuite.* Horus Harpocrate, sans les deux animaux et les autres attributs.

1443. *Terre émaillée.* Le même dieu, sans coiffure.

1444-1446. *Bronze.* Le même dieu coiffé du *pschent.*

A. 1447-1450. *Terre émaillée.* HORUS HARPOCRATE assis, (figure phallique).

1451. *Terre émaillée.* Même figure, la tête surmontée de deux *oreilles d'âne.*

1452, 1453. *Terre cuite.* HORUS HARPOCRATE, debout, la tête surmontée du *croissant*, portant sur l'épaule gauche une autre figurine d'HORUS coiffé du *pschent* (?) qui tient la droite ouverte à l'hauteur de l'épaule; les deux divinités sont caractérisées par les attributs de Priape. A gauche une table chargée d'offrandes et de pains sacrés.

1454. *Bronze.* HORUS HARPOCRATE, assis sur une fleur de *lotus* épanouie.

1455, 1456. *Terre émaillée, bronze.* HORUS debout, et HORUS assis, coiffé du *pschent.*

1457. *Terre émaillée.* HORUS couché, se reposant sur le bras gauche, et tenant une patère dans sa droite.

1458-1460. *Bronze.* Trois *génies* (HORUS?) élevant dans la gauche une *grappe de raisins.*

1461. *Pierre calcaire.* Statue *phallique* agenouillée.

1462-1471. *Terre cuite, pierre calcaire* et *terre émaillée.* Figurines *phalliques* assises.

1472. *Terre émaillée.* Deux figurines sur une même base; l'une couchée avec le dos sur la terre, l'autre *phallique*, agenouillée.

***

B. EMBLÈMES DE DIVINITÉS. ANIMAUX SYMBOLIQUES, ET ANIMAUX SACRÉS.

Chez les Égyptiens chaque divinité avait un animal qui lui était consacré, et que l'on considérait comme son emblème ou son symbole vivant sur la terre. Nous avons donc réuni dans cette section tous les animaux de la collection, sans en excepter ceux, qui jusqu'à présent ne sont pas encore reconnus comme appartenant plus parti-

culièrement à une certaine divinité. L'étude des monumens et des inscriptions, et les témoignages des anciens
ont rendu certaine la signification emblématique ou symbolique de la plupart de ces animaux. Cependant pour
éviter les difficultés et les incertitudes d'une classification
d'après les dieux qu'ils représentent, nous avons suivi
celle de l'histoire naturelle; ce qui nous a permis de
donner une place fixe à chaque animal. Quelques animaux, comme l'épervier, le scarabée, le vautour, l'uréus
etc., étaient à la fois les symboles de plusieurs divinités,
et leur signification était différente d'après les attributs
ou les insignes dont ils étaient décorés; dans de tels cas
la signification générale a du naturellement précéder aux
significations spéciales; et pour ces dernières nous avons
observé le rang, que les dieux mêmes tenaient dans le
système théogonique des Égyptiens.

Parmi ces monumens on remarque un grand nombre,
qui ont été portés comme amulettes et que l'on avait placés comme tels sur les momies. Dans ce dernier cas ils
entrent dans la classe des monumens funéraires. Néanmoins nous n'avons rapporté à cette classe qu'une partie
des scarabées, qui par les inscriptions sur le dessous ou
la partie plate de la base, ont exclusivement servi comme
amulettes funéraires; et nous n'avons retenu ici que: ceux
qui nous offrent les images, les noms, les emblèmes de
divinités ou d'animaux sacrés; les scarabées avec les
images, les noms et les légendes des rois; d'autres avec
les images et les noms d'hommes ou de femmes, ou pour-
vus de diverses légendes et d'ornemens symboliques; enfin tous ceux qui n'offrent aucune représentation sur la
partie plate, quoiqu'il soit très probable, que ces derniers appartiennent encore aux scarabées funéraires.

Les animaux embaumés, qui doivent également être
considérés comme emblèmes de divinités, sont décrits et
placés parmi les MONUMENS FUNÉRAIRES. Voyez Partie III.
Sect. N.

B. 1-22. *Bois, terre émaillée de diverses nuances, lapis lazuli.* Singes debout.

23-25. *Pierre calcaire, terre émaillée.* Divers singes accroupis, les coudes reposant sur les génoux, et la tête sur les mains.

26 39. *Pierre calcaire, bronze, terre émaillée, lapis lazuli, cornaline.* Le cynocéphale, emblème de Thôth, accroupi, les mains sur les genoux. Le premier de ces animaux, d'une hauteur de 0.21, est orné d'un pectoral, sur lequel on a sculpté l'image de Tmé, avec le *sceptre à tête de coucoupha.*

40-46. *Terre émaillée et verre coloré.* Le même animal vu de profil et travaillé en relief, les nn. 40 et 41 avec le prénom du Pharaon Ré-schen-to, Thouthmosis IV de la XVIIIe dynastie, les autres portant des images de divinités etc. sur la partie plate.

47. *Terre émaillée.* Le cynocéphale accroupi, entre deux réservoirs, dont le plus grand se trouve derrière l'animal, l'autre, plus petit, devant ses pieds, un trou est percé de l'un dans l'autre de ces réservoirs, et six escaliers conduisent jusqu'au bord du dernier.

> Ce monument convient si bien avec la déscription qu'*Horapollon* (Hierogll. I. 16.) donne d'une clepsydre Égyptienne, qu'il paraît nous offrir le modèle d'un tel instrument. V. notre note sur Horap. pg. 214, et Pl. II. n. 37 (1).

48-60. *Bronze, terre émaillée.* Le même animal accroupi et debout, la tête surmontée du *disque* et du *croissant* combinés; emblème d'Ooh-Thôth, ou de Thôth identifié avec la *lune.* Les nn. 48 et 49 placés sur un autel, et ornés de deux ailes sortant des épaules, paraissent avoir appartenu à quelque instrument.

61-69. *Bronze.* La mygale ou musaraigne, consacrée

---

(1) *Horapollinis Niloi* Hieroglyphica, ed., divv. codd. rec. coll., priorumq. editt. varr. lect. et vers. Lat. subj., adnot., hierogll. imagg. et indd. adj. c. leemans, Amstel. 1835, 8º.

à Neith Thermouthis. L'animal est placé sur une base qui paraît avoir servi d'étui ou de boîte; celle du n. 61 est encore fermée.

B. 70, 71. *Bronze.* Le même animal. Sur le dos de l'un on a sculpté un *scarabée ailé*, le *disque ailé* et le *vautour* avec les ailes étendues.

72. *Bronze.* Un loup couché, nourrissant quatre petits.

73-76 *Bronze, terre émaillée.* Chiens couchés et assis.

77-80. *Bois.* Le schacal couché, emblème d'Anubis.

81-85. *Serpentine, terre émaillée.* Le même animal.

86. *Bronze.* L'ichneumon dresssé sur ses pattes de derrière, animal sacré à Chonsou. — *H. avec la base* 0.26.

87-89. *Bronze* et *bois.* Le même animal.

90-132. *Pierre calcaire, bronze, bois, terre émaillée, serpentine, terre cuite.* Chats ou chattes, emblèmes de Pascht ou Bubastis. Le n. 90 a une haut. de 0.30; deux des bronzes 0.21 et 0.14.

133-137. *Bronze, serpentine.* Le même animal, couché sur les pattes de devant. Le n. 133 est placé sur nne boîte ou caisse en bronze, fermée encore, d'une long. de 0.45, larg. 0.09 et haut. 0.1. Autour de la base du n. 134, qui est remarquable à cause du travail, on lit une inscription hiéroglyphique, dans laquelle l'animal se nomme *le chat aimé de la déesse Pascht*, et *la directrice du champ de...*

138, 139. *Terre émaillée.* Le même animal couché, avec des ornemens hiéroglyphiques sur le dessous de la base.

140, 141. *Bronze.* Chatte couchée, nourrissant quatre petits.

142, 143. *Terre émaillée.* Chatte jouant avec ses petits.

144. *Bronze.* Tête de chat.

145-172. *Bronze, pierre calcaire, bois, terre émaillée, cornaline.* Lions debout ou couchés, emblèmes d'Horus. Le n. 171 porte sur le dessous de la base le prénom Ré-men-to, du Pharaon Thoutmosis IV, de la XVIIIe dyn.

B. 173. *Bronze.* Deux LIONS couchés sur une base.

174-182. *Terre émaillée, serpentine, cornaline.* Têtes du même animal.

183. *Ivoire* ou *os.* Les parties antérieures de deux LIONS réunies en sens inverse.

꘠ 184-189. *Terre émaillée.* Les parties antérieures d'un TAUREAU et d'un LION réunies en sens inverse. La tête du TAUREAU ornée du *disque.*

190. *Bronze.* SPHYNX, animal symbolique, composé du corps de LION avec une tête *humaine*, surmontée d'une coiffure royale, emblème de chaque *dieu.* L'animal est debout sur deux *uréus* dressés devant ses pattes antérieures. — *H. avec la base* 0.19.

* 191. *Marbre.* SPHINX couché, la tête coiffée de la coiffure royale, ornée de l'*uréus*, l'animal porte une *bulla*, comme celle des enfans Romains, attachée à une corde autour du cou. — *Long.* 1.09, *haut.* 0.70.

Sans inscriptions, travail du temps Romain.

192-196. *Pierre calcaire, bronze, terre émaillée* et *cornaline.* Le même animal couché et assis.

197-212. *Terre émaillée, serpentine.* Le LIÈVRE, emblème d'O s i r i s.

213-214. *Terre émaillée.* Le même animal en relief.

215. *Terre émaillée.* Deux LIÈVRES sur une base; sur le dessous le nom d'A m o n.

216-242. *Bronze, serpentine, talc, terre émaillée.* Le TAUREAU A p i s ou H a p i, consacré à la *lune;* le *disque* avec l'*uréus* entre les cornes, le *triangle* gravé sur le milieu du front, le *vautour*, le *disque* ou le *scarabée* sur la nuque et sur la croupe, et le dos couvert d'une *housse.*

243, 244. *Terre émaillée.* Le même animal en relief.

245. *Terre cuite.* Tête du même animal.

246. *Bois peint.* Le TAUREAU debout sur un traîneau.

247-252. *Bronze.* Le même animal debout et couché.

253-260. *Terre émaillée, serpentine, cornaline.* Têtes de TAUREAUX, de BOEUFS, et d'un VEAU.

* 261. *Pierre calcaire.* La VACHE sacrée d'H a t h o r, la

tête surmontée du *disque* et des deux *plumes d'autruche*.
Devant la vache, sur la même base, un homme le *préposé aux arciers* Pibok..? le fils de ....? *et de la
dame* Oër-hem-hbaï, et sa femme agenouillés. Les
inscriptions autour de la base contiennent des dédications
à Hathor et à Phtah; sur le dessus de la base: à
Phtah; entre les jambes de la vache, côté droit: les
noms de trois fils; côté gauche: ceux de deux filles et
de la femme du défunt; sur les genoux des deux statues:
les noms de l'homme et de la femme. — *H.* 0.54.

B 262. *Terre émaillée.* Partie inférieure d'un ornement
en forme de contre-poids de collier; avec l'image de
la VACHE sacrée d'Hathŏr, entre un *bouquet de lotus* et les *bandages de momie.* Les hiéroglyphes sur le
dos du monument nous offrent le nom d'Amenirites;
le travail appartient à la dynastie des Psamétichus.

263–267. *Bronze.* La VACHE sacrée d'Hathor, ornée
du *disque* avec les deux *plumes d'autruche* entre les
cornes.

268. *Cornaline.* Le même animal en relief, au milieu
de *tiges de lotus.*

269. *Or.* Plaque avec l'image d'une VACHE.

270–272. *Granit, cornaline.* Trois VACHES couchées.

273, 274. *Terre cuite, bronze.* Un CHEVAL avec bri-
de etc.

275. *Bronze.* Un CHEVAL se cabrant. La partie inférieure des jambes et la queue manquent. — *Long.* 0.135.

Ces trois nn. sont de travail Grec ou Romain.

*276. *Pierre calcaire.* SHINX criocéphale, couché sur
une base. A la tête il y a un trou, dans lequel une
coiffure paraît avoir été fixée. Autour de la base une
inscription hiéroglyphique, une dédication à Amon-Ra,
le roi des dieux. — *L.* 0.61, *h.* 0.37.

277. *Pierre calcaire.* Petite stèle carrée, portant sur
les deux faces l'image en relief du BÉLIER, emblème vivant des dieux Amon-ra, Chnouphis et de la déesse
Neith.

B. 278-298. *Serpentine, talc, terre émaillée.* Le même animal couché et debout.

299-306. *Terre émaillée, terre glaise.* Têtes du même animal.

307. *Or.* Le BÉLIER *à quatre têtes,* emblème d'A-mon-Ra.

308. *Or.* Image en relief de l'ORYX ou ANTILOPE, emblème de Typhon.

309. *Bronze.* CHAMEAU debout, portant deux paquets sur le dos.

310-333. *Terre émaillée, lapis lazuli, serpentine.* La TRUIË, emblème des divinités Typhoniennes. Sur le dessus de la base d'une de ces figurines il y a une inscription hiéroglyphique avec le nom d'Isis *la vivificatrice.*

334-341. *Terre émaillée* et *pierre schisteuse.* L'HÉRIS-SON, animal sacré du *soleil;* avec figures hiéroglyphiques sur le dessous de la base.

342-347. *Terre émaillée.* Le même animal à *tête humaine.* Sur le dessous de la base des trois premiers nn. on lit le prénom Ré-men-to, du Pharaon Thouthmosis IV, de la XVIIIᵉ dyn.

348, 349. *Terre émaillée.* Le même animal *à double tête,* le n. 548 avec hiérogll. sur la base.

350-357. *Terre glaise.* Le VAUTOUR, emblème de la *maternité,* et des *déesses mères.*

358, 359. *Bronze.* Tête et pattes du même oiseau.

360. *Bronze.* L'ÉPERVIER, symbole de l'idée *dieu* en général. — *Long.* 0.21.

361-380. *Marbre, terre émaillée, lapis lazuli.* Le même oiseau.

381. *Bronze.* Tête colossale du même oiseau.—*H.* 0.27.

382 *Bois doré.* Tête du même oiseau.

383-387. *Or, argent.* Têtes du même oiseau vues de profil, et ayant été incrustées; les deux derniers numéros travaillés à jour.

388. *Terre émaillée.* Deux ÉPERVIERS, sur une base.

B. 389-395. *Bois peint* et *lapis lazuli*. L'ÉPERVIER accroupi, et embaumé.

Ces monumens ont probablement surmonté les couvercles
de coffrets funéraires.

396-399. *Bois peint.* Le même, coiffé du *disque* avec
les *deux feuilles* ou *plumes*, emblème du dieu M o n t h
ou M a n d o u.

400. *Terre émaillée.* La tête de l'ÉPERVIER, placée
sur un *calice épanoui de lotus*, emblème du dieu PHRÉ
(v. A. 316).

401-409. *Bronze, terre émaillée, lapis lazuli.* L'ÉPER-
VIER debout, coiffé du *pschent*, emblème du dieu H a r o ë-
r i s. Celui du n. 401 est placé sur un coffret ouvert à
l'un des côtés.

410-413. *Terre émaillée, serpentine.* Le même oiseau,
coiffé de la partie supérieure du *pschent;* emblème du
même dieu.

414. *Terre émaillée.* Le même oiseau, la tête surmontée du *disque* et du *croissant* combinés, emblème du dieu
C h o n s.

415-417. *Plomb* et *argent.* ÉPERVIERS, les ailes étendues, emblèmes de l'*âme*, trouvés sur la poitrine de
momies.

418. *Baume* ou *cire dorée.* Fragmens du même.

419-422. *Terre émaillée, lapis lazuli.* Le même oiseau
à *tête humaine*, emblème de l'*âme*.

423. *Or.* Le même oiseau *androcéphale*, avec les ailes
étendues, et ayant été orné d'incrustations sur les ailes.

424, 425. *Or, avec les restes d'incrustations.* Deux
plaques représentant le même oiseau *androcéphale*, les
ailes étendues.

426-430. *Bois peint, serpentine.* ÉPERVIERS *androcéphales*, la coiffure surmontée ou ayant été surmontée du
disque doré, emblèmes des *âmes divines*.

431-433. *Terre émaillée.* Images composées du CYNO-
CÉPHALE et de l'ÉPERVIER réunis dans un seul corps. La
tête surmontée ou ayant été surmontée d'une coiffure

symbolique d'Haroëris, (les *deux cornes de bouc* portant les *trois faisceaux de plantes*, ornés des *disques*, et
flanqués des *deux uréus*).

B. * 434. *Marbre.* Chouette, debout, foulant une souris
sous sa griffe gauche, la tête couverte d'un ornement qui
lui donne quelque ressemblance à la tête de l'épervier;
les yeux percés de trous, pour y fixer des pierres précieu-
ses. L'oiseau est dressé sur un piédéstal, dont les faces
latérales présentent une *victoire ailée.* La face antérieure
offre l'inscription: (Α)ρχατης // Πετριος ко//μαντις μαν//
τεοαετ. δ. ασ//σαριῶν; Archates Petrius, le *devin* (a
dédié) *cet oiseau de présage des devins* (du prix) *de quatre assarions.* — *H.* 0.75.

> Ce monument jadis dans la possession du prélat *F. Bian-
> chini*, fut offert par celui-ci à la princesse *Violante Béa-
> trix de Bavière;* *Gori* l'acheta après la mort de la prin-
> cesse, et en fit présent au comte *de Thoms*, avec le
> cabinet duquel il passa dans la collection du Stadhouder
> *Guillaume IV* et enfin dans le Musée de Leide. Voyez
> *Reuvens*, Lettres à *M. Letronne* (1), IIe Lettre.

435. *Bronze.* L'ibis, oiseau consacré à Thôth. —
Long. 0.14.

436-441. *Terre émaillée.* Le même oiseau accroupi,
emblème du même dieu.

442-444. *Bronze.* Têtes et pattes d'ibis; la plus grande
tête a eu les yeux incrustés.

445-447. *Agate, pâte balsamique.* L'oiseau bennô,
emblème d'osiris.

448. *Marbre.* La caille.

449-460. *Bronze, marbre, bois, terre émaillée.* Oies
accroupies et debout. Le n. 450, en *marbre*, a la tête en

---

(1) c. j. c. reuvens, Lettres à M. letronne, sur les papyrus
bilingues et Grecs, et sur quelques autres monumens Gréco-
Égyptiens du musée d'antiquités de Leide, 1830, 4°. avec Atlas
in fol.

bronze ; les huit derniers nn. portent sur le dessous de leur base des inscriptions hiéroglyphiques, parmi lesquelles on remarque le nom d'A m e n ô t p, des noms divins, etc.

B. 461. *Terre emaillée.* Deux oies accroupies, sur une même base.

462. *Bronze.* Un *Coq.*

(Travail Grec ou Romain.)

463. *Bronze.* Un oiseau (pigeon?) dressé, les ailes étendues; sur le devant une face *humaine;* (une représentation du *Saint Esprit?*).

(Acheté à Constantinople.)

464. *Bronze.* Animal fantastique, composé d'une tête de *truie* sur un corps d'*oiseau* à jambes *humaines.*

465-469. *Bronze, serpentine.* Pattes et bec d'oiseaux.

470-490. *Terre glaise, terre émaillée.* Le crocodile, emblème du dieu S é b e k ou S é v e k, le S a t u r n e des Égyptiens.

491. *Basalte.* Deux crocodiles sur une même base.

492, 493. *Terre glaise.* Le crocodile *hiéracocéphale,* l'un des symboles des dieux P h r é ou H o r u s.

494, 495. Dents du crocodile.

496-498. *Bronze.* Lezards, animaux consacrés à N e i t h T h e r m o u t h i s.

499-518. *Terre glaise, terre émaillée, bois doré* et *bronze.* L'aspic nommé en Égyptien ouro, l'uréus, symbole de l'idée *déesse.* Les quatre premiers portent des inscriptions sur la poitrine, mais les caractères sont illisibles; l'un des uréus en *bronze* est dressé au-dessus d'une boîte.

519-524. *Bronze, bois doré et orné d'émail, terre émaillée.* Partie antérieure, et gueule d'uréus.

525-527. *Or.* Le même animal, la tête surmontée du *disque,* emblème des déesses, filles ou parèdres de P h r é et d'O o h. Le n. 526 avec les ailes étendues, et sans le *disque.*

528-530. *Bois* et *bronze.* Le même animal avec le *disque.*

B. 531. *Bronze.* Un bras humain, tenant un URÉUS *disco-phore.*

532-537. *Bronze.* Cinq pairs d'URÉUS, dont trois ont la tête surmontée du *disque;* et *trois* URÉUS combinés, *discophores.*

538, 539. *Bronze.* Le même animal, la tête surmontée d'une coiffure, dont les détails sont peu reconnaissables.

540. *Bronze.* Le même animal, dressé sur une boîte encore fermée, *androcéphale,* coiffé de la partie supérieure du *pschent,* flanquée des *deux plumes;* emblème d'Osiris *Fent-hem-pamenti.* — *L.* 0.235, *h.* 0.12.

541-543. *Basalte, bronze.* SERPENT formant un noeud, couché sur une base, ou sur une boîte en bronze fermée encore, et à laquelle sont attachées deux bélières. — Le n. 541, *long.* 0.34, *larg.* 0.18, *haut.* 0.13.

544. *Basalte.* SERPENT étendue dans toute sa longueur sur une longue boîte fermée encore. — *L.* 0.65.

545. *Bois.* SERPENT *criocéphale,* emblème d'Amon-Chnouphis.

546. *Bronze.* SERPENT *androcéphale,* la tête surmontée comme le n. 540; emblème d'Osiris *Fent-hem-pamenti* étendu sur une boîte.

547-589. *Or, terre émaillée de diverses nuances, marbre, terre argileuse, cornaline, agate.* Amulettes représentant la tête et la partie antérieure du corps de COULEUVRE. Quelques-uns de ces couleuvres portent des inscriptions hiéroglyphiques avec des prières, les titres et les noms de différens fonctionnaires: d'un *sculpteur*(?) d'Amon, nommé Naschti (571), d'un *protoprophète*(?), Amen-hem-ôft (577), d'un *préfet du palais,* Amenôtp (585), etc.

Ces objets sont exposés avec les amulettes II. G. § VIII.

590, 591. *Bronze, terre émaillée.* VIPÈRE à tête de *coq; basilisque.*

592-634. *Bronze, terre émaillée de diverses nuances,*

hématite, *cornaline* etc. La GRENOUILLE, emblème de la
matière primitive, et de la déesse Hak, la fille de
Pascht, la troisième personne de la triade adorée à
Esné. Les deux premiers nn. ont une anse sur le dos,
en forme de *queue de poisson*, quelques autres sont
munis d'ornemens ou de signes hiéroglyphiques sur le
dessus de la base.

B. 635. *Bronze*. Deux GRENOUILLES réunies en sens inverse; avec une inscription sur le dessous de la base.

636. *Terre émaillée*. Trois GRENOUILLES sur une même
base.

637-738. *Basalte vert, hématite, basalte, granit gris,
rouge, lapis lazuli, terre émaillée, cornaline, baume
doré, etc.* Le SCARABÉE, emblème du dieu Phtah, et
Phtah-Thore; avec une bélière sous le ventre, entre
la première et la seconde paire de pattes.

739-741. *Terre émaillée*. Trois SCARABÉES, avec les
ailes éployées, emblèmes du même dieu.

742, 743. *Terre émaillée*. Le même, mais sans les ailes.

744-747. *Terre émaillée*. Une paire d'ailes, et trois
ailes ayant orné le même animal.

Les nn. 739-747 proviennent des réseaux funéraires. Voyez
III Partie, MONUMENS FUNÉRAIRES, O.

748-753. *Hématite, lapis lazuli*. Le même animal
hiéracocéphale, emblème du dieu Phré.

754-946. *Terre émaillée, talc, lapis lazuli, hématite,
verre coloré dans sa masse, jaspe vert, calcédoine, serpentine, etc.* SCARABÉES avec les IMAGES ou les NOMS de
DIVINITÉS sur le dessous de leur base: avec *images* d'Amon-
Ra, avec ou sans légende (754-757); d'Amon-Saph,
avec l'inscription Ouônisihor (758); d'Amon et de
Phré *hiéracocéphale* (759, 760); d'Amon entre deux
images de Phré *hiéracocéphale* (761, 762); du même
dieu entre Phré et Anubis (763); avec *légendes* et le
nom d'Amon-Ra (764-854); avec *images* de Neith
coiffée de la partie inférieure du *pschent*, agenouillée et
tenant le *sceptre* avec les insignes de Nofré-Tmou (855),

avec le *nom* de N e i t h (856, 857); *images* de P h t a h
seul, accompagné de P h r é, adoré par un P h a r a o u;
avec le signe de *stabilité;* accompagné d'I s i s et d'un
P h a r a o n debout, et de trois *divinités* assises (858-866);
nom ou *légende* du dieu (867–871); *images* de P a s c h t
léontocéphale, adorée d'une autre divinité, ou accompagnée d'un dieu coiffé de la partie supérieure du *pschent*
(872, 873), nom de la déesse (874, 875), la tête symbolique d'H a t h o r (876–881); *images* de P h r é *hiéracocéphale*, avec ou sans le *disque*, du même dieu *accroupi*, l'image répétée deux fois du même dieu avec un
homme qui l'adore, P h r é avec un *lion*, avec un *épervier*, avec O s i r i s *Fent-hem-pamenti*, avec le dieu N o u b t i
(882–914); la *barque* de P h r é avec le *disque* au-dessus
de l'image du S c a r a b é e entre deux divinités agenouill-
lées (915); et l'*image* de P h r é enfant, *discophore*, assis
sur une *fleur de lotus*, ou sur un petit *autel*, orné de
tiges de *lotus* (916, 917); T m é (918-920); N o u b t i,
avéc un P h a r a o n (921); S e b ou S e v, le S a t u r n e
Égyptien, debout, tenant deux *crocodiles* par la queue
(922, 923); légende relative à (O s i r i s) O u ô n - n o f r é
(924); nom d'I s i s (925, 926); H o r u s, coiffé du *pschent*
(927); A n u b i s (928, 929); *nom* d'A m e n t i (930, 931);
image de T y p h o n, et du même dieu entre deux *cynocéphales* qui l'adorent (932–935); T a o ë r (936–939); H a p i-
M ô o u, ou le dieu N i l, la tête surmontée de *fleurs de
lotus* (940); le dieu des *panégyries*, accroupi, avec les
branches de palmier dans les mains, le n. 945 ayant la
tête surmontée des *fleurs de lotus* (941-945); divinité
accroupie, coiffée de la partie supérieure du *pschent*,
et accompagnée d'un *uréus* dressé, *discophore* (946).

B. 947-1138. *Mêmes matières.* SCARABÉES avec les images
d'ANIMAUX SYMBOLIQUES ou SACRÉS sur le dessous de leur base;
images d'un s i n g e, avec le signe de *bônté* (947-950);
du *cynocéphale* assis sur un *autel*, la tête surmontée du
croissant avec le *disque*, avec l'*oeil mystique* dans la
main, emblème d'O o h - T h ô t h (951); le même adoré

par un Pharaon (952); le c y n o c é p h a l e accroupi (953-
955); le s c h a c a l (956-958); l'i c h n e u m o n (959, 961);
le c h a t (962, 963); le l i o n (964–983), le l i o n *hiéracocéphale*, emblème du S o l e i l à la 3ᵉ heure (984-987);
le s p i n x, coiffé du *pschent*, de l'*otf*, du *casque royal*,
etc. (988-999); le g r i f f o u, emblème de N o u b t i
(1000-1002); le l i è v r e (1003, 1004); la v a c h e (1005-
1006); le c h e v a l (1007–1011); le b é l i e r avec la
coiffure d'A m o n - C h n o u p h i s, et l'inscription: *Soleil,
directeur de la justice*, *A m o n - R a* (1012); l'o r y x (1013-
1018); le c h a m e a u (1019); la t r u i e (1020); avec
deux animaux différens, tels que le l i o n avec le c r o-
c o d i l e, le s c o r p i o n avec le l i o n, le b é l i e r avec
le l i o n, le b é l i e r avec le s c a r a b é e, le c y n o c é-
p h a l e avec l'o r y x, l'u r é u s avec l'h i p p o p o t a m e
d r e s s é, un *homme* avec un l i o n et avec un c r o c o-
d i l e (1021–1031); le v a u t o u r et le s c a r a b é e (1032);
l'é p e r v i e r sans et avec autres signes hiéroglyphiques,
deux é p e r v i e r s, le même oiseau coiffé du *pschent*,
le même avec les ailes étendues, la tête de l'é p e r v i e r
sans et avec le *disque*, et l'é p e r v i e r entre deux u r é u s
sur un c r o c o d i l e (1033-1055); autres *oiseaux* (1056-
1058); le c r o c o d i l e, deux c r o c o d i l e s, deux
u r é u s et deux é p e r v i e r s sur un c r o c o d i l e, et
une *femme* accroupie entre deux u r é u s sur un c r o c o-
d i l e (1059-1070); l'u r é u s avec divers autres signes
symboliques, la *plume d'autruche*, le *théorbe*, l'*obélisque*
d'A m o n etc. (1071-1105); le s e r p e n t dressé (1106);
le s c a r a b é e accompagné de divers signes symboliques,
d'u r é u s, deux s c a r a b é e s, le s c a r a b é e *dans la
barque* avec l'inscription: *S o l e i l grand*, et le s c a r a-
b é e avec les ailes déployées (1107-1125); le s c o r p i o n,
deux s c o r p i o n s (1126-1133); deux s a u t e r e l l e s
(1134); et différens p o i s s o n s (1135-1138).

B. 1139-1152. *Terre émaillée.* Scarabées offrant sur leurs
bases les *images* de P h a r a o n s Égyptiens, debout (1139,
1140); entre *deux hommes*, avec le *disque ailé* planant

au-dessus de sa tête (1141), assis avec un *homme* debout devant lui (1142), assis dans une *barque* (1143), dans un *char de guerre* (1144), sur une *chaise* portée par quatre *hommes* (1145), combattant un ennemi (1146-1152).

B. 1153-1161. *Terre émaillée.* SCARABÉES avec des TITRES de PHARAONS ÉGYPTIENS, les signes qui précèdent le pré-nom (1153-1156), et ceux qui précèdent le nom propre: *fils du Soleil* ou *le Soleil bienfaisant fils d'Amon* (1157-1161).

1162-1204. *Terre émaillée de diverses nuances.* SCARA-BÉES offrant sur leurs bases les NOMS et les PRÉNOMS de PHARAONS ÉGYPTIENS, antérieurs à l'invasion des Pasteurs, tels que: Ré-mei (1162), Ré-nofre (1163-1167), Ré-neb-ninofre (1170), Ré-noub-ôtp (1171), Ré-neb-men (1172), Ré-ooh-ninaa (1173), Ré-tmé-to (1174-1176), Ré-men-ônch (1178), Ré-mei-pascht (1180), Ré-mei-niouro (1181), Ré-amon-neb (1184), Ré-mei-amon (1185), Ré-men-ka (1187), Ré...tmé-neb (1188-1189), Ré...tmé (1190), Ré-en-nito-iri-en-tmé (1191), Ré-méré-nofre (1192, 1193), Ré-amon-mei-nito (1194), Men-sche-re (1195), Souten-ré-ônch (1196), Men-nofre-het (1197), Osor-sen (1198), Ré-men-to-ka (1201-1204), et autres.

1205-1207. *Verre coloré, terre émaillée.* SCARABÉES avec les noms Oohmes et Nofretari, de l'épouse royale d'Amenôtp I (?), le chef de la XVIIIe dy-nastie.

1208-1309. *Terre émaillée de diveses nuances etc.* SCA-RABÉES avec le cartouche prénom, Ré-men-to, du Pharaon Thoutmes IV, le 5e de la XVIIIe dynastie.

1310. *Terre émaillée.* SCARABÉE avec le même prénom, et celui de son successeur Ré-na-nito, Amenôtp II de la même dynastie.

1311. *Terre émaillée.* SCARABÉE avec le nom de Ré-ninofre-tiônch, la fille de Thoutmes IV.

1312-1322. *Terre émaillée.* SCARABÉES avec le prénom

Ré-na-nito et quelques titres du Pharaon Amenôtp II le 6e de la même dynastie.

B. 1323. *Terre émaillée.* Scarabée avec le prénom Ré-men-nito, prénom de Thoutmes V, le 7e de la même dynastie.

1324-1336. *Terre émaillée, basalte.* Scarabées avec le prénom Ré-neb-tmé (1324-1329), et le nom propre (1330-1336) d'Amenôtp III, le 8e de la même dynastie.

1337, 1338. *Terre émaillée.* Scarabées avec le prénom Ré-men-tmé du Pharaon Ménéphtah I, le 12e de la même dynastie.

1339-1346. *Terre émaillée etc.* Scarabées avec le prénom, Ré... tmé-sôtp-en-ré, ou le nom propre, et sur quelques uns, l'*image* ou le *sphinx* du roi Rhamses III, le 14e de la même dynastie.

1347, 1348. *Terre émaillée* et *talc.* Scarabées, le premier monté en *or*, et ayant servi de chaton à une bague. avec le prénom de Ménéphtah II, le 15e Pharaon de la même dynastie.

1349, 1350. *Terre émaillée.* Scarabées avec le prénom Ré...tmé-méi-amon, du Pharaon Rhamses IV de la XIXe dynastie.

1351. *Talc.* Scarabée avec le prénom Ré-ini-éhréito-sôtp-en-ré, du Pharaon Amonmei-Osorkon de la XXIIe dynastie.

1352. *Terre émaillée.* Scarabée avec le nom d'Amenirites, ou Amenates, mère de l'épouse de Psamétichus II, de la XXVIe dynastie; et le nom de Kato.·...? le fils d'une princesse de la famille du dernier roi de la XXVe dynastie Éthiopienne.

1353, 1354. *Terre émaillée* et *talc.* Scarabées avec le prénom Ré-en-tmé, du Pharaon Hakor de la XXIXe dynastie.

1355-1365. *Terre émaillée.* Scarabées avec cartouches dont l'explication est incertaine.

Les cartouches de ces Scarabées 1162-1365, sont publiés

pour la plupart dans ma Lettre sur les monumens Égyptiens portant des légendes royales, etc.

B. 1366-1460. *Terre émaillée, bronze, jaspe vert, verre coloré, améthyste, pierre, talc, etc.* SCARABÉES offrant les IMAGES ou les NOMS D'HOMMES et de FEMMES sur le dessous de leur base: avec images d'*hommes* (1366-1373); avec *deux hommes* (1374-1378); avec un *homme* conduisant un *char*, un autre tenant un *oryx* par les cornes, et un troisième monté à *cheval* (1379-1381); avec légendes relatives à un *préposé aux colliers*, Chnouphéi, à un *prêtre* d'Amon-Ra nommé Faios ou Faiônchs, à un autre nommé Sebekôtp etc. (1382 1386), à un *préfet de la maison* Sebekoër (1387); et autres individus (1388-1397); avec images de *femmes* en diverses positions (1398-1404); avec des noms de *femmes*, Sebekset (1405), et autres (1406-1416); avec diverses légendes (1417-1460).

1461. *Terre émaillée.* Deux SCARABÉES réunis sur une seule base, offrant chacun sur le dessous la figure d'une *main ouverte.*

1462-1749. *Terre émaillée, verre coloré, agate, cornaline.* SCARABÉES (quelques-uns montés en *or* ou en *argent*), avec *légendes différentes, fleurs, hiéroglyphes isolés, ornemens fantastiques, etc.*

1750. *Terre émaillée.* Fragmens de SCARABÉES.

1751. *Pierre calcaire peinte.* Grand SCARABÉE sans ornemens ou inscriptions sur le dessous de la base.

1752-1884. *Basalte, jaspe, émail de diverses nuances, serpentine, roches, verres colorés, pâtes colorées, hématite, baume ou cire dorée, cristal, améthyste, cornaline, etc.* SCARABÉES de différente grandeur, sans inscriptions hiéroglyphiques.

1885-1892. *Lapis lazuli, terre émaillée, hématite, quarz, agate, etc* SCARABÉES comme les précédens montés en *or.*

SCARABÉES FUNÉRAIRES. Comp. la III Partie du Catalogue, Lettre O, ORNEMENS FUNÉRAIRES PROVENANT DE MOMIES BRISÉES.

Au reste plusieurs autres Scarabées employés comme chatons de bagues, faisant encore part de colliers ou d'autres ornemens de parure, ou renfermés dans les Pectoraux, sont indiqués et décrits avec ces objets.

B. 1893-1895. *Terre émaillée, agate.* Le Scorpion emblème de la déesse S e l k.

1896. *Terre émaillée.* La Sauterelle, avec l'image d'une *déesse* sur le dessous de la base.

1897. *Agate.* Une Mouche.

1898. *Cristal.* Le poisson Latus, nommé Binni en Égyptien, emblème du *Nil supérieur.*

1899. *Bronze.* Le poisson Oxyrinchus (?).

1900. *Or.* Partie antérieure d'un Dauphin avec une bélière dans la gueule.

1901-1907. *Terre émaillée.* Poissons représentés en relief. Les deux premiers avec le prénom Thoutmes IV; les autres avec des noms et des emblèmes de divinités.

1908-1917. *Pétrification.* Épines de C i d a r i t e s.

1918. *Pétrification.* Une Coquille.

1919, 1920. *Pétrification.* Opercules de Coquilles.

C. Monumens, ustensiles et instrumens du culte public ou privé.

Plusieurs des monumens de cette section, comme par exemple, toutes les grandes tables à libation, appartiennent par leurs inscriptions à la classe des monumens funéraires; mais nous avons cru devoir les placer ici, puisqu'ils nous offrent les images des instrumens et des ustensiles originaux, destinés pour le culte public ou privé. L'embaumement des momies étant lui-même un acte religieux, les instrumens dont les prêtres se servaient pour cette opération, ont dû naturellement être compris dans cette section.

C. * 1. *Pierre calcaire.* Deux fragmens d'un *bas-relief* ayant probablement orné un ᴛᴇᴍᴘʟᴇ, *avec des restes de peinture sur les figures.* Ce bas-relief nous représente un Pharaon Égyptien retourné de quelque expédition militaire, et s'approchant du temple, pour offrir aux dieux les fruits de ses conquêtes. Sur le plan principal nous voyons le Pharaon vêtu de la longue tunique, ou la *Calasiris*, le diadème orné de l'*uréus*, embrassé par un homme et une femme ; derrière le monarque, un hiérogrammate, avec la palette d'écrivain dans la gauche, et onze Égyptiens conduisant les captifs avec leurs femmes et leurs enfans ; les hommes avec les bras liés dans une pièce de bois ou un joug, dont l'un des bouts est attaché à une corde qui va autour du cou, la corde de l'autre bout est tenue par les Égyptiens ; dans la physionomie des captifs nous reconnaissons un peuple Asiatique. Sur un autre plan, mais dont il n'existe plus que la partie inférieure, on apperçoit des Égyptiens vêtus de la *calasiris* et tenant les emblèmes de la victoire, suivis d'une partie de la cavalerie Égyptienne. Un troisième plan dont la partie inférieure manque, nous offre des prêtes apportant des colliers etc., et des Égyptiens emmenant des captifs, parmi lesquels on distingue quelques-uns appartenant à une race Africaine. — *Trouvé à* Saccara. *Long.* 3.05.

* 2. *Pierre calcaire.* Deux fragmens comme les précédens, offrant un homme vêtu de la *calasiris*, et accompagné d'une femme. Ce qui reste d'une inscription hiérogl. de quatre lignes contient des dédications à Hathor. — *Haut.* 0.98.

* 3. *Pierre calcaire.* Fragmens comme les précédens. On y voit : d'abord deux hommes vêtus de la *Calasiris*, la poitrine ornée de riches colliers, tenant dans la gauche le sceptre surmonté d'une *plume*, emblème de la *victoire*, l'un tourné vers un temple, dont on apperçoit l'escalier et une colonne ; l'autre armé de la hache de guerre, donne ses ordres à un Égyptien d'un rang

inférieur. Un peu plus loin un Égyptien haranguant les ennemis qui paraissent appartenir à une race Asiatique ; ces derniers, renversés par terre ou agenouillés, se rendent au vainqueur ; derrière les captifs nous voyons une partie de leur cavalerie. Les hiéroglyphes sur les deux bouts du monument nous offrent les titres et le nom du *jeune chef*, le *basilicogrammate*, H o r - h e m - h b a i. — *Trouvé à* Saccara. *Larg.* 2.33.

C. * 4. *Plâtre* d'un fragment d'une *frise* d'un TEMPLE en *basalte noir*, conservé dans le Musée Britannique (le n. 22 de la *Synopsis of the contents of the Brit. Mus.*) et nous offrant le Pharaon N e c t a n é b o, de la XXIXe dynastie, agenouillé et faisant des offrandes. Au-dessus sont les cartouches prénom et nom du roi.

V. Lettre sur les monumens Égyptiens, etc. pg. 137, Pl. XXVII. nn. 274, 275.

* 5. *Pierre calcaire.* Fragment d'un *bas-relief* de l'intérieur d'un TEMPLE ; on y voit représentés neuf ânes, et à gauche le bâton du pâtre. — *Haut.* 0.45, *long.* 0.25. Ce monument est d'un travail remarquable.

* 6. *Pierre calcaire. Bas-relief* comme le précédent, mais d'un temps postérieur, représentant un *uréus* dressé, au dessus d'une table, la tête surmontée du *disque* avec les *deux cornes*, emblème d'une déesse, fille d'O o h. — *Haut.* 0.42, *larg.* 0.36.

* 7. *Pierre calcaire.* Fragment ayant orné l'extérieur de quelque TEMPLE, et offrant en signes très grands et détaillés avec beaucoup de soin, une légende hiéroglyphique : »*Tu manifestes mon âme dans le monde de* .... *pour ser-* »*vir au seigneur des hommes dans les panégyries.*" — *Haut.* 1.63 ; *larg.* 0.53.

* 8. *Plâtre* de la *pierre de Rosette*, dont l'original se trouve dans le Musée Britannique (*Synopsis n.* 32), contenant un décret des prêtres d'Égypte, pour célébrer les bénéfices, que le Pharaon P t o l é m é e E p i p h a n e avait rendus à son pays. Ce décret est conçu dans un texte hiéroglyphique, démotique ou epistolographique et Grec.

C. * 9. *Granit rouge.* Grand TEMPLE *monolithe*, surmonté d'un *pyramidion*, et orné de sculptures sur les quatre faces; l'entrée se fermait par une double porte, comme le prouvent les quatre trous, dans lesquels les gonds ont tourné. La légende hiérogl. sur la face droite porte que le monument a été érigé, par le Pharaon R é - e n - h è t (A m a s i s), l'avant dernier de la XXVIe dynastie, à son père.

Les sculptures nous offrent, face antérieure: sur le pyramidion, à droite et à gauche, les emblèmes d'O s i - r i s, le thyrse avec la peau de panthère, et l'épervier surmontant l'étendard du Pharaon avec le légende: *le dieu bienfaisant; résidant dans le palais, et ayant une vie stable comme le soleil pour toujours;* sur le temple, un naos flanqué de deux schacals et deux lions couchés; à droite, 1°. une divinité *ibiocéphale*, debout, et une autre, *hiéracocéphale*, assise; 2°. les génies de l'A m e n t i, A m s e t et S i o u m o u t f *androcéphales;* 3°. un homme debout faisant une offrande; à gauche: 1°. un dieu *andro-céphale* assis, et l'épervier sur le signe de *dominion;* 2°. les deux génies H a p i et K e b h n i s n a u f *androcéphales;* 3°. un homme faisant une offrande.

Face latérale droite: sur le pyramidion, les étendards du roi etc.; sur le temple, 1°. une momie humaine de-bout, à droite deux images d'O s i r i s assis sur le trône, à gauche I s i s et N e p h t y s debout, 2°. trois autels ou enseignes portant une divinité *cynocéphale*, un éper-vier, une divinité à *tête de schacal*, une divinité *Typho-nienne* debout, et cinq autres enseignes surmontées d'un vautour, d'un épervier, d'une grue accroupie, d'une figure humaine accroupie, et d'une autre, vue de face et armée d'un couteau dans sa droite.

Les deux autres faces ont beaucoup souffert; celles du pyramidion paraissent avoir été décorées des mêmes sculptures que les faces antérieure et latérale droite; le temple même offre les images de plusieurs divinités, *à têtes de bélier, d'homme, de schacal, d'uréus, d'épervier, de Typhon etc. — Haut. jusqu'au point du pyram.* 2 mm.; *larg.* 1.79 *et* 1.37.

Les signes des étendards, aussi bien que ceux du prénom royal, ont été martelés, probablement par les Perses, lors de leur invasion en Égypte. — V. ma Lettre, pgg. 134, 135. Pl. XXVI. n. 267.

.Modèle d'un naos *funéraire.* Voyez la description, infra, dans la Partie des Monumens funéraires, Lit. V, Stèles funéraires.

C. 10. *Terre émaillée.* Petit naos, dont la corniche est ornée de disques, et surmontée d'uréus. Sur les deux faces latérales on voit la tête d'épervier avec le croissant et le disque combinés, emblèmes de C h o n s, et un épervier debout avec les ailes étendues; sur la face postérieure, deux éperviers assis.

11. *Terre émaillée.* Petit naos. Sur la face antérieure on voit travaillée en relief la figure d'un *hippopotame* dressé et coiffé des *deux palmes*, emblème de T a o ë r i, sur les faces latérales, la colonne à chapiteau en fleur de *lotus.*

Ces deux objets paraissent avoir été portés comme amulettes.

12. *Terre cuite.* Petit naos ou chapelle, ouverte par derrière, et ornée sur le devant d'un buste de D i a n e, flanqué des deux torches de C e r e s. *Travail du temps Grec.*

*13. *Granit rouge.* Grand autel monolithe, orné sur chacune des quatres faces de deux images de rois, sculptées en relief, et sur les visages desquelles on aperçoit encore les restes d'une couleur noire. L'étendard et les cartouches prénom et nom du Pharaon sont sculptés à côté des images. Sur le dessus de l'autel une bande d'hiéroglyphes nous offre les titres etc. du Pharaon R é-s c h a - ô n c h, *le fils du soleil*, S e b e k ô t p, qui a érigé et dédié ce monument à son père H a r - S a f, *le victorieux.* — *Haut* 0.91; *long.* 1.60; *larg.* 1.10.

Ce monument, que dans ma *Lettre* pgg. 119 et suivv.,

j'avais placé dans la **XXV** dynastie, des rois Éthiopiens, doit être rapporté au règne d'un autre Sabaco, antérieur à l'invasion des H i k s c h ô s en Égypte.

C. * 14. *Pierre calcaire*. Table à libations, ornée de deux légendes hiéroglyphiques, contenant des consécrations à O s i r i s, *Seigneur de Tatou*, et à A n u b i s, *afin qu'ils accordent une bonne demeure, des boeufs, des oies, des offrandes, et tous les biens purs de la vie divine, des liquides, des baumes, de l'encens, de la cire*, à un fonctionnaire, nommé H a t h o r s i. — *Larg.* 0.55 et 0.44.

* 15. *Albâtre*. Table à libations, de forme ronde, offrant sur le dessus, en relief la représentation d'une tablette à sept petits godets, et de cinq patères destinées à ce qu'il paraît, à contenir les offrandes liquides. La surface entière est divisée en 95 compartimens, renfermant chacun le nom en signes phonétiques, et le signe figuratif correspondant d'une offrande. Autour des cinq patères, à la dernière ligne de l'inscription, les légendes hiéroglyphiques du prêtre M ô t f d s j é. — *Diam.* 0.48; *haut.* 0.13.

* 16. *Pierre calcaire*. Table à libations, avec deux légendes hiérogll., contenant une dédication à O s i r i s *Fent-hem-pamenti* et à H ô p - h i o o u e, pour un *préposé aux Scribes*, S e b e k t e t o u. Sur le dessus plusieurs offrandes sculptées en relief et coloriées; sur le devant deux godets pour contenir des liquides. — *Larg.* 0.50.

* 17. *Pierre calcaire*. Table à libations, à trois godets; les inscriptions contiennent des dédications à O s i r i s *seigneur de Tatou*, et à A n u b i s. — *Larg.* 0.33 et 0.27.

* 18. *Granit gris*. Table à libations, avec la représentation en relief des offrandes, et dédications de la part d'une *Chanteuse attachée au service* d'A m o n. — *Long.* 0.57 et 0.44.

* 19. *Pierre calcaire*. Table à libations, sur le dessus et sur le devant des dédications à P h r é - T m o u, *le seigneur de la région de Poni*, et à P h t a h - S o c a r i - O s i r i s, *le dieu grand, seigneur de Schtei* (une région de l'*Amenti*)

et à **Anubis**, *le seigneur de Ri*, de la part du *préposé aux pasteurs*, *nommé* **Pekhrari**. — *Larg.* 0.30 *et* 0.32.

> Cette *table à libations* fut trouvée avec les quatre stèles appartenant au même défunt, et décrites dans la III⁰ Partie du catologue, dans la Section V des STÈLES FU-NÉRAIRES.

C. * 20. *Pierre calcaire*. TABLE à LIBATIONS, avec la repré-sentation en relief de deux vases; dans le milieu de la surface et des deux côtés un bassin pour recevoir les liquides — *Larg.* 0.38 *et* 0.30.

* 21. *Marbre*. TABLE à LIBATIONS (?), avec une cavité pour recevoir les liquides. Sur le dessus et autour de la base des inscriptions hiérogll. contenant des dédications pour le *préposé aux* .... Fai-nofre-bai. — *Long.* 0.37; *larg.* 0.22; *haut.* 0.11.

22. *Bronze*. Petite TABLE à LIBATIONS. Sur les deux coins de devant deux éperviers, sur les coins de derrière deux cynocéphales et deux autres animaux, flanquant un homme agenouillé. Au ilieu sur le devant, une gre-nouille, avec un trou percé entre les pattes, comme pour laisser découler les liquides.

23, 24. *Bronze et basalte*. Petites TABLES à LIBATIONS, ayant été portées peut-être comme amulettes.

25, 26. *Terre émaillée*. Deux petites TABLES à LIBA-TIONS, ayant été portées comme amulettes.

27–38. *Bronze*. VASES SACRÉS ou petits seaux ansés, ornés de bas-reliefs, qui représentent le propriétaire du vase, adorant différentes divinités, Amon-Saf, Neith, Phtah, Pascht, Isis, Horus, etc. La partie infé-rieure finit dans un point, orné d'une fleur de *lotus* épanouie.

39, 40. *Bois*. Doubles MANCHES, formées d'une main étendue, sortant d'une tête d'Hathor à oreilles de *va-che*. La poignée consiste d'une tige avec la fleur de *lotus*.

> Ces manches peuvent avoir servi de pincettes pour tenir les objets offerts à la divinité.

C. 41. *Terre émaillée.* Modèle d'une double manche comme les précédens, mais formée seulement d'une tige de
lotus, liée en divers endroits par des bandes. De chaque côté *l'oeil symbolique*, deux fleurs de *lotus* et le
cartouche prénom Ré-neb-nito d'Amentuônch,
le frère (?) d'Amenôtp III, le 8ᵉ roi de la XVIIIᵉ
dynastie.

V. ma Lettre pg. 75, Pl. XIII. nn. 139, 141.

42. *Bois.* Manche semblable aux précédens, formée
d'une main sortant d'une tête.

43. *Bois.* Cuiller, formée d'une main étendue tenant
une coupe; un trou, percé par le bras jusque dans la
coupe, a pu servir pour faire découler les libations.

44. *Bois.* Manche.

45. *Bronze.* Cuiller *de sacrifice*, très profonde, avec
une longue manche recourbée pour la suspendre.

46. *Argent.* Cuiller comme le précédent, la manche
se pliant en deux avec une charnière, et terminée dans
une tête d'oie.

Ces deux cuillers paraissent appartenir au temps Grec.

47. *Bronze.* Partie supérieure de la manche d'une
cuiller comme les deux précédentes, terminée dans une
tête de quelque animal.

48-57. *Terre cuite, pierre calcaire, etc.* Amulettes
représentant des veaux liés *pour le sacrifice.*

58. *Silex.* Deux couteaux ayant servi aux *Paraschistes*
pour faire dans le flanc gauche du défunt la première
incision, par laquelle on retirait les entrailles.

59-63. *Bronze.* Crochets ayant servi pour retirer la
cervelle des momies par les narines.

64-67. *Bronze.* Crochets de forme variée, ayant probablement servi pour l'embaumement des momies.

II.

MONUMENS CIVILS.

D. Statues, figurines et statuettes représentant des hommes et des femmes.

Presque toutes les statues et les figurines qui composent cette section, étaient destinées, aussi bien que les images funéraires (P. III. Sect. P.), à être placées auprès du défunt, dont elles nous représentent le portrait plus ou moins exact. Les inscriptions hiéroglyphiques nous offrent pour la plupart le même texte que celles des images funéraires; c'est-à-dire, une prière pour le défunt, avec l'indication de son nom, ses titres et souvent aussi sa filiation. Quelques-unes de ces statuettes portent sur leur poitrine l'image d'un *épervier hiéracocéphale*, avec les ailes étendues, emblème de *l'âme séparée du corps;* d'autres ont les bras croisés sur la poitrine et tiennent dans leurs mains une *pioche*, une *houe* et un *cordon* aboutissant à un *sac*, qui pend sur le dos; ces instrumens prouvent encore la destination funéraire de ces monumens. Cependant nous les avons placés ici parmi les objets de la vie civile, puisqu'ils nous représentent l'individu, revêtu de la costume, qu'il avait portée dans sa vie, tandis que les images funéraires proprement dites, nous offrent la figure de la momie du défunt.

§ 1. Pharaons égyptiens.

D. 1. *Bronze.* Un Pharaon debout, coiffé du casque royal, et revêtu du *schenti;* les bras tendus en avant. — *Haut.* 0.24.

2. *Bronze.* Pharaon debout, le casque surmonté des fragmens de quelque ornement.

D. 3. *Bronze.* PHARAON agenouillé, coiffé du *claft*, re·
vêtu du *schenti*. — *Haut.* 0.16.

4-7. *Bronze.* PHARAONS OU PRINCES, debout, coiffés
du *claft*, et revêtus du *schenti;* les bras étendus le
long du corps; avec des rouleaux de papyrus (?) dans
les mains.

8. *Bois.* PHARAON debout, tenant dans sa droite un
sabre et dans sa gauche un bouclier.

9. *Bronze.* Jeune PHARAON OU PRINCE assis, revêtu du
schenti, la tête surmontée de la coiffure symbolique
d'H a r o e r i. — *Haut.* 0.20.

10. *Bois.* Jeune PRINCE, entièrement nu, la tête orné
de l'*uréus*.

Cette figurine est renfermée dans une petite boîte antique,
en forme de *naos*.

11. *Pierre calcaire.* Buste d'un PHARAON, coiffé du
claft.

Ce buste est remarquable à cause des lignes verticales
et horizontales, dont les traces sont encore visibles sur
le dessus de la tête, sur la partie postérieure, les deux
côtés et sur le dessous. Ces lignes paraissent avoir servi
de réseau à l'artiste. L'*uréus* sur le front est seulement
indiqué par des contours noirs. Il se trouvent plusieurs
bustes analogues dans les Musées publics et privés, qui
tous semblent provenir du même atelier.

12. *Marbre.* Buste d'un PHARAON, coiffé du *claft.*

Ce monument est d'un travail superbe, et appartient à la
belle époque de l'art Égyptien.

§ 2. ÉPOUSES DE PHARAONS ET PRINCESSES.

13. *Bronze.* REINE debout, avec deux *sistres* dans les
mains étendues en avant.

14, 15. *Bronze* et *pierre calcaire.* REINES assises; la
tête surmontée du *disque* entre les *cornes de vache* et les
deux *palmes*, coiffure symbolique d'H a t h o r. L'une de
ces figurines tient l'emblème de la *vie* dans sa droite.

D. 16. *Plâtre* d'un bas-relief représentant la tête d'une
REINE, coiffée du *vautour*, emblème de la *maternité*.

§ 3. MAGISTRATS, PRÊTRES ET AUTRES FONCTIONNAIRES, INDIVIDUS NON TITRÉS, ETC.

17. *Bois*. Statuette représentant l'*auditeur, directeur
du palais*, Hôphioouemes, revêtu de la longue tunique appelée *calasiris;* la poitrine ornée de la figure en
relief de l'*épervier androcéphale*, avec les ailes étendues
(emblème de l'*âme séparée du corps*); dans sa gauche il
tient un rouleau de papyrus. La statue est adossée contre une stèle, avec inscriptions hiéroglyphiques. Ces
inscriptions et celle sur le devant de la tunique nous
offrent le nom et les titres d'Hôphioouemes; dans
l'inscription de la stèle le nom et les titres sont deux fois
gravés sur un morceau de bois détaché du reste.

18. *Bois*. Statuette de l'*auditeur de la justice dans
le tribunal*, Scha.. ...., vêtu de la *calasiris*, tenant la tête de *bélier, discophore*, emblème de Chnouphis, au-dessus d'un autel formé par une *tige* et *fleur
de lotus* épanouie. Les inscriptions sur le dos de l'obélisque, contre lequel la statue est adossée, contiennent
une dédicace à Amon-Ra, *le roi des dieux*, à Mouth,
la grande etc.; sur la face gauche de l'obélisque, l'image
de la dame Nofre-neith. La base a beaucoup souffert; ce qui reste de l'inscription nous offre une dédicace à Amon-ra, Isis, Horus *l'ainé*, à Phtah-
Socari-Osiri pour le defunt Scha....... et pour
Nofre-neith, son épouse (?). — *H.* 0.58.

19. *Bois*, la base en *pierre calcaire*. Statue de l'*auditeur de la justice dans le tribunal*, Amonnascht,
vêtu comme le précédent. L'inscription sur le dos contient une dédicace à Ré-atmou *et à tous les dieux
du ciel*. Sur l'épaule droite on voit le dieu Phré,
hiéracocéphale, discophore, et une inscription hiéroglyph.
le long du bras. Sur l'épaule gauche le cartouche nom

propre d'A m e n ô t p. Il tient dans sa gauche un long sceptre *criocéphale*, avec une dédicace hiérogl. à A m o n-R a, le *seigneur des trônes, des mondes, résidant dans Thèbes.* Sur la face gauche de l'obélisque, contre lequel la statue est adossée, est tracée l'image de *sa soeur, qui l'aime, la dame* .... (?). Sur la base nous lisons les titres de la déesse M o u t h. Autour de la base une dédicace à M o u t h, *la grande, la dame du ciel, la directrice de tous les dieux*, de la part d'A m e n n a s c h t et de S c h a-r é ï. — *H.* 0.46.

D. 20. *Basalte.* HIÉROGRAMMATE assis, les jambes croisées, lisant dans un rouleau de papyrus déployé sur les ge-noux. — *H.* 0.32.

> Cette statue est d'un travail superbe, et paraît apparte-nir aux temps de la XVIe dynastie.

21, 22. *Terre émaillée.* HIÉROGRAMMATES l'un assis, l'autre agenouillé, lisant dans un rouleau de papyrus déployé.

> Le n. 21 paraît avoir servi de sceau.

23. *Bronze.* HIÉROGRAMMATE, debout, revêtu de la longue tunique, tenant dans sa gauche un rouleau de papyrus devant sa poitrine.

24. *Bronze.* PRÊTRE, agenouillé et soutenant sur ses genoux un petit naos, dont les faces latérales sont ornées de l'image d'une déesse *ptérophore*, et dans lequel se trouve une figure accroupie. Une inscription sur le dos contient la légende du prêtre.

25. *Bronze.* PRÊTRE, debout, le corps enveloppé dans un vêtement très-étroit; les mains tendues en avant.

26-30. *Bois* et *bronze.* PRÊTRES, revêtus du *schenti*, assis sur une chaise, agenouillés, avec les mains élevées, ou les bras étendus le long des jambes.

* 31. *Granit rouge.* Statue du BASILICOGRAMMATE ou SCRIBE ROYAL, F a i n o f r e, accroupi, enveloppé dans un vêtement, qui ne laisse sortir que la tête et les mains, les bras étendus sur les genoux, dans sa gauche il tient des bandelettes. Sur le devant du vêtement se trouvent l'image en relief de P h t a h, et une dédicace à O s i r i s

le directeur de l'Amenti, et à Phtah *le seigneur*, Socari-Osiri. — *H.* 0.90

D. *32. *Pierre calcaire.* Le Basilicogrammate Eaté, assis sur une chaise, revêtu de la *calasiris*, la tête rasée,
des sandales aux pieds, dans sa gauche il tient une sorte
de polissoir. Les inscriptions sur le vêtement, et sur le
dos contiennent une dédicace à Phtah-Socari-Osiri.—
H. 1.02.

*33. *Pierre calcaire.* Le Basilicogrammate, *préposé au
temple* Phtah-mes, vêtu de la *calasiris*, avec des sandales aux pieds, les mains reposant sur les genoux, assis
sur une chaise, adossé contre une stèle. Les hiérogll.
sur le devant de la tunique contiennent la prière que:
»*toutes sortes de nourriture se trouvent sur la table de
l'Osirien Ouôn-nofre, des boeufs, des oies, et tous les
biens purs etc.* — *H.* 1.45.

*34. *Pierre calcaire.* Statue colossale du Basilicogrammate, *préposé à la salle blanche*, Maëia, assis sur une
chaise, revêtu de la *calasiris*, et tenant des bandelettes
dans sa gauche. — *H.* 2.18.

*35. *Pierre calcaire.* Groupe de deux statues, représentant un Basilicogrammate, *préposé à la salle blanche
du seigneur des mondes*, revêtu de la *calasiris*, avec son
épouse, assis sur une chaise. — *H.* 1.62.

*36. *Pierre calcaire.* Le Basilicogrammate *du seigneur
des mondes* Ankareoutf, assis sur une chaise, vêtu
de la *calasiris*, avec des sandales aux pieds, et une inscription sur le devant de la tunique. Sur les deux épaules
les cartouches prénom et nom de Rhamses le grand.
Sur les genoux et entre les bras de la statue l'on a placé
un trône, avec deux divinités assises, l'une à tête de
schacal, Anubis, l'autre à tête de *boeuf*, Hapi. Sur
le devant de la base les restes d'une inscription hiérogl.;
sur la partie postérieure du trône, le *Basilicogrammate*
adorant le dieu Osiris. — *H.* 1.36; *le trône avec les
deux dieux* 0.36.

La face, les mains et les pieds de la statue sont peints en

rouge, la chevelure et la chaise en noir; mais ces couleurs paraissent être modernes. V. sur les cartouches ma Lettre pg. 94.

D. * 37. *Pierre calcaire.* Le Basilicogrammate Faiirieï, agenouillé, vêtu de la *calasiris*, tenant un naos devant ses genoux, dans lequel on voit sculptée en relief la tête symbolique d'H a t h o r. Les légendes hiérogll. sur le naos, sur la partie antérieure de la base, et sur le dos de la statue, contiennent des dédications à H a t h o r, à O s i r i s *Fent-hem-pamenti* et O s i r i s O u ô n - n o f r e.— *H.* 1.32.

* 38. *Pierre calcaire.* Un Basilicogrammate *de Memphis* *nommé* H a r s a f, agenouillé, vêtu de la *calasiris*, adossé contre une stèle et tenant devant ses genoux un naos, dans lequel on voit l'image en relief d'O s i r i s *Fent-hem-pamenti.* Vers la partie supérieure du naos se trouvent de chaque côté un *cynocéphale* et un *épervier androcéphale*, emblème de *l'âme*, adorant le *disque* du soleil. Sur la face antérieure, à droite, une dédication à P h r é; à gauche, une autre à O s i r i s *Fent-hem-pamenti;* sur les faces latérales, des dédications à A n u b i s et une représentation du défunt adorant le dieu. Sur la base, à gauche, la légende d'un scribe à Memphis, P h t a h p e p o u i; autour de la base, dédications à P h t a h, *résidant dans* S c h t é i (une région de l'A m e n t i), et à O s i r i s *Fent-hem-pamenti.* Sur la stèle, des dédications à O s i r i s et à P h t a h - S o c a r i - O s i r i. La statue porte sur l'épaule gauche le cartouche prénom de R h a m s e s *le grand.*

V. ma Lettre pg. 94. Pl. XVII. n. 168.

39. *Marbre.* Le Basilicogrammate, N o f r e - r o m p é, accroupi. Sur le devant de la statue l'image sculptée d'O s i r i s assis sur son trône.

40–43. *Marbre, pierre calcaire et bois.* Statues de Basilicogrammates: A m e n - h e m - h é, avec les emblèmes de la *stabilité* et des *bandages* dans les mains (40); Rémes (41); d'un Basilicogrammate, *préposé aux serviteurs*

du seigneur des mondes, I t i (42); et d'un autre *au tribunal*, nommé également R é m e s. Ce dernier, revêtu de
la longue tunique, tient dans la gauche un long sceptre
dont la partie supérieure manque. Les inscriptions sur
l'obélisque, contre lequel la statue est adossée, sont illisibles. — *H. du n.* 43, 0.46.

D. * 44. *Granit rouge.* Statue du Prophète F a i - n o f r e-
b a ï, agenouillé derrière un naos, dans lequel on voit
l'image en relief d'O s i r i s. Les hiérogll. sur le devant
du naos, sur les faces latérales et sur la stèle, contre
laquelle la statue est adossée, contiennent des dédications
à P h t a h et à H a t h o r. Sur l'épaule gauche on lit le
cartouche prénom de R h a m s e s III. — *H.* 1.22.

V. ma Lettre pg 94. Pl. XVII. n. 176.

* 45. *Basalte.* Statue d'un Prêtre spondiste *du temple
de* Phtah, Phtahmes, accroupi, enveloppé d'un
habit, qui ne laisse sortir que la tête et les deux mains.
Devant ses genoux la partie inférienre d'une image en
relief de Phtah (?). Les inscriptions sur la partie antérieure nous offrent des dédications à ce même dieu.
Sur le côté droit les images d'Osiris et d'Anubis,
debout, entourées de légendes relatives à ces dieux. Sur
le côté gauche l'image de Phré et d'un autre dieu *androcéphale*, qualifié *le bon directeur des mondes;* légendes
hiérogll. contenant des prières pour Phtahmes et pour
son fils, le prêtre de Phtah, Eiousch. Sur le dos une
dédication à Phtah-Socari. Autour de la base nous
voyons, en commençant au milieu de la face antérieure
vers la droite: Phtahmes, *sa soeur, son père, sa
mère, son fils* et *sa fille* agenouillés, et vers la gauche
Phtahmes, *deux fils, une femme* et un *homme* agenouillés. Sur le bras droit est sculpté le cartouche prénom de Rhamses III. La tête et une grande partie
du devant de cette statue manquent. — *H.* 0.42.

V. sur le cartouche ma Lettre pg. 90. Pl. XVII. n. 168.

46. *Pierre calcaire.* La Statue du Spondiste de Thôth,
nommé Harsaf, fils d'Empéônch et *de la dame* Teti-

m a - n o f r e, assis sur un trône, le corps enveloppé dans un vêtement très-serré, qui va jusque sous la plante des pieds. La coiffure, la face, la poitrine et les mains portent les restes de dorure. Le trône est richement orné. Sur le dos et autour de la base une dédicace à Osiris *Fent-hem-pamenti, le dieu grand, seigneur de la région de Tatou,* à Thôth, etc.

Cette statue appartient au beau temps de l'art Égyptien.

D. 47-49. *Pierre calcaire* et *terre cuite.* Statues du Gardien *de la salle blanche* et Prêtre de Netpé, Meiré. Ces statues nous représentent un homme, vêtu de la longue tunique, couché par terre sur le devant du corps, et tenant dans ses mains étendues un instrument, avec lequel il semble frotter sur une pierre.

* 50. *Terre cuite.* Le Scribe *de la salle blanche du seigneur des deux mondes*, Simouth, accroupi, revêtu de la *calasiris,* les bras étendus au-dessus des genoux. Les inscriptions autour de la base, sur le devant de l'habit et sur le dos, offrent une dédication à Osiris, *le directeur éternel,* pour Simouth, une autre à Hathor *la directrice de l'Amenti,* pour la dame To-'hem-soueits, à Ouôn-nofre et à Osiris, *le seigneur éternel.* — *H.* 0.65.

51. *Pierre calcaire.* Statue du Scribe *de la contrée méridionale,* Ouônsou, agenouillé, entièrement nu, et tevant devant ses genoux une stèle. Les hiérogll. sur cette stèle, sur la base et sur le dos de la statue contiennent une dédication à Anubis et une prière à Phré. — *H.* 0.41.

Cette belle statue appartient au temps de la XVIe dynastie.

52. *Bois.* Le Scribe *des offrandes* Ré, revêtu de la *calasiris,* les bras étendus le long du corps, la chevelure peinte noire, le visage, les bras et les pieds rouges.

53-57. *Talc, pierre calcaire, terre émaillée* et *bois.* Statues de Grammates ou Scribes: Naschtamon (53); Peneôou (54); Hatei-nofre (55); Amenmes (56), et Hatéi (57), revêtus de la *calasiris.*

D. 58. *Albâtre*. Un Fonctionnaire attaché au temple de Thôth, vêtu de la *calasiris*. — *H.* 0.34.

59. *Pierre calcaire*. Un chef *préposé aux ouvriers dans le temple d'*Osiris, *et dans le temple d'*Isis, *le préposé aux prophètes d'*Empé. L'inscription, dans laquelle le nom propre de l'homme est martelé, contient une dédicace à Isis, *la divine mère*, *la dame du ciel*, *la directrice des dieux*. — *H.* 0.30.

* 60. *Marbre*. Statue représentant un Chef Phtahôtp, accroupi, les bras étendus sur les genoux, et enveloppé dans un habillement, qui ne laisse sortir que le visage et les deux mains. Sur le devant de l'habit sont sculptées, à droite l'image d'Osiris *Fent-hem-pamenti*, à gauche celle d'Anubis; au milieu une dédication à Osiris.

* 61. *Granit gris*. Statue d'un Chef, *préposé aux habillemens* (?) Petosiris, agenouillé, vêtu du *schenti*, soutenant un autel ou une table à libation. La statue est adossée contre une stèle, avec une inscription hiérogl.

La tête et les mains manquent à cette statue, dont le travail est d'une très-belle exécution.

62. *Terre émaillée*. Un Chef, Phtah hem-hbai, vêtu de la *calasiris*.

63. *Bois*. Statue représentant un Chef, Oshé. Les inscriptions sur le dessus et autour de la base contiennent des dédications à Osiris *Fent-hem-pamenti*, *le dieu grand*, *directeur éternel*, et à Amon-Ra, *le roi des dieux*, *le dieu résidant dans la région pure*, et à Anubis. — *H.* 0.29.

64. *Talc*. Statue d'un Chef, *attaché au temple du seigneur des mondes*, Oohmes, la tête surmontée de *deux lotus*. La dédicace est faite à Osiris, à Phtah-Socari, *seigneur de Schenti* et à Anubis.

* 65. *Pierre calcaire*. Statue d'un préposé à *la demeure de* Phtah (?), Phtahmes, assis sur une chaise, vêtu de la *calasiris*, et tenant dans sa gauche une bandelette. — *H.* 1.52.

* 66. *Marbre*. Statue d'un Préposé à *la maison*, Eoëri.

accroupi, vêtu d'un habit d'où ne sortent que la tête et les mains. Le devant de l'habit est orné d'une image en relief d'Osiris *Fent-hem-pamenti*; les inscriptions autour de la base et sur le dos contiennent des dédicaces à ce dieu et à Phtah-Socari. — *H.* 0.52.

D. * 67. *Pierre calcaire.* Statue comme le précédent, représentant le Préposé *aux .... du palais* Héï. L'inscription sur le devant de l'habit offre une dédicace à Phtah-Socari-Osiri et à Anubis; à la fin de cette inscription sont sculptés deux hommes agenouillés, dont l'un est qualifié son fils. Sur le dessus de la base et sur le dos, dédicaces à Osiris; une autre légende sur l'habit au-dessus des genoux contient le nom d'un autre Préposé, nommé Amenôtp. — *H.* 0.56.

68-72. *Terre émaillée, talc, albâtre.* Statues de Préposés: *aux archers*, Souniro (68, 69); *à la salle blanche*, Piëa (70), *aux boeufs de* Phtah, nommés Naéïa, et Phtah-hem-hbai (71 et 72).

73. *Marbre.* Un Fonctionnaire nommé Nascht-amon.

* 74. *Pierre calcaire.* Statue d'un Employé royal *du seigneur des mondes, préposé à la demeure du lion de* Phtah, nommé Rechor, agenouillé, revêtu de la *calasiris*, et soutenant un naos, dans laquelle on voit l'image en haut-relief de Phtah. Les inscriptions offrent, sur la face antérieure dn naos, des dédications à Phtah, au même dieu, *le seigneur de la coudée, à* Socari-Osiri, *seigneur de* Schtéï; sur le dessus du naos, la légende de Rechor; autour de la base, dédicaces à Phtah-Socari, résidant dans Schtéï, et à Osiris *Fent-hem-pamenti;* sur le dos, au même dieu et à Anubis; sur les deux épaules, les signes *demeure de Phtah.* — *H.* 0.85.

75. *Bois.* Statue d'un Préposé royal, nommé Kef-schemsou.

* 76. *Terre cuite.* Groupe de deux statues, d'un homme vêtu de là *calasiris*, nommé Ré-Amon et d'une femme Oéaéi, vêtue d'une longue tunique, adossés

contre une stèle. Sur le côté gauche de la stèle l'image de leur fille en creux. Les inscriptions nous offrent: sur l'habit de l'homme et à côté de la femme, leurs noms; autour de la base, des dédications à Amon-Ra, à Mouth, pour l'homme, et à Hathor, pour la femme; sur la face postérieure de la stèle, une dédication à Phtah et à Pascht. Au-dessus des signes du commencement de cette inscription, on a sculpté, en signes plus grands et remplis d'une matière blanche, le commencement d'une légende d'un SPONDISTE de Phtah, *seigneur de l'écriture etc. — H.* 0.46.

D. *77. *Pierre calcaire.* Groupe de deux statues d'un homme, Akor-nofre et de son épouse, assis sur un banc et adossés contre une stèle; avec une dédication à Anubis. Sur la stèle, à gauche de l'homme, l'image d'une femme sculptée en relief, et apportant des offrandes. — *H.* 0.48.

Le travail de ce groupe est très-grossier.

78. *Pierre calcaire.* Un homme revêtu de la longue tunique, et accroupi; la face dorée; sur le devant du vêtement sont gravées deux images d'Osiris. La base porte une double inscription, démotique et hiéroglyph. L'entier repose sur une seconde base à quatre escaliers.

Le travail est assez bon, mais les hiérogll. paraissent appartenir à un temps postérieur.

79-91. *Talc, terre cuite, bois peint, terre émaillée, pierre calcaire.* Statuettes de différens individus non titrés, nommés: Rhamsehosi (79-81), Penenôou (82), Onch-Pieoï (83); Réeai (84); Thôthmes (85); Sapinito (86); Mehtsou-Chons (87); Chonsmes (88); Amenmet ou Amenhemti (89, 90); Hornascht (91).

*92. *Pierre calcaire.* Groupe composé de deux statues, d'un homme assis sur une chaise, et d'une femme assise sur un tabouret, adossés contre une stèle. — *H.* 1.10.

*93-*96. *Grès granitique gris, pierre calcaire.* Statues

d'hommes assis ou agenouillés; les nn. 93 et 94 revêtus d'une peau de *panthère*, le n. 95 soutenant une table à libation. — *H.* 0.82, 0.65, 0.56 *et* 0.75.

D. *97. *Pierre calcaire.* Groupe de trois statues représentant un homme entre deux femmes assises sur des chaises. — *H.* 0.46.

98. *Bois.* PRÊTRE revêtu de la longue tunique, dont il tient un bout dans la droite.

99-110. *Pierre calcaire, terre émaillée, terre cuite, bois, albâtre, talc.* Statues d'hommes revêtus de la *calasiris* ou du *schenti*, et tenant divers emblèmes dans leurs mains. Le n. 103 porte l'image d'un *épervier androcéphale* sur la poitrine; le n. 105 a tenu un bâton dans sa gauche; l'inscription sur le n. 99 est fausse, peut-être du temps des Romains; dans l'inscription des nn. 100, 102 et 103, une espace est laissée vide, pour les noms et les titres. — *H. du n.* 105, 0.52.

111. *Pierre calcaire.* Homme enveloppé dans un vêtement étroit, qui va jusque sous la plante des pieds, assis sur un trône, dont les ornemens sont peints à diverses couleurs. La statue est dorée.

112. *Bois.* Image d'un homme couché par terre, la tête levée et les bras étendus.

Peut-être la manche d'une cuiller.

113, 114. *Bois.* Deux hommes accroupis, les bras croisés sur les genoux.

115. *Bois.* Homme vêtu de la courte tunique, la tête tournée vers la droite; le bras droit étendu le long du corps, la main gauche sur la poitrine.

116. *Bronze.* Homme faisant des tours de force.

117. *Talc.* Homme agenouillé, revêtu du *schenti*, portant sur son épaule gauche un sac fait de la peau de quelque animal; un autre quadrupède grimpe sur ses épaules et sa tête.

— D'autres statues d'hommes seront décrites avec les BARQUES, dans la section J. des INSTRUMENS et PRODUITS DES ARTS ET MÉTIERS.

D. 118-120. *Terre émaillée et bois doré.* Têtes et mains d'une statue.

121. *Bronze.* Base d'une statue. Sur le dessus sont sculptées deux tables à offrande ; autour de la base, sur les deux côtés, les génies S i o u m o u t f et K e b h s n i s n a u f, accroupis ; sur le devant, les cartouches prénom et nom du Pharaon R é - n o f r e - h è t, P s a m é t i c h u s, de la XXVI° dynastie, entre deux légendes hiérogll. : N e i t h *la grande mère divine qui l'aime*, et N e i t h *la dominatrice qui l'aime pour toujours* ; à droite et à gauche le sceptre divin, et au-dessus la forme symbolique du ciel étoilé.

122. *Basalte.* Base d'une statue. Sur le dessus une légende de C h o n s ; sur le devant les *yeux symboliques.*

123. *Bronze.* Base avec les pieds d'une statuette.

§ 4. Femmes.

*124. *Pierre calcaire.* Grande statue d'une femme *attachée au service* d'A m o n, nommée A m o n m e i t ou M e i t, assise sur une chaise, revêtue de la longue tunique ; elle tient dans sa gauche un instrument surmonté d'une tête d'I s i s *céleste.* — *H.* 1.90.

*125. *Pierre calcaire.* Groupe de deux femmes vêtues de la longue tunique, avec un garçon, debout et adossés contre une stèle. — *H.* 0.71 ; *larg.* 0.56.

126. *Bois.* Statue d'une femme *attachée au service* d'A m o n, nommé M e t n a s c h t i s m o u t h.

127. *Bois peint.* Femme vêtue d'une longue robe, la tête surmontée d'une coiffure en *bois*, en forme de perruque, qu'on peut ôter à volonté ; les bras étendus le long du corps. L'inscription sur la base est relative à une *divine épouse* d'A m o n, nommée T i e i m e s t n i b s. — *H.* 0.48.

128. *Pierre calcaire dorée.* La Chanteuse N a s c h t m e s, *fille de* C h o n s, assise sur un trône, vêtue d'une longue robe, elle tient devant ses genoux la figure d'une momie.

D. 129. *Pierre calcaire ou gypseuse.* Statue d'une femme, adossée contre un obélisque, vêtue d'une longue robe, le bras droit étendu le long du corps; la main gauche sur la poitrine et tenant des tiges de *lotus.*

130-133. *Bois, terre émaillée, pierre calcaire.* Statuettes de femmes, nues et vêtues d'une longue robe. Le n. 132 fut trouvé attaché à un petit rouleau de papyrus.

134. *Argent.* Statuette d'une femme, avec la coiffure, les mamelles, les bracelets, la ceinture, le tablier, les ornemens des pieds et les sandales en *or.* La statuette est placée sur une base munie d'un escalier à quatre gradins. Sur le côté droit de la base le cartouche Ré-to-men (?).

135-140. *Bois, pierre calcaire, terre cuite.* Femmes nues, les bras étendus le long du corps. Le n. 139 a la chevelure nattée en forme d'anse.

La statuette n. 140 est exposée avec les Coffrets des images funébaires, P. III. Sect. Q.

141-143. *Ivoire.* Statuettes de femmes nues, les bras étendus le long du corps; la tête de l'une est surmontée d'une coiffure conique très-étroite.

Les deux dernières de ces statuettes ont une parfaite ressemblance avec les figurines en ivoire, trouvées en Étrurie.

144. *Pierre calcaire.* Femme nommée Sebekset, la fille d'Eöti, debout, entre ses fils Ebo et Naschteï, adossés contre une stèle carrée.

145-147. *Pierre émaillée* et *talc.* Femmes adossées contre une stèle carrée; le n. 145 avec une jeune fille; sur la stèle du n. 146 on a peint à droite un garçon, à gauche une table à offrandes.

§ 5. Statuettes grecques et romaines.

148. *Bronze.* Buste d'un empereur, la tête ornée des feuilles de *laurier*, la tête de Méduse sur le milieu de la cuirasse.

D. 149. *Bronze.* Homme barbu (V u l c a i n (?)), reposant sur son pied gauche, la tête surmontée d'une coiffure conique comme celle d'U l y s s e; le bras gauche enveloppé dans les plis du manteau, qui couvre le corps depuis les reins jusqu'aux pieds. — *H.* 0.24.

150. *Terre cuite.* Homme vêtu d'une courte tunique.

151. *Bronze.* Pâtre assis sur le tronc d'un arbre, avec un sac sur le dos, la tête surmontée d'un bonnet conique.

152. *Terre cuite peinte.* Femme portant un vase dans le bras gauche.

Cette statuette a servi de vase.

153. *Terre cuite peinte.* Une femme défigurée, avec des cheveux très-longs, les jambes enveloppées dans le vêtement.

154. *Terre cuite peinte.* Femme enveloppée dans un habit de momie.

155. *Terre émaillée.* Femme nue, accroupie, levant les mains vers la tête.

156. *Bronze.* La partie supérieure d'une femme nue, le cou et les bras ornés d'un collier et de bracelets. — *H.* 0.13. *Travail Grec.*

157–160. *Terre cuite, bronze, pierre jaune.* Statuettes représentant des femmes qui accouchent.

161. *Terre cuite.* Un enfant assis, portant un petit naos dans sa gauche.

162. *Terre émaillée.* Statuette en haut-relief, représentant un enfant entièrement nu.

163–166. *Terre cuite.* Têtes et masque de femmes, la chevelure coiffée de différentes manières.

167. *Bronze.* Buste d'une femme sur un calice de *lotus.*

E. OBJETS D'HABILLEMENT.

E. 1. *Toile très-fine.* Une TUNIQUE, avec une ouverture pour la tête et deux ouvertures pour les bras, ornée

d'une lisière bleue sur les deux côtés, et d'une frange
à la partie inférieure. Le cordon, par lequel le vêtement était attaché autour du cou, se trouve encore dans
l'ourlet.

E. 2. *Toile.* Grand Lé *de toile* déchiré en deux pièces, orné de liteaux bleus sur les deux côtés et les extrémités.
Il peut avoir servi de Manteau; vers le bout inférieur,
on a tracé une inscription avec le nom de Dsjot-chons,
et l'indication de l'année XII. Apparemment ce manteau, après avoir été raccommodé plusieurs fois, a servi
pour y envelopper la momie d'une jeune personne de
douze ans. — *Long.* 5.60; *larg.* 1.69.

3. *Toile.* Grande pièce ayant pu servir de Manteau;
ornée de franges à l'une des extrémités. — *Long.* 8 *mètres; larg.* 1.53.

4, 5. *Cuir maroquiné.* Bandelettes *de prêtre* ou étoles;
les quatres extrémités sont ornées de sujets frappés ou
imprimés sur cuir jaune, représentant le Pharaon,
Amenmei-Osorkon, de la XXIIe dynastie, faisant des
libations à Amon-saf.

> Ces bandelettes sont trouvées sur la momie du *scribe du
> temple* d'Amon, Dsjot-month. V. la Section M.
> des momies. Les cartouches sont publiés dans ma *Let-
> tre*, Pl. XXII. nn. 226, 227, pg. 112.

6-8. *Toile.* Fragmens de Bandelettes *de prêtre*, ornées
de représentations frappées sur une gomme jaunâtre. Le
n. 6 nous offre le nom et le prénom du Pharaon Amenôtp III, faisant une libation à Isis; les deux autres
portent les cartouches prénom et nom du Pharaon Amon-
mei-Osorkou de la XXIIe dynastie.

9. *Cuir.* Fragmens d'un *ornement* composé de lanières
de cuir, tressées et entremêlées de petits anneaux en
ivoire.

10-15. *Feuille de palmier* ou *jonc.* Sandales de feuilles de palmier tressées, arrondies par le bout, et avec
les restes des cordons pour les attacher aux pieds.

16. *Bois.* Sandales avec les bandelettes ou cordons de *toile.*

E. 17. *Toile.* SANDALES sans les cordons.

18-20. *Feuilles de palmier* tressées. SANDALES légèrement pointues par le bout.

21. *Idem.* SANDALES terminées par de très-longues pointes recourbées.

22, 23. *Idem.* SOULIERS, avec ou sans pointes, ayant un quartier et les parties latérales de l'empeigne.

24-27. *Cuir.* Les *semelles* de quatre paires de SOULIERS, avec les restes de l'empeigne.

28. *Bois. Pied gauche*, de grandeur naturelle, avec une SANDALE.

29, 30. *Bronze.* Deux *pieds*, de grandeur naturelle, avec des SANDALES, comme le précédent, mais les cordons arrangés d'une manière différente.

F. USTENSILES DE TOILETTE.

F. 1-4. TRESSES DE CHEVEUX enveloppées dans toile; les deux dernières sont doubles tresses.

5. Bandages imitant la forme d'une TRESSE DE CHEVEUX enveloppée, mais remplis de sable.

6. *Bois.* PEIGNE simple avec une longue manche.

7, 8. *Ivoire.* Deux PEIGNES simples sans manche.

9. *Ivoire* ou *os.* ÉPINGLE à *cheveux*, ornée d'une figure de *femme.* (*Travail grec.*)

10-13. *Idem.* ÉPINGLES à *cheveux* plus ou moins ornées à la partie supérieure.

14, 15. *Idem.* ÉPINGLES à *cheveux* sans ornemens, et légèrement pointues vers les deux extrémités.

16-17. *Bronze.* ÉPINGLES à *cheveux*, l'une ornée d'un *coq*; l'autre imitant la forme d'un *serpent.*

18. *Bronze.* Partie supérieure d'une ÉPINGLE à *cheveux*, représentant un *chat* assis.

19-30. *Bronze.* ÉPINGLES sans ornemens, mais dont le bout supérieur est terminé par un *bouton.*

F. 31-39. *Albâtre, cristal, os, terre émaillée, marbre.*
Étuis à collyre, destinés a renfermer la préparation,
dont les Égyptiens se servaient pour peindre les sourcils.
Les nn. 31 et 32 ont une base carrée.

40. *Bronze.* Fragment d'un Étui à collyre, orné de
deux bandes verticales d'hiérogll. dont l'une contient une
dédicace à Amon-Ra, *le seigneur des trônes des mondes
dans Thèbes, le dieu grand, le seigneur du ciel;* l'autre:
à Mouth, *la grande, la dame de la région d'Aschar-
lou, la fille du Soleil, la dame du ciel.*

41. *Terre émaillée.* Étui à collyre, ornée d'une inscription hiérogl., contenant la légende du *dieu bon,
seigneur des mondes,* Ré-neb-nito (prénom d'Amentuônch le frère d'Amenôtp III. de la XVIIIe dyn.)
et *de la royale épouse, la grande,* Amenosen, *la
vivante.*

> Un étui parfaitement semblable, aussi bien par la forme
> que par l'inscription, se conserve dans le *Musée Britan-
> nique.* V. ma Lettre pg. 76. Pl. XIII. n. 141.

42-44. *Terre émaillée, bois* et *ivoire.* Étuis à collyre,
les deux premiers avec une anse, le dernier avec un
couvercle mobile.

45. *Pierre calcaire.* Étui à colyre, orné d'une image
d'un *singe* dressé, qui tient l'étui dans ses bras; le devant porte la figure d'un *hippopotame* dressé.

46, 47. *Jonc, ivoire.* Doubles étuis à collyre, le premier composé de deux canons de roseaux, réunis, le second muni de deux trous pour les styles.

48. *Bois, bronze.* Étui à collyre, avec quatre compartimens et deux Styles, l'un en *bronze,* l'autre en
bois.

49-52. *Bois, basalte.* Étuis à collyre à cinq compartimens; avec les Styles; deux des étuis conservent encore leurs couvercles mobiles en *ivoire* et en *pierre
calcaire;* le n. 50 porte des inscriptions sur les quatre
coins, et sur le devant la légende du *scribe* Titéi.

53-56. *Albâtre, verre coloré dans sa masse, bois.* Étuis

A collyre, imitant la forme d'une *tige* et d'une *fleur de lotus* épanouie. Dans l'un de ces étuis se trouve encore le style en bois.

F. 57-62. *Bronze* et *bois*. Styles de diverses formes pour l'application du collyre sur le prolongement de l'angle extrême des yeux.

63, 64. *Bronze*. Styles pour l'application du collyre, l'une des extrémités est applatie, ou forme une petite cuiller.

65, 66. *Bronze* et *hématite*. Styles comme les précédens, mais dont l'extrémité inférieure en *hématite* est fixée dans une manche en *bronze*.

67-74. *Hématite, serpentine, ivoire* etc. Styles comme les précédens, ayant été fixés dans des manches en *bronze*.

75. *Bronze*. Style pour l'application du colyre.

76-78. *Bois, ivoire*. Statues de femmes, portant un grand Vase sur l'épaule ou sur la tête. Ces vases paraissent avoir été destinés à contenir le poudre à collyre.

79-84. *Bronze*. Miroirs avec les manches en *bois*, en *albâtre* ou en *bronze*. La manche du n. 83 est ornée d'une tête d'Hathor avec les oreilles de *vache*.

85-91. *Bronze*. Miroirs avec les restes des pointes, avec lesquelles ils ont été fixés dans les manches.

92. *Bronze*. Miroir avec une inscription hiérogl. en quatre lignes verticales, par laquelle nous apprenons, que cet ustensile a appartenu à un Égyptien, nommé P e t - r é ou P e t é p h r é.

93. *Bronze*. Miroir *double* en forme de boîte. Les deux parties sont unies par une charnière, et garnies d'anses. Les surfaces intérieures sont d'un poli parfait.

94. *Verre*. Six pièces rondes légèrement convexes, remplies jadis de quelque matière brunâtre, et ayant peut-être appartenu à un Miroir.

G. Bijoux et objets de parure.

§ 1. Ornemens de la tête.

G. 1. *Argent* et *or*. Diadème du Pharaon Enentef, d'une des dynasties antérieures à la XVIe. Ce diadème est formé d'un bandeau *d'argent doré*, dont les extrémités sont unies comme par un noeud, qui pendait de la partie postérieure de la tête; le noeud imite deux fleurs de lotus épanouies, incrustées en *verre coloré*. Le bandeau, bordé de petits grains en *terre émaillée*, est orné à dis·tances égales de 31 pendans *d'argent*, en forme de larmes et incrustés en *verre*. Un grand *uréus* dressé orne le front et prouve que c'est un diadème royal.

> Le cercueil, avec le nom du Pharaon, sur la tête duquel le diadème fut trouvé, est conservé maintenant dans le *Musée Britannique*. V. ma Lettre pg. 28.

2-4. *Or*. Anneaux avec une petite ouverture dans la circonférence, pour les attacher à l'oreille.

5-50. *Cornaline, agate, ivoire* ou *os*. Anneaux semblables au précédens.

51, 52. *Cornaline, agate*. Ornemens d'oreilles, formés de six pierres taillées à facettes, et enfilées à un cordon rouge, formé de plusieurs fils tressés, et ayant l'un des bouts terminé par un bouton.

53-56. *Or*. Deux paires de Boutons ayant peut-être servi d'ornemens de chevelure.

57-72. *Ivoire* ou *os*. Boutons semblables aux précédens.

73-76. *Or*. Deux paires de Boucles d'oreille.

77, 78. *Or*. Une paire de Boucles d'oreille, avec *pendans*.

79. *Or*. Une Boucle d'oreille ornée d'une tête de femme.

80-82. *Or*. Trois Boucles d'oreille dont l'une est formée par un serpent à tête de chèvre.

83. *Argent*. Boucle d'oreille.

G. 84-89. *Bronze.* Trois paires de Boucles d'oreille.

90. *Bronze.* Boucle d'oreille terminée par une tête de boeuf.

§ 2. Colliers.

91. *Or etc.* Collier formé de vases à libations, bordés de grains en *or;* les deux bouts sont formés de grains en *verre,* des yeux symboliques, de taureaux, d'une oie etc. en *cornaline.*

92. *Or etc.* Collier formé de vases bordés de petits grains en *or;* les bouts formés de scarabées en *pierre dure,* et d'autres ornemens en *cornaline,* séparés par de petits anneaux en *or.*

93. *Or etc.* Collier formé de fleurs de lys bordées de petits ornemens oblongs en *or.* Les deux bouts formés de grains en *cornaline.*

94. *Or etc.* Grande Chaine travaillée de fil d'*or* avec beaucoup d'art, et ornée d'un scarabée en *jaspe vert* monté en or, avec une inscription funéraire de onze lignes sur la partie plate, relative à un certain Thôth, dont le nom se lit sur le corselet. — *Long. de la chaine* 1.33.

95. *Or etc.* Collier de petits grains en *or,* orné de 16 feuilles en *or,* incrustées en *pâte* brune, bleue et verte.

96. *Or etc.* Collier formé de grains, de poissons latus, de vases et d'autres ornemens en *cornaline* et en *or.* Dans le milieu une grande pièce ovale en *cornaline,* offrant sur la partie plate les images gravées en creux d'un *sistre* à tête d'Hathor, de deux *uréus* et de l'hiérogl. de *dominion.*

97. *Or etc.* Collier formé de grains et de vases en *or* et en *cornaline.* Dans le milieu la *tête* d'Hathor en *cornaline.*

98. Collier formé de grains, de vases, de figurines du dieu Horus Harpocrate assis, et d'autres ornemens en *cornaline.* Dans le milieu l'emblème des *bandages.*

G. 99. Collier formé de petits grains, de vases, de yeux symboliques, de poissons latus, de mouches, de scarabées, de têtes de lion en *or, cornaline, lapis lazuli, hématite, etc.* Dans le milieu une pièce en *cornaline*, à laquelle est attaché un amulette de forme carrée en *lapis lazuli*, monté en *or* et portant en relief l'image d'une vache en *or;* au dessous de cet ornement une divinité Typhonienne également en *or.*

100. Collier formé de grains en *or*, et de yeux symboliques en *cornaline, lapis lazuli, agate, hématite, etc.* Dans le milieu un hippopotame dressé, emblème de Taoëri.

101. Collier formé de globules, de vases, de figurines de divinités etc. en *or, cornaline, émail vert, bleu, etc.* Dans le milieu une grande pièce en *cornaline*, à laquelle sont attachés quatre petits collets, et une fleur de lys en *émail vert* et en *or.*

102. *Bronze doré.* Collier formé d'une chaine ornée de demi-globules et munie de deux crochets pour unir les extrémités.

103. Collier formé de globules, de petits cylindres etc. en *émail vert, bleu, cornaline, agate, cristal, or, etc.*

104. Collier formé de globules, de petits vases et autres ornemens en *émail, cornaline etc.*

105. Collier formé de yeux symboliques, de petits cylindres, scarabées, un serpent, etc. en *cornaline, lapis lazuli, émail, etc.*

106. Colliers formé de grains, cylindres, poissons, yeux, un cynocéphale, scarabées, un contrepoids de collier, un collet etc. en *cornaline, agate, améthyste, etc.*

107. Collier formé de grains, cylindres, yeux, une figurine d'Horus assis, une oie, de scarabées, etc. en *cornaline, agate,* etc.

108. Collier formé de grains, petits cercles plats, perles, coraux de diverses couleurs, ornemens en forme de larme, crocodiles etc. en *email, agate, cornaline, etc.* Dans le milieu, entre les figurines d'Horus Har-

pocrate assis, et de Typhon, se trouve une plaque en *plomb*, portant les images en relief d'un *taureau* et d'un *homme*.

G. 109. Collier formé de grains, yeux, une figure d'Horus et d'une autre divinité, de truies, d'un nilomètre, d'un scarabée etc. en *émail* de diverses nuances, *cornaline*, etc.

110. Collier formé de grains, cylindres, figurines symboliques, un scarabée avec le nom d'Amon, en *émail* de diverses nuances, *agate*, *etc.*

111. Collier formé de coquillages naturels, séparés par de petits anneaux en *émail*.

112. Collier formé de boutons de fleurs de lotus en *émail*, et de grains en *agate* alternés. Dans le milieu une grande pièce d'*agate*.

113. Collier formé de grains en *cornaline* et en *or* alternés. Dans le milieu une égide de Cnouphis *criocéphale* en *agate*, ornée du *scarabée*, et flanquée de deux amulettes en *terre émaillée*, l'un avec l'image d'un *hippopotame* dressé, l'autre avec l'inscription *le fils bienfaisant d'Amon-Ra*; à côté de ces amulettes le *disque* avec le *croissant* renversés, en *cornaline*.

114. Collier formé de grains en *émail* de diverses nuances, *calcédoine*, etc.

115. Collier formé de grains, anneaux, cylindres etc. en *émail*, *cristal*, *or*, *etc.*

116. Collier formé de grains, anneaux, etc. en *émail*, *cornaline*, *terre cuite dorée*, *or*, *etc.*

117. Collier formé de cylindres et autres ornemens en *émail doré*, *calcédoine*, etc.

118. Collier formé de plusieurs ornemens ronds et plats, imitant une fleur, et de grains en *émail*, *cornaline*, *etc.* La partie de milieu consiste de quatre rangs formés de grains, anneaux, cylindres etc. en *émail*, *cornaline* et *or*; et ornés de petits vases et d'un calice de fleur, en *cornaline*.

119. Collier, dont la partie principale, s'élargissant vers

le milieu, est travaillée à anneaux et cylindres en *or*, *agate* et *émail* de diverses nuances. Les extrémités sont formées de grains en *verre coloré*, et d'autres ornemens en *or* et en *cornaline*.

G. 120. COLLIER formé de grains en *cornaline*, dans le milieu un scarabée en *cornaline* entre deux cylindres et deux grains en *émail*. Les extrémités sont munies d'un fermoir en *or*, imitant un noeud.

121. COLLIER formé de grains en *améthyste*, dans le milieu un scarabée en *jaspe vert*, entre deux autres plus petits en *cristal*. Les extrémités garnies d'un fermoir en *or*, imitant un noeud.

122. COLLIER à deux rangs, formés de grains, d'anneaux, etc. en *émail*, *cornaline*, *verre coloré*, et orné de figurines de P h t a h P a t a e q u e et de P a s c h t *léontocéphale*.

123. COLLIER à deux rangs, formé de grains et de petits cylindres en *émail* de diverses nuances; dans le milieu une feuille en *terre émaillée*.

<h3 align="center">§ 3. ANNEAUX ET BAGUES.</h3>

124-130. *Terre émaillée* et *bronze*. BAGUES portant au chaton les noms d'A m o n, d'A m o n - R a, et l'image d'un Pharaon entre les dieux A m o n et P h r é.

131. *Argent*. BAGUES avec un chaton formé d'un scarabée monté en *or*, et portant sur la base les images d'A m o n et de N e i t h *discophore*.

132. *Or*. BAGUE portant au chaton l'image de N e i t h assise, avec le sceptre dans la main et le *pschent* sur la tête.

133-135. *Terre émaillée*. Trois BAGUES ornées d'un chaton formé par une égide de N e i t h, avec le contrepoids.

136. *Or*. BAGUE ayant sur le chatón l'image de la déesse S o u a n ou S e b e n, S o w a n, l'Ilithya des Grecs, avec le sceptre à tête de *coucoupha*; et la tête surmontée de la partie supérieure du *pschent*.

G. 137, 138. *Jaspe vert* et *talc*. Bagues, l'une avec un chaton dont les figures du bas-relief sont en *or*. Toutes les deux nous offrent la barque avec le *disque* du Soleil et deux *cynocéphales* adorant.

139, 140. *Argent* et *or*. Bague et double bague avec les images d'Osiris ou d'Isis sur le chaton.

141. *Terre émaillée*. Bague avec une figure Typhonienne sur le chaton.

142-160. *Bronze, cornaline, agate*. Bagues portant au chaton des légendes divines ou royales; Bagues et Chatons de bagues ornés de diverses images de déesses, de la tête d'Hathor, des *yeux symboliques*, etc. et portant des légendes hiérogll., entre autres, celle du dieu Phtah, du *grand esprit vivant*, etc.

> Une de ces dernières est de travail Grec? V. les cartouches des nn. 142 et 143 dans ma Lettre, Pl. XXVIII. nn. 293 et 294.

161-201. *Or, bronze, terre émaillée, agate, pierre, etc.* Bagues portant au chaton les images d'un *sphinx*, d'*hippopotames, scorpions, scarabées*, d'une *écrevisse*, d'*uréus*, de la *croix ansée*, du *sceptre divin*, d'une *fleur*, des *yeux symboliques*, et autres ornemens gravés en relief, ou travaillés à jour.

> Le chaton du n. 166 est formé par une *grenouille en cornaline*.

202-205. *Or, bronze, terre émaillée, jaspe*. Bagues offrant sur les chatons ou sur les scarabées des cartouches de Pharaons incertains.

> V. les cartouches des deux premiers nn. dans ma Lettre, Pl. XXIX. n. 298 et Pl. XXVIII. n. 292.

206. *Terre émaillée*. Bague portant au chaton le cartouche prénom Ré-nofre-nito....., d'un Pharaon antérieur à la XVI° dynastie.

> V. ma Lettre Pl. XXX. n. 307 pgg. 150, 151.

207-210. *Or, bronze, terre émaillée*. Bagues avec chatons (le n. 207 avec un chaton carré mobile, en *lapis lazuli*, monté en *or*) ou scarabées, portant le prénom du

Pharaon R é - m e u - t o , T h o u t m e s IV de la XVIIIe
dynastie.

211. *Or*. Bague portant au chaton les signes de l'étendard de T h o u t m e s IV.

212-215. *Terre émaillée*. Bagues portant au chaton
le prénom R é - n e b - t m é du Pharaon A m e n ô t p III
de la XVIIIe dynastie.

216-226. *Terre émaillée*. Bagues portant au chaton le
cartouche prénom R é - n e b - n i t o d'A m e n t u ô n c h,
le frère d'A m e n ô t p III de la XVIIIe dynastie.

227. *Terre émaillée*. Bague avec le nom d'A m e n m e i-
R h a m s e s III de la XVIIIe dynastie.

La plupart de ces cartouches sont publiés dans ma Lettre
sur les Monumens Égyptiens etc.

228-231. *Argent*. Bagues avec chatons formés de scarabées en *émail* et *améthyste*. L'un de ces scarabées
porte un cartouche, l'autre le nom d'A m o n - R a; le
n. 231 l'image d'un enfant.

232-258. *Argent, or, agate, terre émaillée, fer, bronze,
lapis lazuli*. Bagues, plusieurs avec chatons et scarabées
mobiles, portant au chaton diverses inscriptions hiérogll.;
l'*oeil symbolique* et autres ornemens.

259-262. *Ivoire, bronze, argent, terre émaillée*. Bagues avec chatons formés par un *chat* assis, une *vache*
couchée, avec la figure d'une *truie* gravée en creux sur
le dessous de la base, par *deux mains réunies*, et deux
éperviers androcéphales discophores assis.

263. *Or*. Bague formée par une *couleuvre*, dont les
extrémités entrelacées forment le chaton. L'une des extrémités est terminée par une tête de *serpent*, l'autre
par une tête d'*uréus discophore*.

264-266. *Or*. Bagues avec chatons carrés (le n. 266
mobile) portant des inscriptions hiérogll.

267-277. *Ivoire, terre émaillée, os, fer, bronze, agate*.
Bagues avec chatons de différentes formes, sans inscriptions hiéroglyphiques.

278-286. *Terre émaillée, ivoire*. Anneaux sans chatons.

G. 287. *Terre émaillée.* ANNEAU très-large, travaillé à jour.

288-292. *Terre émaillée* et *plomb.* BAGUES à trois et à quatres anneaux, sans chatons.

293. *Argent.* BAGUE portant au chaton l'image de Jupiter Serapis assis sur une chaise.

294. *Or.* BAGUE à trois anneaux, ornés des bustes de Jupiter-Serapis, d'Harpocrate et d'Isis.

295. *Bronze.* BAGUE avec la tête d'une femme sur le chaton.

296. *Or.* ANNEAUX formés par un spiral, dont les deux extrémités sont terminées par des bustes de déesses.

297. *Fer.* ANNEAU à clef.

Les nn. 293-297 sont de travail Grec ou Romain.

298-315. *Or.* ANNEAUX d'une dimension plus grande.— *Diam.* 0.021 à 0.027.

§ 4. BRACELETS.

316, 317. *Or.* Deux grands BRACELETS plats. — *Diam.* 0.105; *larg.* 0.017.

318, 319. *Or.* Deux BRACELETS convexes. — *Diam.* 0.10; *larg.* 0.045 *et* 0.05.

320. *Or.* BRACELET convexe, avec le cartouche prénom Ré-men-to, de Thoutmès III de la XVIIIᵉ dyn. — *Diam.* 0.09; *larg.* 0.037.

321, 322. *Or.* Deux BRACELETS, formés de six bandes dont les deux de milieu servent à fermer l'ouverture du bracelet. — *Diam.* 0.06; *larg.* 0.015.

323, 324. *Or.* Deux BRACELETS formés comme les précédens, mais plus petits. — *Diam.* 0.04; *larg.* 0.01.

325. *Or.* BRACELET comme les précédens. — *Diam.* 0.03; *larg.* 0.01.

326, 327. *Or.* Deux BRACELETS. — *Diam.* 0.07.

328, 329. *Ivoire.* Deux BRACELETS. — *Diam.* 0.06.

330-333. *Fer.* BRACELETS de grandeur différente.

334, 335. *Fer.* Une paire de BRACELETS avec chatons rhomboïdes, incrustés en *bronze*, et portant l'image du Christ en creux.

§ 5. Autres ornemens.

G. 336. *Bronze.* Agrafe. (*Travail Grec.*)

337, 338. *Or.* Deux Ornemens ronds, garnis d'une bélière et portant sur la partie antérieure une fleur entourée de sept autres fleurs, chacune à cinq feuilles; et autres ornemens travaillés en grains d'*or.*

339. *Or.* Petite Lame avec une inscription hiérogl.

§ 6. Ornemens divers provenant de colliers et de bagues, etc.

340-349. *Or.* Dix Grains provenant de colliers.

350, 351. *Grès granitique, émail, verre coloré rouge et noir.* Grains et perles provenant de colliers.

352-354. *Verre, émail, cristal, grenat.* Grains et perles provenant de colliers.

355-358. *Cristal, émail, verre coloré, cornaline, améthyste, agate, grenat, etc.* Grains, Perles, Cylindres, Petits anneaux et autres ornemens de diverses formes, provenant de colliers.

359-361. *Cornaline, basalte.* Trois Pendeloques de colliers d'une forme ovale, l'une porte le nom du défunt A m e n - h e m - t ô f, l'autre celui d'H a t e r - b ô t.

362. *Or avec incrustations bleue, verte et brune.* Calice de lotus, sur la face postérieure le prénom du *Dieu bon* R é - m e n - t o, *le vivificateur* (T h o u t m e s IV de la XVIII° dynastie).

363, 364. *Terre émaillée.* Deux *fleurs de lotus*, travaillées à diverses couleurs.

365. *Or.* Ornement en forme d'une grappe de raisins.

366-384. *Terre émaillée, cornaline, etc.* Ornemens de colliers, imitant la forme de fleurs, feuilles, fruits, grappes de raisins, etc.

385-388. *Cornaline, verre, serpentine, terre émaillée, etc.* Pendeloques de colliers, imitant la forme de petits vases, fleurs, etc.

G. 389. *Cornaline.* Ornemens allongés imitant la forme de petits vases.

390. *Terre émaillée, lapis lazuli.* Ornemens en forme de larmes.

391. *Émaux de couleurs variées, verre, etc.* Pendeloques ou ornemens de forme allongée. Une de ces pendeloques porte une inscription hiérogl.

392. *Verre.* Pendeloques de forme allongée.

393-397. *Agate, cornaline, émail, verre coloré, etc.* Ornemens ovales, rhomboïdes, cylindriques, etc.

398, 399. *Or.* Deux petits Pendans.

§ 7. Ornemens gnostiques.

400. *Hématite.* Abraxas panthée, le dieu Soleil, l'être suprême, à tête de *coq*, le corps terminé par deux *serpens*, avec un *fouet* dans sa droite et un *bouclier* dans sa gauche. Sur le bouclier, à côté et au-dessous du dieu se trouvent des inscriptions en caractères Grecs, composées pour la plupart de voyelles. Le revers offre l'inscription *OCIIEC*. — *Diam.* 0.02 et 0.016.

401. *Calcédoine* (la monture en *or* est moderne) offrant l'inscription : *CΩCAMIM//AΩKAIKEX*; et sur le revers: *EΠAΩX//ΘYΔΔZAP.* — *Diam.* 0.018 et 0.014.

§ 8. Amulettes provenant de colliers ou de bagues.

402-424. *Terre émaillée, talc, hématite, agate, baume doré, etc.* Amulettes de forme ronde et ovale, la plupart avec signes hiérogll., images d'*animaux*, d'*hommes* etc. sur le dessus, ou sur la face plate.

425-433. *Cire dorée, émail, etc.* Amulettes et fragmens d'Amulettes de forme ronde.

434-436. *Terre émaillée, lapis lazuli.* Amulettes de forme ovale.

437-449. *Terre émaillée et basalte.* Amulettes de forme ovale, imitant des paquets liés.

G. 450. *Cristal.* Amulette de forme ovale offrant en creux la figure d'un *griffon.* (*Travail Grec.*)

451. *Marbre.* Amulette de forme ovale, avec trois trous.

452. *Terre émaillée.* Amulette de forme ovale, orné sur l'une face, d'une figure d'*homme* avec une tige de *lotus* dans la gauche; sur l'autre face un *cheval* et un cartouche.

453-458. *Terre émaillée.* Amulettes de forme ovale, ornés sur le dessus de l'*oeil droit symbolique,* d'une *tête* de Typhon, d'une tête de *chat,* d'Hathor etc., et portant sur le dessus diverses inscriptions hiérogll., parmi lesquelles le nom d'Amon-Ra, et le cartouche du Pharaon Ré-men-to, Thoutmes IV de la XVIIIe dynastie.

459-480. *Terre émaillée* et *talc.* Amulettes de forme ovale, gravés sur les deux faces, et portant ornemens et inscriptions hiérogll., le nom d'Amon-Ra, l'*uréus,* l'*épervier,* l'*hippopotame* dressé, etc., les noms et les images d'*hommes,* d'*animaux,* etc.

481-493. *Terre émaillée, marbre, verre coloré, etc.* Amulettes de forme ovale, gravés sur une face, ou sans gravure. Parmi les premiers il y en a qui portent des noms divins, tels que Chons *seigneur de la vérité,* le prénom du Pharaon Ré-men-to etc.

494-504. *Terre émaillée.* Amulettes de forme ovale, avec les prénoms de Pharaons Égyptiens: Aahmes, de la XVIIe dynastie (494); Thoutmes IV (495-498); Amenôtp II (499); Amenôtp III et son épouse Taja (500-502); Horus (503) et Amonmei-Rhamses III (504) de la XXVIIIe dynastie.

505. *Plomb.* Plaque de collier ovale offrant les images du *scarabée* et de l'*oeil mystique,* gravées à trait.

506-528. *Terre émaillée, talc.* Amulettes en forme de cabochon elliptique, à l'imitation de la partie supérieure d'une *coquille porcelaine,* avec l'indication des stries, portant des emblèmes de divinités, d'animaux, de fleurs, etc.

G 529-545. *Améthyste, terre émaillée, hématite, etc.* Amulettes en forme de Cabochon elliptique, avec les images ou
emblèmes de divinités, d'animaux etc. sur la partie plate.

546-555. *Terre émaillée, hématite, talc, verre coloré.*
Amulettes comme les précédens, avec les cartouches de
Pharaons Égyptiens : R e - t o - n e b (546) et R e - n - k a -
n e b (547) antérieurs à la XVIᵉ dynastie; de T h o u t m e s
IV (548, 549); A m e n ô t p III (550, 551); T a j a (552-
554), et de R h a m s e s III (555) de la XVIIIᵉ dynastie.

556-568. *Lapis lazuli, agate, granit, terre émaillée,*
Amulettes en forme de Pendeloques allongées.

569, 570. *Terre émaillée, ivoire.* Amulettes composés
de trois pièces oblongues réunies.

571. *Terre émaillée.* Plaque de collier; Amulette de
forme carrée, portant les cartouches prénom et nom du
roi M é n é p h t a h III, de la XVIIIᵉ dynastie, surmontés
du *disque* avec les *plumes d'autruche.*

572-584. *Jaspe vert, serpentine, terre émaillée, lapis
lazuli, etc.* Amulettes de forme carrée; quelques-uns
portent des inscriptions hiéroglyphiques ou signes symboliques, le n. 572 nous offre l'inscription : (*que*) *P a s c h t
accorde des graces!*

Un de ces amulettes est monté en *or.*

585. *Terre émaillée.* Amulette de forme carrée, orné
sur le dessus de quinze petits *scarabées* en relief, et portant sur le dessous la figure d'une *plante.*

586-592. *Terre émaillée et verre coloré.* Amulettes de
forme carrée ou de parallélogramme, avec inscriptions et
représentations hiérogll. sur les deux côtés. Sur le n. 586
un roi tuant un ennemi, et un lion terrassant un homme, sur le n. 590 un cheval avec un oiseau sur son dos.

593-612. *Terre émaillée, marbre, jaspe vert, etc.* Amulettes en forme carrée ou de parallélogramme.

613-627. *Terre émaillée et talc.* Amulettes en forme
de parallélogramme, ornés sur le dessus des têtes de
T y p h o n, d'Hathor, de l'image d'H a t h o r assise entre des tiges de *lotus;* de l'oeil *symbolique droit,* etc. Sur

le dessous le prénom R e - m e n - t o du Pharaon T h o u t-
m e s IV de la XVIIIe dynastie, le nom d'A m o n, l'*épervier* d'H o r u s, le *scarabée*, etc. Le n. 627 porte sur
les deux faces principales l'image et le nom du Pharaon
T h o u t m e s IV et l'image d'A m o n; sur les deux faces
latérales l'image de P h r é.

G. 628-633. *Terre émaillée, talc.* Amulettes comme les
précédens, mais légèrement arrondis sur le dessus; le
premier porte le prénom R e - m e n - t o, le second le
prénom et le nom d'A m e n ô t p III.

634-652. *Terre émaillée, verre coloré, terre argileuse.*
Amulettes en forme de parallélogramme. Le premier
orné de l'image de *l'abeille;* les six suivans portent le
prénom R é - m e n - t o de T h o u t m e s IV, le n. 641
celui d'A m e n ô t p III, entre les cartouches prénoms de
T h o u t m e s IV; le 642 le prénom et l'image d'A m e-
n ô t p III; le même prénom se lit sur le n. 643, dont le
dessus offre la figure d'un *taureau* foulant un homme
sous ses pieds; le n. 651 porte sur le dessous un grand
vase avec deux *cynocéphales* dressés, et sur le dessus le
cartouche R e - m e n - t o, surmonté du *disque* et des *plumes d'autruche ;* sur le n. 652 nous lisons les cartouches
prénom et nom de M é n é p h t a h III.

653-662. *Marbre, lapis lazuli, talc, terre émaillée.*
Amulettes en forme de cartouche; le n. 658 offre sur les
deux faces le prénom R é - k a - t m é de la reine A m e n s é
et le nom de son mari, A m e n - h é - n e t, de la XVIIIe
dynastie, le n. 659, sur les deux faces, le prénom R é-
m e n - t o, de T h o u t m e s IV; les n. 660 et 661 le prénom, ou le nom et le prénom de R h a m s e s III, et le
n. 662 le prénom de R é - m e n - t m é, M é n e p h t a h II
de la XVIIIe dynastie.

663-669. *Terre argileuse, pierre calcaire, ivoire ou os,
talc, serpentine, cornaline, agate, verre coloré.* Amulettes en forme de cylindres, comme les cylindres Baby-
loniens, avec et sans hiérogll.; le n. 663 porte le nom
du Pharaon A m e n - h e m - h é de la XVIe dynastie, avec

le titre: *l'aimé de Sebek, le seigneur de tous les biens;* le n. 664 l'image d'un *roi*, la tête surmontée du *diadème*, un *homme* debout, entre deux figures humaines à tête de *couleuvre*, devant un vase; 666 six *hommes* en diverses positions, un *âne* et une *divinité*; 667 un *chevreuil* et autres animaux; 668 quatre *hippopotames* dressés, et quatre *serpens*, alternés.

G. 670-672. *Terre émaillée.* AMULETTES représentant le *disque* et le *croissant* combinés.

673-679. *Terre émaillée, marbre, agate.* AMULETTES représentant le *disque se couchant derrière les montagnes.*

680-681. *Or* et *argent.* AMULETTES représentant l'*oeil symbolique droit.*

682. *Terre émaillée.* PLAQUE *de collier*, offrant l'*oeil symbolique droit.*

683-695. *Terre émaillée.* AMULETTES de forme CARRÉE, portant en relief ou travaillé à jour l'*oeil symbolique droit.*

696-1007. *Basalte, terre émaillée, lapis lazuli, cornaline, agate, spath vert, jaspe, hématite, granit.* AMULETTES représentant l'*oeil symbolique droit*, les 27 premiers travaillés à jour.

1008-1022. *Terre émaillée.* AMULETTES ovales représentant *l'oeil symbolique droit.*

1023. *Terre émaillée.* AMULETTE en forme de PENDELOQUE, ornée de l'*oeil symbolique droit.*

1024-1032. *Terre émaillée, hématite, os, etc.* AMULETTES représentant l'*oeil symbolique gauche.* L'un de ces amulettes est de forme OVALE-CABOCHON, offrant sur la partie plate deux *hommes* tenant un *arbre.*

1033, 1034. *Or* et *argent.* AMULETTES représentant l'*oeil symbolique gauche.*

1035-1052. *Terre émaillée.* AMULETTES représentant les *yeux symboliques* opposés ou répétés de diverses maniéres.

AMULETTES représentant une tête et la partie antérieure de COULEUVRE. (*V. Sect. B. nn.* 547-589.)

1053-1068. *Terre porcelaine, verre coloré, basalte, hé-*

matite, cornaline, agate, terre émaillée. Têtes humaines, dont quelques unes traitées en caricature et garnies de bélières.

G. 1069-1071. *Terre émaillée, agate.* Trois têtes vues de profil.

1072-1074. *Or.* Amulettes représentant le vase Héri emblème du *coeur.*

1075-1080. *Talc, agate, granite, serpentine, terre émaillée.* Amulettes imitant la forme du vase Héri, emblème du *coeur,* surmonté d'une *tête de femme.* La face antérieure du n. 1075 a été ornée d'une *grue* incrustée; le n. 1076 porte l'image d'un *vautour,* sur la face postérieure une inscription hiérogl., les deux *mains* sont indiquées sur le n. 1078.

1081. *Cire* ou *baume.* Amulette comme le précédent, sur la face antérieure une *grue,* emblème de l'*âme,* sur la face postérieure une inscription hiérogl. de sept lignes, contenant un texte semblable à celui des *scarabées funéraires.*

1082, 1083. *Cire* ou *baume monté en or,* et *granit.* Amulette comme le précédent. Sur le n. 1082 une inscription hiérogl. de huit lignes horizontales; sur la face antérieure du 1083 un prêtre adorant O s i r i s *Fent-hem-pamenti* assis, l'image du dieu incrustée en diverses couleurs, celle du prêtre gravée à trait; sur l'autre face une inscription hiérogl.

1084. *Talc.* Amulette comme le précédent, avec quatre lignes d'hiérogll.

1085, 1086. *Talc* et *jaspe.* Amulettes comme le précédent, avec inscription hiérogl. d'onze lignes.

1087, 1088. *Jaspe vert etc.* Amulettes comme les précédens, offrant sur l'un des côtés une *grue,* sur l'autre une inscription hiéroglyphique.

1089, 1090. *Granit, serpentine.* Amulettes comme les précédens sans inscriptions.

1091-1102. *Hématite, pâtes de verre coloré, terre émaillée, cornaline, agate, etc.* Amulettes comme les précédens.

G. 1103-1108. *Terre émaillée, agate.* Amulettes représentant deux Mains *droites*, deux *gauches*, étendues, et deux Poigns *droits*, l'un avec le pouce entre le premier et le second doigt.

1109-1113. *Terre émaillée* et *verre coloré.* Trois fragmens de Jambes et deux Pieds.

1114-1125. *Hématite, jaspe vert, marbre, cire dorée, pierre calcaire.* Amulettes représentant les deux Feuilles de palmier, ornement ordinaire d'une coiffure divine.

1126-1158. *Hématite, terre émaillée, pierre calcaire, etc.* Amulettes représentant les deux Plumes d'autruche avec et sans le *disque*, ornement ordinaire d'une coiffure divine.

1159. *Terre émaillée.* Amulette représentant la coiffure dite Otf en Égyptien.

1160-1181. *Terre émaillée.* Amulettes représentant, les 14 premiers, la Partie inférieure, les 8 autres, la Partie supérieure du *pschent*.

1182-1184. *Or.* Amulettes, imitant la forme d'un Collier nommé *Osh* en Égyptien, orné sur les deux côtés de l'image en relief d'un *épervier* les *ailes étendues* en cercle, et les pattes reposant sur deux *uréus;* les extrémités du n. 1184 sont surmontées de la tête d'*épervier*.

1185. *Terre émaillée.* Amulette représentant un Collet.

1186. *Terre émaillée.* Amulette représentant un Collier.

1187-1195. *Terre émaillée.* Amulettes représentant des Contre-poids *de colliers.*

1196. *Terre émaillée.* Amulette représentant une sorte de Tablier.

1197. *Terre émaillée.* Amulette représentant une courte Tunique, nommée *Schenti.*

1198. *Cornaline montée en or.* Amulette représentant les Bandages *funéraires.*

1199-1260. *Bois, ivoire, terre émaillée, cornaline, agate, etc.* Amulettes comme le précédent. Deux de ces amulettes nn. 1241 et 1242 portent une inscription hiérogl. de quatre lignes avec les noms d'un homme, Nascht, ou Amon-nascht, et d'une femme Mout-Touéï.

G. 1261. *Terre émaillée.* Amulette représentant la Croix ansée, emblème de la *vie divine*.

1262. *Terre émaillée.* Amulette portant en relief la figure d'une Croix ansée, d'où sortent deux *bras* avec les *sceptres* à tête de *coucoupha*.

1263. *Or.* Amulette, représentant la petite Colonne ou l'Autel a quatre corniches, le soi-disant Nilomètre, emblème de la *stabilité*.

1264-1463. *Terre émaillée, marbre, hématite, cornaline, agate, bois, etc.* Amulettes comme le précédent.

1464-1473. *Terre émaillée, pierre calcaire, marbre, cornaline, lapis lazuli, bois doré, etc.* Amulettes comme les précédens ; les cinq premiers sont des Plaques de colliers, les nn. 1469-1471 sont surmontés de la coiffure *Otf*, de Socar-Osiris ; les deux derniers nn. représentent la double figure de l'emblème.

1474-1552. *Terre émaillée, hématite, spath vert, lapis lazuli, verre coloré, etc.* Amulettes représentant une Colonne symbolique, composée de plusieurs tiges de *lotus*, liées ensemble. Les nn. 1476-1480 portent des inscriptions hiérogll. avec les titres etc. d'un *scribe des offrandes divines à tous les dieux*, nommé Nascht-amon; d'un *chef*, nommé Amen-hem-ôpt; d'un autre, nommé Nascht etc. Dans l'inscription du n. 1477 un espace est laissé vide pour le nom.

1553-1566. *Terre émaillée, etc.* Amulettes en forme de *parallélogramme*, portant l'image en relief d'une Colonne comme les précédens.

1567-1569. *Terre émaillée.* Amulettes représentant des Chapiteaux, formés par un *calice de lotus*.

1570-1572. *Terre émaillée et verre coloré.* Amulettes ou ornemens imitant des crosses et un arc.

1573-1653. *Terre émaillée, hématite, basalte, marbre, pierre calcaire, talc.* Amulettes représentant divers instrumens, meubles, ustensiles, etc.; escaliers a six gradins (1573-1575), nattes (1576-1581), un panier a deux anses (1582), reposoirs ou hémicycles (1583-1618), niveaux

DE MAÇON (1619-1631), PETITES ÉQUERRES (1632-1647), RA-
CLOIRS ou autres instrumens analogues (1648-1651), et
NAVETTES DE TISSERAND (1652, 1653).

G. 1654-1662. *Hématite, basalte.* AMULETTES représentant
un signe hiéroglyphique qui orne les deux faces latérales des trônes.

1663-1666. *Terre émaillée, verre coloré.* AMULETTES représentant des hiéroglyphiques: la LIGNE BRISÉE, les signes
ÉPOUSE, TERRAIN ÉTRANGER et une CROIX.

1667-1677. *Terre émaillée, cornaline, agate.* AMULETTES
de formes différentes.

§ 9. AMULETTES GNOSTIQUES.

1678. *Serpentine, fond noir avec taches et veines vertes.*
AMULETTE SEMI-OVAL, orné d'une *tête humaine* en relief sur
la partie cintrée.

1679. *Talc.* AMULETTE de forme OVALE, orné de la
figure d'un *enfant accroupi.* Les *ailes* à la tête feraient
penser à un jeune Mercure. — *H.* 0.11.

La figure est travaillée en bas-relief, et conserve la couleur naturelle de la pierre, tandis que le fond est couvert d'une couleur noire.

1680. *Pierre lydienne.* AMULETTE de forme OVALE, offrant la figure d'une *femme,* en creux; avec une inscription de cinq lignes en caractères inconnus sur le vêtement. — *H.* 0.95.

1681. *Bronze.* AMULETTE représentant la CROIX.

§ 10. PECTORAUX.

V. la Partie. III. Sect. O. ORNEMENS ET AMULETTES FUNÉRAIRES.

§ 11. BIJOUX DE FORMES VARIÉES.

1682-1686. *Verre.* Fragmens de diverses formes, de
couleurs *verte, bleue* ou *blanche,* percés de tubes d'une
couleur différente. Ces tubes forment dans les nn. 1685

ct 1686, qui sont des fragmens d'une même pièce, des *fleurs* et des figures de *vases*.

G. 1687. Pâte composée d'une substance *rouge* et *jaune*.

1688, 1689. *Verre coloré*. Deux petits fragmens, dont l'un composé de plusieurs couches de différentes nuances.

1690. *Verre coloré bleu dans sa masse*. Trois fragmens.

1691, 1692. *Verre*. Deux fragmens, dont l'un offre la figure de l'*ibis* en relief, et dans le champ la lettre *A*; l'autre, une inscription en lettres Grecques, également en relief.

II. Ustensiles domestiques.

§ 1. Comestibles, baumes, etc.

Les objets décrits dans ce § étaient destinés à être présentés en offrande, ou à être déposés auprès des momies dans les catacombes; la formule ordinaire des monumens funéraires contient la prière : que le dieu *accorde au défunt une bonne demeure* (ou tombeau), *différens* Comestibles, *boissons*, Baumes, etc. etc.

H. 1, 2. *Terre cuite* et *bois peint*. Grenades, le n. 2 avec une inscription hiérogl. linéaire.

3, 4. Grenades.

5, 6. Grenades, *Punica granatum*.

7-9. Mimusops *elengi*, fruit de la famille des Sapotacées, originaire de l'Inde.

10. Deux paquets avec des grains de Coriandre.

11. Raisins dits de *Corinthe*.

12. Raisins dits de *Damas*.

13-15. Oignons; l'un doré.

16-26. Dattes du palmier ordinaire, *Phoenix dactylifera*.

27, 28. *Pétrifications* imitant des Dattes du palmier ordinaire.

II. 29-32. Fruits du Doum ou *palmier de la Thébaide*.

Deux de ces fruits ont été trouvés dans le panier n. 578.
§ 4.

33, 34. Fruits de la Balanites aegyptiaca.

35. Fruit de la Cordia *crenata*.

36. Blé ordinaire.

37. Blé ordinaire pelé.

Ces deux derniers numeros sont offerts au musée par Mr.
G. Lee, Direct. Gén. des postes à l'île de Ceylon.

38. Pains et fragmens de Pains de diverses formes,
ronde, triangulaire, etc.

Quelques fragmens se trouvent dans le panier de la barque
I. § 13. n. 629, et dans un autre panier, décrit dans
cette Section § 4. sous le n. 578.

39, 40. Deux Fruits incertains.

41. Feuilles et Fleurs ayant été tressées, pour former
un ornement de momie.

42. *Tiges* de Papyrus, liées ensemble.

43-51. Fruits du Cyperus esculentus.

52-54. Fruits de la Medicago rugosa, trouvés dans une
momie du Musée.

55. *Pétrification* imitant un fruit.

56. Baume funéraire, composé d'asphalte avec plusieurs
autres substances aromatiques.

57. Baume résineux doré.

58, 59. Baume résineux, *resina pini*.

60. Autre Baume résineux, comme les précédens, mais
plus foncé.

61. Baume résineux, *Colophonium*.

62-65. *Pétrification* ou *pierre*. Quatre pièces ressemblant à une substance résineuse pétrifiée.

§ 2. Vases.

Nous avons observé pour la déscription de ce §, l'ordre qui est indiqué par la forme même des vases. La plus
simple, et par conséquent la plus ancienne est celle du

plat, dont les développemens divers peuvent être tracés dans les formes suivantes, des *bassins, coupes, patères, tasses, calices, etc.* Viennent ensuite les *vases*, et en premier lieu, ceux dont la forme ressemble le plus à celle des *coupes;* nous n'avons considéré les anses, les cols, les goulots, etc. que comme accessoires, dont quelques vases des différentes formes sont munis, mais par lesquels la figure principale de l'objet n'est pas changée.

Les restes des substances qu'ils ont contenues, les inscriptions, les formes elles-mêmes et la comparaison avec les scènes de la vie civile, représentées sur les parois des tombeaux, pouvaient souvent indiquer l'usage particulier, auquel les vases étaient destinés chez les Égyptiens. D'après cette destination quelques-uns auraient pu être rapportés à la I⁰ ou à la II⁰ Partie du Catalogue. Ainsi par ex. les inscriptions et les représentations des 21 premiers plats, prouvent que ces objets ont été employés à des usages sacrés; les inscriptions sur d'autres vases, p. ex. les nn. 229, 305, 351, 386 etc., les font appartenir à la classe des Monumens Funéraires, mais comme cette destination n'était que secondaire, nous n'avons reservés pour cette dernière classe, que les *vases funéraires* proprement dits, destinés à contenir les viscères du défunt. V. la déscription de ces objets dans la III⁰ Partie, Sect. R.

PLATS, BASSINS, COUPES, GOBELETS, CALICES, ETC.

II. 66-88. *Terre cuite.* 23 PLATS, avec légendes hiéroglyphiques, images de divinités tracées dans l'intérieur, en *noir* ou en *blanc*, et légendes hiératiques en *noir*: Amon-Ra, *le roi des dieux* (66, 67); Phtah (68, 69); Phré *hiéracocéphale* ou Moui (70-73); Atmou (74); Oër.... (75, 76); Osiris *Ouôn-nofre* (77-80); Osiris *Fent-hem-pamenti* (81-86); et Osiris *Fent-hem-pamenti Oûon-nofre* (87, 88). — *Diam.* 0.34 à 0.275.

89-95. PLATS comme les précédens, avec les images d'une ou de plusieurs *barques* sacrées: de Phré et d'Osiris (89, 90); de la *barque* des mêmes divinités, au milieu de deux autres *barques* avec les images d'Isis et de Nephtys à côté d'un *coffret funéraire* (91), de Phré accompagné d'Isis, de Thôth, de Moui et d'Horus dirigeant le gouvernail (92); d'Atmou avec Moui, Tafné, Netpé, Seb, Osiris, Isis et Nephtys accroupies (93); du même dieu avec les mêmes divinités et Horus (94); avec un *défunt*, entre les images de Thôth et d'Isis (95). — *Diam.* 0.305-0.28.

H. 96, 97. Plats comme les précédens, avec les images d'Atmou, avec Moui, Tafne, Seb, Netpé, Osiris, Isis, Thôth, Nephtys et Horus (96); et les mêmes divinités à l'exception de Thôth (97). — *Diam.* 0.29.

98-108. *Albâtre, granit.* Bassins de dimensions différentes. — *Diam.* 0.25-0.095.

109-134. *Granit gris, albâtre, marbre, terre émaillée, terre cuite, ivoire, cristal.* Bassins, coupes et pots de formes et dimensions différentes; le n. 118 nous offre dans l'intérieur l'image d'une *femme* agenouillée dans un berceau et jouant de la guitare; le n. 123 est muni d'un tuyau; le n. 124 de l'indication d'une anse; le n. 133 a deux anses; et le n. 127 porte une inscription démotique autour du bord. — *Diam.* 0.22-0.04.

135-160. *Albâtre.* Petites Écuelles, ayant peut-être servi à contenir des cosmétiques ou des couleurs. — *Diam.* 0.65 à 0.04.

161, 162. *Granit gris, albâtre.* Bassins ou patères avec une *anse* ou *manche.* — *Diam.* 0.265 *et* 0.095.

163. *Bronze.* Grande Coupe sur un pied du même métal. — *Haut.* 0.27, *diam.* 0.42. (*Travail Grec?*)

164. *Granit rouge.* Grand Bassin avec le bord très-large. — *Haut.* 0.125; *diam.* 0.50.

165. *Talc.* Grand Couvercle d'un Bassin, avec une haute anse dans le milieu. — *Diam.* 0.34.

166. *Albâtre.* Bassin ou Patère à deux anses. — *Haut.* 0.075; *diam.* 0.19.

II. 167-178. *Albâtre* et *serpentine* ou *talc*. Bassins ou Patères, les nn. 167-172 à deux bandes; les nn. 170 et 178 avec des pieds plus allongés; les nn. 169, 170 et 177 ont des couvercles plats.

179-187. *Terre cuite, bronze, terre émaillée.* Tasses de différentes dimensions, les deux premiers numeros sont munis d'une inscription hiérat. — *Haut.* 0,085 à 0.08.

188. *Albâtre.* Tasse en forme de *seau*, avec son couvercle. — *Haut.* 0.06.

189-193. *Albâtre, terre émaillée* et *bois*. Tasses ou Gobelets très-évasés. — *Haut.* 0.15 à 0.07.

Les deux derniers nn. se trouvent dans la barque I. n. 601.

194, 195. *Pierre calcaire, terre cuite.* Mortiers imitant la forme d'un *chapiteau* de colonne. — *Haut.* 0.055 et 0.07.

196. *Talc verdâtre.* Mortier ou Gobelet. — *Haut.* 0.09.

197-200. *Albâtre.* Gobelets ou Mortiers avec l'indication des deux anses. — *Haut.* 0.155 à 0.06.

201. *Marbre.* Coupe en forme de Creuset.

202-205. *Albâtre, marbre, terre cuite émaillée.* Gobelets très-évasés.

206-208. *Albâtre.* Gobelets ou Calices de forme plus allongée. — *Haut.* 0.21 à 0.135.

209, 210. *Albâtre.* Grands Gobelets ou Calices de forme allongée. — *Haut.* 0.365 à 0.27.

211-219. *Albâtre* et *granit gris*. Gobelets ou Calices de diverses dimensions. — *Haut.* 0.225 à 0.06.

220-224. *Albâtre, terre émaillée.* Calices avec pieds ronds ou carrés; le n. 220 imitant la forme d'un calice de *lotus*. — *Haut.* 0.14 à 0.07.

Vases.

225. *Albâtre.* Grand Vase en forme d'*urne*. — *Haut.* 0.25.

226. *Albâtre.* Vase de forme cylindrique. — *Haut.* 0.085.

227. *Albâtre.* Vase de forme conique, avec goulot et deux anses sur le rebord. — *Haut.* 0.22.

II. 228-233. *Albâtre.* Grands Vases ampulloïdes destinés à contenir des parfums, avec ou sans couvercles; le premier porte l'inscription numérique »XXV Vases;" les nn. 229 et 230 contiennent encore des restes de quelque baume; sur le n. 229 il y a une inscription hiérogl. funéraire, gravée en creux, relative au défunt Thôth; sur le vase n. 230 se lisent les noms du Pharaon Thoutmes IV de la XVIIIᵉ dynastie. — *Haut.* 0.38 *à* 0.185.

V. Lettre Pl. VIII. nn. 82, 83, pg. 53; et sur le n. 228. Pl. XXXI. n. 312, pg. 154.

234-248. *Albâtre.* Vases comme les précédens, avec et sans couvercles; le n. 240 porte l'inscription d'une princesse, Noub-hem-hèt; le n. 247 une légende avec le prénom d'Amenôtp III et le nom de son épouse, la reine Taja. — *Haut.* 0.15 *à* 0.04.

249. *Terre cuite.* Vase ampulloïde, à une anse, le goulot court et évasé. — *Haut.* 0.18.

250-255. *Terre cuite, terre émaillée, granit, albâtre.* Vases balsamaires ampulloïdes avec goulots très-bas. Les 250 et 251 ont des couvercles en *terre glaise*, le couvercle est lié sur le premier avec des bandes de toile; tous les deux portent la légende du *portier* ou *gardien de la demeure d'Amon*, Amon-kno; le 252 porte au-dessous du goulot, une légende d'un fonctionnaire, nommé Amenôtp; la panse est d'un *émail bleu foncé*, le goulot et les hiéroglyphes, ainsi que les ornemens triangulaires, sont d'un *bleu azuré*; le 253 est orné de deux *branches de palmier* et de deux bandes verticales formées par de petits *ronds noirs;* le n. 255 a le fond percé. — *Haut.* 0.195 *à* 0.085.

256-276. *Albâtre, terre émaillée, terre cuite.* Vases balsamaires en forme d'*Alabastron*, avec ou sans l'indication de deux anses, le 271 à une anse; les 263 et 274 sont d'une *terre émaillée bleue*, et ornés de feuilles peintes en *noir;* le 275 également en *terre émaillée*, est orné autour de la panse, de deux séries d'animaux; la première série composée d'un *lion* et quatre *antilopes*, la seconde de quatre *chevaux* courant dans un bois; tous ces ornemens sont imprimés dans la surface du vase; les nn. 272 et 273 sont plus courts et ont l'ouverture plus évasée; le 268 a le goulot allongé. — *Haut.* 0.295 à 0.065.

Le n. 271, trouvé dans la seconde pyramide de *Ghizeh*, est offert au Musée par le Dr. J. BOWRING.

H. 277. *Terre cuite.* VASE A BOIRE, avec le col très-évasé. — *Haut.* 0.215.

L'émail qui a couvert l'extérieur a entièrement disparu.

278. *Albâtre.* Grand VASE A BOIRE, sans col, avec or-nemens en forme de fleur de *lotus.* — *Haut.* 0.29.

279. *Terre émaillée.* VASE comme le précédent, mais très petit — *Haut.* 0.1.

280-286. *Terre cuite.* VASES A BOIRE, de forme *am-pulloïde*, le col très-évasé, les deux premiers ornés de *bandes noires* autour du col; les cinq derniers d'une face Typhonienne et de deux *bras*, gravés à trait, ou travaillés en relief; les nn. 282-285 à une anse et un pied plat très-bas. — *Haut.* 0.21 à 0.16.

287-304. *Albâtre, terre cuite émaillée, bois peint, talc etc.* VASES BALSAMAIRES, les onze premiers avec un gou-lot très-bas, quelques-uns avec leurs couvercles; les 7 derniers sans goulots. Le n. 300 contient une quantité de baume, le n. 301 est orné de *palmettes* et d'une bande de *fleurs* autour de la panse. — *Haut.* 0.17 à 0.03.

305. *Albâtre.* VASE comme les précédens, mais plus large vers la partie inférieure; avec un couvercle et l'imitation d'un tuyau à la partie supérieure; autour de l'ouverture une inscription hiérogl. relative à un fonc-tionnaire défunt, nommé Phtah-mes. — *Haut.* 0.16.

306. *Terre cuite.* VASE à 3 anses, avec le col évasé, peinture *rouge* sur un fond *jaune brunâtre*, orné d'une bande de *fleurs* et de neuf lignes horizontales autour de la panse. *Haut.* 0.11.

307-311. *Albâtre.* VASES, la panse allongée, le col évasé. Les nn. 309 et 310 portent une inscription hié-

rogl., celle du n. 309 relative au même P h t a h m e s,
que le n. 305. — *Haut.* 0.14 à 0.16.

H. 312-316. *Albâtre, terre cuite.* Vases balsamaires en
forme de *Lekythos*, avec ou sans anse ; le n. 312 avec la
panse très allongée, le n. 315 contient encore le baume. —
Haut. 0.365 à 0. 135.

Ces vases paraissent être de travail Grec.

317-325. *Talc, basalte noir, terre cuite.* Vases, la
panse allongée, le col évasé. Les nn. 317, 320, 322-
325 ont la panse terminée par une pointe, et sont placés
dans une *engythèque*, formant un entier avec le vase,
ou en étant détachée ; le n. 323 a trois anses. — *Haut.*
0.265-0.13.

326. *Terre cuite.* Vase comme les précédens, mais
avec le col allongé, la panse imitant la forme d'une *pomme
grenade*.

327. *Talc.* Vase à deux petites anses, comme les précédens, mais le col très-bas et muni d'un bord.

328. *Albâtre.* Grand Vase balsamaire avec la panse
allongée, le goulot bas et un bord très-large. Sur la
panse une inscription hiérogl. gravée en creux, et offrant
le prénom et le nom du Pharaon T h o u t m e s IV de la
XVIIIe dynastie, et l'indication d'une mesure de $VII\frac{I}{IV}$
Vases.

V. sur l'inscription numérique, ma Lettre, Pl. XXXI.
n. 314 pagg. 154 suivv.

329-348. *Albâtre, hématite, serpentine, basalte.* Vases
comme le précédent, mais plus petits, les quatres derniers avec des bords très-petits, quelques uns avec couvercles, ayant probablement servi à contenir le *collyre ;*
les nn. 329 et 330 portent le nom de la princesse N o u b-
h e m - h è t (v. le n. 240) ; dans le n. 337 se trouve
encore le *style* en *bois*, pour l'application du *collyre ;*
les nn. 341-344 sont munis d'un piédestal de quatre
pieds, formant un entier avec le vase. — *Haut.* 0.09 *à*
0.04.

349. *Terre cuite peinte.* Grand Vase à quatre anses,

sans pied, décoré de bandes brunes et noires autour du goulot, et de fleurs de *lotus* autour de la panse. — *Haut.* 0.47.

H. 350. *Terre cuite peinte.* Grande Amphora avec goulot à rebord; le vase a été peint de taches *noires* sur un fond *jaune.* — *Haut.* 0.41.

351. *Albâtre,* Vase en forme de boule applatie, avec couvercle et une inscript. hiérogl. funéraire sur la panse, contenant une dédicace au défunt, *le préposé à la de-meure des vaches, nommé* Riria, de la part de sa soeur, Phtah-ninofre. — *Haut.* 0.145, *diam.* 0.19.

352-366. *Albâtre, talc, terre cuite, terre émaillée.* Vases avec la panse très-large, le col évasé. Le n. 354 à trois anses; le n. 355 avec une inscription démotique; la panse du 356 munie de deux anses et ornée de stries verticales travaillées en relief; le 357 contient une quan-tité de *baume;* le n. 360 porte le nom de Phtahmes (v. le n. 305); le 364 est sans goulot; les onze derniers ont la partie inférieure arrondie. — *Haut.* 0.175 *à* 0.025.

367-378. *Albâtre.* Grands Vases balsamaires, avec ou sans anses et couvercles; le col très-évasé et plus ou moins allongé. Le n. 367 avec des ornemens peints de diverses couleurs et une inscription hiérat. presque effa-cée; le n. 368 nous offre en signes hiérat. les mots: Douze vases; 371 a la panse arrondie vers la partie infé-rieure et repose sur un piédestal détaché; sur la panse du vase n. 375 on lit les deux cartouches avec les titres de Phré, et les cartouches d'un Pharaon Amenôtp, et d'une reine Nofreteihm.... Les nn. 367-370 et 372 contiennent encore une quantité de *baume.* — *Haut.* 0.38 *à* 0.20.

V. sur le vase n. 368 ma Lettre, Pl. XXXI. n. 313 et pgg. 154 suiv., sur les cartouches du n. 375, Pl. I. nn. 9, 10, pg. 17 et Pl. XXX. nn. 304-306, pg. 148.

379, 380. *Albâtre.* Vases et forme de Vases balsamaires comme les précédens, mais très-petits. — *Haut.* 0.08 à 0.06.

H. 381-402. *Albâtre, terre cuite peinte, granit, terre émaillée, verre coloré, serpentine.* Vases balsamaires à une anse, à deux ou sans anses, la panse large, les cols très-évasés et plus ou moins longs. Le premier repose avec une pointe, sortant du dessous de la panse, dans une *engythèque;* le second est orné de plusieurs bandes peintes en diverses couleurs; le 386 porte une inscription funéraire relative au défunt Thôth, et contient des restes de *baume;* le 402 a le col plus étroit. — *Haut.* 0.27 à 0.045.

403-406. *Terre cuite peinte* et *albâtre.* Vases avec le col très-long et évasé; le premier muni de deux anses sur la panse, et d'une légende d'Amon-kno (v. le 250 et 251); les trois autres, à une anse, portent la même légende; le couvercle est lié sur le 404 avec des bandes de toile. — *Haut.* 0.23 à 0.16.

407. *Terre cuite.* Grand Vase, la panse large et arrondie, le goulot très-allongé et muni d'une anse.—*Haut.* 0.46.

408-422. *Terre cuite peinte, albâtre.* Vases balsamaires ou a huile, forme d'*Aryballos;* le 409 est orné de cannelures sur la panse, et paraît contenir encore une quantité de *baume;* le 414 est orné de quatres bandes composées de différentes feuilles et fleurs; les 415-418 ont une forme de goulot entre deux anses, et un second goulot percé, sur le devant; la panse ornée de plusieurs bandes brunes peintes sur le fond jaune; les goulots des quatres derniers sont munis de bords; le bord du 421 a été orné de deux anses. — *Haut.* 0.155 à 0.03.

423-437. *Terre cuite, albâtre.* Vases a huile, forme d'*Aryballos,* avec le goulot allongé, les 13 premiers avec anse; les deux premiers ont la partie inférieure de la panse arrondie, les autres ont des pieds plats; les 430 et 431 contiennent des restes de quelque *baume,* les 434 et 435 se rapprochent de la forme du *Lekythos* et de l'*Oenochoë.* — *Haut.* 0.155 à 0.075.

438-440. *Terre cuite.* Deux Vases comme les précédens, unis, avec une anse commune. — *Haut.* 0.115.

H. 441-461. *Terre cuite, terre émaillée, talc, albâtre.* Vases en formes de Gourdes avec une, deux ou trois anses. Le goulot du 441 est formé par quatre *fleurs* et quatre *boutons* de *lotus*, les anses par deux *singes accroupis;* la partie supérieure de la panse est richement ornée, sur les deux côtés on lit en hiérogll. les légendes du Roi Ré-en-hèt, *le fils du Soleil* Aahmes Neithsi, *le toujours-vivant;* et du *Roi bienfaisant, le seigneur des mondes,* Ré-en-hèt, *le vivificateur, comme le soleil pour toujours;* le 455 contient une quantité de *baume;* le 456 a trois anses; les 457 et 458 ont la panse plus arrondie, la panse du 458 est ornée de deux figures *humaines* en relief, s'embrassant; les trois derniers ont une anse. — *Haut.* 0.23 *à* 0.05.

V. sur les cartouches du n. 441 ma Lettre, Pl. XXVI. nn. 268, 269, pg. 135.

462. *Terre cuite.* Vase balsamaire ou a huile, avec deux goulots, l'un au milieu entre les deux anses, l'autre sur le devant, sortant de la panse. — *Haut.* 0.21.

463-465. *Terre cuite.* Deux Vases unis, dont l'un avec un col long, très-évasé et à une anse, l'autre avec un goulot très-étroit, entre deux anses. — *Haut.* 0.10 *à* 0.08.

Ces vases peuvent être des modèles d'une machine à filtrer l'eau du Nil.

466. *Bronze.* Vase en forme de *Rhyton*, représentant une *tête de femme;* le couvercle manque, mais les restes de la charnière sont encore visibles. — *Haut.* 0.12.

467, 468. *Bronze.* Vase balsamaire en forme de *poisson;* le 467 a une ouverture dans la bouche, et un goulot à deux anses sur le milieu du corps; le n. 468 a le goulot et l'anse sur le dos. — *Haut.* 0.155 *et* 0.045; *le n.* 468 *a une longueur de* 0.31.

469-474. *Albâtre* et *terre cuite. Couvercles* de Vases, le premier avec une légende hiérogl. d'un *attaché au temple d'Amon à Thèbes.*

475-480. *Albâtre* et *terre cuite.* Fragmens de Vases et de coupes.

H. 481-488. *Verre coloré.* Vases balsamaires ou ayant servi à contenir des cosmétiques, de diverses formes, faits à l'imitation des vases *murrhains* des *Perses*. — *Haut.* 0.12 à 0.04.

Bassins, coupes, vases grecs.

489. *Bronze.* Grand Plat. — *Diam.* 0.20.

490. *Argent.* Grand Plat ou Bassin; dans le fond une image, travaillée en bosse, d'H a r p o c r a t e. — *Diam.* 0.16.

491, 492. *Bronze.* Deux Coupes. — *Haut.* 0.05; *diam.* 0.145 à 0.10.

493, 494. *Bronze.* Deux Coupes ou Tasses. — *Haut.* 0.08 à 0.055; *diam.* 0.12 à 0.07.

495. *Bronze.* Vase avec la panse allongée, le col très-évasé. — *Haut.* 0.18.

496. *Bronze.* Vase en forme d'*Oenochoé*. L'anse est ornée de la partie antérieure d'un *taureau* et d'une tête de *Méduse*. — *Haut.* 0.155.

497, 498. *Bronze.* Deux *anses* de Vases, l'une avec la tête de *chèvre* et de J u p i t e r A m o n; l'autre avec une *palmette* et la tête du même dieu. — *Haut.* 0.14 *et* 0.16.

499. *Terre cuite peinte.* Vase a huile, en forme de *Gutto*, à anse. Sur le dessus on a percé plusieurs petits trous pour filtrer l'huile. La peinture rouge sur un fond noir, représente un *griffon* et deux *lions*, la tête d'un des lions est travaillée en relief, et forme, en sortant ainsi du champ du vase, une espèce de goulot ou de tuyau, pour faire découler l'huile. — *Diam.* 0.11.

500. *Terre cuite.* Vase en forme de *Rhyton*, représentant une tête de *femme;* sur le revers, un *génie* cueillant des grappes de raisin. — *Haut.* 0.12.

501. *Terre cuite.* Grande Amphora, la panse très-allongée et terminée par une pointe. — *Haut.* 0.86.

502. *Terre cuite.* Vase en forme de *Gourde* ou d'*Aryballos;* la panse plate; sur les deux côtés on a représenté une *déesse* tenant deux *scorpions* dans les mains. — *H.* 0.11.

II. 503. *Verre.* Bouteille carrée, avec le goulot évasé, et une anse. — *Haut.* 0.15.

504-509. *Verre.* Bouteilles balsamáires (soi-disans *lacrimatoires*) avec goulots plus ou moins alongés.— *Haut.* 0.19 *a* 0.035.

510. *Bois.* Forme d'une Bouteille balsamaire comme les précédens.

§ 3. Lampes.

511. *Bronze.* Lampe à une mèche; l'anse formée par un *serpent* dressé sur le dessus de la lampe. — *Haut.* 0.21.

512-514. *Bronze.* Lampes à une, la dernière à trois mèches; le n. 511 avec un couvercle mobile; le n. 513 à quatre pieds, et divisé en deux compartimens, le couvercle pliant en deux avec charnières. — *Long.* 0.175. à 0.10.

515-517. *Terre cuite.* Lampes à cinq et à deux mèches; les deux dernières ornées de divers ornemens, le 516 avec une figure humaine.

518-521. *Terre cuite.* Lampes à une mèche, avec ou sans anse; les deux premières portent sur le dessus le buste en relief de Jupiter-Serapis coiffé du *modius*, le n. 519 deux *génies ailés*; la dernière, deux figures d'*enfans*, d'un travail fort grossier, et sur le dessous le monogramme ⋀.

522, 523. *Terre cuite.* Lampes à une mèche, en forme de tête humaine; la première marquée d'une *branche de palmier* sur le dessous.

524-535. *Terre cuite.* Lampes à une mèche, avec et sans anse, offrant sur le dessus, la première un *sanglier* attaqué par un *chien*, les quatre suivantes, des *crapauds*; les sept dernières des *grappes de raisin*, des *feuilles* et une *rosette*.

536-540. *Terre cuite.* Lampes à une mèche; les trois dernières avec inscriptions sur le dessous ou sur le dessus; le n. 538 porte en grandes lettres, en relief, l'inscription: *Φως εκ φωτος*, *d'une lumière* (nait) *une lumière;* le 539 *η αγια Αμμα Χρυστινα;* sur les tuyaux une petite *croix.*

. V. sur le n. 538, REUVENS, Lettre à M. LETRONNE; vignette du titre.

H. 541-544. *Terre cuite* et *terre émaillée.* LAMPES, les deux premières avec un goulot, une anse, et un tuyau très allongé; les deux autres en forme d'*écueil*, ouvertes par dessus.

§ 4. MEUBLES.

545-548. *Albâtre, bois.* REPOSOIRS OU HÉMICYCLES, le premier d'un travail très-soigné, la colonne ornée de cannelures; le second offre sur le dessus de la base les figures en creux de l'*hippopotame* dressé, T a o ë r i, et d'un *psylle*, sur le devant la légende hiérogl. de l'*auditeur de la justice des palais*, R i r i é o; le troisième sur la base une *tête* et une figure T y p h o n i e n n e à tête de *truie*, avec un *disque* dans les mains.

549. *Bois.* CHAISE à pieds de *lion*, le dosier orné de marqueteries en *ivoire*, le siège formé d'un *treillis* en *jonc natté*. — *Haut. entière* 0.77.

550. *Bois.* TABOURET ayant le siège couvert d'un cuir rouge, dont les fragmens restent encore. Les légendes hiérogll. sur les quatre pieds offrent le nom du défunt H o r p a.

551, 552. *Bois.* Deux PIEDS de grandeur différente ayant appartenu à un TABOURET, l'un terminé par une tête d'un *oiseau aquatique*, l'autre imitant un *bras humain*, surmonté d'un *lion;* le premier porte la légende du: *jeune chef des . . . . . du seigneur des mondes, basilico-grammate, préfet du palais*, A m e n ô t p.

553-557. *Bois.* PIEDS d'un LIT ou d'une CHAISE, les deux derniers imitant la forme de la partie antérieure d'un *lion*.

558. *Paille.* BALAIS, la manche liée autour d'une pièce

7

de *bois*, par des cordons tressés des fibres de quelque plante.

H. 559. *Bois.* Manche d'un Balais comme le précédent.

560. *Bois.* Boîte à couvercle mobile et avec quatre compartimens.

561. *Bois.* Fragmens d'une boîte, ornés de *fleurons* et des signes de *la vie* en relief, et reservant encore les restes d'une incrustation verte; snr le derrière les restes d'une inscription hiérogl.

562. *Bronze.* Coffret carré, les quatre faces ornées de dix figures travaillées à jour, d'*hommes* portant une *table* avec deux *vases à libations* et deux *tiges de lotus;* sur la face antérieure deux *uréus ailés, discophores,* dressés sur le signe de *dominion,* et flanquant un cartouche prénom de R h a m s e s III, de la XVIII° dynastie.

563. *Bois.* Coffret formé de deux demi-cylindres, fermant à coulisse, et couverts d'ornemens en relief, avec les restes d'incrustations; parmi ces ornemens on remarque un *taureau,* un *tigre* et deux *antilopes.* L'intérieur est divisé en quatre compartimens.

564-566. *Bois.* Boîtes en forme d'*oie,* à couvercle mobile, et décorées d'incrustations en *ivoire.*

567, 568. *Bois* et *ivoire.* Petites Boîtes en forme d'*oie* préparée pour les offrandes; la première a été munie d'un couvercle mobile.

569. *Pierre calcaire.* Boîte en forme de *cartouche,* avec une inscription hiéroglyphique relative au *prophète* d'I m ô t p, *nommé* P e t - a n - n o f r e - b a; sur le devant le nom démotique P e t - a m o n. — *Long.* 0.25, *haut.* 0.11.

570. *Albâtre.* Boîte en forme de *cartouche* avec couvercles et quatre pieds. — *Long.* 0.295, *haut.* 0.08.

571-574. *Jonc.* Paniers de formes variées en jonc de diverses couleurs.

575. *Jonc.* Panier en forme de *sac.*

576-579. *Jonc.* Paniers ronds, les trois premiers à couvercles, le n. 578, qui a contenu deux fruits du *doum*

(v. H. nn. 29-32) et deux morceaux de *pain*, appartient à la barque I. § XIII. n. 629.

H. 580, 581. *Jonc.* Paniers de forme oblongue, avec couvercles; le dernier contient encore quelques *raisins* et les restes d'un *baume*.

582. *Jonc.* *Couvercle* d'un Panier comme les précédens.

583. *Bois.* Cuiller à longue manche, recourbée et terminée par une tête d'*oie*.

584. *Bois.* Cuiller en forme de *bras* humain tenant une *coquille*.

585. *Basalte.* Cuiller avec une manche très-courte, ornée d'un cartouche en hiéroglyphes faux, du temps Romain.

586. *Basalte.* Cuiller avec la partie inférieure de la manche, dans laquelle il y a un trou percé jusque dans la cuiller; la manche a été incrustée.

587. *Bois.* Cuiller, dont l'intérieur est orné d'une figure en relief d'un *poisson*, avec des fleurs de *lotus* dans le bec. Sur le bord inférieur deux *grenouilles;* la manche formée par la figure d'une *femme* debout entre quatre fleurs et quatre boutons de *lotus*, portant dans ses mains élevées et sur la tête les hiérogll. de *bonté* au-dessus des *yeux symboliques.*

588-590. *Bois.* Cuillers en forme de *cartouche;* la première représente un *bassin*, avec deux *poissons* et des fleurs et boutons de *lotus*, la manche des deux dernières est formée par une *femme* étendue, tenant la cuiller dans les bras, et élevant sa tête au-dessus du bord du bassin.

591, 592. *Fer.* Clefs avec pannetons à quatre et trois pointes.

593. *Bronze.* *Battant* d'une Clochette.

I. Instrumens et produits des arts et métiers.

—

§ 1. Agriculture.

I. 1. *Bois.* Une Houe. — *Long.* 0.51.

2. *Bois.* Une Houe plus petite que la précédente; trouvée et placée dans la barque I. § XIII. n. 601.

3. *Bois* et *bronze.* Houe ou Pioche, la manche en *bois*, munie d'un soc en *bronze;* sur ce soc une inscription hiérogl. avec le cartouche prénom R é - m e n - t o, du Pharaon T h o u t m e s IV de la XVIIIe dynastie.

4. *Bronze.* Très-petite Houe.

5. *Bronze.* Soc d'une Houe. — *Long.* 0.15.

6. *Bois.* Fléau *à trois battans.* Les battans et le fléau ont été couverts d'un stuc, avec hiérogll. peints en rouge. Sur l'un des battans le prénom R é - m e n - t o. — *Long.* 0.53.

7. *Bois.* *Manche* d'un Fléau. — *Long.* 0.55.

8, 9. *Bois.* Fléau à trois battans, et un Crochet ou Pedum, ornés de diverses couleurs et de dorure. — *Long.* 0.27.

10. *Bronze.* Fléau sans battans.

11. *Buis.* Espèce de Pilon, garni d'une plaque d'*ébène* aux extrémités.

12. *Toile.* Sac à sémence.

13, 14. *Bronze.* Deux petits Sacs à sémence.

§ 2. Armes, égides, sceptres et insignes divers.

Armes.

15. *Fer.* Casque composé de huit pièces clouées ensemble et bordées par une bande du même métal; de chaque côté une plaque de *fer* mobile, avec charnière, pour couvrir le visage, et attacher le casque sous le menton. L'intérieur garni d'une fourniture en *cuir noir.*

Ce casque, trouvé sur la tête d'une momie, fut offert au

Musée par M. le Chev. d'ANASTASY, après la vente de sa collection.

I. 16. BOUCLIER fait de la peau de *crocodile*, forme ovale du *bouclier Béotien*; avec une élévation conique au milieu, laissant une cavité dans l'intérieur pour la main.

Rapporté de l'Égypte par un voyageur, et acheté à Tunis par M. HUMBERT.

17. *Paille* et *feuilles de palmier tressées*. CARQUOIS en forme cylindrique, avec un rebord détaché, et les liens en toile très-fine, bordés d'un cordon. — *Haut.* 0.86; *diam.* 0.13. Le carquois contient:

18-29. *Jonc.* Douze FLÈCHES, avec pointes de *bois dur*, munies, ou ayant été munies d'une pièce barbelée en *silex*. — *Long.* 0.88.

30-35. *Jonc.* Six FLÈCHES, l'une munie d'une pointe en *ivoire* ou *os*. — *Long.* 0.83.

36-41. *Jonc.* Six FLÈCHES avec pointes en *bois dur*, surmontées, ou ayant été surmontées de pièces en *silex*.— *Long.* 0.80.

42-44. *Jonc.* Fragmens de FLÈCHES, mais sans pointes. — *Long.* 0.64.

45-50. *Bois dur*. Six POINTES de FLÈCHES, quelques-unes munies de pièces en *silex*.

51. *Bois.* Grand ARC. — *Long.* 1.71.

Trouvé avec les *flèches* 36-41.

52. *Bois.* ARC revêtu d'une bande de *cuir rouge*. — *Long.* 1.00.

Trouvé avec les six *flèches* 30-35.

53. *Cuir.* MANIQUE dont l'archer se servait pour couvrir le doigt.

Trouvée avec l'*arc* n. 51.

54. Fragmens d'une CORDE à *boyau*, ayant probablement appartenu à un ARC.

55. *Serpentine.* *Pointe* de FLÈCHE triangulaire, se rapprochant de la forme des axes cunéiformes des peuples septentrionaux, mais plus petite. — *Long. de chaque côté* 0.03.

1. 56-64. *Bronze*, *fer*. Neuf Pointes de flèches ou de javelines, dont quatre barbelées, et cinq de forme triangulaire.

65-67. *Bronze*. Pointes de javelines, plates.

68, 69. *Bronze*. Pointes de javelots. — *Long*. 0.155 à 0.18.

70. *Bronze*. Poignard, la manche en bois, ornée d'une plaque en *or* et d'un *pommeau* en *ivoire*.

71. *Ivoire* et *or*. Pommeau de la manche d'un Poignard comme le précédent.

Égides.

Égides ornées de têtes ou d'emblèmes de divinités, et ayant servi d'étendards militaires.

Voyez la description de ces Égides dans la P. I. Sect. A. des Divinités.

Sceptres, bâtons.

72-74. *Bronze*. Sceptres en forme de *lituus* ou de *crosse*.

75. *Bois*. Sceptre nommé P a t en Égyptien, la manche formée d'une tige avec une fleur de *lotus*. — *Long*. 0.45.

76. *Bois*. Sceptre formé d'une tige avec une fleur de *lys*, et ayant été orné de diverses plumes.

77. *Bois*. Sceptre en forme de *bras humain*, surmonté d'une fleur de *lys*, sur laquelle on a figuré un lion dévorant un homme agenouillé.

78. *Bois*. Bâton en forme de *roseau* à cinq noeuds, surmonté d'une tête Typhonienne. — *Long*. 1.25.

79. *Jonc*. Bâton avec un *pommeau* en *ivoire*. — *Long*. 1.24.

80. *Jonc*. Bâton avec un *pommeau* en *bois* et une légende hiérogl. du *gardien de la maison de la royale épouse, la grande de T h ô t h, le seigneur des mondes, nommé* A m o n - n e b. — *Long*. 1.30.

81-85. *Bois*. Bâtons, les nn. 82 et 83 ornés de ban-

des d'*or*, le 82 offre le prénom R é - n e b - t m é, d'A m e-
n ô t p III de la XVIII[c] dynastie; le 83 une légende du
*grand chantre du dieu bienfaisant, auditeur de la maison
de*... nommé N a s c h t - a m o n; le 84 une légende relative au *préposé aux* .... d'O o h, nommé A n o u é ï; le
85 une légende d'un *grand* .... *de* P h t a h, portant le
même nom. — *Long.* 0.53 *à* 0.28.

I. 86-88. *Bois.* Fragmens de Bâtons, avec légendes hiérogll. relatives: à un scribe E o é ï *de Memphis*, à un
autre, P a i - h o n, et à un troisième nommé P i h o r - i t e n-
h e m - h b a i. — *Long.* 0.67 *à* 0.38.

89, 90. *Bois.* Pommeaux de Bâtons, imitant la forme
d'une fleur de *lotus;* avec inscriptions hiérogll., celle du
89 relative à un fonctionnaire nommé I é ï.

91-93. *Ivoire, émail.* Pommeaux de bâtons.

94-97. *Granit rouge, gris* et *marbre.* Pommeaux ayant
probablement orné des Bâtons.

Deux de ces Pommeaux sont encore munis des *pointes* en
bronze, avec lesquelles ils ont été fixés sur les bâtons.

98, 99. *Bois, ivoire.* Boutons ou Pommeaux ayant probablement servi d'ornemens de Bâtons.

§ 3. Objets relatifs a l'art du tissage, de filer,
de coudre, etc.

100. *Bois.* Grand Peigne simple ou seran à manche.

101, 102. *Bois.* Deux Dévidoirs. — *Long.* 0.20.

103. *Bois.* Fuseau ou aiguille de tisserand, avec une
quantité de *fil rouge*, divisé sur la partie supérieure. —
Long. 0.275.

104. *Bois.* Aiguille à *deux becs*, pour la fabrication
des *réseaux* ou *filets*, avec les restes du cordon. —
Long. 0.27.

105. *Bois.* Instrument de tisserard *à un bec*, et un
trou percé dans l'extrémité opposée. — *Long.* 0.15.

106. Quatre échantillons de Toile, provenant de *momies*
rapportées de l'Égypte par M. belzoni.

1. 107. Pièce de TOILE très-grossière.

108-113. Deux pièces de TOILE très épaisse, et quatre pièces de TOILE de différente qualité.

114-119. Pièces et bandages de TOILE avec *franges*, et une pièce de TOILE teinte en *rouge*.

120. Paquet contenant plusieurs pièces de TOILE.

121. Paquet contenant quelques pièces de TOILE *crépée* et *non crépée*, quelques-unes avec *franges* ou *liteaux bleus*.

122. Bandage de TOILE grossière.

123. CORDON tressé d'une bande de *toile* d'une finesse extraordinaire, ornée de figures de divinités, dessinées à trait.

124. CORDONS tressés de bandes de *toile* très-fine, *rouge*, *bleue* et *jaune*.

125-129. Fragmens de CORDONS de diverses qualités et tressés de différentes manières.

130, 131. CORDONS tressés de *jonc* et de *toile*.

132. CORDON d'*écorce d'arbre* très grossière, tressé et terminé par un pommeau.

133. Quantité de FIL de diverses qualités et nuances.

134. Pièce de TOILE tissée de *fils rouges, jaunes* et *verts;* dont l'ensemble forme des petits ronds rouges avec le centre et les extrémités jaunes, sur un fond vert.

135. Fragmens de LANIÈRES tressées.

136-138. RUBANS, deux avec des *liteaux rouges*.

139, 140. Petits BANDAGES de *toile*, l'un d'une finesse extraordinaire.

141. *Bronze.* AIGUILLES à passer les *lacets.* — *Long.* 0.21.

142-144. *Bronze.* Trois AIGUILLES à coudre. — *Long.* 0.11 *à* 0.09.

145. *Ivoire.* BOBINE pour dévider du *fil*, avec une petite quantité de *fil.* L'inscription hiérogl. offre la légende d'un *basilicogrammate* nommé E o é ï.

§ 4. OBJETS RELATIFS A L'ART DE BÂTIR.

146. *Terre cuite.* Modèle de l'entrée d'une HYPOGÉE sepulcrale à deux portes; dans la cour, devant l'hypogée,

une quantité d'offrandes, telles qu'une *table avec trois vases*, un grand *vase*, une *table à libations*, une *tête* et divers *membres* d'un *boeuf*, au milieu de quatre *cones* ou *sceaux funéraires*. V. Partie III. § Y. — *Long.* 0.31, *larg.* 0.31, *haut.* 0.18.

I. 147, 148. Deux briques d'une substance très-molle avec inscriptions hiératiques, la première de six, l'autre de cinq lignes. — *Long.* 0.155, *larg.* 0.85, *haut.* 0.05.

149. *Bois.* / Queue d'aronde, ayant servi pour combiner les grandes pierres dans une des constructions du Pharaon R é - m e n - t m é, Ménéphtah I, le prénom duquel se lit sur l'instrument.

Voyez ma Lettre, pgg. 80 et 81.

150. *Bronze.* Plaque avec deux trous, ayant servi pour combiner les pierres.

151, 152. *Bronze.* Deux oiseaux d'un tailleur de pierres. — *Long.* 0.23 *et* 0.18.

153. *Bois.* Grande Poulie à une roue.

154. Cordon tressé de *feuilles de palmier*. — *Long.* 2.18.

§ 5. Charpentage.

155. *Bronze.* Hache avec une manche en *bois*, et une légende hiérogl. avec le prénom R é - m e n - t o, du Pharaon T h o u t m e s IV de la XVIIIe dynastie. — *Long. de la hache* 0.10, *de la manche* 0.42.

156. *Bronze.* Hache, mais sans la manche. — *Haut.* 0.075.

157-159. *Bronze.* Ciseaux de charpentier avec manches en *bois*, sur lesquelles on lit des légendes hiérogll. comme sur le n. 155. — *Long. avec les manches* 0.21, 0.215 *et* 0.245.

160. *Bronze.* Ciseau de charpentier. — *Long.* 0.17.

161. *Bronze.* Couteau avec manche en *bois*. Sur la lame une inscription hiérogl. comme sur les nn. 155 et 157-159. — *Long. avec la manche* 0.285.

162. *Bronze.* *Lame* d'un Couteau. — *Long.* 0.13.

I. 163-173. *Bronze.* Clous, le premier surmonté d'une *tête d'épervier*, le second d'un *chat* assis.

174. *Bronze.* Partie supérieure d'un Clou, représentant une Venus accroupie. (*Travail Grec.*)

175-177. *Bronze.* Clous ayant appartenu à un cercueil de *momie.*

178. *Bois.* Six Pattes par lesquelles les planches du même cercueil ont été unies.

179-183. *Bronze.* Mascarons, les deux premiers représentant des *têtes d'hommes* avec *cornes* et surmontées *d'uréus;* le 3e et le 4e une tête de *femme*, le dernier une tête de Bacchus barbu.

184. *Bronze.* Bouton ou autre ornement de quelque meuble, en forme de mascaron, représentant une tête *d'enfant.*

185-189. *Bronze.* Ornemens divers, dont un en forme de calice de *lotus.*

190. *Bronze.* Grande Anse, dont les extrémités sont terminées par des *mains humaines.*

191-194. *Bronze.* Ornemens qui peuvent avoir servi d'Anses.

§ 6. Sculpture et moulure.

195. *Bronze.* Ciseau de sculpteur. — *Haut.* 0.14; *larg.* 0.065 à 0.08.

196. *Pierre calcaire.* Fragment qui paraît avoir servi d'essai à un artiste; les contours des figures et des hiéroglyphes sont indiqués en traits rouges et corrigés en noir; deux des figures et quelques hiéroglyphes sont sculptés. Les représentations sont en partie funéraires et se rapportent en partie à la vie civile et domestique. — *Haut.* 0.55, *larg.* 1.35.

197-200. *Terre cuite* et *pierre calcaire.* Moules à une pièce, destinés à mouler, ou à couler des empreintes en cire etc., de figures d'O s i r i s F e n t - h e m - p a m e n t i, (197), d'une statuette *funéraire* (198), et de figures de *momies* (199, 200). — *Haut.* 0.16 à 0.08.

I. 201. *Terre cuite.* Petit Moule, à mouler la partie antérieure d'une tête de *lion.* — *Long.* 0.03.

202. *Talc.* Moule *à une pièce,* pour faire des empreintes d'un *oiseau accroupi* (une *oie*). Les moules du corps, des deux ailes et de la tête avec le cou de l'oiseau sont sculptés sur quatre faces différentes de la pierre.

203. *Basalte.* Moule à couler une médaille, représentant un *guerrier à cheval,* avec la légende *TNACOPI;* le revers de la pierre offre deux Moules à couler des anneaux. — *Diam. de la méd.* 0.025.

204-206. *Pierre calcaire.* Moules *à deux pièces,* à mouler une *grue* accroupie (204 et 206), et un autre *oiseau* accroupi (205). — *Larg.* 0.16, 0.12 *et* 0.075, *haut.* 0.123, 0.10 *et* 0.05.

207-213. *Pierre calcaire.* Moules *à une pièce,* destinés à faire des empreintes d'*oiseaux accroupis.* — *Dimensions* 0.14 *à* 0.06.

214. *Bronze.* Instrument qui paraît avoir servi de Moule.

§ 7. Peinture.

215-221. *Albâtre.* Sept Pierres de forme de parallélogramme, ayant probablement servi pour frotter les couleurs.

222. *Talc bleuâtre.* Tablette ayant probablement servi pour préparer les couleurs.

223. *Terre émaillée.* Tablettes *à deux godets ronds* pour les couleurs; avec une inscription contenant une dédication à Thôth, *le seigneur des dieux, afin qu'il accorde une vie durable;* et à Tmé, *la fille du Soleil, afin qu'elle accorde des biens au chef Pioër.*

224. Tablette en forme de *cartouche, à deux godets* pour contenir les couleurs.

225, 226. *Terre émaillée.* Bases carrées avec quatre petits *pots* ou *cornets,* pour contenir des couleurs.

227. *Terre émaillée.* Base oblongue à huits *cornets,* en forme de *calice,* pour contenir des couleurs.

I. 228. *Albâtre*. Partie inférieure d'un petit VASE en forme d'*oeuf*, contenant une quantité de couleur végétale *jaune brunâtre*.

229-243. COULEURS ÉGYPTIENNES : n. 229 *blanc* (*subcarb. de chaux*); 230 *blanc* (*blanc de céruse*) mêlé avec une substance *gommeuse*, et enveloppé dans une feuille d'*étain* très-mince; 231 *jaune blanchâtre*, substance *végétale*, mêlée avec le *blanc* du n. 229); 232 *jaune* brillant et clair (*opriment, sulfure d'arsenic*); 233 *jaune* (*ocre jaune claire*); 234 *jaune* plus *foncé* (*ocre jaune brulée*); 235, 236 *jaune* (*Gomme-gutte*); 237 *rouge clair* (*ocre rouge* mêlée du *blanc* 229); 238 *rouge foncé* (*ocre rouge brulée*); 239 *bleu azur* (*cailloux siliceux* avec *oxyde de cuivre*); 240, 241 *bleu verdâtre* (même composition); 242 *bleu foncé* (même composition); 243 *noir* (*limon du Nil*).

244. Deux pièces d'une substance *noire, sulfurète de plomb* en forme cylindrique, ornée de cannelures.

M. l'apothicaire P. J. HAAXMAN, qui a eu la bonté d'examiner ces couleurs, a publié les resultats de ses analyses chimiques dans le Journal: *Algemeene Konst- en Letterbode*, 1839. nn. 39 et 40.

§. 8. ÉCRITURE.

245. *Basalte noir*. Grand POLISSOIR en forme de *boule* applatie, pour rendre le papyrus uni, avant d'y tracer les caractères. — *Diam.* 0.14, *haut.* 0.07.

246-267. *Hématite, basalte, talc, etc.* POLISSOIRS en forme d'*un* ou de *deux doigts;* quelques-uns ont été dorés.

268-270. *Terre émaillée bleue et verte, marbre.* Instrumens qui peuvent avoir servi de POLISSOIRS; le dernier offre sur la partie plate l'image en creux d'une *grue discophore*, et deux lignes d'hiérogll.; sur la partie cintrée, la légende du défunt, *le scribe du palais* S o n i ë i.

271, 272. *Albâtre* et *composition rouge en dedans et verte à l'extérieur*. Deux instrumens, peut-être des POLISSOIRS.

I. 273-277. *Bois, ivoire.* Boîte oblongue contenant quatre *baguettes d'ivoire*, qui paraissent avoir servi de Polissoirs. La surface de la boîte est divisée en 36 cases carrées, sur trois séries, chacune à 12 cases; sur la face
opposée 30 cases, de 10 sur chaque série; cinq de ces
cases nous offrent une inscription hiérogl. exprimant les
mots: *les hommes bienfaisans.* Une légende hiérogl.,
sculptée sur une des faces latérales, offre une dédicace à
Amon, *le seigneur des trônes du monde* pour un homme,
nommé Nou-naschti-kno-en-neb-boki. Trois
des quatres *baguettes* sont terminées en forme de *doigt*
humain; le 4e en tête de *lion* et de *gazelle.* — *Long.*
des baguettes 0.225, *de la boîte* 0.40; *larg.* 0.12, *haut.* 0.06.
Ces objets peuvent encore appartenir à quelque jeu.

278. *Bois.* Étui de forme cylindrique, ayant servi à
garder les Roseaux et les Plumes à écrire, décrits sous
les nn. 279-285; l'étui est orné d'une légende hiérogl.
contenant une dédicace à Thôth, *le seigneur des huit*
zones, afin qu'il accorde une bonne demeure, des boeufs,
des oies, des pains, des parfums, dé la cire, et tous les
biens purs de la vie divine, au défunt, Amen-si-
dsja-ônch. — *Long.* 0.43.

279-283. *Jonc.* Cinq Roseaux à écrire, trouvés dans
la boîte 278.

284, 285. Deux Plumes à écrire, trouvées dans la même
boîte.

286. *Marbre.* Simulacre de Palette de scribe à deux
godets ronds. — *Long.* 0.25.

287. *Talc.* Simulacre de Palette de scribe, à deux
godets ronds et une coulisse pour *les roseaux.* Les deux
légendes hiérogll. contiennent, l'une une dédication à
Osiris, l'autre à Amon-Ra, *le roi des dieux, par un*
préposé à la région étrangère, et aux basilicogrammates,
nommé Thôth. — *Long.* 0.375.

288, 289. *Bois.* Deux Palettes de scribe, l'une à cinq
godets oblongs, dont deux contiennent encore une quanti-
tité de couleurs rouge et noire; l'autre à un *godet* rond,

avec couleur rouge, et une quantité de couleur noire tenant à la palette. — *Long.* 0.40 *et* 0.38.

I. 290-298. *Jonc.* Roseaux trouvés avec les palettes 288, et 289.

299. *Bois.* Palette de scribe à deux *godets ronds;* offrant vers le haut le cartouche Ré-nofré-nito.... d'un Pharaon antérieur à la XVIe dynastie. A côté de la coulisse une dédicace *à* Phtah, *le seigneur de la coudée* et une autre *à* Thôth, *le seigneur des ....* *afin qu'ils accordent une vie durable et les écritures à un scribe du temple,* (le nom martelé). — *Long.* 0.24.

Voyez le cartouche dans ma Lettre, Pl. XXX. 310 pg. 151.

300, 301. *Jonc.* Roseaux appartenant à la palette 299.

302. *Bois.* Palette de scribe à deux *godets ronds,* dont l'un contient encore les restes d'une couleur rouge. Sur le revers deux lignes d'hiérogll. et dix lignes de signes hiératt. — *Long.* 0.38

303-307. Roseaux trouvés dans la pallette 302.

308. *Bois.* Palette de scribe à deux *godets ronds,* dont l'un contient une couleur rouge, avec inscription hiéra-tique; sur le revers sept inscriptions hiératiques et dé-motiques séparées par des traits horizontaux.—*Long.* 0.34.

309-312. *Albâtre.* Fragmens de simulacres de Palettes de scribe, avec inscriptions hiérogll., dont l'une relative au défunt Pi-noute-hont.

313. *Bronze.* Petite Boîte ou Vase à goulot cassé, ayant servi d'Encrier. — *Haut.* 0.06. *Travail Grec.*

Sceaux et cachets.

314-318. *Terre émaillée.* Sceaux de forme ovale avec les images de Phré, d'Osiris *hiéracocéphale,* de deux *hommes* etc.

319-321. *Agate.* Cachets portant sur la partie plate, l'un l'image d'une *plante,* l'autre celles d'un *lion* et d'un *taureau* combattans, le dernier deux *cerfs* courans, et trois brins *de blé;* dans le champ un petit *cercle* et une *croix.*

I. 322, 323. *Cornaline*, *talc*. Cachets portant l'image d'un *animal* avec la tête *tournée en arrière*, et d'une *abeille*.

324–330. *Terre émaillée*. Sceaux, dont trois portent le prénom Ré-m e n-to de T h o u t m e s IV de la XVIIIe dynastie; le 330 est un Sceau à *anneau*, avec les deux cartouches d'un Pharaon O s o r k o n de la XXIIe dyn., surmontés du *disque* et des *plumes d'autruche*.

V. ma Lettre, Pl. XXII. nn. 228, 229, pg. 113.

331–337. *Terre émaillée, pierre, bois, bronze*. Sceaux de forme oblongue, ornés d'inscriptions et d'ornemens hiéroglyphiques; l'inscription du n. 337 est fausse.

338, 339. *Pierre calcaire, bois*. Sceaux ronds, le premier offrant des figures très-grossières en creux sur les deux côtés; sur la partie antérieure l'emblème de la *vie divine*, entouré d'une inscription peu lisible en 13 caractères Grecs; le dernier porte sur l'une face un *aigle* debout, les ailes étendues, sur l'autre une *étoile* à six points. — *Diam.* 0.08 *et* 0.06.

340. *Terre émaillée*. Sceau, avec la figure d'un *uréus dressé*, etc.

341. *Bronze*. Sceau carré, avec une bélière, et une inscription Grecque en relief: *Un Dieu, le Christ.* — *Dimens.* 0.055 *et* 0.043.

342. *Bronze*. Grand Sceau rond, à longue manche, orné d'une inscription de quatre lignes, en caractères Grecs, travaillés à jour, (la 5e ligne a disparu avec la partie inférieure du sceau,): *Διος Κασιου ᾿Αϑηνας Ἀππιανου .+.,* au milieu une coiffure Égyptienne.

§ 9. Manuscrits sur papyrus et cuir.

Manuscrits en écriture hiératique.

343. *Papyrus*. Manuscrit hiératique. Fragment de papyrus, offrant sur les deux côtés un texte, qui paraît être *sacré*, et dans lequel une foule de divinités sont mentionnées. Les caractères appartiennent à une très-ancienne

époque (XVIII⁰ ou XIX⁰ dynastie); mais le texte du Revers, effacé pour une grande partie par le frottement
des mains, paraît être le plus ancien. Dans les deux
textes les commencemens des chapitres ou des divisions
sont tracés en caractères rouges. Le texte du Recto
(jadis le Revers du Ms.) consiste encore de sept colonnes,
chacune de 13 lignes, et diffère de celui de l'autre côté
par l'addition de petits points rouges placés au-dessus de
quelques signes hiératiques. Le texte de la IV⁰ colonne
est interrompu par un morceau de papyrus collé sur le
Ms., pour réparer une rupture. Cette réparation prouve
que le Ms. était destiné à un usage journalier plutôt, que
pour le Rituel funéraire; une comparaison plus soigneuse
nous mettra peut-être en état de décider cette question.
En attendant, on serait tenté de croire, que le Ms., après
avoir été employé pour une seconde fois, ait du servir
pour un troisième texte, et que l'on ait à ce but essayé
d'enlever l'écriture la plus ancienne, pour la remplacer
par un autre texte; les réparations sur le second texte
devaient donc servir à faciliter cette opération. — Le
texte le plus ancien, consiste de six colonnes, chacune
de dix lignes. — *Long.* 1.16, *haut.* 0.20.

Trouvé à Memphis.

I. 344. *Papyrus.* Ms. ʜɪᴇ́ʀᴀᴛɪǫᴜᴇ. Fragment de papyrus
contenant à ce qui paraît un texte sacré et ressemblant
au précédent, excepté que le texte du Recto n'offre pas
ces points rouges. Il consiste encore de 15 colonnes,
chacune de 14 lignes, et de deux demi-colonnes aux
deux extrémités; les huit dernières sont très-endomma-
gées, l'asphalte ayant entièrement détruit le milieu du
papyrus. Le Revers avec le texte le plus ancien nous
offre 12 colonnes, chacune de 10 lignes. — *Long.* 4,
haut. 0.19.

Trouvé à Memphis.

345. *Papyrus.* Ms. ʜɪᴇ́ʀᴀᴛɪǫᴜᴇ. Deux fragmens d'un
grand Pᴀᴘʏʀᴜs, écrits sur les deux côtés, et ressemblant
aux précédens, mais plus endommagés par l'asphalte, de

sorte que dans cinq colonnes seules la largeur entière du
Ms. est conservée. L'intérieur est marqué par des points
rouges dans les interlignes, et contient encore les restes
de 21 colonnes, chacune de 15 lignes; le revers 19 colonnes de 11 lignes. Ce qui reste du texte peut appartenir au Rituel funéraire. — *Long.* 4.12, *haut.* 0.195.

    Il est incertain de quel endroit ce Ms. provient, mais il
pourrait être trouvé avec les deux précédens.

l. 346, 347. *Papyrus.* Mss. HIÉRATIQUES. Deux PAPYRUS
contenant à ce qui paraît un texte sacré, dans lequel
une foule de divinités sont mentionnées. Les premiers
mots des chapitres sont tracés en *rouge*, des points *rou-*
ges sont mis entre les lignes, à la fin de quelques mots.
Le commencement manque à tous les deux; le premier
nous offre encore trois colonnes de 14 lignes; à la fin de
la dernière colonne l'on a dessiné à trait 12 divinités
accroupies, avec les noms écrits en hiérogll. très-petits:
Pascht, Phré, Sebek, Thôth, Horus, Chnou-
phis, etc. Le texte du second paraît être analogue à
celui du premier; il en existent encore 12 colonnes de
14, 13, 12, et depuis la VIIᵉ col. de 11 lignes chacune.
Les six dernières lignes de la IIᵉ colonne et les quatres
dernières de la XIIᵉ, ainsi qu'une légende de deux lignes
verticales à la fin, sont tracées en *rouge*. A partir de
la IIIᵉ colonne, le texte original a été corrigé en différens endroits, les corrections étant écrites en *rouge* dans
les interlignes, au-dessous des mots fautifs rayés par un
trait *rouge*. — *Long.* 0.75 et 2.42; *haut.* 0.17 et 0.165.

    Ces Mss. sont trouvés à Memphis, l'un étant roulé dans
l'autre.

348. *Papyrus.* Ms. HIÉRATIQUE, contenant à ce qui
paraît un récit historique d'une campagne de Rhamses III (Sésostris), et ayant peut-être appartenu à une
même collection que le Ms. hiératique de M. SALNIER (1),

---

(1) F. SALVOLINI, *Campagne de* Rhamsès le grand (Sésostris) etc. Paris 1835, 8°.

8

ct un autre de M. d'Anastasy, conservés maintcnant dans le Musée Britannique. Notre papyrus nous offre les noms, les titres etc. de R h a m s e s *le grand*, en cinq lignes, d'une écriture très-grande et belle, répétés en six autres lignes, qui sont tracées dans la largueur du papyrus, comme si c'était l'intitulé du Ms. Suivent cinq colonnes de caractères hiératt. plus petits de huit lignes, les deux dernières de neuf lignes. A la 7ᵉ ligne de la Iᵉ col. nous lisons le prénom de R h a m s e s *le grand*, et à la 7ᵉ ligne de la IIIᵉ col. le nom propre de ce Pharaon. Le Revers et l'un des bouts du Recto du papyrus ont été remplis par un autre texte hiératique en 15 colonnes, dont 13 sur le Revers, de 8 à 9 lignes entremêlées de phrases ecrites en *rouge*. Ce texte paraît contenir des extraits du *Rituel funéraire*, ou quelque autre texte sacré. Sur l'autre bout du Ms. il y a trois colonnes d'écriture hiéroglyph.; de la première il n'y reste que la moitié; la dernière est très large; au-dessous de la IIᵉ une vignette nous offre une *barque* avec O s i r i s entre I s i s et N e p h t y s, et près de la proue A n u b i s élevant la *momie* du défunt, pour la placer dans la barque. — *Long.* 3.60, *haut.* 0.18 *à* 0.185.

Trouvé à Memphis.

I. 349. *Papyrus.* Ms. hiératique, avec les titres, les noms etc. de R h a m s e s *le grand*, en 17 lignes d'une écriture hiérat. très-belle; les trois premières lignes sont illisibles. Sur le Revers trois colonnes d'écriture hiératique, contenant des extraits du *Rituel funéraire* ou de quelqu'autre texte sacré, avec les commencemens des passages écrits en *rouge*, et des petits points *rouges* entre les lignes à la fin de quelques mots. — *Long.* 0.63, *haut.* 0.20.

Trouvé à Memphis.

350. *Papyrus.* Ms. hiératique. Fragment de Papyrus avec texte sur les deux côtés. Celui du Revers paraît être le plus ancien et contient encore cinq colonnes de 28 lignes, et une sixième de 13 lignes sur le Recto (jadis

le Revers) du Ms. Dans ce texte, sacré à ce qui paraît,
se trouvent nommées une foule de divinités. Les commencemens des chapitres sont tracés en *rouge* et des
points *rouges* sont placés, comme dans les nn. précédens,
au-dessus de la fin de quelques mots.

On a employé le Revers du Ms. pour y écrire un *Registre de recettes publiques*, dont quatre colonnes entières
et la fin d'une cinquième (la première de droite du spectateur) sont encore conservées; une sixième colonne plus
petite se lit à la fin, dans la place laissée vide au-dessous
de la dernière colonne de l'autre texte. Le commencement du Ms. ayant disparu, l'on ne peut dire à quelle
époque ce registre appartient. On marquait une fois pour
toutes le nom du Pharaon et celui du scribe; la date
même était répétée au commencement de chaque article.
Ces dates sont pour une partie marquées en *rouge* et nous
offrent: dans la IIe Col. *l'an LII le 27 de Payni;* IIIe Col.
l'an LII le 28 de Payni et *l'an LII le 29 de Payni;* IV°
Col. *l'an LII le . . . . . , l'an LII le 1 d'Epiphi* et *l'an LII le
2 d'Epiphi;* enfin dans la Ve Col. les dates de *l'an LII le
3 et 4 d'Epiphi.* Ces dates sont souvent suivies de l'expression *dans la demeure de* R h a m s e s M e i a m o n, (*le*
RHAMSESSÉUM ou palais de R h a m s e s *le Grand à Thèbes*).—
Long. 0.96, *haut.* 0.41.

Le Ms. paraît appartenir à la classe de ceux du Musée
Royal de Turin, que M. CHAMPOLLION a décrits dans
ses Lettres à M. le Duc de BLACAS, II. pgg. 59-68 (1).

I 351, 352. *Papyrus.* Mss. HIÉRATIQUES. Deux PAPYRUS
complets, contenant des *Registres de comptabilité.* —
Larg. 0.20 *et* 0.21; *haut.* 0.21 *et* 0.18.

Trouvés à Memphis avec le Ms. n. 368.

353-355. *Papyrus.* Trois AMULETTES formés de petits
PAPYRUS ayant été pliés plats, liés avec une petite corde

----

(1) CHAMPOLLION LE JEUNE, Lettres à M. le Duc de BLACAS
D'AULPS, relatives au Musée Royal Égyptien de Turin. Paris
1824-1826. 8 .

et cachetés avec un cachet en *terre glaise*. Le premier nous offre une ligne de signes hiératiques, suivie d'une autre avec les figures de différentes divinités; au-dessous les dieux A m o n , P h r é , A t m o u etc, accroupis, et une barque avec C n e p h ou C h n o u p h i s et T h ô t h ; le second nous offre, au-dessous des fragmens de l'inscription hiérat., les figures de deux *uréus* dressés, des *deux yeux*, d'I s i s et de N e p h t y s accroupies, et de l'*hippopotame* dressé de T a o u ë r i ; les cordes de ces deux amulettes étaient liées ensemble, le bout de l'une passant par l'autre; le 355 ne consiste que de quelques fragmens dans un très-mauvais état.

1. 356-359. *Papyrus*. Amulettes formés de petits Papyrus roulés en forme de petit paquets entourés de toile ou de fils à couleurs *jaune* et *rouge*, et attachés à un cordon tressé; le second, que nous avons déroulé, ne nous offre que la figure dessinée à trait du *lotus*.

360. *Papyrus*. Ms. hiératique contenant un *acte public* en neuf lignes; le nom propre de R h a m s e s M e i a m o n , et le palais de ce Pharaon, y sont mentionnés en divers endroits. Il a été plié plat, lié et cacheté avec un sceau en *terre glaise*. — *Long.* 0.23, *larg.* 0.205.

361. *Papyrus*. Ms. hiératique comme le précédent; le cartouche avec le nom de R h a m s e s se lit à la 2e et la 4e des cinq lignes, dans lesquelles l'acte est conçu. — *Long.* 0.22, *haut.* 0.12.

362. *Papyrus*. Ms. hiératique, comme le précédent, en sept lignes, dont deux sur le Revers; le palais de R h a m s e s est mentionné à la 3e ligne. — *Long.* 0.21, *haut.* 0.17.

363. *Papyrus*. Ms. hiératique, comme le précédent, en cinq lignes; le palais de R h a m s e s est mentionné à la 2e ligne. Le papyrus a été roulé et lié par un cordon fait de feuilles de *papyrus*, et cacheté avec un sceau en *terre glaise*. L'intitulé se lit sur le Revers. — *Long.* 0.20, *haut.* 0.15.

364. *Papyrus*. Ms. hiératique, comme le précédent,

en neuf lignes, avec l'intitulé sur le Revers, le palais de Rhamses est mentionné à la 4e et la 9e lignes; le cachet en *terre glaise* offre l'empreinte d'un *sphinx* et l'inscription hiérogl. *Dieu bon.* — *Long.* 0.21, *haut.* 0.31.

I. 365.-367. *Papyrus.* Mss. HIÉRATIQUES, comme les précédens; le premier en 12 lignes, dont quatre sur le Revers; le second en 15 lignes (six sur le Revers), et le troisième en sept lignes; l'intitulé sur le Revers. Le palais de Rhamses est mentionné en divers endroits de ces papyrus, qui sont munis de leurs cachets en *terre glaise*, avec le prénom de Ré-men-to (Thoutmes IV de la XVIIIe dyn.), et le *scarabée* avec les ailes étendues. — *Long.* 0.21, *haut.* 0.28.

368. *Papyrus.* Ms. HIÉRATIQUE, contenant un *acte public*, avec le nom d'un Pharaon sur la première ligne, mais cette ligne et les deux suivantes sont entièrement illisibles; l'acte nomme des *soldats;* et vers la fin, *la ville de Memphis.* — *Long.* 0.33, *haut.* 0.21.

Tous ces papyrus, depuis le n. 360-368 sont trouvés à Memphis; le dernier, avec les Mss. nn. 351 et 352.

369, 370. *Papyrus.* Mss. HIÉRATIQUES, trouvés, l'un roulé dans l'autre, écrits sur les deux côtés, et contenant les pièces d'un *acte public* relatif à un homme, nommé Thoutmes. Le premier consiste de 16 lignes, dont 10 sur le Recto, l'intitulé sur le Revers. Le second est conçu en 37 lignes, dont 18 sur le Recto. — *Larg.* 0.22, *haut.* 0.13 *et* 0.25.

Trouvés à Thèbes.

371. *Papyrus.* Ms. HIÉRATIQUE, contenant un *acte public* en 38 lignes, dont 17 sur le Recto. A la 15e ligne sont mentionnés *les soldats du palais royal.* — *Larg.* 0.20, *haut.* 0.36.

Ce papyrus fut trouvé, lié à une statuette en bois, Partie II. D. n. 132.

372. *Papyrus.* Ms. HIÉRARIQUE. Petit fragment sous verre.

I. 373. *Papyrus.* Ms. démotique. *Triple contrat*: le premier de 7 lignes, passé *l'an XL. le* .... *du mois de* Ptolémée Euergète II et de Cléopatre; le second de cinq lignes, acéphale, paraît avoir porté une même date; le troisième, portant une date *du* .... *du mois* .... *de l'an XLII de* Ptolémée Euergète II, est conçu en 10 lignes. Les noms des témoins sont notés sur le Revers des trois copies; au-dessous du prémier contrat se lit un enregistrement Grec de *l'an XL le* 6 *Phaophi*, fait dans le temple d'Anubis, par Héraclide, *fils de* Prasthops. — *Long.* 3.32, *haut.* 0.32.

Trouvé à Memphis. V. sur l'enregistrement, Reuvens, Lettres etc. Tabl. p. 5. art. 61.

374. *Papyrus.* Ms. démotique, contenant un *double contrat;* le premier en 13 lignes, passé *le* 12 *de Tybi l'an XLIII de* Ptolémée Euergète II *et de* Cléopatre; le second, en 16 lignes, est une copie du premier; les noms des témoins sont écrits au-dessous de cette copie. — *Long.* 0.74, *haut.* 0.31.

Trouvé à Memphis.

375. *Papyrus.* Ms. démotique, contenant un *contrat*, passé *la XLVI année, le* 29 *de Tybi, (du roi* Ptolémée Euergète II); mais le nom du roi n'est pas mentionné dans le contrat, qui nous offre 19 lignes de texte, avec une demi-ligne au-dessus du commencement. Le contrat est muni d'un enregistrement graphique, daté du jour suivant, et écrit par un fonctionnaire nommé à ce qui paraît, Héraclide. Sur le Revers les noms de 16 témoins. — *Long.* 0.22, *haut.* 0.32.

376. *Papyrus.* Ms. démotique, contenant un contrat, passé *la XLIVe année, le* 2 *d'Épiphi, du règne du même roi* (?); le nom du roi n'y est pas ajouté, les noms des 16 témoins se lisent sur le Revers. — *Long.* 0.13, *haut.* 0.29.

Trouvé avec le précédent à Thèbes.

I. 377. *Papyrus*. Ms. DÉMOTIQUE, contenant un *double contrat*, passé *le 29 du mois de Pachons, l'an XV de la reine* Cléopatre-Cocce, *qui était l'an XII du roi* Ptolémée Alexandre Philométor; avec les noms des 16 témoins, écrits sur le Revers des deux copies. Vers le haut de la première copie, au commencement, une courte inscription de trois lignes démotiques avéc des noms propres. — Au milieu du papyrus, au-dessous du texte, et destiné pour les deux copies à la fois, se lit l'enregistrement trapézique, daté du jour suivant. La première copie consiste de sept, la seconde de cinq lignes.— *Long.* 1.70, *haut.* 0.33.

Trouvé à Thèbes. V. sur l'enregistrement Grec, REUVENS, Lettres etc. III. pgg. 16 suivv.

378. *Papyrus*. Ms. DÉMOTIQUE, contenant un *contrat*, passé *le 21 Athyr, l'an XXI de* Ptolémée, *fils de* Ptolémée, en huit lignes; les noms des témoins sur le Revers. — *Larg.* 0.77, *haut.* 0.33.

379. *Papyrus*. Ms. DÉMOTIQUE, contenant un *contrat*, passé *sous le règne de* Ptolémée, *le fils de* Ptolémée ....., *prêtre d'*Alexandre; *la XXIX* année, le ... *du mois Tybi ;* le contrat est conçu en huit lignes, et muni d'un enregistrement Grec, avec la date de *la XXIX* année, *le 29 de Peritius, le 2 (?) de Tybi.* Sur le Revers les noms des 16 témoins. — *Long.* 1.87, *larg.* 0.36.

V. sur l'enregistrement Grec, REUVENS, Lettres etc. III. pg. 44.

380. *Papyrus*. Ms. DÉMOTIQUE, contenant un *double contrat*, de *l'année XVII du mois .... du règne d'un* Ptolémée. L'écriture est très-mauvaise. La première copie du contrat, de neuf lignes, porte deux enregistre- mens, l'un Grec, le second démotique. Le premier est un enregistrement graphique, et daté du 29 *Epiphi de l'an XVII ;* un autre se trouve au-dessous de la deuxième copie, mais il est devenu entièrement illisible. Les noms des témoins sont écrits sur le Revers. — *Long.* 1.82, *haut.* 0.24.

V. sur l'enregistrement Grec, REUVENS, Lettres etc., Tabl.
pg. 5, art. 60.

I. 381. *Papyrus.* Ms. DÉMOTIQUE, contenant un *contrat*
acéphale, du règne d'un des P t o l é m é e s; en quatre
lignes. Les noms des témoins sur le Revers. — *Larg.*
0.99, *haut.* 0.32.

Les Mss. 378-381 sont trouvés à Memphis.

382. Ms. DÉMOTIQUE, contenant un texte de 27 lignes
très-courtes, dans lequel plusieurs noms propres sont
mentionnés. Le Ms. a été roulé comme un phylactère ou
amulette, et offre vers l'extrémité du Revers, l'intitulé
en deux lignes d'écriture démotique. — *Larg.* 0.06,
haut. 0.38.

MANUSCRITS BILINGUES, EN ÉCRITURE DÉMOTIQUE ET GRECQUE.

383. *Papyrus.* Ms. DÉMOTIQUE ET GRECQUE GNOSTIQUE,
appartenant à ce qui paraît à la secte de *Marcus* et offrant sur le Recto, un texte démotique, entremêlé de
signes hiératiques, en 22 colonnes. Dans la VIIIᵉ et la
XVIᵉ colonnes, se lisent deux passages Grecques. Presque toutes les colonnes ont des mots Égyptiens, transcrits
en lettres Grecques. Sur le Revers du papyrus se trouvent 27 colonnes d'écriture démotique, entremêlée de
signes hiérogll. et hiératt., de passages et de mots Grecs,
et ayant également plusieurs mots Égyptiens transcrits en
lettres Grecques. Les deux passages Grecs du Recto contiennent, l'un une *formule de menaces;* l'autre, une *invocation de Typhon.* — *Long. (les fragmens compris)* 3.73,
larg. 0.25.

V. sur ce papyrus REUVENS, Lettres etc. I. pgg. 36-69, et
App. pgg. 145 et suivv. — Un fac-simile du Ms. est publié dans la 1 Livr. des Monumens Égyptiens du Musée.

384. *Papyrus.* Ms. DÉMOTIQUE ET GREC GNOSTIQUE, appartenant probablement à la secte de M a r c u s, et offrant un texte démotique de 22 colonnes, chacune de 32
à 34 lignes. Sur le Revers un texte Grec en 14 colonnes, de 32 à 36 lignes. Les deux dernières colonnes

ont les lignes très-courtes; vers le bout droit du papyrus deux colonnes d'écriture démotique; vers le bout gauche 4 autres colonnes en démotique, avec vignettes, intercalations et transcriptions Grecques. L'une de ces vignettes représente un *dieu à tête d'âne*, avec deux *sceptres* dans les mains; l'autre vignette offre l'image d'Anubis, à côté d'une *momie* étendue sur le lit funèbre. — Le texte Grec contient: I^e Section (Coll. I–III, 1e partie) *Cérémonies magiques par l'entremise de l'Amour, considéré comme grande puissance thaumaturgique;* cette section est divisée en 3 paragraphes; IIe Sect. (Col. III. 2e partie) *Recette d'un remède,* dont l'auteur est Hémérius; IIIe Sect. (ib.) *Recette pour être heureux;* IVe Sect. (IVe Col.) *Recette d'A*gathocles *pour envoyer un songe;* Ve Sect. (ib.) *Autre recette pour envoyer un songe;* VIe Sect. (Ve Col.), *Recette pour obtenir un songe;* VIIe Sect. (ib.) *Consultation de la divinité;* VIIIe Sect. (Col. VI.) *Moyen d'arrêter la colère de quelqu'un;* IXe Sect. (ib). *Invocation d'une divinité;* Xe Sect. (ib.) *Recette pour avoir des songes;* XI et XIIe Sections (ib.) *Recette pour faire naître de la rouille sur l'or;* XIIIe Sect. (Coll. VI–VIII), *Recette pour faire un anneau, dont la vertu fait réussir toute entreprise, et porte bonheur;* XIVe Sect. (Coll. VIII–X) *Description d'un anneau analogue;* XVe Sect. (Col. XI.) *Sfère de* Démocrite, *pour prognostiquer, par des calculs, la vie ou la mort d'un malade;* XVIe Sect. (ib.) *Moyen de séparation. Formule pour causer une séparation entre époux ou entre autres personnes;* XVIIe Sect. (ib. et Col. XII) *Formules pour causer des insomnies à une personne, jusqu'à ce qu'elle en meure;* cette section est ornée d'une vignette offrant l'image d'une divinité d'origine Égyptienne; XVIIIe Sect. (Col. XII) *Remède pour être aimable et avoir des amis à toujours;* XIXe (Coll. XII–XIV) *Explication de noms mystiques de plantes et d'autres objets, tirés d'écrits occultes.* — *Long.* 3.60; *haut.* 0.24.

V. sur ce Ms. REUVENS, Lettres etc. 1. pgg. 4-36 et App. pgg. 147-151.

MANUSCRITS EN ÉCRITURE COPTE.

I. 385. *Papyrus.* Ms. COPTE, en forme de livre, sur sept feuilles entières, et une demi-feuille, formant 15 feuillets, ou 30 pages de texte; la reliure consiste de plusieurs feuilles de papyrus, collées l'une sur l'autre, et couvertes de cuir orné de petites bandes de parchemin. Le Ms. contient: une *prière* ou *un exorcisme* de St. Grégoire (jusqu'au commencement de la page 20); *la lettre d'*Abgar *à* Jésus-Christ (pgg. 20-23); *Lettres de* Jésus-Christ *à* Abgar (pgg. 24-28); *un catalogue des noms des martyrs* (pg. 29); *les commencemens des Évangiles de* St. Mathieu, St. Marc, St. Luc et St. Jean (pgg. 29, 30). Deux petits morceaux de parchemin sont employés pour défendre les feuilles contre le frottement des cordes de la reliure. — *Larg. des feuilles* 0.28, *haut.* 0.22.

386. *Papyrus.* Ms. COPTE complet, en 15 lignes. Sur le Revers trois lignes (*Épître de* Papnouthos *à* Philothée).

387. *Papyrus.* Ms. COPTE en 21 lignes mutilées sur les deux bouts; sur le Revers quatres lignes.

388-390. *Papyrus.* Mss. COPTES en grands caractères, de 15, de 16 et de 9 lignes (*Prières*).

391-393. *Papyrus.* Fragmens de Mss. COPTES.

394. *Cuir.* Fragmens de Mss. COPTES.

MANUSCRITS GRECS ETC.

395. *Papyrus.* Ms. GREC, en forme de livre, intitulé: *Le saint livre appelé la huitième Monade de Moyse, sur le saint nom;* en six feuilles entières et une demi-feuille, formant 13 feuillets, qui contiennent 25 pages d'écriture, très-serrée, en lettres onciales, de sorte qu'il y a des pages avec 52 lignes; le tout couvert d'une septième feuille de papyrus non écrite. Le livre est divisé en deux parties, dont la première va jusqu'à la 8e page; la seconde est une répétition plus étendue de la première

partie; c'est une initiation aux mystères du saint nom. Le Ms. appartient probablement au siècle des Constantins. — *Haut. des feuilles 0.27, sur 0.32 de large.*

V. REUVENS, Lettres, App. pgg. 151-156.

I. 396. *Papyrus.* Ms. GREC, en quatre colonnes de 21 à 23 lignes, la IV° col. de cinq lignes, finissant au milieu d'une phrase. Il contient le récit d'un *songe* du roi Nectonabo (Nectanébo), qui tâche de rétablir le culte de Mars, au moyen d'un prêtre, nommé Pétésis, un interprète de songes. La première colonne est précédée d'une courte inscription en 12 lignes, dont les 8-11 nous offrent l'intitulé: *de Pétésis, sculpteur d'hiéroglyphes, au roi Nectonabo.* L'espace vide au-dessous de la IV° Col. est occupé par une figure *humaine* très-grossière, sans bras. La première ligne offre la date *du* 21 *Pharmouthi, l'an XVI;* mais le Ms. paraît être du III ou du IV siècle de notre ère. — *Long.* 0.84, *haut.* 0.18.

Trouvé à Memphis. V. sur ce Ms. REUVENS, Lettres, III. Art. 12. pgg. 76-79.

397. *Papyrus.* Ms. GREC en forme de livre, en 10 feuilles entières, pliées en deux et brochées, formant ainsi 20 feuillets ou 40 pages, dont 16 seulement sont écrites. Ces pages contiennent à-peu-près 45 lignes chacune, d'une écriture très-belle et très-lisible. Les deux premiers feuillets sont restés en blanc. Le texte offre des recettes pour des opérations chimiques et alchimiques, et dans les 10 derniers paragraphes, des extraits de la 2° partie du V Livre de *Dioscoride.* Apparemment du siècle des Constantins. — *Haut. des feuilles 0.30, long. 0.18.*

Trouvé à Thèbes. V. sur ce Ms. REUVENS, Lettres, III. pgg. 65-76.

398. *Papyrus.* Ms. GREC. ABÉCÉDAIRE, offrant: 1°. en 18 lignes verticales, les 7 voyelles, α, ε, η, ι, o, υ et ω, et les consonnes de l'Alphabet Grec, combinées avec ces voyelles; 2°. en 11 autres lignes verticales, les combinaisons des lettres β, γ, δ, ζ, $\varkappa$, μ, ν, ξ, π, σ, φ et χ, avec les voyelles, et une ou deux consonnes. Cet Abé-

cédaire ' est écrit sur le Revers d'un papyrus *démotique*, qui peut avoir contenu un *Registre de recettes et de dépenses*, ou une *Litanie ;* mais les caractères qui restent, sont trop effacés pour les déchiffrer. — *Long.* 0.92, *haut.* 0.08.

V. REUVENS, Lettres, III. pgg. 111-113.

1. 399. *Papyrus.* Ms. GREC en 22 lignes d'une belle écriture, contenant un *Rescrit* royal de Ptolémée Alexandre I et de son épouse Bérénice, à la Requête d'un prêtre, Pétésis, fils de Chenouphis, se plaignant de violences, et demandant la protection du roi. Le Ms. contient le *Rescrit* en huit lignes, et la copie de la *Supplique* ou le *Requét* de Pétésis en 14 lignes. Il était plié en petits plis plats, et muni d'un sceau en *terre glaise*, offrant la figure d'un *aigle*. Il est daté du 29 *de Thôth, l'an XVI de* Ptolémée Alexandre.— *Long.* 0.46, *haut.* 0.48.

Trouvé à Memphis. V. REUVENS, Lettres etc. III. Art. 16. pgg. 35-47.

400. *Papyrus.* Ms. GREC, en 36 lignes. Seconde expédition du *Rescrit* précédent: 1°. en trois lignes, *la formule d'envoi* à Timonique (l'intendant) du temple d'Anubis, daté de *l'an XVI, le 5 Phaophi ;* 2°. le *Rescrit* royal à Apollodore, le grand prêtre (?); en quatre lignes; 3°. une seconde copie de la *Supplique de* Pétésis en 13 lignes; 4°. une troisième copie de la même *Supplique,* en 16 lignes, d'une écriture très-serrée et mauvaise. — *Larg.* 0.31, *haut.* 0.33.

V. REUVENS, ibid. Art. 6. pgg. 47-49.

401. *Papyrus.* Ms. GREC. Fragment d'une autre expédition du *Rescrit* des nn. précédens, d'une écriture très-belle. Cette expédition a contenu : 1°. la *Formule d'envoi,* 2°. le *Rescrit,* et 3°. la copie de la *Supplique ;* et fut probablement adressée par le Stratège, soit à un autre fonctionnaire, soit au pétitionnaire Pétésis. — *Larg.* 0.24, *haut.* 0.25.

V. REUVENS, Lettres etc. III. Art. 6. pgg. 49, 50.

I. 402. *Papyrus*. Ms. GREC, en 30 lignes, d'une écriture
assez belle, mais très endommagée. *Lettre* de P é t é s i s,
le fils de C h e n o u p h i s à une personne, qu'il qualifie
son frère, sur le sujet de la *Supplique*, v. les nn. 399-
401. — *Larg.* 0.175, *haut.* 0.34.

> Ces Mss. 399-402, trouvés à Memphis, paraissent apparte-
> nir à l'année 99 avant J. C. V. REUVENS, Lettres, III.
> art. 7. pgg. 51, 52.

403. *Papyrus*. Ms. GREC. Fragment écrit sur deux
colonnes, contenant la fin de deux *actes*, l'un peut-être
une copie de l'autre, et ayant appartenu, à ce qui pa-
rait, à un *bordereau* ou un extrait de *cadastre Égyptien*.
La I⁰ col. nous offre encore huit, la II⁰ deux lignes.
Chaque col. est suivie d'une *souscription* d'A s c l é p i a-
d e, *le préposé à l'arpentage*. — *Long.* 0.28, *haut.* 0.25.

> Ce Ms. se rapporte à l'affaire des papyrus de Z o i s, dans
> les Musées de Turin et de Vienne. V. REUVENS, Let-
> tres étc. III. pgg. 60-63.

404. *Papyrus*. Ms. GREC. *Acte*, en 22 lignes, d'une
écriture mauvaise et fort mutilée, se rapportant à une
affaire connue par les papyrus de Turin nn. III et IV,
et un autre de Paris. Cet acte est adressé à P s e n c h o n-
s i s, à C h o n o p r i s, *fils de* T e é p h i b i s, à ....., à
P é c h y t è s, *fils* d'H o r u s et à M e n t o r i è s, par A l e-
x a n d r e et ses co-intéressés, à propos d'une *Supplique*
présentée par A p o l l o n i u s, nommé aussi P s e m m o n-
t h è s, *fils* d'H e r m i a s; l'affaire date de *l'an XLIV*
d'E v e r g è t e II, l'an 127 avant notre ère. — *Long.* 0.31,
haut. 0.11. ·

> V. REUVENS, Lettres, III. art. 10. pgg. 63-65.

405. *Papyrus*. Ms. GREC, en trois colonnes, de 23,
22 et 19 lignes, d'une écriture extrèmement belle, et ré-
gulière, (le commencement de la I⁰ col. manque). *Acte*
contenant une *Pétition* des jumelles prêtresses du grand
temple de S e r a p i s et d'I s i s, hors de Memphis, nommées T h a ï j e s et T a o u s, adressée à P t o l é m é e et
C l é o p a t r e, dieux Philométors; et dans laquelle elles

réclament une redevance constituée au profit de leur temple. L'acte est muni de plusieurs *apostilles*. La première de ces apostilles est effacée, pour faire place à une note non achevée et effacée elle même; une seconde apostille, est datée de *l'an XIX, le 30 Mesori;* une troisième renvoye l'affaire à A s c l é p i a d e et est datée du 6 *Thôouth;* la quatrième enfin du 20 *Phaophi, de l'an XX,* renvoye à S a r a p i o n. — *Long.* 0.73, *haut.* 0.34.

Ce Ms., trouvé à Memphis, se rapporte à la XVIII ou XIX année de P t o l é m é e P h i l o m é t o r. V. ʀᴇᴜᴠᴇɴs, Lettres etc. art. 13. pgg. 79-95.

I. 406. *Papyrus.* Ms. ɢʀᴇᴄ, contenant quatre copies non achevées *d'actes* et d'une *lettre* adressés par les jumelles (v. le Ms. précédent) à S a r a p i o n, afin que l'ordonnance du roi soit exécutée, suivant laquelle la redevance pour la XVIIIe année leur avait été adjugée. La première copie est de 15 lignes; la seconde (celle de la lettre) ne nous offre que quatre lignes; la troisième consiste de 32 lignes; la quatrième enfin, de cinq lignes, est écrite en sens inverse de la troisième. — *Long.* 0.32, *haut.* 0.335.

Trouvé à Memphis. V. ʀᴇᴜᴠᴇɴs, ibid. art. 13, pgg. 95, 96.

407. *Papyrus.* Ms. ɢʀᴇᴄ, relatif à l'affaire des jumelles (v. les nn. 405, 406) en 25 lignes, d'une écriture très-belle, et contenant une lettre de P t o l é m é e leur administrateur, à S a r a p i o n, dans laquelle il supplie ce dernier de mander l'épimélète M e n n i d è s, d'ajouter le payement de la redevance de la XXe année. La pièce est munie de deux apostilles, mutilées par une lacune du papyrus; la première, datée du 23 *Choiach,* de la main de S a r a p i o n (?), renvoye l'acte à M e n n i d è s (?); la seconde, du 28 *de Choiach,* écrite par M e n n i d è s, renvoye à D o r i o n. — Enfin on a annexé par une petite bandelette un appendice, sur lequel D o r i o n à noté le contenu de la pétition; cette note est datée du 29 *Choiach l'an XX.* — *Long. avec l'appendice* 0.27, *haut.* 0.34.

Trouvé à Memphis. V. ʀᴇᴜᴠᴇɴs, ib. art. 13. pgg. 101, 102.

I. 408. *Papyrus.* Ms. GREC relatif à la même affaire des jumelles (v. les nn. précédens) en 15 lignes d'une belle écriture; contenant une *Quittance* délivrée par Ptolémée, leur administrateur à Démétrius, pour les arrérages des XVIIIe et XIXe années, *le 7 d'Athyr, l'an XX.* Au-dessous de la quitance on lit le commencement d'une lettre à Ptolémée, le frère de l'administrateur; et plus bas, vers la marge inférieure, en caractères plus petits, le commencement du *Récit d'un songe.* Le Revers est employé postérieurement, mais dans la même année, pour y écrire les *Récits de six songes* d'une des jumelles et de Ptolémée, notés à des époques différentes. Enfin à côté de ces *Récits* on voit un *État de recettes et de dépenses,* de l'an XXII, écrit à ce qu'il paraît, aussi bien que le reste par Ptolémée. — *Larg.* 0.37, *haut.* 0.17.

V. REUVENS, ibid. III. art. 13. pgg. 105, 106.

409. *Papyrus.* Ms. GREC. Brouillon ou copie d'un *Registre de recettes et de dépenses,* soit pour le temple de Serapis, soit pour Ptolémée, soit pour les jumelles elles-mêmes, (v. les nn. précédens 405–408) dans quelques mois de l'an XXIII; écrit à ce qu'il paraît par Ptolémée. Sur la marge inférieure sont encore visibles les restes de la dernière ligne d'un *texte démotique* (d'un *contrat* (?) en caractères très-grands. Sur le Revers un *texte Grec* en cinq lignes effacées. — *Long.* 0.79, *haut.* 0.20.

V. REUVENS, ibid. art. 13. pgg. 106-111.

410. *Papyrus.* Ms. GREC. Broullion ou copie d'un *Registre de recettes et de dépenses,* de la même nature et appartenant au papyrus précédent; le registre se rapporte à quelques mois de l'année XXIII. Sur le Revers se lisent trois courtes lignes *démotiques,* apparemment les noms de quelques témoins du *contrat,* dont les restes de la dernière ligne se trouvent sur le Recto du Ms. précédent. — *Larg.* 0.24, *haut.* 0.14.

V. REUVENS, ibid. III. art. 13. pg. 106.

411. *Papyrus.* Ms. GREC, en 40 lignes d'une écriture

très-belle, contenant une *Lettre d'Isidore*, *épistate d'un bourg, du nome Memphitique, à Cratérus le stratège,* datée du 1 *Athyr de l'an VI,* sur une plainte portée par Hermias fils de Dagouzis contre Chenephnibis, fils d'Éricus et Marmotis, l'épouse de Chenephnibis, fille de Pasis. Ce Ms. paraît être du II° siècle avant notre ère. — *Larg. 0.12, haut. 0.33.*

Trouvé à Memphis. V. REUVENS, ibid. art. 4. pg. 32, 33.

I. 412. *Papyrus.* Ms. GREC. Fragmens, dont le dernier paraît contenir un *Registre de recettes.*

413. *Papyrus.* Ms. GREC. Quelques fragmens mutilés, qui paraissent appartenir à un *contrat* de vente, et dans lesquels un grand nombre de noms propres et de professions sont mentionnés.

V. REUVENS, ibid. art. pgg. 113, 114.

414. *Papyrus.* Ms. GREC en 14 lignes d'une très-belle écriture, contenant un *contrat, passé le 29 Tybi de l'an XII, qui était aussi le IX de* Cléopatre *et de* Ptolémée Alexandre *Philométors,* (106 av. J. C.), et dans lequel Pimonthès, Snachomneus, Semmuthis, Tathaut, avec le maitre (le tuteur) de ces deux dernières, Pimonthès, vendent un terrain à Nechutès. L'acte est souscrit par Apollonius, l'agoranome des Memnonies et du district inférieur du nome *Pathyrite,* par devant lequel le contrat est dressé. A côté se trouve un *enregistrement trapézique, du 25 Pharmouthi de la même année,* fait à Hermonthis par Denys le banquier, Psenchonsis, le fermier des droits et par Héraclide le contrôleur. Vers le commencement du contrat, à l'extrémité qui était roulée et liée encore, lorsque M. REUVENS publia le Ms., mais qui a été déroulée depuis, se lit un petit texte en 10 lignes très-mutilées. Le Ms. était muni d'un sceau en *terre glaise,* portant une *tête barbue.* — *Long.* 0.66, *haut.* 0.16.

Ce Ms., sauf le petit texte au commencement, à été publié, pour la première fois, par M. BÖCKH, et dernièrement par M. REUVENS, Lettres etc. III. art. 1. pgg. 1-18. Il a été trouvé à Thèbes.

I. 415. *Papyrus.* Ms. GREC en 35 lignes, sur une seule colonne, d'une écriture assez mauvaise, et contenant un *Contrat de prêt* entre un embaumeur de momies du grand temple d'Esculape, hors de *Memphis*, nommé Chnouphis le fils de Pétésis, et Peteimouthès, le fils d'Horus, auquel le premier prête une certaine somme. A la tête du Ms. se trouve l'intitulé, en trois lignes, avec la date de *l'année XXVI de* Ptolémée Alexandre I *et de* Cléopatre (189 av. J. C.), écrit aussi bien que le contrat lui-même, par un *conservateur des contrats*, Héraclide. Cet intitulé a été scellé auparavant de deux cachets en *terre glaise*. Le contrat lui-même est conçu en 27 lignes, et signé par Héraclide. A la fin se lit encore un texte en quatre lignes, mais écrit en caractères plus grands, et par une autre main, (celle de l'emprunteur), contenant une *Quittance de numerato*, et une promesse de remboursement. — *Long.* 0.22, *haut.* 0.29.

Trouvé apparemment à Memphis; v. REUVENS, Lettres etc. art. 2. pgg. 18-24.

416. *Papyrus.* Ms. GREC en deux colonnes, de 26 et de 13 lignes, contenant un *Contrat de vente*, passé le 9 *Epiphi l'an IV de* Cléopatre *et de* Sôter II (114 av. notre ère), à Hermonthis, au nome *Pathyrite* de la Thébaïde, par devant l'agoranome Hermias, et dans lequel Horus, fils d'Horus, Cholchyte, vend à Osoroéris fils d'Horus et à ses frères, trois lots de terrains et maisons, et $\frac{1}{4}$ de terrain, avec momies et droits à percevoir par rapport à ces momies. L'enregistrement *trapézique*, à la fin de la IIe colonne, est daté du 27 *Mesori de la même année*, et a été fait par le *banquier* Ammonius. — *Larg.* 0.36, *haut.* 0.32.

Trouvé à Thèbes. V. REUVENS, ib. art. 3. pgg. 25-31.

417. *Papyrus.* Ms. GREC. *Quittance du* 19 *Tybi l'an XXVI* (de Ptolémée Aulétès (?)), signée par *l'agent du fisc*, Nicator, à Orsenouphis, le fils de

P a e h u o u b i s, d'une somme de 20 drachmes d'argent, payée pour une certaine mesure revenant au roi, des années XXII et XXIII. — *Larg.* 0.075, *haut.* 0.175.

Trouvé à Elephantine. V. REUVENS, ib. art. 8. pgg. 52-55.

I. 418. *Papyrus.* Ms. GREC. Fragment avec un *enregistrement* d'un acte inconnu, du 14 *Thôth*, de *l'an XXV.*

419. *Papyrus.* Ms. GREC. *Enregistrement* d'un acte inconnu, fait le 29 *Mechir de l'an XXX.*

420. *Papyrus.* Ms. écrit en lettres GRECQUES cursives, mais dont on n'a pas encore pu déchiffrer le contenu. Une seule colonne de 16 lignes, laissant à gauche un espace blanc, et ayant les interlignes fort larges. — *Long.* 0.31, *haut.* 0.77.

Trouvé à Philae. V. REUVENS, Lettres, III. pgg. 33-35.

421. *Papyrus.* Fragment de papyrus en LATIN (?), écrit en lettres très-grandes et allongées, avec des interlignes très-larges, en trois colonnes, dont la I^e et la IIIe sont mutilées; chaque colonne de huit lignes. L'écriture ressemble à celle des papyrus publiés par MARINI dans ses *Papyri Diplomatici*, et par MAFFEI dans son *Ist. Diplom.* pg. 163. — *Long.* 0.92, *haut.* 0.305.

Trouvé à l'île de Philae. V. REUVENS ibid.

422-425. *Papyrus.* Quatre fragmens de papyrus Grecs ou Latins, d'une écriture cursive de la même nature que celle du n. 10. Les trois premiers numéros paraissent avoir appartenu à un même Ms., le dernier est écrit en caractères beaucoup plus grands et lisibles.

§ 10. MANUSCRITS SUR PIERRE, BOIS, FRAGMENS
DE POTERIE, ETC.

426-429. *Pierre calcaire.* Quatre fragmens avec inscriptions HIÉROGLYPHIQUES cursives, tracées avec de l'encre noire. Les deux premiers sont fendus en deux parties, et portent l'inscription sur la surface de l'intérieur.

430. *Pierre calcaire.* Fragment portant une inscription HIÉRATIQUE sur les deux côtés.

I. 431. *Bois.* *Tablette* en forme oblongue, avec une anse pour la suspendre; sur chacun des deux côtés un texte Hiératique de 26 lignes.

432-434. *Terre cuite.* Trois fragmens de *poterie*, avec inscriptions Démotiques.

435-445. *Terre cuite* et *pierre calcaire.* Fragmens de poterie, avec inscriptions Coptes; le dernier avec inscription sur les deux côtés.

446. *Bois.* Fragment d'une *tablette* avec deux trous pour la suspendre, et une inscription Copte de 10 lignes sur un côté. — *Larg.* 0.32, *haut.* 0.11 *et* 0.07.

447. *Bois.* Tablette avec deux trous pour la suspendre, et une inscription Copte de cinq lignes.

448. *Terre cuite.* Fragment de *poterie*, avec une inscription Grecque de 5 lignes, et une inscription Démotique en une ligne; dans la première le nom de l'Empereur Tibère César est mentionné.

449. *Bois.* Tablette en forme oblongue, avec un trou pour la suspendre. Sur les deux côtés des inscriptions en Copte, en Grec et en caractères de l'écriture de la Cour byzantine (?). — *Larg.* 0.37, *haut.* 0.13.

450. *Bois.* Abécédaire grec, offrant sur les deux côtés toutes les lettres de l'alphabet, écrites en six lignes verticales, l'une au-dessous de l'autre. Sur la face antérieure une petite inscription en lettres Grecques cursives. — *Long.* 0.21, *haut.* 0.105

V. REUVENS, Lettres, III. pg. 111.

451. *Pierre calcaire.* Fragment portant sur ses deux côtés le texte Grec de l'hymne de Moïse (Exode XV. 1-19).

452. *Pierre calcaire.* Fragment avec une inscription Grecque en 15 lignes.

453-465. *Terre cuite.* Fragmens de *poterie*, avec inscriptions Grecques plus ou moins entières. Les deux premiers offrent des inscriptions sur les deux côtés, le n. 453 porte deux *enregistremens* ou *quittances*, signés par Artemès, vérificateur des denrées céréales, et par Amm o n i u s le banquier. Les nn. 463 et 464 appartiennent à une même pièce.

Le n. 453 est publié et traduit par M. REUVENS, Lettres, III. pg. 56.

I. 466–468. *Terre cuite.* Fragmens de *poterie*, avec inscriptions GRECQUES (?).

§ 11. INSTRUMENS DE MUSIQUE.

469. *Marroquin vert.* Couverture d'une grande HARPE, semblable à celle du *Musée Charles X*, M. 26, pg. 99. — *Haut.* 1.29.

470, 471. *Bois.* *Plaques* avec la représentation en relief d'une *femme jouant de la* HARPE, et d'une autre *jouant du* THÉORBE.

Ces deux pièces peuvent avoir servi de manches de cuillers.

472. *Bois.* Espèce d'HARPE ou LYRE, semblable à celle que M. ROSELLINI a publiée, *Monumenti Civili*, Pl. XCVIII. Sur la table de l'instrument se trouve une inscription de huit lignes, en hiérogll. linéaires.

473. *Bronze.* *Manche* d'un SISTRE, ornée de la *tête symbolique* de la déesse H a t h o r.

474–480. *Jonc.* Sept *Roseaux* percés en forme de FLÛTE, à trois et quatre trous pour les doigts.

481–485. *Jonc.* *Roseaux* en forme de FLÛTE, sans trous.

486–488. *Pailles*, qui paraissent avoir servi parmi les INSTRUMENS DE MUSIQUE.

Les objets depuis les nn. 474–488 sont trouvés dans la boîte, décrite sous le n. suivant.

489. *Bois.* BOÎTE cylindrique, fermée à bouchon du même bois, et ayant servi d'étui aux FLÛTES etc. qui sont décrites sous les nn. 474–488. — *Long.* 0.57.

490. *Bronze.* Petite statue d'un *homme* assis jouant des deux FLÛTES. *Trav. Grec.* — *Haut.* 0.047.

491. *Serpentine.* *Petite* FLÛTE octogone, à cinq trous.

§ 12. INSTRUMENS D'AMUSEMENT ET JOUJOUX.

492. *Bois peint.* POUPÉE d'un travail très-grossier, re-

présentant un *homme* à bras et corps mobiles, passant une pierre sur la surface d'un plan incliné.

I. 493. *Bois peint.* POUPÉE, le corps peint de diverses couleurs, sur fond blanc; le visage noir, les yeux formés par deux petits anneaux en *émail*, les cheveux longs, composés d'une quantité de grains de *terre glaise*, enfilés à des cordes.

494. *Ivoire* et *bois.* JOUJOU représentant un *serpent* surmonté d'une *souris* accroupie et mobile par une charnière.

495-498. *Terre émaillée.* PAUMES à compartimens peints en bleu et en noir.

499-501. *Terre émaillée, pierre.* Trois PAUMES, la dernière composée d'une quantité de petits fragmens, de *pierre* et de *terre glaise.*

502. Une grande et plusieurs petites COQUILLES dites *porcelaines*, avec la partie supérieure coupée.

503-505. *Terre émaillée.* LATRUNCULI ayant servi de pièces, pour un jeu analogue à notre *jeu de dames.*

506-535. *Talc, pierre calcaire, terre émaillée, cornaline, agate.* DAMES en forme pyramidale.

536. *Verre.* DAME en forme de cube.

537-573. *Ivoire, talc, serpentine, terre émaillée, agate, etc.* DAMES formées d'une *base plate*, surmontée d'un *disque.*

574. *Verre coloré.* DAME en forme *conique.*

575-580. *Verre coloré, terre émaillée, cornaline.* LATRUNCULI d'une forme applatie.

581-599. *Verre coloré, cristal, agate, etc.* LATRUNCULI avec l'une face plate, l'autre bombée.

§ 13. OBJETS RELATIFS A LA NAVIGATION.

600. *Bois peint.* BARQUE Égyptienne peinte en jaune, les deux extrémités terminées par des fleurs de *lotus.* La barque est pourvue d'un *gouvernail* en forme de rame (*a*) et de trois *bâtons* pour supporter les gouvernails (*b, c, d.*); elle contient encore: une *table* en forme

pyramidale (*e*), portant un *plateau carré* (*f*), avec sept *pains* ronds et quatre objets d'*offrande*, un *escalier* à sept gradins (*g*) pour monter dans la barque, quatre morceaux de bois, ayant appartenu au *mât* (*h, i, k, l.*), une *porte* avec ses deux gonds (*m*), une *poulie* (*n*), deux *vases* (*o, p.*), une *houe* (*q*), un *uréus* dressé coiffé de la partie supérieure du *pschent* (*r*), une *tête de boeuf* (*s*), un *boeuf* sans tête et les jambes liées (*t*), deux morceaux de *bois* d'un usage incertain (*u, v.*), un *homme* accroupi (le patron de la barque (?)) (*w*), sept *matelots* (*x*), et deux *femmes* (*y*). — *Long. de l'un bout à l'autre* 1.65.

I. 601. *Bois peint.* Barque plus petite, peinte extérieurement en rouge, les extrémités élevées et sans ornemens; avec un long *mât* (*a*) fixé dans un *piédestal* (*b*), une *antenne* (*c*), un *gouvernail* en forme de rame (*d*), un *bâton* pour supporter le gouvernail (*e*), deux autres *bâtons* (*f, g.*), une *rame* (*h*), une *cahutte* avec une porte d'entrée (*i.*), une *table* percée de huit trous (*m*), deux *vases* l'un rond (*n*), l'autre octogone (*o*), une *houe* (*p*), une *femme* assise sur une *chaise* (*q*). — *Long.* 0.91.

602-614. *Bois peint.* Treize *hommes* accroupis, représentant les Matelots d'une de ces barques.

615-628. *Bois peint.* Quatorze Matelots, debout.

629. *Bois peint.* Barque, les extrémités peu élevées, et terminées par une pointe; la proue ornée d'un *uréus* coiffé du *disque doré*. Près de la poupe une *cahutte* (*a*), surmontée d'un ornement en forme de *vase* (*b*); sur la poupe, derrière la cahutte, le *patron* (*c*) dirigeant le gouvernail (*d*), qui est attaché à un *bâton* (*e*). Près de la proue trois *matelots* (*f, g, h.*), sur le tillac trois *femmes*, dont deux assises (*i, k.*) et une debout (*l*), deux *rames* (*m, n.*), et un *panier* tressé de *feuilles de palmier* (*o*), avec quatre morceaux de *pain*. — *Long.* 0.78.

630. *Bois peint.* Cahutte d'une barque, avec la porte d'entrée.

631. *Bois peint.* Statue d'un *homme*, représentant probablement un Matelot d'une barque — *Haut.* 0.36.

I. 632. *Bois peint.* *Cuisse de boeuf préparée* pour servir d'offrande, et ayant probablement appartenu à une barque.

633. *Terre émaillée.* Modèle d'une petite Nacelle tressée de tiges de *papyrus.* — *Long.* 0.06.

§ 14. Poids et mesures.

634. *Talc.* Coudée égyptienne, avec des divisions et sousdivisions, les marques des palmes, des doigts, des fractions du doigt, et les chiffres numériques; deux des faces de la coudée portent des légendes hiérogll. contenant une dédication à Phtah, *le seigneur de la coudée royale, afin qu'il accorde une vie durable etc.;* la dédicace est faite par un haut fonctionnaire nommé Phtahmes. — *Long.* 0.53.

635. *Talc.* Coudée égyptienne, divisée en sept palmes. L'inscription hiérogl. contient une dédication à Phtah-Socar-Osiri, *le dieu grand, directeur éternel, afin qu'il accorde* différens biens au *chef des .... le préposé aux prophètes etc.* nommé Phtah-mes. — *Long.* 0.53.

636. *Bois.* Coudée copte, divisée en six palmes et 24 doigts, mais d'une dimension un peu plus grande que celle des coudées précédentes. Sur l'une des faces l'inscription copte ⲯⲁⲍ ⲡⲁⲍⲱⲩⲡⲕⲁⲥⲉ. — *Long.* 0.54.

637. *Talc.* Espèce de *Coupe* à quatre anses, ayant peut-être servi de Bassin à une Balance égyptienne; avec une inscription hiérogl. fausse et quatre cartouches (du temps d'Hadrien). — *Diam.* 0.18.

638-640. *Talc, serpentine.* Trois Bassins à quatre anses, ayant appartenu à une Balance. — *Diam.* 0.12, 0.105 *et* 0.09.

641, 642. *Bronze.* Romaine à trois *crochets* pour suspendre l'instrument à diverses distances du poids, une *chaine* avec deux *crochets* pour tenir les objets à peser, et le *poids* garni de bélières.

Trouvé dans un tombeau de Gournah.

643, 644. *Bronze.* Deux bustes, l'un de *femme,*

l'autre *d'homme* avec une coiffure conique ; jadis munis de bélières et ayant servi de Poids.

§ 15. Instrumens et produits de divers métiers.

I. 645. *Bois.* Instrument avec deux trous percés dans les extrémités.

646-648. *Bronze.* Trois Instrumens courbes.

649, 650. *Terre émaillée bleue.* Deux Instrumens en forme de fer de cheval.

651. *Bronze.* Instrument composé de *trois tuyaux ronds*, qui se rencontrent dans un angle droit ; au point de contact opposé au troisième de ces tuyaux, il y a un quatrième de forme *carrée ;* à l'extrémité d'un autre il y a une pièce carrée, par laquelle l'instrument paraît avoir été fixé sur quelque construction, à en juger d'après les restes de ciment, qui s'y trouvent encore. — *Dimensions des* tuyaux ronds 0.22, 0.21 *et* 0.06 ; *des* tuyaux carrés 0.11 *et* 0.04, *diam.* 0.05.

652-658. *Agate, cristal.* Sept objets en forme de *cylindre,* de *boule, etc.*

659-661. *Verre coloré.* Petites Lames, l'une ornée de lignes de couleurs variées.

III.

MONUMENS FUNÉRAIRES.

Nous avons réuni dans cette III° Partie, tous les monumens, qui par leur destination unique ou primitive appartenaient aux tombeaux, ou les *demeures éternelles*, comme les Égyptiens appelaient les hypogées, dans lesquelles ils déposaient leurs défunts. La plupart des objets que nous avons décrits dans les deux premières parties du Catalogue, ont également été trouvés dans les tombeaux, et auprès des momies. Plusieurs d'entre eux portent même des inscriptions funéraires, comp. p. ex. quelques IMAGES P. I. Sect. D, et les AMULETTTS P. II. Sect. G. Nous y renvoyons nos lecteurs, pour compléter les différens paragraphes de cette III° Partie, auxquels ces objets peuvent être rapportés. Il était souvent impossible d'en déterminer la destination. Les amulettes p. ex. peuvent avoir servi d'ornemens, aussi bien des vivans que des momies; néanmoins nous avons cru devoir les décrire et exposer parmi les monumens des deux premières parties, à l'exception de quelques-uns, comme les SCARABÉES FUNÉRAIRES, O. § 4, et les PECTORAUX FUNÉRAIRES, § 5, dont la seule destination était, d'orner la poitrine du défunt. Les inscriptions des monumens funéraires sont toutes des extraits du grand RITUEL, ou le livre des MANIFESTATIONS DE L'AME *dans l'Amenti*.

K. TOMBEAUX OU FRAGMENS DE TOMBEAUX.

K. *1. *Granit Syenite*. PYRAMIDE funéraire ornée de sculptures sur les quatre faces. Sur les faces antérieure et postérieure on voit une porte d'entrée dans laquelle

le défunt est représenté agenouillé, avec les mains élevées. Les inscriptions hiérogll. nous apprennent, qu'il fut
un *jeune chef, employé au service de tous les dieux du
quartier blanc* (à Memphis), *préposé aux serviteurs de
Phtah, préposé aux prophètes dans le temple de Pascht,
le basilicogrammate* etc., nommé *Amenôtp, fils de
Ran..hbai et de la dame Toutouea*. Sur la face
antérieure: légendes avec le nom du défunt et prières
adressées au dieu Phré etc.; face postérieure: deux
lignes verticales et deux lignes horizontales, avec le nom
et les titres du défunt et une prière à Phré; faces la-
terales: inscription hiérogl. en huit lignes, contenant
une prière au même dieu. — *Haut. des faces 0.75, larg.
de la base 0.79.*

K. *2. *Pierre calcaire.* Petite Pyramide funéraire. Sur
les faces antérieure et postérieure, le *disque du Soleil*,
et le défunt, le *basilicogrammate* Toutéï agenouillé et
adorant, sur l'une face, le dieu Phré, sur l'autre, Atmou, tous les deux assis sur des trônes; les légendes
hiérogll. contiennent des prières adressées à ces dieux.
Sur les faces latérales des prières à Osiris *Fent-hem-
pamenti* et à Anubis. — *Haut. 0.50, larg. de la base
0.47.*

*3. *Pierre calcaire.* Petite Pyramide comme la précédente. Les faces antérieure et postérieure sont ornées
du *disque*; sur la face antérieure nous voyons à droite
Phré, à gauche Osiris *Fent-hem-pamenti*, debout; le
premier de ces dieux est adoré par deux femmes figurées
sur la face latérale droite, et par quatre autres femmes
sur la face postérieure, sur la face latérale gauche nous
voyons au-dessus des *yeux symboliques* et du *schacal*
d'Anubis, couché sur un naos, le défunt, un fonctionnaire employé dans le service de Phtah et nommé
Phtah-hem-ba. — *Haut. 0.43, larg. de la base 0.29.*

*4-*7. *Pierre calcaire*, les figures sculptées et coloriées. Intérieur d'une Chambre sépulcrale (6), avec les
deux Colonnes de l'entrée (4, 5) et la Stèle funéraire (7)

du *prêtre* Fai-iten-hem-hbai, le fils de la dame
Phtah-meit.

Les deux Colonnes (4 et 5) imitent dans leur forme
un groupe de huit tiges de papyrus, liées ensemble vers
la partie supérieure; elles sont surmontées d'un tailloir,
et placées sur une base ronde; le tailloir est orné des
noms et des titres du défunt. Les inscriptions au-dessous
du chapiteau nous offrent, sur le n. 4 une prière à Seb
et à Netpé; sur le n. 5 une prière à Ré et à Tmé;
celles du fût contiennent des dédications à Atmou (n. 4)
et à Osiris, *le seigneur* de Ri....? (n. 5).

La Chambre (6). En commençant de l'entrée, à droite,
nous voyons: 1°. le défunt assis sur une chaise et accompagné de sa soeur Tipouéi, agenouillée. 2°. Dans le
premier registre, le défunt debout et la défunte assise
sur une chaise, accompagnée de trois femmes accroupies;
un homme s'approche du défunt; dans le second registre,
un homme et trois femmes apportent des offrandes au
défunt et à sa soeur, assis sur des chaises. 3°. Le défunt,
accompagné de sa soeur, debout et tenant dans la droite
deux *sceptres*, dans la gauche un long *bâton*, reçoit les
libations de deux prêtres. 4°. Les mêmes assis reçoivent
les hommages et les libations d'un prêtre, revêtu de la
peau de panthère, de quatre musiciens, qui jouent de la
harpe, de la *guitare* et les deux derniers de la *double
flûte;* au-dessous de la chaise de la femme se trouvent
deux filles (?) accroupies. 5°. Reg. supér., le défunt et
sa soeur, debout, recevant les offrandes d'un autre homme; second reg., un prêtre faisant une libation et quatre hommes apportant des offrandes. En commençant de
l'entrée, à gauche: 1°. Le défunt assis, comme sur l'autre côté; 2°. Reg. supér., le défunt et sa soeur debout,
vis-à-vis d'une autre personne, leur père (?); reg. infér.,
un prêtre faisant une libation, suivi de trois hommes et
de deux femmes apportant des offrandes. 3°. Trois registres: dans le premier, deux prêtres et une femme (le
défunt, sa soeur et leur père?) adorant trois génies à

têtes de *lion*, d'*uréus* et de *vache*; le défunt avec sa soeur dans une barque; le défunt offrant de l'encens à un *épervier* debout sur un naos, devant une momie assise sur un trône; dans le second registre, le défunt et sa soeur labourant et coupant la moisson dans les champs de la déesse de la *justice*, le défunt adorant la *grue*, emblème de l'*âme divine*; le défunt et sa soeur assis sur des chaises devant une table à offrandes; dans le troisième rég. un champ coupé par le Nil céleste, au bord duquel on apperçoit trois génies, à têtes de *couleuvre*, de *lièvre* et d'*homme*; à droite, la barque divine avec un trône, placée sur le sommet d'une montagne. **4°**. Le défunt et sa soeur, assis sur des chaises, (au-dessous de la chaise de la dernière, deux femmes agenouillées) recevant les offrandes de trois hommes, l'un desquels est revêtu d'une *peau de panthère*; vers le haut, à gauche, un homme et une femme assis sur des chaises. Si la partie supérieure de la chambre ne fut restée en Égypte, les légendes hiérogll. auraient pu nous faire voir dans ces deux dernières personnes le défunt et sa soeur; mais alors les deux autres, à droite, pourraient représenter leurs parens. **5°**. Reg. super. Le défunt et sa soeur recevant les adorations d'un homme qui tient le sceptre à tête de *coucoupha* dans la droite, et l'emblème de la *vie* dans la gauche; dans le reg. infér., six hommes emmenant des animaux pour les sacrifices.

La Stèle (7). Stèle funéraire en forme de *porte de naos*, à deux registres. Dans le premier registre le défunt et sa soeur, adorant Osiris *Fent-hem-pamenti*, assis sur son trône, dans un riche naos; devant le dieu sont les quatre *génies de l'*Amenti, debout sur un calice de *lotus*; derrière le trône Isis et Nephtys, debout; reg. infér.: le défunt et sa soeur, assis sur des chaises et recevant les encens et les offrandes d'un homme et d'une femme. Les légendes hiérogll. sculptées autour de ces représentations, contiennent des dédications à Phtah-Socari, à Nofre-Atmou, *le fils de* Pascht, à Nephtys,

à Osiris *Fent-hem-pamenti*, à Isis *la divine mère* pour
le defunt.

Haut. des colonnes avec la base 1.91; *dimensions de la*
chambre sépulcrale, *larg.* 2.82 *et* 3.08, *haut.* 1.18; *la*
stèle, *haut.* 1.59, *larg.* 1.25.

> Dans le parois opposé à l'entrée de la chambre, il y a
> une ouverture, par laquelle on passait dans une autre
> chambre; la stèle est placée à-présent devant cette ou-
> verture, quoiqu'elle ait occupée une autre place dans le
> tombeau.

K. *8. *Pierre calcaire.* *Base* ronde d'une Colonne sépulcrale, avec inscriptions hiérogll. contenant des dédications à Netpé, Seb, Phtah et Hathor (?) pour le
défunt Pihor-kari. — *Diam.* 0.40, *haut.* 0.11.

*9. *Pierre calcaire.* *Porte d'entrée* d'un Tombeau ou
d'une Catacombe, composée de deux *pilastres* supportant
une *architrave* cintrée. La face antérieure de l'architrave, ainsi que les faces antérieures et intérieures des
pilastres sont couvertes d'hiéroglyphes gravés en creux et
remplis d'une couleur jaune.

L'architrave est divisée en deux registres. Le premier
nous offre les deux *schacals* couchés sur des naos, et une
dédication à ces deux formes d'Anubis, pour le défunt,
le *préfet des porteurs des carquois* (?) *du seigneur des
deux mondes, nommé* Osor-hé; second reg., au milieu
les emblèmes de l'Amenti (?) et diverses dédications
à Osiris, Ouôn-nofre, Hop-Hioöue et Thôth,
pour Osor-hé, et pour le *porteur des* .... (?) *du seigneur des mondes,* Hé-horréï, le fils de Pnéi-hor;
à droite et à gauche ces deux premières personnes agenouillées. Pilastre, à droite, face antérieure: *Prière à*
Osiris *Fent-hem-pamenti*, à Horus *le vainqueur*, à
Ouon-nofre et à Hop-hioöue pour le défunt Osor-
hé, le fils de Pnei-hor; au-dessous de cette inscription on voit Osor-hé assis sur une chaise, devant
une table à offrandes; face intérieure du pilastre: Prière
à Phré pour le même défunt, que l'on a représenté

à genoux, au-dessous de l'inscription. Pilastre, à gauche, face antérieure : Prière à Osiris *Fent-hem-pamenti*, Ouon-nofre, Phtah etc. pour le même défunt; face intérieure : Prière au *Soleil*, prononcée par le défunt. — *Haut. jusqu'au sommet de l'*architrave 1.85, *de chaque* pilastre 1.22.

Une des stèles du Musée, (V. n. 49), fut trouvée dans le même tombeau.

K. *10-*13. *Pierre calcaire*. QUATRE PILASTRES, avec les figures et les inscriptions sculptées, et ayant appartenu au tombeau d'un *jeune chef, le préposé aux colliers* (?) *du seigneur des deux mondes, le basilicogrammate, préposé au palais de* Phtah, *nommé* Phtah-mes. Sur les faces antérieures quatre colonnes d'hiérogll., au-dessus de la figure sculptée en relief d'un prêtre vêtu de la *calasiris ;* sur les faces postérieures une colonne d'hiérogll., sur les faces latérales l'emblème de la *stabilité* en relief, également orné d'une bande d'hiérogll.

Sur le devant du n. 10, nous lisons une prière adressée à Osiris Ouon-nofre, *le seigneur éternel, le roi pour toujours;* sur la face postérieure, une autre prière dans laquelle on prie : *qu'il soit accordé* au défunt, *d'entrer dans le tombeau et d'en sortir, de voir le soleil se lever dans le ciel etc.;* sur les deux faces latérales, les légendes d'Osiris *Fent-hem-pamenti*, de Phré, d'Horus, de l'esprit vivant etc. Sur le n. 11, Prière adressée au Soleil et aux diverses formes de cette divinité; 2°. une prière à Thoré (l'une des formes de Phré); 3° et 4°. légendes d'Osiris *le seigneur des vivans, le directeur éternel etc.* 12. Prière au soleil; 2°. à Osiris, *l'esprit vivant;* 3° et 4°. légendes d'Osiris, *Fent-hem-pamenti*, Ouon-nofre, Socari, Horus, etc. 13. Prière à Osiris-Ouon-nofre, *le seigneur des tombeaux;* 2°. à Thoré; 3° et 4°. légendes d'Osiris, *seigneur de* Ri, et d'Osiris *Fent-hem-pamenti*, Socari, etc. — *Haut.* 2.25, *larg.* 0.45 *et* 0.42.

*14, *15. *Pierre calcaire*. Deux BASRELIEFS provenant

de l'intérieur d'un Tombeau, et offrant diverses scènes du grand Rituel funéraire.

Le n. 14 est divisé en trois registres. Dans le premier nous voyons la momie du *gardien de la salle blanche de Memphis*, nommé Meiri, dans les bras d'Anubis et purifiée par un prêtre revêtu de la *peau de panthère*. Derrière cette scène, sur deux plans, un homme coupant une jambe d'un boeuf immolé, un prêtre et deux hommes apportant des offrandes; sur l'autre plan un homme debout, avec un *bâton* dans la gauche, et recevant les offrandes de quatre autres hommes; second reg.: le défunt et sa soeur Phtah-meit, assis sur des chaises, et neuf hommes apportant des offrandes, et faisant des libations; l'un de ces hommes, revêtu de la *peau de panthère*. Au-dessus du défunt un homme revêtu de la *peau de panthère*, et offrant de l'encens à un autre qui tient un bâton dans la gauche. Troisième reg.: le défunt, debout, avec un *bâton* dans la gauche, contemplant et surveillant les travaux d'agriculture, qui sont représentés sur deux plans. Sur le premier on voit un homme remuant la terre avec une pioche, un autre portant un sac sur les épaules; deux hommes, dont l'un tient la manche de la charrue, tandis que l'autre tient les rènes des boeufs; un homme semant du blé, et un autre avec une seconde charrue; sur le second plan nous voyons deux hommes conduisant des ânes, et un poulain, et six autres personnes coupant le blé. Au-dessous se lisent quatre lignes d'hiérogll. avec dédications à Phtah-Socari-Osiri et à Amon-Ra, *le roi des dieux*.

Le basrelief n. 15 est également divisé en trois registres. Sur le premier, le défunt assis sur une chaise, au-dessous de laquelle on voit un singe assis, un homme faisant une libation, suivi de sept autres et de trois femmes, apportant des offrandes et emmenant des animaux pour les sacrifices. Second reg.: un scribe de Phtah, vêtu d'une *peau de panthère*, avec deux femmes et un homme; sur le premier plan, un autre homme, vêtu de la *peau de panthère*, et suivi de quatre femmes apportant diverses offrandes au défunt; l'image du dernier est représentée à gauche, il tient dans les mains un *sceptre* et un long *bâton*. Troisième reg.: Une pompe funèbre, le cercueil avec le corps du défunt, placé dans une barque, et porté par quatre hommes; deux vaches sont attelées à la barque, avec une corde que trois hommes tiennent dans les mains; un quatrième porte un vase avec encens; six femmes avec un enfant précèdent la barque, échevelés, souillant leur chevelure de poussière ou de cendre. Ces femmes sont précédées de deux hommes qui portent des offrandes attachées à des bâtons, et un enfant; à côté de la barque, la soeur du défunt, P h t a h - m e i t. Le plan inférieur nous offre la continuation de la même pompe. Quatre hommes portant des offrandes, huit femmes et un enfant, échévelés et pleurant, trois hommes portant sur les épaules le coffret funéraire qui contient les quatre vases avec les viscères et les intestins du défunt; à côté de ce coffret, un homme dirigeant la pompe. L'inscription hiérogl. au-dessous de ces scènes contient des dédications à P h t a h. — *Haut.* 1.60; *larg. de chaque fragm.* 0.92.

Ces monumens, remarquables par la beauté du travail, le sont encore plus par les noms phonétiques, accompagnés des signes figuratifs de 24 offrandes (sur le n. 14, prem. reg.); et de 61 offrandes (dans le second reg. du n. 15).

K. *16. *Pierre calcaire.* Fragment d'un *basrelief*, provenant de l'intérieur d'un Tombeau, les figures sculptées et coloriées en partie; à deux registres; **1**°. à droite, le dieu P h r é, assis sur un trône, devant une table à offrandes; dans un tableau, derrière le dieu, on voit une femme, la dame H a t é ï, debout, adorant; à gauche, le défunt, *le jeune chef, basilicogrammate, préposé au palais, dans la demeure de* P h t a h (Memphis), *le préposé à la salle blanche, le préposé aux arciers, le chef dans la rille de Memphis, nommé* P h t a h - m e s, agenouillé et adressant ses prières au dieu **Phré.** Derrière le défunt une barque avec une vache. Second reg. divisé en trois tableaux : dans le premier, à droite, nous voyons une vache embaumée, couchée sur un naos, avec l'oeil symbolique planant au dessus. Au dessous, le défunt, agenouillé, adressant ses prières aux diverses formes du dieu **Phré**; dans le second tableau, **Phré** assis sur son trône comme dans le reg. supérieur, et adoré par le défunt; dans le troisième tableau, le défunt et son épouse **Hatéï** sont assis sur des chaises, accompagnés sur deux plans, de deux fils, prêtres de **Phtah**, et de trois filles; tous agenouillés et adorant. Au dessous de chaque registre une légende hiérogl., avec les titres et le nom du défunt, et une prière au dieu **Soleil.** — *Haut.* 0.107, *larg.* 1.30.

K. *17. Pierre calcaire. Basrelief provenant probablement de l'intérieur d'un Tombeau; à trois registres: 1º. cinq hommes travaillant en bois; 2º. cinq hommes occupés à bâtir et peindre une grande construction; à droite un préposé aux travaux, faisant son rapport à un grammate, qui note sur sa tablette, ce que l'autre vient de lui dire. — *Haut.* 0.50, *larg.* 0.46.

L. Sarcophages.

La momie, renfermée dans ses cercueils, était souvent placée dans un sarcophage, dans la chambre la plus grande et la plus riche du tombeau. Les sarcophages en basalte, offrant sur le couvercle l'image de la momie, à l'imitation des cercueils en bois, appartiennent presque exclusivement à la XXVIe dynastie, des **Psamétichus**, et se distinguent par la finesse du travail, et le soin minutieux, avec lesquels on a figuré les détails des images et des signes hiéroglyphiques. Le sarcophage n. 1, en *granit*, est le plus ancien des six que le Musée possède, et paraît être antérieur à la XVIIIe dynastie; le n. 9 date du règne des **L a g i d e s**.

L. 1. *Granit Syénite.* Grand SARCOPHAGE, de forme carrée oblongue, le couvercle cintré, ayant renfermé la momie d'un prophète **O n o f r e**. Le sarcophage lui-même est orné sur les quatre faces de sculptures représentant des *portes de naos*, etc. Sur le côté droit du couvercle une inscription hiérogl. en signes très-grands et d'un travail superbe, contenant la phrase : *Cercueil* ou *tombeau du scribe de la panégyrie, le scribe du seigneur de la région de* **S e s o u** *et de* **H e m o u**, *le prophète* **O n o f r e**. — *Long.* 2.63, *larg.* 1.29, *haut. avec le couvercle* 1.38.

* **2.** *Pierre calcaire.* Second SARCOPHAGE du même défunt, renfermé jadis dans le précédent, de forme carrée, sans ornemens et sans couvercle.

Ce monument est placé dans le jardin du Musée.

* **3.** *Marbre.* SARCOPHAGE du *directeur de la salle d'or*, ...? *prêtre dans...*, *nommé* **H o r - n a s c h t**, *le fils de la dame* **T i h a t h o r**; les figures sont sculptées et coloriées. Le SARCOPHAGE nous offre, à l'extérieur, vers la tête, le *disque rayonnant*, à droite et à gauche, Isis et Nephthys accroupies, accompagnées de *deux uréus*, dont l'un porte la partie supérieure, l'autre la partie inférieure du *pschent;* deux *génies androcéphales*, accroupis et armés de *couteaux*, et derrière ces génies, trois *arbres;* au-dessous, l'*âme* du défunt sous la forme d'un *épervier androcéphale*, accompagnée d'une légende hierogl. de 12 lignes verticales contenant une prière. Côté droit du sarcophage : le défunt debout, adorant 21 *génies*, parèdres au jugement dans l'**A m e n t i**, sous la forme de *momics* à diverses têtes, coiffés de la *plume d'autruche* et tenant des *couteaux* dans les mains. Au-dessus une bande hiéroglyphique avec les légendes du défunt. Côté gauche: le défunt adorant les autres 21 juges parèdres au jugement. Côté des pieds: un emblème de l'**A m e n t i**, en-

tre deux *cynocéphales* assis et tenant des *couteaux* sur les genoux, les déesses N e i t h et S e l c accroupies, les deux *schacals* couchés sur des naos, et six *arbres;* au-dessous l'emblème de l'A m e n t i, entre les deux *éper-viers* d'I s i s et de N e p h t y s, dressés sur l'hiérogl. *or*, avec une légende hiérogl. de 11 colonnes verticales. Couvercle: une bande verticale d'hiérogll. avec une dé-dication à P h r é etc. pour le défunt; cette légende se lit à volonté de gauche à droite et de droite à gauche, les premiers signes de chaque groupe étant répétés. — *Long.* 2.11, *haut. avec le couvercle* 0.65.

Le travail de ce monument appartient au temps de la XVIII dynastie.

L *4, 5. *Plâtres* d'un Sarcophage en *basalte* (la soi-disante *fontaine des amans*), conservé dans le Musée Britannique.

V. Synopsis op the Contents of the *Brit. Mus.* n. 23.

*6. *Basalte.* Sarcophage en forme de cercueil de mo-mie, *d'un préposé à la demeure du* ....., nommé O o h-m e s, les hiérogll. et les figures sculptés et détaillés avec beaucoup de soin. Sur le Sarcophage: une bande d'hié-rogll. à deux légendes commençant sur le côté de la tête et continuées autour du sarcophage; cette légende est relative au dieu A t m o u. Le Couvercle offre l'image du défunt, la poitrine ornée du collier *osh;* au-dessous la déesse N e t p é *ptérophore*, agenouillée, les ailes éten-dues; à droite A m s e t et K e b h n i s n a u f, à gauche H a p i et S i o u m o u t f; la moitié inférieure du couver-cle est occupée par une inscription de 13 lignes vertica-les, avec une prière pour le défunt. — *Long.* 2.60, *haut. avec le couvercle* 1.35.

*7. *Basalte.* Sarcophage comme le précédent, ayant renfermé la momie de R e....h è t - h e m - t ò o u - e n - r é. *le fils de la dame* T i t i, *et* d'H o l k s k r s (A l k s k r s, A l e x i k a r o s). Couvercle: la poitrine est ornée du collier *osh*, et de l'image agenouillée de la déesse N e t-p é, les ailes étendues. Au-dessous, à droite, A m s e t, S i o u m o u t f et A n u b i s; à gauche, H a p i, K e b h-

Nisnauf et Anubis, debout, avec leurs légendes en 18 lignes verticales d'hiérogll.; **2°**. à droite, Isis *ptérophore*, Neith et Seb; à gauche, Nephtys *ptérophore*, Selk et le dieu Hak; **3°**. à droite, trois divinités *androcéphales*, à gauche le dieu Helbekf, *ibiocéphale*, et deux formes d'Horus, *hiéracocéphale* et *androcéphale*; **4°**. sur les pieds, à droite, Isis, à gauche, Nephtys, déplorant la mort de leur frère, et les légendes de ces divinités en sept lignes verticales. Une légende hiérogl. de deux lignes verticales est tracée sur le couvercle et nous offre le nom et les titres du défunt, avec une prière. — *Long. 2.45, haut. avec le couvercle* 0.86.

Ces deux sarcophages 6 et 7 doivent être rapportés à la XXVI dynastie des Psamétichus.

L *8. *Plâtre* d'un des basreliefs du magnifique SARCOPHAGE du roi Amyrtéus de la XXVIII° dynastie. Le fragment nous offre l'image du génie Hapi, avec la *plume d'autruche* dans les mains; le cartouche prénom du Pharaon se lit dans les légendes hiérogll. horizontale et latérale droite.

Ce sarcophage est maintenant conservé dans le Musée Britannique; (Synopsis of the contents of the *British Museum*, n. 10.) V. ma Lettre, Pl. XXVIII nn. 271 et 272, pg. 135.

*9. *Pierre calcaire*. SARCOPHAGE de forme carrée oblongue, ayant renfermé la momie d'un *jeune chef.... prophète, spondiste de Phtah, auditeur, chef des ...., scribe de Phtah, attaché au service du temple de Memphis et du temple d'Arsinoé Philadelphe, dans le quartier du mur blanc (à Memphis) prophète dans le temple de Phtah, prêtre, gardien, etc.,* nommé Nofrehor-hem-tòou-en-ré, *fils de l'auditeur de Phtah,* Iri-hem-ho, *et de la dame, la prêtresse de Phtah, la bienfaisante, dans la maison de son père,* nommée Ho-ônch. SARCOPHAGE: sur l'extérieur, côté de la tête, à gauche, le défunt adorant le dieu Phré, *hiéracocé-*

phale et *discophore*, les légendes du défunt et une prière à Phré; à droite, le défunt adorant le dieu Atmou, coiffé du *pschent;* côté droit, au-dessous de l'hiérogl. du *ciel*, la momie du défunt, étendue sur le lit funèbre, deux *éperviers*, emblèmes de *l'âme*, planant au-dessus de la momie; vers la tête, la déesse Hathor, *la directrice de l'*Amenti; vers les pieds, les déesses Isis, Nephtys, Netpé, les dieux Horus, Anubis et Thôth, devant des tables d'offrandes, debout, adorant; au-dessous, un texte hiérogl. de 42 colonnes verticales. Côté des pieds: le défunt adorant à droite et à gauche les *deux schacals* représentés debout, sur des *enseignes* placées au-dessus de deux *naos.* Côté gauche: même représentation que sur le côté droit. Dans l'intérieur, côté de la tête: Osiris *Fent-hem-pamenti*, debout, adoré par Isis et Nephtys; côté droit: Isis, Nephtys, une autre *déesse*, les génies Hapi et Sioumoutf; côté gauche: Isis, Nephtys, et *deux autres déesses*, avec les génies Amset et Kebhnisnauf, debout, portant les *bandages funéraires* dans les mains; côté des pieds: les *deux schacals* couchés sur des naos. Couvercle: le *disque* de Phré, rayonnant au-dessus d'une *âme*, sous la forme d'un *épervier androcéphale*, les ailes étendues; au-dessous, un texte hiérogl. de 11 lignes verticales, extrait du chapitre du Rituel funéraire, relatif aux *adorations de l'âme divine, planant sur son corps. — Long.* 2.36; *larg. 1.05 et 0.80, haut. avec le couvercle 0.96.*

Le cartouche est publié dans ma Lettre, Pl. XXVII. n. 276, pg. 138.

M. Momies et cercueils de momies.

La pratique d'embaumer les défunts avait existé en Égypte, depuis la plus ancienne époque. Le *Musée* possède un diadème (P. II. Sect. G. n. 1.) qui fut trouvé sur la tête d'une momie d'un Pharaon antérieur à la dynas-

tie des Rois P a s t e u r s; et les recherches faites dans les
dernières années, dans la troisiéme Pyramide de *Gizeh*,
ont fait découvrir les restes du corps embaumé et du cercueil du Pharaon, sous le règne duquel cette masse
énorme a été construite. Les dernières momies que nous
connaissons, appartiennent aux premiers siècles de l'in-
troduction du Christianisme en Égypte. Le *Musée* possède la momie d'une jeune fille décédée sous le règne de
l'empereur Trajan, v. M. n. 76.

La Momie du défunt était identifiée avec celle d'Osiris,
et les déesses soeurs de ce dieu (Isis et Nephtys) sont
censées déplorer sa mort en même temps que celle du
dieu tué par Typhon. Les inscriptions sur les Cercueils,
en hiéroglyphes, quelquefois aussi sur les *bandages*, dans
lesquels les corps sont enveloppés, en signes hiératiques,
sont des extraits d'une étendue plus ou moins grande,
du Rituel funéraire. La scène du *transport de la momie*
dans l'hypogée de sa famille, et celle du *jugement de
l'âme* devant le tribunal d'Osiris, les *génies funéraires*
et les autres *divinités* protectrices des différentes parties
du corps, sont les sujets ordinaires. Quelques-uns nous
offrent la représentation d'une partie du cours du Soleil
dans l'hémisfère inférieur; le Rituel, dont ces derniers
extraits sont pris, se trouve dans son entier sur les parois
des tombeaux des Rois, et il est reproduit plus ou moins
complet dans une certaine classe des Papyrus funéraires
astrologiques. V. T. § 4.

§ 1. Momies égyptiennes.

M. 1. *Bois peint. Couvercle* du Cercueil de la momie du
prêtre de ... Chons, le scribe des vétemens (?) *du temple de
Chons*, nommé Sapineb. Le couvercle offre l'image
du défunt, ayant les bras croisés sur la poitrine, et orné
du collet *osh;* sur la poitrine, le *scarabée discophore*,
avec les ailes étendues, un autre *scarabée* sur la partie
inférieure du bras gauche. Au-dessous des bras: 1°. le
scarabée discophore, mais sans ailes, à droite et à gau-

che Osiris *Fent-hem-pamenti*, assis sur son trône, vis-à-vis des déesses Isis et Nephtys *ptérophores*, age-nouillées sur l'hiéroglyphe *or*; 2°· Netpé, agenouillée, les ailes étendues; au-dessous, Osiris défunt, étendu sur la terre, et élevant sa tête; vers ses pieds, deux *uréus*, les ailes étendues, coiffés de la partie supérieure du *pschent*; au milieu, l'*âme* du défunt, sous la forme d'un *épervier androcéphale*. Au-dessous de cette représenta-tion, deux longues légendes hiérogll. contenant une prière à Isis, *la grande mère* et à Nephtys, *la divine soeur*, pour le défunt; à droite et à gauche de ces légendes, le défunt, debout, dans un *naos* et présentant des of-frandes: 3°. à Osiris; 4°. aux emblèmes de l'Amenti, 5°. à Phtah-Socari-Osiri, et à Osiris, seigneur de l'Amenti, coiffé de la partie inférieure du *pschent* et de *deux palmes*, et 6°. à Isis et à Nephtys.

M. 2. *Bois peint. Couvercle* du Cercueil de la momie d'un .... *de la demeure d'Amon*, (*Thèbes*), nommé Penpiéï, fils de Saämon. La poitrine est ornée de l'*osh*, de deux *bandelettes de prêtre*, et d'un *pectoral*, sur lequel on a figuré le *disque du Soleil*, l'*ocil sym-bolique droit*, au-dessus de l'emblème de la *stabilité*, *deux scarabées, deux cartouches* vides, et *quatre disques*. Dans les mains un *rouleau de papyrus*. Au-dessous du collier: 1°. le *disque ailé* avec *uréus*, planant au-dessus des *yeux symboliques*, et des *deux cartouches*, prénom et nom du Pharaon Amenôtp I de la XVIII° dynastie; 2°. au-dessous de l'hiérogl. *ciel*, une légende hiérogl. verticale contenant une prière à Phré-Atmou; à gauche et à droite, trois légendes horizontales d'Osiris, Seb et Anubis; au-dessous, les images et les légendes d'Amset et de Kebhnisnauf; 4°. Hapi et Siou-moutf; 5° et 6°. légende d'Isis, *la grande mère*; au-dessous, les hiérogll. de la *stabilité* et des *bandages*; 7°. légendes de Nephtys et d'Hathor; au-dessous, deux vautours coiffés de l'*otf*, (les déesses Soben ou Sovan et Sati); 8°. les mêmes représentations que 6°

et **7**°. **9**°. Légende contenant une prière, au-dessus de *deux cartouches vides*, qui sont surmontés du *disque* et de *deux uréus* coiffés des deux diverses parties du *pschent;* **10**°. sur les pieds, la légende du défunt.

    V. les cartouches dans ma Lettre, Pl. VII. nn. 60, 61, pg 47.

M. 3. *Bois peint.* Cercueil, ayant renfermé la momie d'un *scribe du temple d'A m o n etc.*, nommé D s j o t-m o n t h.

Couvercle. Le couvercle offre l'image du défunt, avec les bras croisés sur la poitrine, orné du collier *osh* et des *bandelettes de prêtre.* La poitrine est décorée du *scarabée discophore* flanqué de deux *uréus* ailés et *discophores;* au-dessous l'*épervier* de P h r é, les ailes étendues, orné du *disque*, dans lequel est figuré l'*oeil droit symbolique.* Au-dessus de la poitrine: **1**°. le *disque ailé* d'H a r h a t, au-dessous des deux *schacals* couchés; à droite: *a.* Hapi, *b.* le *défunt* debout, et I s i s agenouillée, adorant O s i r i s *Fent-hem-pamenti*, *androcéphale*, *discophore*, assis sur un trône, dans un naos, et accompagné de ses soeurs, *c.* l'*âme* sous la forme d'un *épervier*, adorant les quatre *génies funéraires;* à gauche: *a.* I s i s agenouillée, adorant S i o u m o u t f, et l'*âme* du défunt; *b.* le *défunt* adorant O s i r i s coiffé de la partie inférieure du *pschent* avec *deux palmes*, et assis sur un trône dans un *naos*, comme supra. **2**°. A droite et à gauche l'*âme* du défunt, sous la forme d'un *épervier androcéphale*, accompagnée de N e p h t y s, offrant ses hommages à O s i r i s, avec I s i s et N e p h t y s; derrière ces scènes, N e p h t y s, *ptérophore*, agenouillée, et un *sphinx androcéphale;* **3**°. à droite et à gauche, N e p h t y s (à gauche I s i s) offrant à O s i r i s, derrière le dieu, le *schacal* et un *sphinx androcéphale*, couchés; I s i s (à gauche N e p h t y s) offrant ses hommages au *sphinx*, au *schacal*, à trois *génies* à têtes d'*uréus*, d'*homme* et de *schacal;* **4**°. N e t p é, les ailes étendues; au-dessous des deux côtés, l'*âme* du défunt adorant O s i r i s; l'*âme* abreuvée

par N e t p é; sur le côté droit du couvercle, derrière
l'âme, une autre *femme* apportant des offrandes; un
naos avec deux génies *androcéphales* et un génie à tête
de *schacal;* sur le côté droit, les mêmes, mais accompagnés d'un troisième génie *uréocéphale ;* 5°. l'*épervier*
de P h r é, *discophore,* les ailes étendues; au-dessus: dans
le milieu, deux *sphinx androcéphales ;* deux *génies androcéphales, discophores,* et tenant la *plume d'autruche*
dans les mains; le cartouche de P h t a h - S o c a r i, entre
deux *vautours* et deux génies à tête de *schacal;* deux
génies androcéphales adorant le *disque*; à droite et à
gauche, six *naos,* avec le *schacal* couché d'A n u b i s,
l'*âme* adorant O s i r i s et I s i s, un *sphinx androcéphale ,* et
deux divinités à tête de *schacal,* agenouillées; le *schacal,*
le *vautour* et les quatre *génies funéraires.* Les légendes
hiérogll., le long du côté droit, contiennent une dédication à P h t a h - S o c a r i - O s i r i s, à gauche, *à tous
les dieux de l'A m e n t i ;* au-dessous du n. 5, à droite et
à gauche, trois bandes d'hiérogll. avec une dédication à
P h r é - A t m o u; sur les pieds, dédications à P h t a h-
S o c a r i - O s i r i s et à A n u b i s. Ces insciptions sont
peintes alternativement sur un fond *vert* et *blanc ;* les
hiérogll. en *jaune* sur les bandes *vertes ,* et à diverses
couleurs sur les bandes *jaunes.*

C ercueil: à l'extérieur; vers la tête, la *barque* du S o-
l e i l, avec le *disque,* adoré à droite et à gauche par
l'*âme ;* au-dessous un naos avec la *momie* du défunt, et
les emblèmes funéraires; les légendes hiérogll. contiennent une adoration de P h r é. Côté droit: 1°. le *défunt*
adorant les quatre *génies des morts ;* 2° et 3°. doubles
représentations du défunt conduit à la main par N e p h t y s,
du même agenouillé et abreuvé par I s i s, et d'un *naos*
dans lequel son *âme* adore A n u b i s; 4° et 5°. le *défunt*
offrant au *schacal* couché dans un *naos,* et aux *génies* funéraires; 6°. et 7°. le même faisant une offrande devant un
naos, dans lequel on voit l'image du défunt agenouillé
devant la *vache* d'H a t h o r; 8°. I s i s et N e p h t y s as-

sises sur des trônes; **9**°. les deux *dieux* à tête de *schacal*, et l'*âme* du *défunt*. Au-dessus et au-dessous de toutes ces scènes se trouve une inscription contenant une dédication à Phré-Atmou, Osiris, *Fent-hem-pamenti*, Phtah-Socari, Anubis etc. pour le défunt. Côté gauche: **1**°. la *momie* du défunt, portée par trois *hommes*, et accompagnée de deux *femmes;* trois autres hommes avec trois femmes déplorent sa mort; **2**°. une *barque* avec le *sarcophage* du défunt, placée dans une voiture à quatre roues, en forme de *traineau;* cette voiture est tirée par deux *vaches* et dirigée par cinq *hommes*, dont quatre tiennent la corde; un *prêtre* avec deux *rouleaux de papyrus* précède le convoi, vers l'entrée de la *catacombe*, devant laquelle on apperçoit la momie du défunt; **3**°. le *défunt* accompagné d'Anubis, adorant tour à tour les *uréus* de Pascht, d'Isis *céleste* et de la *directrice de l'Amenti* (Amon femelle?), et le *défunt*, accompagné d'Osiris (la tête du dieu est, par une méprise du peintre, surmontée de la coiffure d'Isis) présentant ses offrandes aux *uréus* d'Isis *terrestre*, de Nephtys et de la *directrice de l'Amenti;* **4**°. Une *barque*, dans laquelle l'on voit le *défunt* adorant le grand *serpent* de Chnouphis couvrant sous ses plis une *momie* et Anubis; à droite, quatre déesses (dont deux portent sur les épaules des serpens, qui vomissent du feu) et Netpé, Tmé, Isis et Nephtys, assises sur des *uréus;* à gauche de la barque, quatre *hommes*, dont deux portent des *rames;* **5**°. le *défunt* et son *âme*, assis au-dessus de la vache d'Hathor. Inscription hiérogl. comme sur l'autre côté. Intérieur: vers la tête, *le ciel étoilé*, un *dieu ptérophore*: (Moui?) élevant le *disque*, à ses pieds la *momie* du défunt, à droite et à gauche un *sphinx androcéphale* adorant, et au-dessous de ces sphinx les *génies funéraires;* côté droit, quatre tableaux représentant le *défunt* qui fait des offrandes avec quatre *génies funéraires*, assis sur des trônes, dans des *naos;* côté gauche, mêmes représentations; vers les pieds, une in-

scription hiérogl. Le fond du cercueil est divisé en six
tableaux: **1°.** le *scarabée* et les *deux yeux symboliques*
dans le *disque* de Phré, au-dessous, le cartouche de
Phtah-Socari, *le seigneur de la catacombe;* à droite
et à gauche, une *divinité androcéphale* accroupie sur un
naos et tenant la *plume d'autruche;* **2°.** le *défunt* faisant
une offrande à la *momie* du Pharaon Amenôtp I de la
XVIII° dynastie, les cartouches du prénom et du nom se
lisent deux fois dans la légende, qui accompagne cette
scène; **3°.** l'emblème de la *stabilité, à bras et yeux humains,* portant le *fléau* d'Osiris, et surmonté d'une
coiffure symbolique ; sur le devant une dédication à Phré-
Atmou; à droite et à gauche les *génies funéraires* accroupis, les deux *éperviers* d'Hat et les deux *schacals*
couchés, **4°.** le *défunt* agenouillé et purifié par Isis et
par Nephtys; **5°.** la *momie* du défunt assise sur un
trône, en présence de l'*uréus* et du *vautour*; **6°.** les emblèmes *funéraires.* Tous ces tableaux sont séparés les uns
des autres, par le signe du *ciel étoilé.* Les hiérogll. et
autres figures travaillées pour une partie en relief, sont
d'une finesse et d'une conservation remarquables.

V. ma Lettre, Pl. I. 6. pg. 7, et Pl. VI. nn. 63, 64,
pg. 47.

M. 4. Momie du *scribe* Dsjotmonth (v. n. 3), enveloppée encore dans ses bandages.

Sur cette momie se trouvaient les deux BANDELETTES DE
PRÊTRE, avec le prénom et nom d'Osorkon de la
XXII dynastie, (v. II. Partie, E. nn. 4 et 5). Si ces
bandelettes appartiennent à la momie, il faudra supposer
que les Arabes aient mis un autre corps dans le cercueil
de Dsjotmonth. V. ma Lettre, pg. 113.

5. *Bois peint.* PREMIER CERCUEIL du *prêtre de Mouth,*
prophète des .... d'Amon, Amenôtp.

COUVERCLE comme celui du n. 3; sur la poitrine le
scarabée discophore, entre deux *uréus* avec les ailes étendues. Au-dessous: **1°.** la *barque* avec le *disque,* le *scarabée, deux éperviers,* et les *yeux symboliques;* à droite

et à gauche O s i r i s *Fent-hem-pamenti*, assis sur un trône, accompagné d'I s i s et de N e p h t y s, *ptérophores*,
avec l'*âme* du défunt; **2°**. N e t p é, avec les ailes étendues; au-dessous, à droite, le roi A m e n ô t p I de la
XVIIIᵉ dynastie, assis sur un trône et accompagné de
son épouse O o h m e s - n o f r e - a t a r i, recevant les adorations de l'*âme*, d'I s i s *ptérophore* et du *défunt;* à gauche, le même Pharaon, avec son autre épouse, O o h ô t p,
recevant les adorations de N e p h t y s *ptérophore* et du
défunt; dans le milieu, le *scarabée criocéphale* avec le
disque; **3°**. Le *disque ailé;* au-dessous, I s i s et N e p h
t y s, agenouillées, devant l'emblème d'O s i r i s ou de
l'A m e n t i; à droite et à gauche, le défunt adorant
O s i r i s, assis sur son trône dans un naos, et accompagné,
(à droite) de N e p h t y s et d'I s i s, *ptérophores;* **4°**. *Barque* avec le *scarabée discophore*, les ailes étendues, audessous le *disque ailé;* à droite et à gauche, le défunt
adorant I s i s et N e p h t y s, *ptérophores;* **5°**. le *schacal*
d'A n u b i s, debout sur une *enseigne;* à droite et à gauche, la *momie* du défunt, avec l'*épervier* de P h r é, et
les déesses I s i s et N e p h t y s, *ptérophores*, agenouillées; **6°**. sur les pieds, I s i s et N e p h t y s déplorant la
mort d'O s i r i s; une inscription hiérogl. dans le milieu,
contient le discours, qu'A n u b i s adresse au défunt.

Cercueil, à l'extérieur, vers la tête, la déesse N e p h
t y s, *ptérophore*, agenouillée; côté droit du cercueil:
1°. un *naos* avec l'image d'I s i s *ptérophore;* **2°**. *naos* de
T h ô t h, *ibiocéphale;* **3°**. un grand serpent, au-dessus
duquel on voit O s i r i s *Fent-hem-pamenti*, assis sur un
trône, accompagné d'I s i s et de N e p h t y s, et recevant
les offrandes d'H o r u s, *hiéracocéphale;* au-dessous du
serpent, le *cerbère Égyptien*, debout, et un double *escalier* à quatre gradins; à gauche, devant une porte,
N e i t h, à tête de *chatte*, armée de *couteaux;* **4°**. le
défunt dans un *naos*, faisant une offrande et prononçant
une prière au soleil figuré par un *scarabée discophore*,
avec les ailes étendues, dans une *barque* qui vogue sur

le signe du *ciel*, au-dessus d'uu énorme *serpent* à 12
plis, percé de 12 *couteaux*; **5°**. *Naos* avec un *serpent*,
qui couvre sous ses plis la momie de Chnouphis,
criocéphale, accompagné des génies Sioumoutf et Kebhnisnauf; **6°**. le défunt adorant Netpé assise sur un
trône, devant l'*arbre mystique*. Côté gauche: **1°**. *Naos*,
avec l'image de la déesse Nephtys, *ptérophore*, les légendes sont relatives à Nephtys et à Phtah-Socari-
Osiris; **2°**. Légende et *naos* avec l'image de Thôth,
ibiocéphale, le *seigneur des dieux*, l'*écrivain de la justice*; **3°**. Le dieu Moui, élevant de ses mains le *ciel*
figuré par une *femme*, dont le corps est couvert d'*étoiles* (Netpé); à leurs pieds un *homme*, dont les chairs
sont de couleur verte, étendu sur la terre; dans l'espace, entre ce dernier et la déesse du *ciel*, deux *âmes
divines*, *criocéphales*, et à bras humains, à droite l'hiérogl. de l'*ouest*, à gauche celui de l'*est;* légende hiérogl.
de Netpé; **4°**. Scène du jugement: Anubis pèse le
vase avec le *coeur* du défunt dans la balance infernale;
à côté de la balance, le *défunt*, debout, adorant;
Neith *castigatrice*, à double tête, de *lion* et de *crocodile*, conduisant le défunt devant le trône d'Osiris
accompagné de ses deux soeurs, Isis et Nephtys;
Phré, Thôth, *ibiocéphale*, avec sa *palette* d'écrivain
et le *cerbère*; **5°**. Dans un champ, dont la porte d'entrée est gardée par un *serpent*, on voit l'*âme* du défunt
recevant le breuvage divin d'une déesse, la *directrice de
l'Amenti*; la vache d'Hathor, sortant de la montagne
sacrée, dans laquelle l'on apperçoit l'entrée de la *catacombe*, gardée par un *schacal* couché. Une bande horizontale d'hiérogll., le long du bord supérieur, contient
une prière pour le défunt, à Osiris, *le seigneur de*
l'Amenti, à Phtah-Socari, à tous les dieux du *Nord*,
du *Sud*, de l'*Ouest* et de l'*Est*, demeurant dans le *ciel*,
dans le *monde*, et dans le *ciel étoilé*. A l'intérieur: au-
dessus de la tête, l'*âme* sous la forme d'un *épervier à
tête et bras humains*, accompagnée d'Isis et de Neph-

tys, agenouillées. Côté droit: **1**º le *défunt* offrant de l'encens à Phtah-Socari, *discophore;* **2**º. Amset et Sioumoutf, assis; **3**º. la vache d'Hathor couchée; **4**º. Isis déplorant la mort d'Osiris. Côté gauche: **1**º. le *défunt* adorant Phtah-Socari, *discophore;* **2**º. Hapi et Kebhnisnauf assis; **3**º. la vache d'Hathor; **4**º. Nephtys déplorant la mort d'Osiris. Vers les pieds une inscription hiérogl. de six lignes, avec une dédication à Osiris *Fent-hem-pamenti*, pour le défunt. Le fond du cercueil est occupé par les représentations suivantes: **1**º. *l'âme du défunt* et Isis agenouillée; **2**º. Hathor, la tête coiffée du *vautour*, et surmontée du *disque* entre les *cornes de vache*, le corps enveloppé dans les ailes de *vautour;* à droite un *uréus* (de Neith?), un génie à tête *uréocéphale*, assis, et un autre, *onocéphale*, debout, tenant un *lezard* dans les mains; à gauche, le *vautour* de Sati, un *homme* agenouillé, adorant, et un génie *uréocéphale;* **3**º. le *disque* ailé, au-dessus des emblèmes d'Osiris, *le seigneur de l'Amenti*, à droite et à gauche, les *yeux symboliques*, Isis et Nephtys, déplorant la mort d'Osiris, et *l'âme* du défunt; **4**º. Nephtys, agenouillée, déplorant la mort d'Osiris.

M. 6. *Bois peint*. Couvercle du Second cercueil d'Amenôtp. Sur la poitrine, le *scarabée discophore*, avec les ailes étendues. Au-dessous: **1**º. *l'épervier criocéphale, discophore*, à gauche et à droite, Phré, *hiéracocéphale*, assis sur un trône et recevant les adorations de *l'âme* du défunt, accompagnée d'Isis et de Nephtys, *ptérophores*, agenouillées; **2**º. Netpé, agenouillée, les ailes étendues; **3**º. (à gauche et à droite) le *défunt* adorant Osiris *Fent-hem-pamenti;* **4**º. le *bélier, discophore* de Chnouphis, sur une *enseigne*, au-dessous de laquelle sont placés les quatre vases funéraires; **5**º *divinité uréocéphale*, accroupie sur un naos; **6**º le *défunt* agenouillé sur une *enseigne;* **7**º. Isis et Nephtys, déplorant sa mort. Légendes relatives à Netpé, Seb, etc. Les trois bandes verticales d'hiérogll., sur le milieu du couvercle, contiennent le discours d'Is i s et de N e p h t y s, et une prière á N e t p é.

V. les cartouches de ces cercueils dans ma Lettre, Pl. VII. nn. 69-71, pg. 48.

M. 7. *Bois peint.* Premier cercueil *du prêtre des .... de la demeure du Pharaon* Amonmei-hor-en-hem-neb, de la XVIIIe dynastie, nommé Chonsôtp.

Couvercle. Sur la poitrine, le *scarabée criocéphale, discophore,* les ailes étendues. Sur le bras droit, Osiris défunt, se levant de son lit funéraire, un *uréus* ailé planant au-dessus du dieu, au-dessous du lit cinq différentes *coiffures;* sur le bras gauche, l'*épervier,* l'*oeil symbolique* et l'*uréus* ailé de Neith; à droite et à gauche, au-dessus de la flexion des bras, un *épervier discophore.* Au-dessous de la poitrine: **1°.** au milieu, le *scarabée, criocéphale, discophore,* sans ailes; à droite, N e i t h, *ptérophore,* et à gauche, Isis, *ptérophore,* suivies de trois des *génies funéraires,* couvrent de leurs ailes l'*âme* du défunt, et offrent leurs hommages au Pharaon H o r u s, assis sur un *trône,* et accompagné de son épouse; les cartouches, prénom et nom du Pharaon se trouvent devant les deux images. **2°.** N e t p é, *ptérophore,* accroupie sur un *naos;* à droite et à gauche, le défunt adorant la momie d'O s i r i s, accroupie, et tenant une *plume d'autruche;* l'*âme* avec l'*oeil symbolique* planant au-dessus, recevant le breuvage divin d'Isis, la *divine mère, la directrice de l'A-menti;* **3°.** Le défunt faisant une libation, (à droite) au Pharaon H o r u s, assis sur un *trône,* dans un *naos,* et accompagné de son épouse; à gauche, O s i r i s *Fent-hem-pamenti,* sur son *trône,* dans un *naos,* avec Isis; **4°.** à droite et à gauche, le *défunt* adorant l'*épervier* de Phtah-Socari, l'*oeil symbolique,* et N e i t h, dans un naos; **5°.** la *momie* du défunt devant un *naos,* dans lequel on voit le *bélier* d'A m o n - R a - C h n o u p h i s, et une *femme* agenouillée; **6°.** trois *génies funéraires,* agenouillés; **7°.** sur les pieds, la *momie hiéracocéphale* de Socari-Osiris, Isis et Nephtys, déplorant la mort de leur frère. Les représentations sur le milieu du couvercle, au-dessus du *naos* de Netpé (n. 2) se suivent dans l'ordre suivant: 1°. un *naos* orné du *disque ailé* avec le *scarabée discophore*, entre *deux momies;* 2°. Isis et Nephtys déplorant la mort d'Osiris, le dieu indiqué par les symboles de l'Amenti; 3°. *naos* avec le *scarabée discophore;* 4°. le *disque*, les *yeux symboliques* d'Harhat, le sceptre nommé *pat*, plusieurs *uréus;* 5°. le scarabée comme le n. 3; 6°. trois bandes verticales d'hiérogll. avec une dédication à Osiris, *le scigneur éternel.* Les inscriptions, le long des côtés du couvercle, contiennent à droite, les discours d'Isis, à gauche, ceux de Neith et de Nephtys.

CERCUEIL, à l'extérieur, côté de la tête, légendes hiérogll. de Nephtys et d'Isis; côté gauche, 1°. l'*épervier*, dans un *naos* avec l'*uréus* ailé de Neith, coiffé de la partie supérieure du *pschent;* 2°. Thôth, *ibiocéphale*, dans un *naos*, devant Osiris, assis sur son *trône* et accompagné de Nephtys; 3°. le *scarabée, discophore*, planant avec les ailes étendues, au-dessus du signe du *ciel;* au-dessous de cette scène, la *momie* étendue entre deux *génies funéraires;* à gauche, Horus coiffé du *pschent*, et tenant la *palette d'écrivain*, avec Osiris sur le *trône* et Isis; à droite, une *momie criocéphale*, debout sur un grand *serpent*, et accompagnée d'un *génie* à tête de *schacal*, et d'un autre à tête de *lion.* La déesse Tmé, accroupie, vis-à-vis de l'*épervier* de Phtah-Socari, et Neith à double tête, de *lion* et de *crocodile*, debout dans un *naos;* 4°. La vache d'Hathor, sortant de la montagne sacrée; 5°. légende hiérogl. contenant une dédication à Isis. Côté droit: 1°. *Naos* avec l'*épervier* de Phtah-Socari et un *uréus ptérophore;* 2°. Osiris *Fent-hem-pamenti* et Isis; 3°. Scène du jugement (v. la description du cercueil n. 4, 4.) un dieu avec deux *plumes d'autruche* dans les mains, et deux autres sur la tête, est accroupi sur un *naos*, le défunt est présenté à Osiris par Thôth *ibiocéphale; à gauche,* les quatre *génies funéraires;* **4°.** Tmé dans *l'arbre mystique,* abreuvant le *défunt;* **5°.** légende contenant le discours d'Isis. Intérieur, au-dessus de la tête, *l'âme du défunt,* planant au-dessus de l'hiérogl. du *ciel;* au-dessous, à droite et à gauche, une *momie humaine,* debout, dans le pli d'un *serpent.* Côté droit: **1°.** les quatre *génies funéraires;* **2°.** Anubis, et la *momie* couchée sur un lit funèbre; **3°.** les *emblèmes funéraires,* le sceptre *pat,* et quatre *uréus,* avec une légende relative à Anubis; **4°.** un *naos* avec deux génies, à tête d'*uréus* et de *schacal,* debout, dans le pli d'un *serpent;* **5°.** les *yeux symboliques.* Vers les pieds, les emblèmes *funéraires.* Côté gauche: mêmes scènes que sur l'autre côté.

M. 8. *Bois peint.* COUVERCLE du SECOND CERCUEIL de Chons-ôtp (v. n. 7). Sur la poitrine, le *scarabée discophore,* avec les ailes étendues. Au-dessous: **1°.** le *scarabée criocéphale, discophore;* à droite et à gauche, *l'âme* du défunt, entre les ailes des déesses Isis et Nephtys, *ptérophores,* en présence du Pharaon Horus, assis sur un *trône;* le cartouche nom propre accompagne l'image du Pharaon; **2°.** Netpé, les ailes étendues; à droite et à gauche: **3°.** le Pharaon Horus; **4°.** l'*épervier* de Phtah-Socari-Osiris et l'*oeil symbolique;* **5°.** les quatre *génies* de l'Amenti, *androcéphales;* **6°.** les mêmes *génies* agenouillés; **7°.** les *yeux symboliques.* Au milieu, deux bandes verticales d'hiérogll. avec dédications à Osiris, *le seigneur* d'Abydos, *Fent-hem-pamenti, Ouôn-nofre, directrice des vivans,* et à Neith, *la grande divine mère, la fille du Soleil, etc.*

9. MOMIE de Chons-ôtp (v. 7 et 8), dégagée de ses bandages, avec une ouverture coupée dans le côté gauche, par laquelle l'on a retiré les entrailles.

10. *Bois peint.* PREMIER CERCUEIL de la momie du *prêtre spondiste d'Amon,* Onchf-chons.

COUVERCLE, représentant le défunt comme le n. 2; la

11

poitrine est ornée de deux *pectoraux*, dont l'un porte le signe de *bonté* entre les deux *yeux symboliques;* l'autre, surmonté du *disque ailé*, offre les images de *scarabées*, de *disques*, des *yeux symboliques*, etc.; le défunt tient deux *rouleaux de papyrus* dans ses mains. Au-dessous du collier *osh*, les représentations suivantes: **1°.** le *disque ailé,* Nephtys (à droite) et Isis (à gauche) adorant la momie d'Anubis, coiffée du *pschent*, et assise sur un trône; **2°.** l'*épervier discophore*, avec les ailes étendues, flanqué des *yeux symboliques* et de deux *uréus* ailés: au-dessus, un autre *scarabée* portant une coiffure de Socari, et le *disque* orné d'*uréus;* à droite et à gauche Osiris *androcéphale*, *discophore*, assis sur son trône. Sur les deux côtés du couvercle, une *déesse ptérophore*, la tête surmontée du *disque* (Isis ou Nephtys) agenouillée; derrière cette déesse, le *défunt* faisant une offrande aux emblèmes de l'Amenti, et une momie, avec une *plume d'autruche* au lieu de la tête, assise sur un trône, qualifiée: *la grande déesse, dame du ciel*, et accompagnée d'autres emblèmes de l'Amenti, **3°.** Une *déesse* offrant à Osiris, *discophore*, et **4°.** à Anubis, assis sur un *trône;* **5°.** l'*uréus* ailé de Sate devant un *naos*, dans lequel on apperçoit des offrandes et le sceptre *pat*, avec les emblèmes de l'Amenti. Sur le milieu du couvercle: **6°.** le *scarabée* et le *disque* flanqué de deux images d'Osiris, comme dans le n. **2**, mais la face tournée vers le *scarabée;* **7°.** *Barque* sacrée avec le *disque* du Soleil, **8°.** le *scarabée* avec les ailes étendues, le *disque* et les *yeux symboliques;* légendes relatives à Nephtys et à Isis; les deux inscriptions verticales, le long des deux côtés du couvercle, offrent des dédications, à droite, à Ré-Atmou, Osiris *Fent-hem-pa-menti* et à Anubis, et à gauche, à Ré-Atmou, Osiris, Isis et Nephtys.

Cercueil, à l'extérieur: vers la tête, les emblèmes *fu-néraires*, flanqués des légendes d'Isis, de Nephtys et de Ré; côté droit, **1°.** un *naos*, dans lequel on voit le

défunt, faisant une libation à Osiris *discophore*, assis
sur un trône, et accompagné d'Isis; légendes verticales
d'Osiris, d'Anubis et de Phtah-Socari; 2°. *naos*
avec le *défunt* offrant de l'encens à Osiris *discophore*
et à Isis; inscriptions contenant les discours de Phtah-
Socari et de Ré-Atmou; 3°. même scène, mais
Osiris identifié dans l'inscription avec Ré; légende de
Ré-Atmou, et une dédicace à Osiris et à Anubis;
4°. Une scène représentant une partie du cours du Soleil dans l'hémisfère inférieur; (la première Section des
papyrus funéraires astrologiques, comparez la section des
Papyrus T. § 4. nn. 71-79). Les deux bandes hiérogll., qui
ornent les bords supérieur et inférieur de ce côté, contiennent des dédications à Ré-Atmou, Osiris, *Fent-
hem-pamenti*, Ouôn-nofre, Phtah-Socari, Anubis
et à tous les dieux dans le *Midi*, le *Nord*, l'*Ouest*, l'*Est*,
dans le *ciel*, et dans la région des *astres;* côté gauche:
1°. deux lignes contenant les legendes de Phré; un
naos dans lequel le *défunt* et son *âme* font des adorations
et des offrandes à Osiris *discophore*, assis sur son trône; légendes de Ré-Atmou et d'Isis; 2° et 3°. *naos*
comme sur l'autre côté, légendes de Phtah-Socari,
d'Isis, d'Osiris, etc.; 4°. Seconde section des *papyrus
funéraires astrologiques* (v. la description des *Mss. funéraires*, T. § 4. n. 71), les deux légendes horizontales, contiennent des dédications semblables à celles de l'autre
côté. A l'intérieur: vers la tête, le *disque ailé*, planant
au-dessus de l'*épervier*, *discophore* de Phré; côté droit
et gauche: 1°. le *défunt* adorant Amset et Hapi (légendes de Phré, d'un des dieux à tête de *schacal* et
d'Hapi); 2°. cinq *génies*, à têtes d'*homme*, de *schacal*,
de *cynocéphale*, de *vautour*, et le dernier avec une *plume d'autruche* au lieu d'une tête; 3°. cinq autres, à
têtes d'*homme*, de *boeuf* et de *grue*, les deux derniers
avec une *fontaine de feu* et le signe de l'*est*, au lieu
d'une tête. Fond du cercueil: 1°. l'hiérogl. du *ciel;* au-
dessus, le *scarabée discophore*, les *yeux symboliques*, etc.;

11 *

2°. le *disque ailé* d'Harhat, planant au-dessus du *ciel*; au-dessous, le défunt offrant, à droite, à Ré-Atmou et à gauche, à Anubis, assis sur des trônes; **3°.** l'emblème de la *stabilité*, surmonté d'une coiffure de Socari, et couvert des ailes du *vautour*, emblème de Socari-Osiri; à droite et à gauche, les *coffrets funéraires*, le *vautour*, l'*épervier discophore*, debout, deux *uréus* ailés et *discophores*, etc.; **4°.** la *barque* du Soleil, entre la *grue* et l'*épervier* sur le signe de l'*Ouest*; **5°.** les emblèmes de la *stabilité* et des *bandages*.

Le Second Cercueil et la Momie du défunt se trouvent apparemment dans une collection à Rome, ainsi que le Premier cercueil de la momie de Dsjot-month (nn. 3 et 4). Tous ces cercueils depuis le n. 1-10, appartiennent aux temps de la XVIII dyn.

M. 11. *Bois peint.* Cercueil de la momie d'une femme, nommée Hathor-hetaéï, *la fille de* Petem et de la dame Hemsouïsi.

Couvercle, orné de figures coloriées, et d'hiérogll. *verts* et *noirs* sur un fond *blanc jaunâtre;* au-dessous de l'*osh*, **1°.** Netpé agenouillée, et les quatre *génies funéraires*, avec leurs légendes; **2°.** à droite, le dieu Kelbkf, *ibiocéphale*, et Isis; à gauche, un dieu *androcéphale*, nommé Meiotfef et Nephtys; **3°.** les deux Anubis; **4°.** à droite, Horus, *le vengeur de son père*, à gauche, une autre figure d'Horus *hiéracocéphale;* sur les pieds, **5°.** les deux *schacals couchés*. Toutes ces images sont accompagnées de leurs légendes hiérogll.; les deux bandes verticales, au-dessous de l'image de Netpé (n. **1**), contiennent une dédication à Osiris *Fent-hem-pamenti.*

Caisse. Extérieur: vers la tête, l'*épervier* d'Hathor, *la dominatrice de l'Amenti*, coiffé de l'*otf*, (la coiffure de Socari) et debout sur les signes de l'Amenti. Le reste est occupé par une inscription hiérogl. de quatre lignes verticales, offrant le nom et la généalogie de la défunte, et une prière qu'elle adresse aux dieux.

Ce Cercueil aussi bien que le précédent sont remarquables, à cause du soin, avec lequel les hiérogll. sont détaillés et coloriés, d'après la nature de chaque objet.

M. 12. Momie d'Hathor-hetaéï (v. n. 11), enveloppée
dans ses bandages, et entièrement couverte d'une couche d'asphalte et d'une grande pièce de toile.

13. *Bois peint.* Cercueil du *sacrificateur des temples*,
Pefnifi-neith, *le fils du sacrificateur des temples, le
prophète* d'Haroëri, *le prophète* d'Amon, etc., Naschti,
et de la dame Mertneith, *le petit-fils du prophète de
Neith*, Pefnifi-neith.

Couvercle. Sur la poitrine, Netpé, agenouilllée, les
ailes et les bras étendus, à droite Isis et à gauche
Nephtys, agenouillées. Au-dessous, dans le milieu,
une inscription hiérogl. de 10 lignes verticales, avec le
nom et la filiation du défunt, et une prière; sur le
côté droit, Amset et Sioumoutf, sur le côté gauche,
Hapi et Kebhnisnauf; sur les pieds, Isis et Nephtys, agenouillées, avec les légendes qui contiennent
leurs discours. Les inscriptions le long des deux côtés
du couvercle offrent les légendes du défunt, sa filiation, et les discours qu'Isis et Nephtys lui adressent.
Intérieur: le fond est occupé par la figure de Tipé ou
Tpé, le ciél personnifié sous la forme d'une *femme*,
dont le corps peint en *noir* est parsemé d'*étoiles*, le *disque* du Soleil sur la poitrine, celui de la *lune* au-dessous du ventre. A droite, les 12 heures de la nuit,
indiquées par un nombre égal d'images de *femmes* agenouillées, et portant des *étoiles* sur la tête et dans la
main; à gauche, les 12 heures du *jour*, personnifiées
par 12 femmes, avec le *disque* sur la tête et dans la
main; toutes accompagnées des légendes hiérogll. avec
les noms et les chiffres numériques des heures etc. Les
bandes hiérogll. le long des bords du couvercle, contiennent une prière aux déesses du *jour* et de la *nuit*, pour
le défunt.

Cercueil. Extérieur: inscription hiérogl. de quatre

lignes verticales, contenant les titres, le nom et la filiation du défunt. Intérieur: le fond est occupé par l'image de la déesse de l'Amenti, la tête surmontée de l'*épervier* debout sur une *enseigne*, et de la *plume d'autruche;* les légendes autour et au-dessous de la déesse contiennent des prières pour le défunt. Une légende en hiérogll. *jaunes* sur un fond *vert*, autour du bout des pieds, commençant sur le devant du couvercle et continuée sur le cercueil, contient les discours d'Isis, de Nephtys, et d'Osiris, adressés au défunt.

Ce Cercueil paraît appartenir au temps de la XXVI dyn. M. 14. Momie de Pefnifi-neith (v. n. 13), enveloppée dans ses bandages, avec les fragmens du réseau funéraire.

15. *Bois peint*, le fond *noir*. Premier cercueil du ... *prophète d'Amon*, etc.; nommé Pesahi, *le fils de* Dsjachons.

Couvercle. Sur la poitrine, la *grue*, emblème de l'*âme;* au-dessous une bande verticale d'hiérogll. contenant le nom d'Harhat et une dédication.

Cercueil, sans ornemens.

16. *Bois*, les hiérogll. peints sur un fond *blanc*. Second cercueil de Pesahi (v. 15).

Couvercle. Une *bandelette* de prêtre autour du cou; au-dessous de l'*osh*, une bande verticale d'hiérogll. contenant une légende relative à Osiris *Fent-hem-pamenti*, *afin qu'il accorde une transmigration au défunt*, et, à distances égales, trois autres bandes d'hiérogll. horizontales, avec les noms de Kebhnisnauf, Sioumoutf, Isis, Nephtys (?) et des deux Anubis.

Cercueil, sans ornemens.

17. *Bois*. Troisième cercueil de Pesahi (v. 15, 16), analogue pour les ornemens au n. 16, mais ayant la surface presque entière du couvercle couverte d'une couche d'asphalte. Le fond intérieur du Cercueil est occupé par une image de Netpé.

18. *Cartonnage de toile, peint*. Quatrième cercueil de

Pesahi (v. 15-17), la face dorée, sur la tête le *scarabée*, les *bandelettes de prêtre* autour du cou.

Au-dessous de l'*osh*: **1°**. l'*épervier criocéphale*, de Chnouphis, la tête surmontée d'un *disque*, avec une *grue*; sur l'épaule droite le signe de l'*Est*, sur l'épaule gauche, celui de l'*Ouest*; **2°**. les *génies funéraires* avec leurs légendes, l'*épervier* (à droite) et la *grue* (à gauche), debout sur le signe de l'Amenti; **3°**. l'*épervier discophore*, les ailes étendues; **4°**. Isis et Nephtys *ptérophores*, debout; devant ces déesses le *bélier* de Chnouphis sur une *enseigne*, deux *éperviers*, coiffés des longues *plumes* (d'Amon), debout sur les signes de l'Amenti, et les emblèmes de l'*Orient* et de l'*Occident*; **5°**. les *éperviers* d'Isis et de Nephtys; **6°**. vers les pieds, les *schacals*. Au-milieu, depuis le n. **3** une inscription verticale d'hiérogll., avec une dédication à Phré-Atmou, à Phtah-Socari, *seigneur de* Schtéi à Osiris *Ouôn-nofre*, pour le défunt. Sur le dos: l'emblème de la *stabilité*, surmonté de la coiffure de Socari; à droite et à gauche, le nom du *défunt*, tracé en hiérogll. linéaires, *noirs;* au-dessous, l'emblème des *contrées de la Libye*. Autour des pieds, le taureau Apis, galoppant vers les catacombes.

Ce cartonnage est remarquable à cause de la fraicheur et de la bonne conservation des couleurs employées pour les figures et les hiéroglyphes.

M. 19. MOMIE de Pesahi, enveloppée dans ses bandages.
Cette momie se trouve encore dans le cartonnage n. 18.

20. *Bois peint.* CERCUEIL de forme carrée, avec quatre *pilastres* aux coins, le couvercle cintré, ayant renfermé la momie du *prophète de Month*, Onch-hor, *le fils* d'Hor, *et de la dame* Samouth, *le petit-fils du scribe des* .... *du temple d'Amon*, Onch-hor, *l'arrière-petit-fils* d'Hor.

COUVERCLE. Sur le dessus une bande verticale d'hiérogll.; à droite, le *défunt* debout, adorant la *barque* du Soleil, à la 4° ou la 12° heure; dans la *barque* on voit

Chnouphis, *criocéphale*, debout, avec une déesse, sous les plis d'un énorme serpent, et accompagné de Seb, d'Isis et d'Horus; sur la poupe un dieu qui dirige le gouvernail; sur la proue une déesse indiquant la direction à suivre; la barque est tirée par 10 dieux, dont le dernier est distingué par une tête de *crocodile*. Côté gauche, le défunt adorant la même *barque*, avec un *naos*, dans lequel on voit Phré *hiéracocéphale* (le Soleil à la 5e heure). Dans la barque se trouvent encore, un dieu *hiéracocéphale* (sur la poupe) sondant la profondeur de l'eau, et un autre, *androcéphale*, dirigeant le *gouvernail*, les images deux fois répétées de Tmé, d'Isis, d'un dieu *hiéracocéphale*, et d'un dieu à *tête humaine*. Douze dieux remorquent la *barque*, le premier à tête de *crocodile*, les sept suivans à têtes *humaines*, et les quatre derniers à têtes de *bélier*. Sur les deux bouts: vers la tête, le *disque* du Soleil, élevé par deux *bras humains*, et adoré par deux *âmes* et quatre *cynocéphales*, vers les pieds, le signe de *bonté* entre les *yeux symboliques*.

CERCUEIL. Côté de la tête, Nephtys, avec les *bandages*; une ligne horizontale d'hiérogll. avec la légende du *défunt*, et 14 lignes verticales, dont le fond est alternativement *jaune*, *blanc* et *brun jaunâtre*, contenant les discours que la déesse adresse au défunt. Côté droit, le long du bord supérieur, une bande horizontale d'hiérogll. avec le discours de Phré, qui *accorde un bon sarcophage dans le tombeau;* les quatre *génies funéraires androcéphales*, avec leurs légendes. Côté gauche, bande hiérogl. horizontale avec l'énumération des biens, qu'Osiris *Fent-hem-pamenti* accorde au défunt; les quatre *génies funéraires*. Côté des pieds, Isis avec ses légendes. Sur les quatre pilastres, vers la tête, dédications à Osiris, *le seigneur de Tatou*, à Phré, à Osiris *Fent-hem-pamenti*, et à Seb; vers les pieds, à Anubis, Kelkebf, Atmou et Phtah-Socari-Osiris.

M 21. *Bois peint.* SECOND CERCUEIL d'Onch-hor (v. 20).

Couvercle: au-dessous de l'*osh* jusqu'aux pieds, une bande d'hiéroglyphes avec une dédication pour le défunt.

Cercueil; l'extérieur est entouré d'une bande d'hiérogll. contenant une dédicace analogue; le fond occupé par l'image d'Isis.

M. 22. *Bois couvert de toile peint.* Troisième cercueil d'Onch-hor (v. 20, 21).

Couvercle: extérieur, sur la tête, Nephtys déplorant la mort d'Osiris; autour du cou, les *bandelettes de prêtre;* au-dessous de l'*osh*: 1°. Netpé agenouillée, et inscriptions contenant des prières pour le défunt; 2°. les *génies funéraires;* 3°. Seb et Horus; 4°. Kelkebf et Horus *le vengeur de son père;* 5°. les *yeux symboliques;* 6°. Isis *ptérophore,* agenouillée sur le signe d'*or,* et les deux *schacals.* Au-milieu, depuis le n. 1, une dédicace à Osiris, *le seigneur de* Tatou, *afin qu'il accorde un bon sarcophage au défunt.* Sous les pieds, le *taureau* Apis portant la momie vers les catacombes, avec l'*âme* planant au-dessus. L'intérieur du couvercle est couvert d'inscriptions hiérogll. contenant la filiation et diverses prières du défunt.

Cercueil: extérieur, sur la tête, une inscription hiérogl.; au-dessous, l'emblème de la *stabilité,* surmonté de la coiffure de Socari, et orné des *bandages funéraires,* sur les deux côtés, inscriptions hiérogll. contenant des prières. L'intérieur du Cercueil est couvert d'inscriptions analogues.

Les inscriptions sur ces caisses (20-22) sont tracées en hiéroglyphes linéaires.

23. Momie d'Onch-hor, (v. 20-22) enveloppée dans ses bandages et couverte d'un réseau funéraire; ce réseau est orné d'un *scarabée* en *terre cuite bleue,* avec deux ailes en *toile dorée,* de deux autres petits *scarabées* (dont l'un offre l'inscription *jeune chef,* l'autre, l'image de Pascht), d'un *amulette* de forme ovale avec inscriptions hiérogll., d'un *bandeau* et des quatres *génies funé-*

raires en *toile dorée.* Autour de la tête, les restes d'une couronne de *feuilles tressées.*

M. 24. *Bois peint.* Premier cercueil de la momie d'un fonctionnaire, nommé Petisis, *le fils de* Peschalienchons *et de* Tenpepiou, *le petit-fils de* Faifschali, *l'arrière petit-fils de* Mameou.

Couvercle. Autour du cou, les *bandelettes de prêtre.* Au-dessous de l'*osh,* la légende et la filiation du défunt; sur les deux côtés, une divinité *uréocéphale;* au milieu, le *vase,* emblème du *coeur,* 2°. au-dessous du *disque* d'Harhat, la scène du jugement de *l'âme* dans l'Amenti (comp. le n. 5 Cercueil extérieur, côté gauche n. 4), Thôth conduisant le défunt devant Osiris accompagné d'Isis, de Nephtys et d'Horus; 3°. légende hiérogl. contenant une prière du défunt; 4°. le *défunt* couché sur son *lit funèbre,* embaumé par Anubis, *l'âme* planant au-dessus du corps; à droite et à gauche, Isis et Nephtys, déplorant sa mort, et les quatre *génies funéraires;* 5°. prière du défunt à Atmou; 6°. sur les pieds, *l'épervier* embaumé de Phré, à droite et à gauche, le *défunt* agenouillé, identifié avec Phtah; légende hiérogl. contenant une prière pour le défunt.

Cercueil. Extérieur, légende hiérogl. avec les titres de Phré, Atmou, Phtah, Socari et le nom du défunt. Intérieur, au-dessus de la tête, le *disque* d'Harhat; le long des deux côtés, une inscription hiérogl. contenant l'énumération des biens, que le dieu accorde au défunt. Le fond de la caisse est occupé par l'image du dieu Phré, *hiéracocéphale,* embaumé, entouré d'un *serpent,* et debout au-dessus des signes qui expriment la phrase: *celui qui réside dans la salle d'or.* Les hiérogll. sur ce cercueil sont détaillés avec soin et peints à diverses couleurs, sur un fond *blanc.*

25. *Bois.* Second cercueil du défunt Petisis (v. 24), les ornemens peints à diverses couleurs sur un fond non peint.

Couvercle. Au-dessous de l'*osh*, une bande verticale d'hiérogll. contenant la légende du défunt,. . . . .

Cercueil. Extérieur : une bande hiéroglyphique, contenant les légendes de Phré, d'Atmou, de Phtah-Socari-Osiris, d'Anubis, d'Osiris *Fent-hem-pa-menti*, et l'énumération des biens qu'ils accordent au défunt. Intérieur : sur le fond, le *disque* élevé par deux *bras*, l'*oeil symbolique*, les emblèmes de la *vie*, de la *stabilité* et des *bandages*, adorés par huit *cynocéphales* et les déesses Isis et Nephtys.

M. 26. *Bois peint.* Troisième cercueil de la momie de Petisis (v. 24, 25).

Couvercle : sur la poitrine l'*épervier criocéphale* de Chnouphis, avec les ailes étendues; au-dessous: 1°. l'*épervier* embaumé de Phtah-Socari; le défunt adorant, à droite, Osiris et Isis, à gauche, Osiris et Nephtys; 2°. le même devant le dieu Phré assis sur un *trône*, et les quatre *génies funéraires* ; 3°. à droite, Thôth, *ibiocéphale* et une divinité *crocodilo-céphale*, à gauche Horus et un dieu *uréocéphale* ; au milieu la coiffure d'Amon-Ra; 4°. à droite et à gauche, Chnouphis *criocéphale* et l'*épervier* dressé d'Harhat, les ailes étendues; 5°. à droite, Neith et un *génie léontocéphale*, à gauche, Selc et un autre *génie léontocéphale*; 6°. sur les pieds, les deux *schacals*. Les légendes qui accompagnent ces scènes, offrent diverses prières du défunt.

Cercueil : extérieur, quatre lignes verticales d'hiéroglyphes peints en *vert* sur un fond *blanc*, et contenant les légendes du *défunt*, et les prières qu'il adresse à Atmou. A droite et à gauche: 1°. les quatre *génies funéraires* représentés sous la forme du jeune Horus; 2°. Isis et Nephtys, déplorant la mort d'Osiris; 3°. les signes de la *stabilité* et des *bandages;* 4°. les *sceptres* et la coiffure de Nofre-Atmou.

27. Momie de Petisis (v. 24-26), enveloppée dans ses bandages, et couverte d'un réseau de cordons bleus.

M. 28. *Bois peint.* PREMIER CERCUEIL de la momie du *pré-posé aux .... du temple d'Amon*, Einamon-nefni-boui, le fils d'Onchpische et de la dame Sachons.

COUVERCLE: au-dessous de l'*osh*, **1**°. le *disque* ailé d'Harhat; **2**°. scène de la *psycostasie* (v. 24 COUVERCLE n. **2**.); **3**°. prières à Osiris *Fent-hem-pamenti;* **4**°. le défunt étendu sur son *lit funèbre*, au-dessus, le *disque* du Soleil, à droite et à gauche, les *éperviers* dressés; **5**°. prières à Atmou, Osiris, Anubis, etc.; **6**°. sur les pieds, l'*épervier* embaumé d'Harhat, et sur les deux côtés, les légendes d'Osiris *Fent-hem-pamenti.*

CERCUEIL: extérieur, une bande d'hiérogll. contenant une dédication à Osiris, *le seigneur d'Abydos.* Intérieur, au-dessus de la tête, le *disque* d'Harhat; sur le fond, Phré, ou Osiris *hiéracocéphale*, embaumé, entouré d'un *serpent*, accompagné de Nephtys et d'Isis; vers les pieds, le *sceau* avec les deux *fouets*, hiérogll. de l'idée *Soumission.*

29. *Bois.* SECOND CERCUEIL de la momie d'Einamon-nefniboui (v. 28).

COUVERCLE. Au-dessous de l'*osh*, une bande verticale d'hiérogll. peints en *vert* sur un fond non peint, et con-tenant une dédication à Osiris *Fent-hem-pamenti.*

CERCUEIL: intérieur, le fond est occupé par l'image d'Hathor, la dame de l'Amenti.

30. *Bois couvert de toile peinte.* TROISIÈME CERCUEIL de la momie d'Einamon-nefniboui (v. 28, 29).

COUVERCLE: extérieur, sur la tête, le *scarabée* avec le *disque;* au-dessous de l'*osh*, **1**°. Netpé, les ailes éten-dues; **2**°. le *défunt* devant Osiris, accompagné de Phré et d'un *génie uréocéphale*, à droite et à gauche, les *quatre génies funéraires;* **3**°. l'*épervier embaumé*, en-tre deux *génies uréocéphales*, et deux *éperviers* dressés: **4**°. le défunt couché sur le *lit funèbre*, le *disque*, pla-nant au-dessus; à droite et à gauche, un *génie hiéraco-céphale* et un *génie uréocéphale;* **5**°. le dieu Phré, assis dans sa *barque*, sous le pli d'un *uréus;* à droite et à gauche, un *épervier discophore;* **6°.** quatre *génies hiéra-cocéphale, ibiocéphale et uréocéphales;* **7°.** deux *éperviers* dressés *discophores;* **8°.** sur les pieds, les deux *schacals* couchés, légende hiérogl. contenant le discours d'Anübis et l'énumération des biens, qu'il accorde au défunt; au-dessous des pieds, Apis portant la momie vers le tombeau. Intérieur, au-dessus de la tête, le *disque* d'Harhat, sur le fond l'image de Netpé.

CERCUEIL: extérieur, le *disque* orné de deux *uréus* et des emblèmes de la *vie;* le signe de la *stabilité*, surmonté de la coiffure de Socari; sur les deux côtés, les emblèmes de l'*Ouest*, de l'*Est* et un *serpent* dressé. Intérieur: les mêmes représentations, exceptés les emblèmes des côtés.

M. 31. MOMIE d'Einamon-nefniboui (v. 28-30), enveloppée dans ses bandages et couverte d'un réseau funéraire de *corail*, orné des figures d'un *scarabée* ailé, de Netpé, des quatre *génies funéraires* et d'une inscription hiérogl. contenant une dédication à Osiris *Fent-hempamenti*.

32. *Bois.* PREMIER CERCUEIL de la *dame de la maison* Teti-hornoub, *la grande chanteuse du grand-prêtre d'Amon-Ra, le roi des dieux,* nommé Oasirikoui, la fille du *prêtre* d'Amon *des prophètes de Tmé la fille de* Phré, nommé Saeinoubeou, l'épouse *du prophète de Mouth,* Piënnunenpé.

COUVERCLE. Au-dessus de l'*osh*, une bande d'hiérogll. *verts* sur le fond non peint, de trois lignes verticales, contenant une dédication à Atmou, Phtah, Socari-Osiris et à Anubis pour le défunt.

CAISSE: extérieur, une bande d'hiérogll. contenant l'énumération des biens, qu'Osiris accorde à la défunte; intérieur, le fond est occupé par l'image de Netpé.

33. *Bois couvert de toile peinte.* SECOND CERCUEIL de la MOMIE de Teti-hornoub (v. 32).

COUVERCLE: extérieur, sur la tête, le *scarabée* avec le *disque;* sur la poitrine, Netpé, et les discours d'Osiris

Fent-hem-pamenti et d'Anubis. Au-dessous: dans le milieu, les emblèmes d'Osiris *Fent-hem-pamenti;* a droite et à gauche, **1**°. la *défunte* suivie d'une *momie humaine* adorant Osiris; **2**°. Amset et les *deux éperviers discophores* d'Harhat; **3**°. Anubis avec Hapi et un autre génie *uréocéphale;* **4**°. Kebhnisnauf et l'*épervier discophore;* **5**°. Sioumoutf et un *génie uréocéphale;* **6**°. les *yeux symboliques;* **7**°. Sur les pieds, une inscription hiérogl. en 13 lignes verticales, contenant une dédication à Phré, Atmou, Phtah-Socari-Osiris et Anubis; sous les pieds, une inscription de sept lignes, contenant l'énumération des biens qu'Osiris accorde à la défunte. Intérieur, sur le fond, Netpé, et une légende hiérogl. relative aux biens qu'accordent Phré, Atmou, Phtah-Socari-Osiris et Anubis.

Cercueil: extérieur, légende comme la précédente; sur le côté droit, une inscription analogue; sur le côté gauche, une autre relative à Osiris *Fent-hem-pamenti.* Intérieur, le *disque* orné d'*uréus*, planant au-dessus des emblèmes de Phtah-Socari, et la légende d'Osiris *Fent-hem-pamenti.* Au-dessous, une répétition du contenu des légendes de l'extérieur.

M. 34. Momie de la dame Teti-hornoub (v. 32, 33), enveloppée dans ses bandages, et couverte des fragmens d'un réseau funéraire.

35. *Bois peint,* figures *jaunes* sur un fond *noir.* Cercueil du *chantre d'Amon* Pisaéï, le fils de Petmouthf.

Couvercle. Le couvercle nous offre l'image d'une *femme,* ayant la poitrine ornée d'une image de Tmé, assise, et un grand *scarabée,* avec les ailes étendues, *criocéphale, discophore* (emblème de Chnouphis); à droite et à gauche les deux *schacals* d'Anubis. Deux lignes verticales d'hiérogll. occupent le milieu jusqu'aux pieds, et contiennent une dédication à Phré et Phtah-Socari-Osiris. Cette inscription offre la particularité, que la seconde ligne précède la première. Sur les deux côtés sont les quatre *génies funéraires.*

M. 36. Cartonnage *de toile peint,* de la momie de Pisaéï (v. 35). La face dorée, la tête surmontée d'une coiffure formée du *vautour,* la poitrine ornée de l'image de Tmé assise et de l'*osh.* Sur le devant du corps, au-dessous de l'*osh:* 1⁰. le *disque ailé* d'Harhat; 2⁰. le défunt Pisaéï, guidé par Thôth, se présente devant le trône de Phré ou d'Osiris *hiéracocéphale,* identifié avec ce dieu; devant le dieu sont les emblèmes d'Osiris et les quatre *génies funéraires* etc. sur un calice de *lotus;* derrière le trône, un *uréus* dressé portant la coiffure d'Osiris *Fent-hem-pamenti;* 3⁰. la *barque* de Socari avec l'*épervier* embaumé; la proue ornée d'une tête d'*oryx;* à droite, Chnouphis *criocéphale,* à gauche, Phré, embaumés; 4⁰. Emblèmes de l'Amenti, Isis *ptérophore* agenouillée et l'*oeil symbolique;* à gauche, l'*épervier* d'Harhat, l'*oeil symbolique* et le *bélier* sur une *enseigne;* 5⁰. La momie de Pisaéï, purifiée par Netpé, dont les mains sortent de l'*arbre mystique;* la *vache* d'Hathor sortant de la montagne céleste, et portant un *garçon* nu entre ses cornes; 6⁰. sur les pieds, l'*épervier* d'Horus, entre Taoëri et un *génie léontocéphale, discophore.* Sous les pieds, le *taureau* Apis, galoppant vers la catacombe. Sur le dos, le *scarabée,* le signe de la *stabilité,* surmonté de la coiffure de Socari, avec une dédication à Osiris pour le défunt; les titres: *directeur des peuples de la Libye, le modérateur de l'Occident et de l'Orient;* et une dédication à *l'esprit* d'Atmou. Côté droit: 1⁰. un *taureau* embaumé, la tête surmontée des deux *plumes d'autruche;* 2⁰. les emblèmes de l'Amenti et Socari, sous la forme d'une momie *hiéracocéphale;* 3⁰. l'*épervier* d'Horus et l'*ibis* de Thôth sur des *enseignes, sceptres* et emblèmes divers; 4⁰. le *schacal* sur une *enseigne.* Côté gauche: 1⁰. Emblèmes de l'Amenti, *génie* à tête de *chat;* 2⁰. Hapi et Kebhnisnauf; 3⁰. deux *génies uréocé-*

phales; **4°**. *génie hiéracocéphale* (S o c a r i) assis; **5°**. *génie* à tête de *lièvre* (T o t o n e n); **6°**. le *thyrse*, la *peau
de panthère* et un *vase de vin*, emblèmes d'O s i r i s.
M. 37. MOMIE de P i s a é ï (v. 35 et 36) enveloppée dans
ses bandages, et renfermée encore dans le CARTONNAGE
n. 36.

> Il est à remarquer, que les inscriptions, ainsi que les re-
> présentations sur le CERCUEIL et le CARTONNAGE de
> cette momie, nous offrent le nom et l'image d'un hom-
> me, P i s a é ï, tandis que la tête du COUVERCLE et celle
> du CARTONNAGE représentent une femme. Les pein-
> tres ouvriers, auraient-ils par une méprise tracé les lé-
> gendes d'un homme défunt sur la caisse d'une femme?
> ou le corps d'un homme, mort à la même époque, au-
> rait-il été mis dans cette caisse? C'est ce que peut-être
> nous apprendrons, lorsque la momie elle-même sera dé-
> roulée.

38. CARTONNAGE *de toile peint*, d'un *employé d'un temple d'Amon*, P i b a - m e n, *le fils de* D s j a t a b a f ô n c h.

COUVERCLE: sur la poitrine, N e t p é, et une légende
relative à P h r é, A t m o u, P h t a h – S o c a r i – O s i r i
et A n u b i s. Au-dessous: **1°**. le défunt adorant O s i r i s
Fent-hem-pamenti, et P h r é, *hiéracocéphale, discophore*;
les quatre *génies funéraires*, et deux *génies uréocéphales*; **2°**. l'*épervier* embaumé de P h r é et l'*oeil symbolique*; à droite et à gauche, un *génie uréocéphale* et l'*épervier* dressé, *discophore*; **3°**. la *momie* du défunt étendue
sur le *lit funèbre*, au-dessous du *disque* et entre quatre *génies hiéracocéphales* et *uréocéphales*; **4°**. et **5°**. à
droite et à gauche, *génies* à têtes de *schacal*, d'*épervier* et d'*uréus*. **6°**. sur les pieds, lex deux *schacals*
et une inscription hiérogl., contenant une dédication à
S e b; au milieu, entre les nn. **5** et **6**, les emblèmes
de l'A m e n t i. Légendes portant les noms des divinités,
ou ceux du défunt et de ses parens. Sur la tête, le *scarabée*, sous les pieds, le *taureau* A p i s.

CERCUEIL: sur le dos, la *coiffure* de P h t a h - S o c a r i,

surmontant l'emblème de la *stabilité;* les sceptres de
Nofré-Atmou, des *serpens,* etc.

M. 39. Momie de Pibamen (v. 38), enveloppée dans ses
bandages, et couverte d'un réseau funéraire qui est composé de petits cylindres et grains d'*émail* de diverses
nuances, les figures d'un *scarabée* avec les ailes déployées,
et celles des quatres *génies funéraires* ornent le réseau.

Nous avons fait raccommoder ce réseau, autant que possible,
dans son état original, les fils ayant péri.

40. *Bois peint.* Premier cercueil du *prêtre du temple
d'Amon,* Pihor, le fils d'Isitef-naschti.

Couvercle: au-dessous de l'*osh: 1°.* le *disque ailé* d'Harhat, planant au-dessus de la scène du *jugement de l'âme*
(v. supra n. 5 Cercueil, extérieur, côté gauche, n. *4*);
2°. dédication à Osiris *le seigneur d'Abydos; 3°.* l'*épervier embaumé* et l'*oeil symbolique,* Isis et Nephtys,
agenouillées; *4°.* vers les pieds, inscriptions hiérogll.

Cercueil. Le fond est occupé par l'image de Netpé.

41. *Bois couvert de toile peinte.* Second cercueil de
Pihor (40).

Sur la poitrine, l'*épervier criocéphale* de Chnouphis,
les ailes étendues; au-dessous: *1°.* le défunt adorant la
momie de Phré, et à gauche, la momie d'Osiris
Fent-hem-pamenti; 2°. l'épervier de Phré, planant au-
dessus de la momie étendue sur son *lit funèbre,* Isis et
Nephtys, agenouillées, trois des *génies funéraires,* et
un autre *génie uréocéphale; 3°.* deux *éperviers* dressés de
Phré et l'*oeil symbolique; 4°.* Phré, Hapi, Thôth
et Kebhnisnauf; *5°.* sur les pieds, les deux *schacals* et une dédication à Osiris *Fent-hem-pamenti.*

Cercueil. Extérieur, l'emblème de la *stabilité,* surmonté de la coiffure de Phtah-Socari; à droite et à
gauche: *1°.* Hapi et Kebhnisnauf avec un autre génie *uréocéphale; 2°.* un génie *léontocéphale* assis; *3°.* les
sceptres de Nofre-Atmou.

42. Momie de Pihor (40, 41) enveloppée dans ses bandages et ornée des fragmens du réseau funéraire.

M. 43. *Bois couvert de toile peinte.* Cercueil du divin Horirem, *le fils d'*Outhor *et de la dame* Tahort.

Couvercle. Extérieur, sur la poitrine, Netpé, agenouillée, ptérophore; au-dessous: *1*°. la *psycostasie*, (v. supra); *2*°. le *défunt* étendu sur son *lit funèbre*, les *éperviers* dressés de Phré, et les légendes hiérogll. du défunt; *3*°. la *barque* de Phré, le dieu est accompagné de deux *déesses*, qui portent la coiffure d'Isis, l'une assise, l'autre debout sur la proue et donnant le mouve-ment à la *barque;* quatre *cynocéphales* adorant le dieu; *4*°. Sioumoutf, Kebhnisnauf, Thôth et un génie *uréocéphale* assis; *5*°. Isis, un génie *léontocéphale*, Neith et un génie *cynocéphale*, Hapi, assis; *6*°. vers les pieds, Isis *ptérophore* agenouillée. Sur la tête, le *scarabée*, sous les pieds, une légende relative à Anubis. Intérieur, Netpé et la légende du défunt.

Cercueil. Extérieur, l'emblème de la *stabilité*, orné des *bandages funéraires*; au-dessus, *deux bras* élevant le *disque* du Soleil. Sur les deux côtés les *sceptres* de Nofre-Atmou, deux *serpens* barbus, etc. Intérieur, mêmes représentations et la légende du défunt.

44. Momie d'Horirem (v. 43), enveloppée dans ses bandages, et ornée du réseau funéraire, dont les frag-mens ont été mis ensemble et restaurés.

45. *Bois peint.* Cercueil ayant renfermé la momie d'Iri-hapi-eoöer, fils de Chons-neb-ônch.

Couvercle. Sur la poitrine le *disque* ailé, avec les deux *uréus;* au-dessous: *1*°. le jugement de l'*âme* dans l'Amenti (v. supra, n. 5 Cercueil, extérienr, côté gau-che n. *4*). *2*°. la *momie* étendue sur le *lit funèbre*, avec l'*âme* planant au-dessous du corps; les *vases funéraires* sont placés sous le *lit;* à droite et à gauche, l'*épervier discophore* d'Hat, avec les quatre *génies*, dont deux à tête *humaine;* *3*°. les quatre *génies de l'Amenti*, Seb et Anubis, portant les *bandages;* *4*°. vers les pieds, un *coffret* funéraire avec l'image de l'*épervier discophore* d'Hat, accroupi, et l'*oeil symbolique*. Les nombreuses inscriptions couvrant ce couvercle contiennent des dédications et des prières à Osiris *Fent-hem-pamenti, le dieu grand, le seigneur d'Abydos,* à Seb, *le plus jeune des dieux,* à Osiris-Socari, à Anubis, *le seigneur des mondes et le directeur d'une région de l'Amenti,* à Osiris, *le seigneur des vivans,* à Phré, *le dieu grand, le seigneur suprème,* à Osiris *Ouôn-nofre, le dieu grand, le modérateur éternel,* à Anubis et à Hat, *afin qu'ils accordent une bonne demeure, des parfums, des boeufs, des oies, de l'encens, des offrandes solides et liquides, du vin, du lait, etc.* au défunt.

CAISSE. Intérieur: le fond est occupé par une image d'Osiris *hiéracocéphale,* coiffé de l'*otf,* enveloppé dans un habit de momie, et tenant le *sceptre* à tête de *coucoupha.* Le dieu est entouré d'un *serpent,* qui se mord la queue, au-dessous, le *disque* ailé; sous les pieds, le *sceau* avec les deux *fléaux,* emblème de l'idée *être soumis;* à droite et à gauche, Isis et Nephtys. L'extérieur du CERCUEIL est orné d'une bande hiérogl. contenant une prière pour le défunt.

M. 46. Fragmens d'un CARTONNAGE travaillé à jour, et ayant renfermé la momie d'un défunt nommé ....dsja-ho, *le fils de la dame* Kerhib. Sur la tête, un *scarabée,* les ailes étendues, portant le *disque* orné de *deux uréus,* dans ses pattes, Socari-Osiris, sous la forme du signe de la *stabilité,* à tête et bras humains, adoré par Isis et Nephtys. Sur la poitrine, l'ornement *osh,* l'*épervier androcéphale,* emblème de l'*âme,* un *pectoral* orné des figures accroupies d'Osiris, d'Isis et de Nephtys. Au-dessous: *1°.* Netpé; *2°.* la *momie* du défunt étendue sur le *lit funèbre,* les quatres *vases funéraires;* Isis, Nephtys et les quatre *génies de l'Amenti,* dont deux sous la forme d'une *momie,* les deux autres vêtus du *schenti;* *3°* Osiris, adoré par Isis, Nephtys, et Ooh-Thôth, avec l'*oeil symbolique; 4°* et *5°.* les *quatres génies de l'Amenti,* revêtus du *schenti,* et deux de ces *génies* repétés sous la forme d'une *momie; 6°.* sept *génies* accroupis *androcéphales ;* **7**⁰. les deux *éperviers* d'Hat, debout sur l'hiérogl. *or,* ombrant de leurs ailes les car-touches avec les titres d'Osiris, *qui réside dans l'Amen-ti,* et *Osiris le directeur éternel.* Sous les pieds, deux *barbares* avec les bras liés sur le dos, et l'inscription »*tes ennemis sous tes pieds.''*

V. les cartouches dans ma Lettre, Pl. I. nn. 3, 4. pg. 16.

M. 47. Momie de ....dsja-ho (v. 46).

48. *Bois peint.* Cercueil d'un défunt nommé Chonsem.

Couvercle. Deux *schacals* couchés sur la poitrine et une bande verticale d'hiérogll. peints en *vert* sur un fond *blanc.*

Cercueil. Le fond est occupé par l'image de la déesse Isis.

49. Cartonnage *de toile, peint,* de Chonsem (v. 48). Sur la poitrine, le *scarabée discophore,* les ailes éten-dues; au-dessous: **1**⁰. les quatre *génies funéraires ;* à droite et à gauche, deux *uréus* dressés, coiffés des deux différentes parties du *pschent* avec les *plumes d'autruche, ptérophores,* à bras humains, et les *yeux symboliques* du dieu Hat; 2⁰. la *barque symbolique* du Soleil, avec un *épervier* embaumé, *discophore ;* la proue est ornée d'une tête d'*oryx;* à gauche, l'*épervier discophore* d'Hat, à droite, le même oiseau, avec une femme accroupie sur l'hiérogl. *or;* **3**⁰. la momie étendue sur son *lit funèbre,* avec un *épervier* accroupi sur la poitrine, et un *bandage* au-dessus; à droite et à gauche, les deux *uréus* comme dans le n. **1**; **4**⁰. l'*épervier* embaumé et l'*oeil symbolique;* à droite et à gauche, quatre divinités à tête d'*hippopo-tame,* d'*uréus,* et de *cynocéphale,* accroupies, avec des *couteaux* et les *bandages funéraires* dans les mains. Sur les pieds, les deux *schacals* couchés, et la légende du défunt.

50. Momie de Chonsem (v. 48 et 49) enveloppée dans ses bandages.

51. *Bois peint.* Cercueil d'un défunt, le nom et les titres duquel ne sont pas lisibles.

Couvercle. Sur le milieu du corps, la déesse Netpé, avec les ailes étendues, adorée par un *sphinx androcéphale*. Au-dessous, Anubis embaumant la momie étendue sur son *lit funèbre*, Isis et Nephtys déplorant sa mort. Suivent trois séries, chacune de deux tableaux, dans lesquels sont représentés les *génies funéraires*, adorés par le *défunt*, et Isis avec Nephtys, devant une table à offrandes. Sur les pieds, les deux *schacals* couchés.

Cercueil. Le fond est occupé, à l'extérieur, par l'image peinte de Tmé.

Les débris de la Momie qui a appartenu au *Cabinet d'Anatomie de l'Université de Leide*, se trouvent dans le cercueil.

M. 52. *Bois peint.* Premier cercueil du *portier de la salle dorée d'*Amon, Petament, *le fils du portier du temple d'Amon*, Sapi-hor.

Couvercle, une bande verticale d'hiérogll. *jaunes*, sur un fond *noir*, contenant une dédication à Osiris *Fent-hem-pamenti*.

53. *Bois peint.* Second cercueil de Petament (v. 52).

Couvercle. Une bande d'hiérogll. avec une dédication à Phré-Atmou, Phtah-Socari-Osiris, et les scènes suivantes: **1**⁰. le *défunt* adorant, à gauche, Phré, à droite, Osiris, *Fent-hem-pamenti*, assis sur des trônes, **2**⁰. à droite et à gauche, les *barques* de Phré, avec l'*épervier discophore*, embaumé, la proue ornée d'une tête d'*oryx*, d'une *aile* déployée, et d'une tête de *taureau*, un *poisson* et deux *oiseaux* sur la proue; à côté de la barque, un *sceptre* en forme de tige et de fleur de *lotus*, surmonté d'un *épervier* coiffé de deux *plumes d'autruche*. Les *barques* sont placées sur deux *naos* fermés à double porte, au-dessus de la barque, à droite, l'*oeil symbolique*, à gauche, le nom de Socari; **3**⁰. le *défunt* adorant Isis, *la grande mère divine*, coiffée du disque avec les *cornes*, et assise sur un *trône;* **4**⁰. vers les pieds, deux *uréus discophores* de Seben, Souan, et de Sati, et les deux *schacals* des gardiens du *Septentrion* et du *Sud*.

Cercueil. L'extérieur est entouré d'une bande d'hié·
rogll., contenant des dédications à Osiris, *Fent-hem-
pamenti*, *le dieu grand*, *seigneur d'Abydos*, *Ouôn-
nofre*, *le directeur éternel*, et à Horus, Atmou,
Phtah, Socari et Osiris. Intérieur: le fond est
occupé par l'image d'Osiris *hiéracocéphale*, avec le
fléau, la *crosse* et le *sceptre* des dieux, debout, sur le
nom symbolique de Nephtys. Derrière le dieu, les
emblèmes de l'Amenti ou de *l'Ouest*; au-dessus de sa
tète on voit un *uréus* ailé, et l'inscription: *la génératrice des dieux.*

M. 54. Momie de Petament (v. 52, 53), enveloppée
dans ses bandages.

55. *Bois peint en noir*, avec hiérogll. et ornemens en
blanc. Premier cercueil d'une femme, Taschtali, *la fille
de* Pison-hor. Une bande verticale d'hiérogll. sur le Couvercle contient une dédication à Osiris *Fent-hem-pamenti*, *le dieu grand*, *le seigneur d'Abydos.*

56. *Bois peint.* Second cercueil de Taschtali (v. 55).

Couvercle. La tête est travaillée avec beaucoup de
soin, et offre le portrait de la défunte coiffée du *vautour*, de fleurs de *lotus* etc. Au-dessous du collier:
1°. à droite les quatre *génies funéraires*, le premier,
Kebhnisnauf, tient dans ses mains la *crosse*, le *fléau*,
le *sceptre divin* et l'emblème de la *stabilité*, les trois
autres tiennent des *plumes d'autruche* et des *bandages*; à
gauche, Osiris *Fent-hem-pamenti*, avec les mêmes insignes que Kebhnisnauf, et trois *divinités*, une à tête
d'homme, la seconde à tète de vautour, appelée *la généra·
trice d'Hapi*, et la troisième à tête de *schacal*; 2°. Isis,
la dame du ciel, la tête surmontée des *cornes de vache*
avec le *disque*, avec Re-Atmou; et la même déesse
avec Osiris *discophore*; 3°. Nephtys et Isis *terrestre*, faisant des offrandes. L'inscription d'Isis est tracée
devant l'image de Nephtys, tandis que le nom de cette
dernière déesse se trouve au-dessus de la tête d'Isis;
4°. Osiris *hiéracocéphale*, le *bélier* sur une *enseigne*,

avec le *fléau* et portant la coiffure de Socari, Anubis
et une enseigne avec l'*Ibis* accroupie, de Thôth;
5°. sur les pieds, les deux *schacals* couchés; une inscription, peinte à diverses couleurs sur un fond *blanc*,
forme une bande depuis la poitrine jusqu'aux pieds et
contient les légendes du *défunt*.

Cercueil. L'intérieur offre sur le fond l'image de Netpé; l'extérienr une bande d'hiérogll. avec une dédication à Osiris.

M. 57. Cartonnage *de toile, peint*, appartenant à la momie
de la même Taschtali (v. 55, 56). Sur la poitrine,
l'image de Tmé, accroupie, l'*épervier criocéphale*, (emblème de Chnouphis), les ailes étendues, à bras humains, et orné du *disque*. Au-dessous: *1°*. Amset, Hapi
et les emblèmes de l'*Orient*; *2°*. Sioumoutf, Kebhnisnauf et l'emblème de l'*Occident*; *3°*. *Scarabée*,
avec les ailes étendues, *discophore*; *4°*. Isis *céleste,
ptérophore*; *5°*. deux *éperviers* d'Isis *terrestre* et de
Nephtys, dressés sur l'hiérogl. *or*, et les *yeux symboliques*; *6°*. sur les pieds, les *deux schacals*. Une bande
d'hiérogll. au milieu, depuis les genoux jusqu'aux pieds,
contient une dédication à Osiris et la légende de la
défunte.

58. Momie de Taschtali (v. 55-57) enveloppée dans
ses bandages.

59. Cercueil de la momie d'une femme, nommée Siotio, *la fille du scribe de la demeure divine d'Amon,
et de la divine épouse*, Sapika...(?), *la petite-fille de*
Naouscheri.

Couvercle. Sur la poitrine, Netpé, les ailes étendues, accroupie sur un *naos*; à droite et à gauche des
dédicaces à Osiris. Au-dessous: *1°*. Scène du *jugement
de l'âme* (v. supra); Thôth *ibiocéphale* présente la défunte à Osiris *Fent-hem-pamenti* et à Osiris *hiéracocéphale, discophore*; *2°*. l'*épervier* embaumé d'Hat avec
le *disque* et l'*oeil symbolique*, Nephtys, Amset et
Sioumoutf, Isis, Hapi et Kebhnisnauf; *3°*. la

momie étendue sur le *lit funèbre*, le *scarabée androcé-phale* plane au-dessus du corps; à droite et à gauche, l'*épervier discophore* avec l'*oeil symbolique*; *4°.* l'emblè-me d'Osiris le roi de l'Amenti, à droite Anubis, Seb et un autre dieu *hiéracocéphale*, à gauche Anubis, Horus et Kelkebf *androcéphale*, tous tenant des *bandages* de momies; *5°.* l'*oeil symbolique*, nommé Iri-hor; *6°.* sur les pieds, Isis *ptérophore*, agenouillée. Dans l'intérieur du Couvercle, Netpé, *la génératrice des dieux*. Au-dessus et au-dessous de la déesse une inscription hiérogl. de 18 lignes horizontales, relative à Netpé.

Cercueil. Extérieur, quatre bandes verticales d'hié-rogll., contenant les noms et les titres de Phré, *le dieu grand*, *le seigneur du ciel*, d'Atmou, de Phtah-Socari, *le seigneur de Schtéi*, de Seb, *le plus jeune des dieux* et d'Anubis; avec une prière en faveur de la défunte. Sur les deux côtés, 31 lignes hiérogll., contenant des dédications à Anubis et à Osiris *Fent-hem-pamenti*, et une prière de la défunte, adressée à Atmou. Sous les pieds, une inscription de huit lignes (cinq sur le couvercle et trois sur le cercueil) avec le nom, la filiation et une prière de la défunte. Intérieur, sur le fond, l'emblème de la *stabilité*, deux *plumes d'au-truche*, et une inscription de 20 lignes horizontales, et deux lignes verticales, contenant une prière à Osiris, surnommé le *taureau de l'Amenti*, à Thôth etc.

M. 60. Momie d'une femme, dégagée en partie de ses bandages.

61. *Bois peint en noir*, avec les ornemens et les hiérogll. en *blanc* ou en *brun*. Cercueil d'une femme nommée Tates, *la fille de* Thôthôtp *et de* Salantmouth.

Couvercle, une bande d'hiérogll. avec une dédicace à Osiris *Fent-hem-pamenti*.

Cercueil. Le fond est occupé par l'emblème de la *stabilité*.

62. *Bois peint à diverses couleurs.* Second cercueil de la même Tates (v. 61).

Couvercle, sur la poitrine, les images d'Osiris *Fent-hem-pamenti* et de Ré-Atmou, assis sur des trônes. Au-dessous, l'emblème d'Osiris *le roi de l'Amenti*, avec une dédication à Osiris et à Phtah-Socari; et deux images d'une divinité *léontocéphale*, *discophore*; sur les pieds, l'*épervier* embaumé.

Cercueil. Le fond est occupé par l'image de la déesse Netpé, debout sur un groupe hiéroglyphique, qui signifie: *résidant dans la salle d'or*.

M. 63. Momie de Tates (v. 61, 62), enveloppée dans ses bandages.

64. *Bois peint.* Premier cercueil de la momie d'une femme, Kaka, *la fille du préposé aux sacrificateurs du temple d'Amon*, Hor-monch-Amon, *et de la dame* Isis-en-cheb....?

Couvercle. Une bande verticale d'hiérogll. avec une légende de Phré-Atmou et de Phtah-Socari.

Cercueil. Le fond est occupé par une figure en profil d'Hathor, la tête surmontée de l'*épervier* avec la *plume d'autruche*. Autour du cercueil une inscription hiérogl. contenant une dédication à Osiris *Fent-hem-pamenti*.

65. *Bois peint.* Second cercueil de la dame Kaka (v. 64).

Couvercle. Sur la poitrine Netpé, les bras et les ailes étendus; au-dessous: **1°**. Amset, Kebhnisnauf, et une divinité à tête d'*hippopotame;* Hapi, Sioumoutf et Seb; légendes de Seb et d'Anubis; **2°**. Horus et Thôth *ibiocéphale*, tous les deux accompagnés d'une divinité *androcéphale;* légendes relatives à Osiris *Fent-hem-pamenti;* **3°**. la *défunte* adorant Osiris et Kebhnisnauf; légendes relatives à Anubis; **4°**. Anubis et une *divinité ibiocéphale;* à gauche, Anubis et Hapi, légendes relatives à Horus; **5°**. les *éperviers discophores*, dressés, les *yeux symboliques*, et le génie Kebhnisnauf; **6°**. les *yeux symboliques;* **7°**. sur les pieds, Isis *ptérophore*, les ailes et les bras étendus. Sous les pieds, le taureau Apis *discophore*, portant la momie vers les catacombes. Intérieur: une inscription hiérogl. de 24

lignes horizontales, contenant une dédication à **Phré,
Socari, Osiris, Atmou, Phtah-Socari, Hop-
Hiooue**, *afin qu'ils accordent des biens à la défunte*;
autour de cette inscription : l'hiéroglyphe du *ciel*, deux
uréus avec la tête surmontée de la *plume d'autruche*, les
insignes d'**Atmou**, et vers les pieds, le *cachet* avec les
deux *fléaux*.

Cercueil. Extérieur, inscriptions hiérogll. de cinq
lignes horizontales, contenant une dédication et une
prière à **Osiris** *Fent-hem-pamenti*, à droite et à gauche
une inscription de 30 lignes verticales, avec dédications
à **Phré, Atmou, Phtah-Socari, Anubis, Osi-
ris, Seb, Osiris** *Fent-hem-pamenti*, etc. Intérieur:
une inscription hiérogl. de 27 lignes horizontales avec
une dédication à **Osiris** *Fent-hem-pamenti*, **Phtah-
Socari, Atmou, Anubis, Seb**, aux *gardiens des
tropiques*, et une prière à **Atmou**. Autour de l'inscription, les hiérogll. du *ciel* (vers la tête); le *disque*
rayonnant, l'*épervier* coiffé du *pschent* sur une *enseigne*,
une *grue* sur les emblèmes de l'*Occident*, et le nom de
l'**Amenti** (sur le côté droit); une *main étendue* (sous
les pieds); le *disque du soleil* dans la *montagne*, l'emblème d'**Osiris** *le seigneur de l'*Amenti, et le nom
d'**Osiris** *Fent-hem-pamenti* (sur le côté gauche).

M. 66. Momie de **Kaka** (v. 64, 65) enveloppée dans ses
bandages, et couverte d'un réseau en *émail*, avec un
épervier en *pâte bleue*, les ailes étendues, et quatre *génies funéraires*, travaillés en *grains*.

67. *Bois couvert de stuc peint, les figures travaillées en
relief.* Cercueil de la momie de ...?

Couvercle. Sur la poitrine, deux *bandelettes de prêtre*; au-dessous: *1*°. le *disque ailé*, à gauche et à droite,
la *momie* du défunt; *2*°. **Isis** accroupie, tenant dans
les mains des *vases à libations*; deux *dieux* assis sur des
trônes, la tête surmontée du *disque*, avec le *fléau* et la
crosse dans les mains, et une *déesse ptérophore*, et coiffée
du *disque*, agenouillée; *3*°. une *déesse ptérophore*, ac-

croupie au-dessous des quatre *génies funéraires*, et deux
autres *génies*; à droite un *génie androcéphale*, à gauche
un *génie uréocéphale*; **4°.** l'emblème de la *stabilité*,
surmonté du *disque*, à droite et à gauche, un *dieu* assis
et une *déesse ptérophore*, comme supra n. **2.**; **5°.** l'image
du même *dieu* assis, répétée sur les deux côtés; **6°.** Deux
momies androcéphales.

CERCUEIL: extérieur, côté gauche, en commençant de
la tête: **1°.** le défunt adorant Socar-Osiri; **2°.** les
génies funéraires; **3°.** Nephtys adorant un *dieu discophore* assis sur un trône; **4°.** deux *momies androcéphales*, une autre à tête d'*uréus*, une quatrième avec la
plume d'autruche au lieu d'une *tête*; **5°.** *Momies androcéphale* et *uréocéphale*, debout, devant Osiris *Fent-
hem-pamenti*, assis sur son *trône*; **6°.** *Dieu discophore*,
sur un trône, une *déesse ptérophore*, accroupie et une
momie humaine; **7°.** l'*arbre mystique* de Netpé. Côté
droit: **1°.** ...?; **2°.** une déesse offrant des parfums à
un dieu assis sur un trône; **3°.** Une *déesse*, une *momie
humaine discophore*, et une *momie* ayant la tête remplacée par une *plume d'autruche*, debout, devant Osiris
assis sur un trône; **4°.** *Dieu discophore*, assis sur un
trône et Isis *ptérophore* accroupie; **5°.** Deux *momies
humaines discophores*, au milieu le sceptre *Pat*; **6°.** le
scarabée, les ailes étendues, avec le *disque* planant au-
dessus du serpent Apop, Apophis, le grand ennemi
des dieux; **7°.** les emblèmes de l'Amenti, la *momie*
et l'*âme* du défunt, debout, sur la *montagne sacrée*.
Intérieur, le fond a été occupé par plusieurs figures.
Sur les côtés, vers la tête: **1°.** l'*épervier androcéphale*,
emblème de l'*âme*, au-dessus de deux *génies androcéphales* accroupis; **2°.** *génies androcéphale* et *uréocéphale*;
3°. *génies cynocéphale* et *androcéphale*, **4°.** génies, l'un
ayant une *fontaine de feu*, l'autre une *plume d'autruche*
au lieu d'une tête. Les bandages, dans lesquels la *momie* a été enveloppée, sont tous couverts d'inscriptions
hiéroglyphiques tracées à l'*encre*.

Il est à remarquer que le nom du défunt ne se trouve nul-
lepart sur le cercueil. La momie fut déroulée en 1824
par MM. les Professeurs SANDIFORT, VAN BREDA et
REUVENS. V. la notice publiée dans le *Konst- en Letterbode*, 27 Août 1824. n. 36. pg. 131.

M. 68. CARTONNAGE *de toile, peint*, de la momie d'une femme nommée Nohems. Sur la poitrine, l'*épervier criocéphale, discophore*, emblème de Chnouphis. Au-dessous: *1*°. le *disque* ailé; *2*°. deux *déesses ptérophores*;
3° six génies, dont quatre à têtes d'*uréus*, un à tête
de *lièvre*. Vers les pieds, deux figures d'Anubis, accroupies, avec un *couteau* sur les genoux.

69. MOMIE de Nohems (v. 68) enveloppée dans ses
bandages.

70. *Terre cuite.* CERCUEIL, à face *humaine*, les bras
croisés sur la poitrine. La partie antérieure de la tête, avec
une partie de la poitrine, peut être relevée, et laisse ainsi
une ouverture, par laquelle on entrait le corps du défunt.

71. *Bois.* Partie supérieure et les deux bouts d'un
CERCUEIL de momie, de forme *carrée*; avec une bande
verticale d'hiérogll. travaillés en creux, et contenant une
dédication à Phtah-Socari-Osiris, *le dieu grand,
le seigneur de ....., afin qu'il accorde un bon sarcophage
à* une défunte, la *fille du prophète* Psen-isis. Sur
l'un des bouts on voit l'image d'Isis ou de Nephtys,
agenouillée.

72. *Bois.* CERCUEIL de forme *carrée*, la partie supérieure cintrée et offrant sur le dessus une inscription
hiérogl. de trois lignes verticales, tracée à l'*encre;* à
gauche une inscription *hiératique*, et à droite, une autre
inscription *démotique.* L'inscription hiérogl. est relative
au défunt, le *prêtre* de Phtah, *l'auditeur des ....,*
nommé Petosiris, *le fils de la dame* Neïrioui, et
à Phtahôtp, le fils de la même dame. L'inscription
hiératique contient les noms de Phtah, de Socari,
d'Osiris, etc, de Petosiris et de Phtahôtp, *fils
de* Neïrieou.

Les caractères hiérogl. etc. appartiennent au temps de la
XXVI dynastie.

M. 73. *Bois.* Les deux côtés et un fragment de la partie
supérieure d'un Cercueil, de forme carrée, avec légendes et images en creux. Sur le côté droit: Hapi,
Kebhnisnauf, Anubis, etc., Kelkebf, *ibiocéphale*, et deux lignes horizontales d'hiérogll.; la ligne
inférieure contient la légende de Pouisis, *le fils d'*Harsiési *et de la dame* Taterkat. Sur le côté gauche,
les images et les légendes d'Amset, de Sioumoutf
d'Anubis et d'Horus. Sur le troisième fragment, une
dédication à Osiris, *qui réside dans* l'Amenti, *le dieu
grand, le seigneur d'*Abydos, *afin qu'il accorde un bon
sarcophage au défunt.*

74. *Bois.* Fragment d'un Cercueil de forme *carrée*,
avec une légende hiérogl., en creux, relative à la défunte Tasenkno, *la fille du préfet des arciers*, Psam-
tekia *et de la dame* Pascht.

§ 2. Momies gréco-égyptiennes.

75. *Bois peint.* Cercueil, de forme *carrée*, avec quatre *piliers* aux coins, cintré sur le dessus, ayant renfermé la momie d'Hathorset-Dsjatho, *la fille de*
Cléopatre, *surnommée* Candace, et de Soter,
petite-fille de Cornelius.

Cercueil. Extérieur: le dessus nous offre, à droite, *la
scène du jugement dans* l'Amenti; Horus et Anubis pèsent le *vase funéraire* avec le *coeur* du défunt,
contre l'emblème de la *justice;* Thôth *ibiocéphale*,
avec une *branche de palmier*, et Anubis, coiffé du
pschent, conduisent la *défunte* devant le tribunal d'Osiris, assis sur son trône, devant une table à offrandes et accompagné d'Isis; à côté de la *balance* sont
quatre *génies* gardiens accroupis, à têtes d'*épervier*,
de *lion*, de *crocodile* et d'*uréus discophores*, et tenant
des *couteaux* dans les mains; entre le premier et le se-

cond génie, un *serpent* ailé à jambes humaines, la tête
surmontée de la coiffure d'O s i r i s *Fent-hem-pamenti.*
A gauche: *1*°. la *momie* couchée sur le *lit funèbre*, embaumée par A n u b i s; I s i s et N e p h t y s, agenouillées
sur des naos, déplorant la mort d'O s i r i s; les quatre
génies de l'A m e n t i, *discophores* et tenant les *bandages*, un *génie* gardien accroupi, *criocéphale*, avec un
couteau dans la main, et le *serpent* ailé à jambes humaines; *2*°. l'*âme* de la défunte, adorant O s i r i s *hiéracocéphale* accompagné d'I s i s. Sur les deux côtés du
cercueil, à droite: la *défunte* et quatre *cynocéphales,*
adorant la *barque*, dans laquelle on voit le *disque* du
S o l e i l, avec l'*oeil symbolique*, remorquée par quatre
schacals; derrière la défunte deux *génies* gardiens, à
têtes d'*épervier* et de *crocodile*. A gauche: la *barque* du
S o l e i l, tirée par quatre *schacals*, le *disque* dans la
barque contient l'image du dieu *criocéphale*, (le soleil à
la 4e ou à la 12e heure); quatre *cynocéphales*, deux gé-
nies gardiens accroupis, l'un à tête de *boeuf*, l'autre
criocéphale. Côté de la tête, deux *disques* ailés, la dé-
funte, agenouillée sur un petit *naos* devant l'*oeil symbolique*, et purifiée par H o r u s *hiéracocéphale* coiffé du
pschent, et par T h ô t h *ibiocéphale*, coiffé de l'*otf*. Sur
le bout des pieds, le *scarabée* ailé et deux *schacals*, couchés sur des naos. Une bande d'hiérogll. sur le dessus
du cercueil et quatre légendes sur les deux piliers du
bout des pieds contiennent le nom et la filiation de la
défunte. Une inscription Grecque, tracée en une ligne
transversale, le long de la bande hiérogl. porte la lé-
gende: S e n s a o s, *fille de* S o t e r, *le fils de* C o r n e l i u s
et de C l é o p a t r e, (appelée) *aussi* C a n d a c é, *la fille*
d'A m m o n i u s, *une vierge de 16 ans, 2 mois et 9 jours.
Elle décéda l'an XII de Trajan, le seigneur, le 21 Epiphi.*
L'intérieur nous offre dans la partie cintrée du cercueil,
l'image de la défunte entourée des 12 signes du *Zodia-
que*. Côté de la tête, l'*épervier discophore*, les ailes
étendues. Côté des pieds, l'*âme* de la défunte devant la

vache sacrée portant le *disque* entre les *cornes*, et couchée sur un *naos*. Sur les côtés droit et gauche, 24 femmes *discophores*, peut-être les 12 heures du *jour* et les 12 heures de la *nuit*.

Le fond du Cercueil, qui en est détaché, est occupé par une autre image de la défunte parée de tous ses ornemens. Une bande verticale d'hiérogll. sur le devant de la *tunique*, contient une prière et les noms de Dsjatho. Quatre femmes agenouillées sont peintes dans les quatre coins du tableau.

> La différence entre le nom de la défunte, tel qu'il est écrit dans l'inscription hiéroglyphique, Hathorset Dsjatho, et tel que la légende Grecque nous l'offre, Sensaos, peut trouver son explication dans la coutume des Égyptiens, de donner plusieurs noms à un même individu.

M. 76. Momie de Dsjatho (Sensaos v. 75) enveloppée dans ses bandages, et couverte d'un linceul qui nous offre l'image de la défunte, comme sur le fond de la caisse. Sur le côté droit: le *serpent* barbu, ailé, à jambes humaines, portant la coiffure d'Osiris *Fent-hem-pamenti*, Isis agenouillée, un grand *serpent*, Osiris *Fent-hem-pamenti* et Isis, Thôth *ibiocéphale*, avec le *roseau* d'écrivain et la *branche de palmier*, l'emblème des *bandages*, Kebhnisnauf, un *génie* gardien à tête de *taureau*, une *fleur* et deux *boutons de lotus*, le *schacal* assis. Côté gauche: Osiris, Isis, un grand *serpent*, la *momie* de la défunte avec Anubis, le *cerbère* Égyptien, l'emblème de la *stabilité*, un des *génies funéraires*, *génie* gardien *crocodilocéphale*, *fleur* et *boutons* de *lotus*, le *schacal assis*. Sur la poitrine, un *épervier androcéphale*, les ailes étendues, emblème de l'*âme*, en *toile peinte*.

77. Momie d'homme, enveloppée dans ses bandages et couverte d'un linceul, qui nous offre en grandeur naturelle l'image d'un *homme*, avec barbe et moustaches, revêtu d'une longue tunique, et paré de divers ornemens, avec la main droite sur la poitrine, la gauche sur le ventre, et des sandales aux pieds.

M. 78. *Bois peint*. Cercueil de la momie du défunt Pseniô *le fils de la dame* Bebmouth.

Couvercle. Sur la poitrine, un *pectoral* offrant les images de la *barque du Soleil* avec le *disque :* Au-dessous: *1*°. le *disque* ailé d'Hat; *2*°. la momie sur son *lit funèbre*, l'*âme* planant au-dessus du corps, et trois *paquets noués*, qui remplacent les *vases funéraires :* Isis et Nephtys, déplorant sa mort, et les quatre *génies funéraires* avec les *bandages; 3*°. Phré, Atmou, et un autre *dieu discophore*, Moui et Tafné, assis; *4*°. la *momie* dans un *naos*, sur lequel on voit le *schacal* couché; au-dessus, l'*uréus* ailé, à droite et à gauche, deux *serpens* coiffés, l'un de la partie *supérieure*, l'autre de la partie *inférieure* du *pschent* (emblèmes de Souan et de Saté (?)); *5*°. Quatre *génies* gardiens à têtes d'*hippopotame*, d'*homme*, de *cynocéphale*, et de *lion*, armés de *couteaux*, et ayant la tête surmontée de la *plume d'autruche; 6*°. Quatre autres *génies*, à têtes d'*uréus*, de *crocodile*, d'*Ibis* et de *schacal; 7*°. Homme et *femme* agenouillés, adorant le *disque* du Soleil; *8*°. Sur le pied du cercueil, les deux *schacals*. Deux bandes verticales d'hiérogll., contenant le nom et la filiation du défunt. Sur les deux côtés: la *momie* debout, avec les *éperviers* embaumés, *androcéphale* et *criocéphale ; 2*°. *génies gardiens* à têtes d'*hippopotame* ou de *crocodile* et de *lion; 3*°. *génies gardiens*, à têtes de *serpent*, d'*homme*, de *lion* et d'*uréus; 4*°. *génies criocéphale* et *hiéracocéphale ; 5*°. *Uréus* coiffés des deux parties du *pschent* (emblèmes de Souan et de Saté), et dressés sur un *calice* de *lotus;* un serpent barbu, avec deux grandes ailes, et quatre jambes humaines, la tête surmontée de la *plume d'autruche.*

79. Momie de Pseniô (v. 78), enveloppée dans un linceul très-serré, les bras étendus le long du corps; les doigts des mains et des pieds enveloppés de bandages de *toile.* Le collier, les bandelettes sur la poitrine, les bracelets, les ornemens autour des jambes et les sandales

sont faits d'une *toile cirée* et peinte. Les yeux et les sourcils sont peints. Une ceinture, composée de feuilles tressées, fut trouvée avec la momie, ainsi qu'un petit *couvercle*, tressé de *jonc*, et couvrant la poitrine; et un *panier* avec couvercle, contenant deux morceaux de *pain* et deux fruits du *doum*. (V. ce *panier* supra P. II. § 4. H. n. 577).

M. 80. *Bois peint.* Cercueil d'une femme nommée Hathortse-month, *la fille de* Nofre-pou *et de la dame* Kelet.

Couvercle. L'image du collier *osh*, un *scarabée*, les ailes étendues, portant le *disque* avec l'*épervier* de Phré; une bande verticale d'hiérogll. et deux lignes d'hiérogll. sur les pieds.

Cercueil. Le fond intérieur est occupé par la figure d'une *femme*.

81. Momie d'Hathortse-month (v. 80), enveloppée dans ses bandages, et couverte d'un linceul très-serré.

82. *Bois peint.* Cercueil de la momie d'une femme nommée Men....., formé d'un tronc d'arbre, creusé, et orné sur le devant: du collier *osh*, de deux grandes *ailes* qui couvrent une grande partie du corps, et d'un ornement à *carreaux blancs, noirs* et *rouges.* Une inscription verticale contient une dédication à Osiris.

83. Momie de Men..... (v. 82), enveloppée dans ses bandages. Un *masque* de *toile* couvre la face, les sourcils et les yeux sont peints, les bras étendus le long du corps, les doigts des mains et des pieds enveloppés comme le n. 79. Le corps est revêtu d'une *tunique* très-fine, d'une couleur *rouge.* Les bras et les jambes sont ornés de *bracelets* et d'autres ornemens en *toile peinte.* Deux ceintures de *toile*, l'une couvrant l'autre, sont attachées sur le corps par des lisières. Un *collier* de *feuilles tressées* se trouve encore autour du cou.

Suivant l'inventaire du Chev. d'Anastasy, trois amulettes en *feuilles dorées* furent trouvés sur l'estomac de la momie, ainsi qu'une *plaque de bois*, attachée au cou par un *collier* en *verre* de différentes couleurs, et ornée d'une inscription démotique de trois lignes.

Un *coffret* Q. n. 11, et un *épervier* accroupi (P. I. B. n. 394) furent également trouvés dans le CERCUEIL de cette momie.

M. 84. *Bois peint.* Deux colonnes, à chapiteaux en forme de *calice* de *lotus*, ayant probablement appartenu à un CERCUEIL de momie.

§ 3. MOMIES D'ENFANS, ÉGYPTIENNES ET GRÉCO-ÉGYPTIENNES.

85. *Bois peint.* CERCUEIL de la momie d'un *garçon.*

COUVERCLE. Sur la poitrine N e t p é; au-dessous, une bande verticale d'hiérogll., avec une dédication à O s i - r i s, le nom et la filiation du défunt; sur les deux côtés, *1°.* les *quatre génies funéraires*, *2°.* H o r u s et un autre *dieu hiéracocéphale; 3°.* les deux *schacals* couchés sur un *naos.*

CERCUEIL. Sur le dessous, à l'extérieur, H a t h o r, la tête surmontée de *l'épervier* sur les emblèmes de l'A-m e n t i.

86. MOMIE du garçon, dont le CERCUEIL est décrit sous le n. 85, enveloppée dans ses bandages.

87. MOMIE d'un *garçon;* sans bandages.

88. MOMIE d'une *fille;* sans bandages.

89. MOMIE d'*enfant*, enveloppée dans ses bandages.

90. MOMIE d'un enfant mâle, séchée seulement à ce qu'il paraît; sans bandages.

91. *Bois peint. Petit* CERCUEIL *carré*, à couvercle plat, mobile, contenant les débris et les bandages, etc., d'un corps embaumé, d'environ 0.20 de longueur, formé de *toile*, et d'*asphalte*, et destiné à ce qu'il paraît, à repré-senter la momie d'un *fétus* ou d'un enfant, trop petit pour être embaumé. Le *masque*, qui représente la *tête*, est doré et composé de plusieurs morceaux de *toile*, couverts d'un *stuc.* Sur la poitrine se trouvait un mor-ceau de *toile peinte*, orné de l'image d'une *déesse pté-rophore*, debout dans un *naos;* plus bas, un autre mor-

ceau avec les restes d'une inscription hiérogl. funéraire. Sur le dessus du couvercle, qui paraît avoir servi jadis à quelqu'autre monument, on a figuré, au-dessous de l'hiérogl. du *ciel*, le *disque ailé* d'H a r h a t, *1°.* K e b h– n'i s n a u f et S i m o u t f, adorés par une *femme* qui porte le *disque* sur la tête, et les *bandages* dans les mains; *2°.* les emblèmes de la *stabilité* et des *bandages*, alternés.

 Ce CERCUEIL fut reçu de l'Égypte par le Cte DE BENTINK, Seigneur de *Rhoon-* et *Pendrecht*, et examiné à la demeure du Cte, le 21 août 1771, en présence de son frère, de son épouse, de M. HEMSTERHUIS et de M. VAN WYN, à qui le Cte DE BENTINK fit cadeau du monument.

§ 4. FRAGMENS DE MOMIES.

M. 92-94. Trois *têtes* de MOMIES.

95. Tête d'une MOMIE de *femme*, avec des *boucles d'argent* dans les oreilles, et les cheveux tressés et liés par un cordon de *cuir*, orné de *grains* en verre.

96. *Crane* d'une MOMIE, avec la chevelure.

97. *Plâtre* d'une *tête* de MOMIE.

98, 99. Deux *bras* de MOMIES, avec les mains fermées et les ongles dorés.

100-103. Quatre *mains* de MOMIES.

N. MOMIES D'ANIMAUX.

La MOMIE HUMAINE étant identifiée avec le dieu O s i r i s lui-même, nous pouvons considérer la plupart des ANIMAUX EMBAUMÉS comme les *emblèmes* de divinités. Cette section doit donc être comparée avec celle des EMBLÈMES DE DIVINITÉS, ANIMAUX SYMBOLIQUES ET ANIMAUX SACRÉS. P. I. Sect. B.

13*

N. 1. Momie d'un très-grand Cynocéphale, accroupie, les mains sur les genoux.

2, 3. Deux Momies de Chiens, enveloppées dans leurs bandages.

4-9. Six Momies de Chats, les cinq dernières enveloppées dans leurs bandages.

10-14. *Bois.* Cinq Boîtes en forme de Chats assis sur des *bases*, destinées à contenir la Momie d'un Chat. Les quatre dernières renferment encore la momie de l'*animal*. Le n. 12 est paré d'un *collier* peint autour du cou et orné de l'*oeil symbolique droit.*

15. *Bois peint.* Cercueil de forme *carrée*, avec quatre *piliers* aux coins, s'ouvrant par le fond, et ayant renfermé une *momie* de Lièvre. Sur le dessus du *cercueil* on lit une inscription hiérogl., effacée pour une grande partie, relative à P a s c h t, *la vivificatrice* et aux *biens, qu'elle accorde au prophète d'A m o n - R a, le roi des dieux, le scribe des offrandes d'Amon,* H e m - h b a i (?) *le fils* (?) *de la dame* T e s a m o n.

16. Momie de Lièvre, trouvée dans le cercueil n. 15.

17. Momie de Veau. (*Suspect*).

18. Momie d'un Agneau, enveloppée dans ses bandages.

19. *Pierre calcaire.* Petit Cercueil, avec couvercle et une inscription démotique, renferman une *momie* d'Ibis.

20. Momie d'Ibis, enveloppée dans ses bandages, renfermée dans le Cercueil n. 19.

21. *Bois.* Cercueil carré, d'une *momie* d'Ibis.

22. Momie d'Ibis, enveloppée dans ses bandages et renfermée dans le Cercueil n. 21.

23, 24. Deux Momies d'Ibis, enveloppées dans leurs bandages.

25-27. *Terre cuite.* Trois Vases, de forme *conique*, renfermant des Momies d'Ibis.

28. Momie d'un Crocodile, de 3.14 de longueur, enveloppée dans ses bandages, la queue renforcée par un morceau de *bois*, et couverte de plusieurs joncs.

N. 29-33. Cinq Momies de petits Crocodiles, enveloppées dans leurs bandages. — *Long.* 0.29-0.41.

34-40. Sept Momies de Serpens, enveloppées dans leurs bandages; le n. 38 est orné de l'image d'un *serpent* en *toile peinte.*

41. Momie du Poisson sacré, Latus, nommé *Binni* en Égyptien, couverte d'un *stuc.* La bouche et les yeux sont marqués en traits *noirs.* Sur les deux côtés du ventre se trouvent des inscriptions hiérogll., fort-suspectes.

42, 43. Deux Momies du Poisson Latus, enveloppées dans leurs bandages, et renfermées dans une seule *boîte* de *bois* en forme de *poisson.*

44. Momie du Poisson Latus, enveloppée dans ses bandages, et renfermée dans une *boîte* de *bois peint,* en forme de *poisson.*

45, 46. Momies du même Poisson, enveloppées dans leurs bandages, et renfermées dans des *boîtes* de *bois peint;* sur la boîte du n. 45 se trouve l'image du *poisson* également en *bois peint.*

O. **Ornemens funéraires et amulettes, provenant de momies brisées, et de cercueils de momies.**

Cette section pourra être beaucoup enrichie par les dépouilles des momies du Musée, que nous nous proposons de développer, si les circonstances le permettront.

§ 1. Fragmens de cercueils.

O. 1. *Bois.* Partie antérieure d'une Tête humaine, ayant orné le *couvercle* d'un Cercueil.

2-10. *Bronze, terre émaillée.* Neuf yeux, ayant orné les têtes des couvercles de cercueils.

11, 12. *Bois.* Deux Barbes, l'une d'un travail très-fin.

O. 13. *Cartonnage de toile, peint.* Masque d'une momie, la face dorée.

14-20. *Toile peinte.* Sept fragmens d'un Cartonnage de momie.

21-35. *Bois peint.* Quinze fragmens d'un Couvercle, travaillés à jour, et ayant appartenu au *prêtre, préposé au.... de la demeure d'Amon*, nommé Chonsou. Les nn. 21 et 22 nous représentent le défunt adorant Amset et Hapi; 23 et 24, Ooh-Thôth, *ibiocéphale*, agenouillé; 25, 26, les deux Anubis; 27, le *défunt*; 28, Phtah-Socari-Osiris, accroupi; 29, 30, Isis et Nephtys, agenouillées et pleurant; 31, 32, le *défunt* adorant Osiris *Fent-hem-pamenti*; 33, le même adorant le *génie* Simoutf; 34, le génie Kebhnisnauf; 35, Netpé accroupie, au-dessus d'une longue légende hiéroglyphique, avec le nom et les titres du défunt.

36. *Cartonnage de toile, peint.* Collier ou ornement de poitrine, nommé *Osh* en Égyptien, les deux bouts surmontés de l'*épervier couché* avec le *disque* sur la tête; au milieu, l'*épervier androcéphale, discophore*, les ailes étendues (emblème de l'*âme*), et le *disque ailé* planant au-dessus.

37. *Id.* Bandeau avec une légende hiérogl., contenant une dédication à Osiris, *afin qu'il accorde des biens à la défunte* Semst, *fille de* Ta....?

38. *Id.* Bandeau avec une légende hiérogl. contenant une dédication à Osiris *Fent-hem-pamenti*, etc., *afin qu'il accorde des biens à* Tamouth-ônch, *la fille de la dame* Taouhouréï.

39, 40. *Id.* Fragmens d'Ornemens de momies, avec inscriptions hiérogll., contenant une partie de la formule funéraire et la fin d'un nom propre.

41, 42. *Bois.* Deux Fragmens portant la légende du défunt, *le basilicogrammate, préposé à la salle blanche du Seigneur des mondes*, nommé Naschti.

43-47. *Terre émaillée.* Cinq Fragmens d'une coiffure imitant la *chevelure* d'une momie.

§ 2. Fragmens d'ornemens de momies.

Comparez P. II. les §§ 1–6. de la section G. Bijoux et objets de parure.

O. 48. *Toile.* Pièce très-fine, sur laquelle sont tracés la *tête* et une partie du *corps* d'Osiris *Fent-hem-pamenti*, le devant de la coiffure orné d'une *barque* avec la *grue*, symbole de l'*âme*.

49. *Toile.* Pièce très-grossière, avec l'image et les légendes tracées en *rouge*, d'une reine (de la XVIIIe dyn.).

50. *Toile.* Pièce très grossière, avec l'image dessinée en *noir* de Socari.

51. *Toile.* Pièce très-grossière, avec légendes hiéroglyphiques, tracées en *noir*.

52. *Toile.* Pièce très-fine, avec les restes d'une peinture à trait, représentant un *réseau funéraire*; vers la partie inférieure, le dieu Moui (v. P. I. A. nn. 347–398), agenouillé sur le signe *or*.

53–60. *Or.* Huit Ornemens, ayant couvert les *ongles*, d'une momie.

61–66. *Or.* Six Ornemens, comme les précédens, portant les images d'un *serpent*, d'un *uréus*, d'un *vautour*, de l'*oeil mystique*, du signe de la *stabilité* et d'un *paquet noué*.

67. *Argent doré.* Plaque *ovale*, ayant servi à couvrir la *bouche* d'une momie.

68. *Bronze.* Plaque de forme *triangulaire*, trouvée sur les *parties sexuelles* d'une momie de *femme*.

69. *Cartonnage de toile, peint.* Deux Sandales de momie.

70. *Id.* Hypocéphale de momie, les figures tracées en *noir* sur un fond *jaune*.

La surface est divisée en deux parties. L'une de ces parties nous offre: **1°.** au milieu, la double figure d'un dieu, la tête surmontée de la coiffure d'Amon-Ra, tenant dans la gauche une *enseigne* surmontée du *schacal*; à droite, une *barque* avec l'*épervier* embaumé couché, et une inscription hiérogl.; à gauche, une *barque*, avec l'*âme*, sous la forme d'un *épervier*, adorée par Isis et Nephtys, et une autre *barque*, avec le *scarabée* et le dieu Phré, *ibiocéphale*, embaumé; **2°.** au milieu, Amon-Chnouphis, sous la forme d'une divinité accroupie et embaumée, à quatre têtes de *bélier*, surmontées de la coiffure d'Haroëri; deux *cynocéphales*, la tête surmontée du *croissant* et du *disque* combinés, adorent le dieu; à droite et à gauche, des prières pour l'*âme* du défunt. Sur l'autre partie nous voyons: **1°.** un *serpent* à jambes et bras humains, *hiéracocéphale*, présentant l'*oeil symbolique* à une *momie* assise sur un trône, avec les signes distinctifs d'Amon-Saf; une déesse, ayant la tête remplacée par un *disque*, avec l'*oeil symbolique*, conduit la *vache* d'Hathor, dont la tête est surmontée de la coiffure de Socari; les quatre *génies funéraires*, un *lion* et un *bélier* couché; **2°.** *Barque* de Chnouphis *criocéphale*, accompagné de Tmé, d'Isis, de deux hommes; la *barque* est dirigée par deux divinités *hiéracocéphales*, dont l'une porte le *pschent*; dans une autre *barque* on voit le *cynocéphale* d'Ooh-Thôth, assis dans un *naos* et un autre *cynocéphale*, qui lui offre l'*oeil symbolique*. Autour de ces représentations, une légende hiérogl., contenant une prière, pour une *prêtresse d'Amon-Ra*, Tencheiat, *la fille du prêtre spondiste d'Osiris*, nommé Oër *et de la dame* Isioër.

§ 3. Réseaux funéraires et amulettes.

Comparez P. II. § 8. Amulettes, Section G. Bijoux et objets de parure.

O. 71. *Terre émaillée.* Fragment d'un Réseau *funéraire*, avec divers amulettes attachés aux bouts, tels que les *yeux symboliques*, un *crocodile*, la partie inférieure du *pschent*, des *têtes typhoniennes*, etc.

Les autres Réseaux se trouvent encore sur les *momies*, auxquelles ils appartiennent.

0. *72-75. Terre émaillée.* Quatre AMULETTES représentant des TÊTES *de femmes.*

§ 4. SCARABÉES FUNÉRAIRES.

Ces SCARABÉES nous offrent sur le corselet, sur les élytres ou sur le dessus de leur base, les images d'O s i r i s *le juge de l'A m e n t i,* d'O s i r i s identifié avec P h r é, et un texte hiéroglyphique, qui contient une formule de prière relative au *coeur* (l'amulette était le plus souvent placé sur cette partie du corps), au *jugement* de l'âme dans l'A m e n t i, et son *passage* par le *tombeau.* Cette même formule se lit sur quelques-uns des *vases,* emblèmes du *coeur* (v. P. II. Sect. G. nn. 1081-1088). Les scarabées nn. 164-166 font une exception à cette règle. Le premier nous offre une *dédicace* à différens dieux, les deux autres portent la formule ordinaire de l'inscription des IMAGES FUNÉRAIRES. Au reste il faut comparer avec ce §, les SCARABÉES dans la P. I. Sect. B. EMBLÈMES DE DIVINITÉS, ANIMAUX SYMBOLIQUES ET ANIMAUX SACRÉS, nn. 1751-1892.

76, 77. *Talc.* Grands SCARABÉES. Le corselet est décoré du *disque* avec le *croissant* combinés, et des *deux yeux symboliques.* Sur les élytres: O s i r i s *Fent-hem-pamenti,* assis ou accroupi avec la *crosse* et le *fléau.* Sur le dessous de la base: **1°.** la *barque* du S o l e i l, avec le dieu P h r é *discophore,* et deux *cynocéphales* adorant; **2°.** O s i r i s *Fent-hem-pamenti,* assis sur son trône et accompagné d'I s i s et de N e p h t y s. — *Long.* 0.082 et 0.075.

78. *Talc.* SCARABÉE comme le précédent; sur l'un des élytres l'image de P h r é assis; sur le dessous de la base O s i r i s debout entre I s i s et N e p h t y s *ptérophores,* et une inscription hiérogl. relative au défunt R a s c h o u i- s o n b. — *Long.* 0.95.

79. *Talc.* SCARABÉE, la tête surmontée de la *barque*

avec le *disque* et le *croissant* combinés. Le corselet porte les mêmes ornemens, que les nn. 76, 77; les élytres offrent les images d'O s i r i s et de P h r é; sur le dessous de la base, O s i r i s, I s i s et N e p h t y s. — *Long.* 0.066.

O. 80. *Talc.* Scarabée. Sur le corselet un *scarabée* avec les ailes étendues; sur les élytres, les *barques* d'O s i r i s et de P h r é; sur le dessous de la base: 1°. le *disque* ailé avec *uréus*, et une *barque* dans laquelle l'on voit O s i r i s, le *défunt*, et une *grue*, emblème de l'âme. Inscription hiérogl. de cinq lignes. — *Long.* 0.53.

81. *Talc.* Scarabée. Sur le dessous de la base, O s i r i s *Fent-hem-pamenti*, entre I s i s et N e p h t y s. — *Long.* 0.07.

82. *Talc.* Scarabée *androcéphale.* Sur le dessous de la base, O s i r i s avec I s i s, recevant les adorations d'A n u b i s. Inscript. hiérogl. relative au *scribe* I t é ï. — *Long.* 0.055.

83-85. *Terre émaillée.* Trois Scarabées avec des inscriptions hiérogll. de 8, 9 et 10 lignes, sur le dessous de la base; dans les inscriptions des deux premiers se lisent: les noms, les signes de l'*étendard*, etc. d'A m e n ô t p I., et de son épouse, la reine T a j a de la XVIIIᵉ dyn., avec une date de la *Xᵉ année.* Le n. 85 nous offre les mêmes noms, plus ceux *de son père*, E i o u é h o r, et de *sa mère* T o u é - h o r, *l'épouse de* P o u c h o n s t e n - n a s c h t i. — *Long.* 0.085, 0.075 *et* 0.087.

86. *Jaspe vert.* Scarabée *androcéphale*, avec une légende hiérogl. de 11 lignes, relative au *Prêtre-Royal* T e t o u. — *Long.* 0.05.

Ce Scarabée d'un travail excellent, date d'une des dynasties antérieures à l'invasion des H i k s c h ô s c h.

87-96. *Talc, lapis lazuli, serpentine, terre cuite, etc.* Dix Scarabées, avec inscriptions hiéroglyphiques de six à huit lignes, relatives à des *prêtres Égyptiens; au prophète d'A m o n*, H o r h..., *le fils du prophète*, P e t a m o n - n e b - c n - g e t *et de la dame* S c h a p o - e n-

m o u t h (87); à un *prêtre spondiste* (88); à un autre ,
spondiste d'Amon, N o f r e ô t p (89); à un *spondiste
d'Amon, le préposé à la demeure, aux boeufs, à la
terre et aux diadèmes d'or d'Amon*, nommé T h o u t h m e s
(90); à un *spondiste du temple d'Amon*, D s j o t - m e n
(91); à un *scribe des divines offrandes*, C h o n s o u (92);
à un *scribe d'Amon, scribe des offrandes divines* (93,
inscription suspecte); à un *préposé au...? du temple
d'Amon à Thèbes*, M e n - e n - b a (94); à un *prêtre*,
O o h m e s (95); et à un *gardien, portier des temples* (96).—
Long. 0.076 *à* 0.045.

0. 97-106. *Serpentine, lapis lazuli, talc verdâtre, terre
émaillée.* Dix Scarabées (le n. 99 *androcéphale*), avec inscriptions hiéroglyphiques, de cinq à dix lignes, relatives à divers Fonctionnaires Égyptiens: au *basilicogrammate, attaché au temple d'Amon*, P i o ë r (97); au
basilicogrammate H é a é ï (98); au *porte-étendard du seigneur des mondes*, B o u e r (99); au *scribe des arciers*,
P a i - h o n (100), à un *préposé aux colliers et aux palais*,
nommé A m o n (101); à un *préposé à l'or divin* (?) (102);
à un autre *préposé* (103); à divers *gardiens*, les deux
derniers nommés H o r - m e n - s i - f a i et R i m e i (?)
(104-106). — *Long.* 0.10 *à* 0.042.

107-129. *Terre cuite, serpentine, terre émaillée, pierre
calcaire, talc, baume ou cire dorée, jaspe vert, etc.*
23 Scarabées avec inscriptions de 3 à 12 lignes, relatives
à divers individus non titrés: I r i - h o u r (108); T i é o u
(109); R a é a é ï (110); K a k a (111); F e n t - n o f r e (113);
N e b - n a s c h t i (114); B ô s c h - m e n ou B ô k - m e n
(116); R i o u, N a é a (117, 118); F a i - h o n (119); Isi(?)
(120); I n i - i r i é ï (122); P h t a h - A m e n ô t p (123);
P h t a h - m é r e - a p i - m e s (124); R é - n o u b (127);
O t p - P h t a h (128) et R i é o u (129). — *Long.* 0.082
à 0.04.

Le n. 118 porte sur les élytres l'image d'une *grue*, le n. 127
est monté en *or*.

130. *Bois.* Scarabée d'une grandeur extraordinaire,

ayant renfermé jadis une *pierre ovale*, avec une inscription hiérogl., qui fit alors un entier avec ce qui reste sur le dessous du scarabée. La légende, de sept lignes, se rapporte à une *prêtresse d'Amon*. — *Long.* 0.104.

Il paraît que le scarabée a servi de boîte, pour garder quelque amulette.

O. 131-136. *Talc, terre émaillée, terre cuite, serpentine, etc.* Six Scarabées, le dernier à tête de *femme*, avec légendes hiérogll. de cinq à dix lignes, relatives à des Femmes Égyptiennes: à une *prêtresse d'Amon*, Dsjot-Chons (131); à une autre *d'Amon-Ra, le roi des dieux*, Noub (132); à une *gardienne* ou *portière* (133); à Aft (134); Nofreit (135); et Nofreti (136). — *Long.* 0.066 à 0.046.

137-163. *Terre émaillée, serpentine, lapis lazuli ou terre cuite, talc, marbre, jaspe, etc.* 27 Scarabées avec inscriptions hiérogll. de 4 à 13 lignes; dans lesquelles le nom du défunt est omis ou devenu illisible, ou dans lesquelles on a laissé une place vide pour ce nom. — *Long.* 0.067 à 0.03.

164. *Talc.* Scarabée avec une inscription hiérogl. de six lignes. Cette inscription est différente de la formule ordinaire gravée sur cette classe de monumens, et nous offre une dédication au Soleil *rayonnant, le dieu directeur*, à Atmou, *le seigneur des mondes de conversion*, à Phtah-Socari, *résidant dans les catacombes* etc. pour le défunt, Mesmouth fils d'Isis. — *Long.* 0.045.

165, 166. *Terre émaillée.* Deux Scarabées avec inscriptions de cinq et de sept lignes. Les légendes diffèrent de la formule ordinaire, et sont analogues à celles des statuettes funéraires; elles se rapportent aux défunts Ri ou Iri-tmé (165) et Phtah-fai-nofre (166). — *Long.* 0.054 à 0.038.

167. *Serpentine.* Scarabée, ayant sur le dessous de la base six lignes pour séparer les légendes hiérogll., mais sans que ces derniéres soient ajoutées. — *Long.* 0.055.

168. *Talc.* Scarabée, travaillé en relief, sur un amu-

lette qui représente le *vase*, emblème du *coeur*. Sur le dessous de la base, une légende hiérogl. de neuf lignes, dans laquelle le nom du défunt est omis. — *Long*. 0.053.

§ 5. Pectoraux.

Les Pectoraux étaient portés, comme les Scarabées funéraires, attachés à un collier ou une chaine, comme nous pouvons le voir sur plusieurs couvercles de cercueils de momies. Quelques amulettes, avec les *images de divinités*, *d'emblèmes* et *d'animaux sacrés*, ressemblent par leur forme à ces pectoraux, et peuvent avoir servi à un même but. Nous les avons placés et décrits avec les objets, auxquels ils appartiennent par les représentations dont ils sont ornés.

0. 169. *Bois doré avec incrustations en émaux de diverses nuances.* Pectoral en forme de petit *naos*, portant l'image du *schacal couché*, avec les *bandages* autour du cou, au-dessus l'inscription: A n e p ô, *directeur du monde, dominateur de l'A m e n t i.*

170. *Id.* Pectoral comme le précédent, portant l'image du *schacal couché* avec le *fléau*, et le nom A n e p ô; sur la face postérieure les emblèmes de la *stabilité* et les *bandages.*

171-173. *Terre émaillée, pierre schisteuse, bois peint.* Pectoraux comme le précédent; la représentation de la face postérieure du n. 173 a disparu.

174-178. *Terre émaillée, avec ou sans incrustations à diverses couleurs, serpentine.* Pectoraux, portant sur l'une des faces les signes des *bandages* et de la *stabilité*, sur l'autre le *défunt* adorant O s i r i s *Fent-hem-pamenti*, (174); le *défunt* adorant le *schacal couché* (175, 176); le *schacal* couché sur un *naos*, au-dessous de l'*oeil symbolique*, avec l'inscription A n e p ô, *le dieu, seigneur de l'A m e n t i* (177), et un prêtre adorant O s i r i s *Fent-hem-pamenti* (178).

O. 179. *Bois peint.* PECTORAL; sur l'une face le *défunt* adorant le *schacal* couché sur un *naos;* sur l'autre, les quatre *génies funéraires*, avec leurs légendes.

180. *Pierre schisteuse.* PECTORAL comme le précédent; sur l'une face Osiris et Phré assis sur l'hiérogl. *or;* sur l'autre face, le *défunt* adorant Osiris *Fént-hem-pamenti* et Isis *ptérophore*.

181. *Talc.* PECTORAL; sur l'une face, le *schacal cou-ché* au-dessous de *l'oeil symbolique* et du *disque* avec le *croissant* combinés; sur l'autre face, un *homme* age-nouillé adorant Osiris *Fent-hem-pamenti*, et la légende d'un *préposé au ... de* Phtah, nommé, Raschi-Senb.

182. *Terre émaillée.* PECTORAL, avec la représentation en relief de la *barque* avec le *scarabée* du Soleil, entre deux *cynocéphales*.

183. *Terre émaillée.* PECTORAL, offrant sur l'une face, le *scarabée* dans une *barque* avec Isis et Nephtys; sur l'autre face, un *prêtre* adorant Osiris *Fent-hem-pamenti*.

184. *Serpentine avec incrustations.* PECTORAL, portant un *scarabée* dans une *barque* et un autre *scarabée* qui plane au-dessus de la tête du dernier. Dans la même barque, Isis et Nephtys, Simoutf et Kebhni-snauf. Sur l'autre face, un *scribe* adorant le *scarabée*, Osiris et le *taureau sacré, discophore*.

185. *Bois doré, avec incrustations en émaux et verre de diverses nuances.* PECTORAL, renfermant un *scarabée* en *talc* verdâtre, avec un *disque* au-dessus de la tête; à droite et à gauche, Isis et Nephtys agenouillées et adorant l'emblème du Soleil. Sur le dessous de la base du *scarabée*, une inscription hiérogl. en sept lignes.

186. *Marbre peint.* PECTORAL comme le précédent; sur la face postérieure les *bandelettes* funéraires, et une in-scription sur la partie plate du scarabée, en sept lignes.

187. *Terre émaillée.* PECTORAL, offrant sur l'une face, le *scarabée* dans une *barque*, accompagné d'Isis et de Nephtys; sur l'autre face, Isis et Nephtys, agenouil-

lées et déplorant la mort d'Osiris; à droite, Osiris *Fent-hem-pamenti* assis sur un trône. Les légendes sont relatives à Isis et à Nephtys, et nous offrent une partie de la formule ordinaire des inscriptions des Vases funéraires.

0. 188. *Terre émaillée*. Pectoral orné d'un grand *scarabée* en relief. Sur la face postérieure, une inscription hiérogl. de cinq lignes, avec une place vide pour le nom du défunt, et les images d'Isis et de Nephtys dans une *barque*.

189. *Serpentine vert*. Pectoral, orné d'un grand *scarabée* en relief, à droite et à gauche un *homme* assis sur un trône, et une inscription hiérogl. en trois lignes. Sur l'autre face, une inscription hiérogl. en dix lignes, avec les titres et le nom d'un homme, nommé Horéï.

190. *Terre émaillée avec incrustations de diverses nuances*. Pectoral ayant jadis renfermé un *scarabée*. Sur l'une face, la *barque* avec Isis et Nephtys; sur la face postérieure, le *défunt* adorant Osiris assis sur le *trône*.

191-193. *Bois*. Pectoraux renfermant un *scarabée* en *terre émaillée*, sans inscriptions.

P. Images funéraires.

Nous avons réuni dans cette Section toutes ces figurines, qui nous représentent la momie du défunt. Les images qui nous offrent l'individu revêtu de la costume, qu'il avait portée dans sa vie, out été décrites dans la IIe Partie, Sect. D. On les trouve en trés-grand nombre, et souvent renfermées dans des *coffrets en bois* (v. Sect. Q.), auprès des momies dans les tombeaux, où elles étaient placées par les parens ou les amis du défunt. La formule ordinaire de l'inscription dont elles sont munies, nous offre le *nom* et les *titres* du *défunt* avec une *prière*, qu'il est censé prononcer. Quelques-unes portent sur la poitrine l'image de *l'épervier androcéphale*, emblème de l'âme *séparée du corps;* mais la plupart tiennent dans les mains une *pioche*, une *houe* et, sur le dos, un *sac* attaché à un cordon. Ces instrumens font allusion aux travaux agricoles, auxquels l'âme se livrait dans les champs de T'mé, la déesse de la *vérité* et de la *justice*.

§ 1. Pharaons égyptiens, princes, etc.

P. 1. *Terre émaillée.* Image funéraire du Pharaon Ré-men-to (Thoutmes IV) de la XVIIIᵉ dynastie.

2-4. *Bois.* Images funéraires du Pharaon Ré-men-tmé (Ménephtah I) de la XVIIIᵉ dynastie.

V. Lettre à M. salvolini, pg. 81.

5, 6. *Terre émaillée.* Images funéraires d'un *Prince* Meh...mes-ônch-hor.

7. *Pierre calcaire.* Image funéraire du *Royal Prêtre,* Iahé. — *Haut.* 0.24.

§ 2. Magistrats, prêtres et autres fonctionnaires, individus non titrés, etc.

8. *Bois.* Image funéraire de *l'auditeur de la justice,* Méï, renfermée dans un petit Cercueil *de momie.*

9-12. *Terre émaillée.* Images funéraires *d'auditeurs, dans le temple de Phtah,* Phtah-nofre (9, 10); de *Memphis,* nommé To (11); et du chef Aniéï (12).

13-17. *Pierre calcaire, terre émaillée.* Images funéraires de *fonctionnaires,* portant les titres de *sacrificateurs* etc. — *Haut. du n.* 13, 0.31.

18. *Pierre calcaire.* Deux Images funéraires d'un *homme* et de son épouse, adossés contre une stèle. Sur les faces postérieure et latérale de cette stèle, une inscription hiérogl. de dix lignes verticales, relative au *Chef de la région de Tenti, le préposé à la maison d'Osiris,*

le scribe Amen-hem-hé et à la *sacrificatrice* (?) *roya-le, la dame* Benkaéï.

P. 19-30. *Bois peint, talc, terre émaillée, albâtre orien-tal.* Images funéraires du *grand (chef) de la demeure pure,* Tiéï, (19-24); *de grand-prêtres d'Amon et de Phtah,* Ptéï et Riéaéï (25, 26); du *spondiste d'Amon, le préposé aux scribes des .... d'Amon, nommé* Hor (27, 28); de *prêtres,* Mehtsou-chons et Fainib (29, 30).

31-40. *Bois peint, terre cuite, terre émaillée, talc, granit gris.* Images funéraires de *scribes: de la salle blanche,* nommés Amen-hem-ôpt, Nofre-bai, etc. (31-35); *des offrandes* (36, 37); d'un autre *préposé au... de la maison royale,* Riéï (40).

41-64. *Terre émaillée, talc.* Images funéraires de *pré-tres prophètes: du temple de Phtah* (41, 42); *d'Amon,* nommés Silsi, Hor (43-45); Fai-bôk-ranf (46-50); Onch-hapi-mes (53, 54).

᙮ 65. *Pierre calcaire.* Grande Image funéraire, avec une inscription en hiérogll. très-grands, offrant la lé-gende d'une femme *attachée au service d'Amon et d'Ha-thor, la dame* Eopéï. — *Haut.* 1.15.

> Il ne peut être attribué qu'à une méprise du sculpteur, que
> cette légende, relative à une *femme,* se trouve sur l'ima-
> ge funéraire d'un *homme.*

66. *Talc.* Deux Images funéraires, d'un *attaché au service du seigneur des mondes* Piéaéï, et d'une femme (son épouse), adossées contre un stèle. Une inscription sur cette stèle contient une prière adressée au Soleil.

67-72. *Pierre calcaire, terre émaillée.* Images funérai-res de *prêtres:* d'Amon (67); de *Phtah,* Eoéa (68); d'un *préposé à la table des offrandes du temple d'Amon,* Mariéï (69); de *chantres,* dont l'un est nommé Schaéa (70-72).

73-80. *Bois, plâtre, albâtre oriental, terre émaillée, talc.* Images funéraires de *Basilicogrammates:* Amenôtp (73, 74); *du seigneur des mondes,* Tmé-mei (75); du *préfet de la salle blanche* (76); *du palais* (77); *des boeufs d'Amon*, Rimes (78); etc.

P. 81-86. *Terre émaillée.* Images funéraires d'un *préfet royal*, etc.

87. *Serpentine.* Deux Images funéraires adossées contre une petite stèle, d'un *chef*.

*88. *Pierre calcaire.* Grande Image funéraire, avec une inscription en signes très-grands, relative au *jeune chef, le grand chef de* ...., Kaf-hen-ma-nofre. — *Haut.* 1.19.

89, 90. *Terre émaillée, albâtre.* Images funéraires de *préposés aux arciers.* — *Haut. du n.* 90, 0.38.

91-111. *Bois, terre cuite, terre émaillée, albâtre, serpentine, etc.* Images funéraires de différens *préposés et attachés: aux constructions dans le temple de toutes les panégyries dans la demeure de Pascht* (?), Téï (91); *aux boeufs d'Amon, nommé* Baï (94); *à la demeure des lions (gardiens?)* (95, 96); *à la barque* (98); *d'attachés*, nommés Onch-hor (100-103); *d'un préposé* Irihéï 104); *d'un préposé aux portiers des palais*, Fai-hon (105); Eopiéï (106); *aux portiers* Méré-phré (107); Si-amon (108); etc.

112, 113. *Pierre calcaire.* Deux Images funéraires du *gardien d'Amon*, nommé To.

114. *Bois peint.* Image funéraire, d'un *préposé*, attaché au temple *d'Amon*, Gno; mais la légende de ce défunt, est remplacée en deux endroits par celle d'une *prêtresse d'Amon*, Siënéa ou Saboënéa, en hiérogll. peints.

115-119. *Terre cuite, pierre calcaire.* Images funéraires de *gardiens* ou *portiers:* du *gardien* Mei-ré, étendu sur un lit, vers le bout des pieds duquel on a figuré une femme (115); du *gardien de la salle blanche*, Mei-ré (116, 117); etc.

120. *Bois.* Image funéraire, renfermée dans un petit Cercueil de momie, du défunt Amen-hem-ôpt. Les légendes sur le couvercle sont relatives à Netpé (inscript.

verticale); aux quatre *génies funéraires* et aux deux
Anubis (inscriptions transversales).

P. 121, 122. *Bois peint* et *doré*. Images funéraires de
deux *fonctionnaires*, Amon-méï et Oërpiéï.

123. *Bois.* Image funéraire renfermée dans un petit
Cercueil, dont le couvercle manque, et ayant appartenu
au défunt Naschti-hor. Sur le devant du corps,
une dédication en hiérogll. sur une bande dorée.

124-182. *Bois peint, terre cuite, talc, albâtre, basalte,
terre émaillée.* Images funéraires de différens individus
non titrés: Schaé-hor (127), Mouthftouéa (129),
Gno (132), Amenôtp (135), Hornaéï (136), Mouth-
touéï (139, 140), Asch (141), Fai-nofre (142,
143), Chonsou (144), Hatti (147), Rhamsès-héi
(148), Phtahmes (149), Fai-hon (151), Fai-han-
naschtinaf (152) ,Karoï (156), ..., fils de Nofre-
Pascht (157, 160), Imôtp, fils de Pascht-irites
(167), Oohmes (168. *Haut.* 0.23), Fai-hon (169.
comp. 151), Hor-scharem, fils d'Onch (170), Harsiési, fils d'Isi-schob (171), Fai-nofre, le fils de
Sescheshapsi-hortoui (173-175), Fai-bai (180),
Piohp, fils de Hahare-pascht (?) (181, 182).

> Dans l'inscription du n. 133 une place est laissée vide pour
> le nom du défunt; l'image n. 136, est renfermée dans un
> petit Cercueil de momie en *bois*, avec une inscription
> hiérogl. gravée sur le couvercle.

183. *Plâtre* d'une Image funéraire d'un employé nommé Petamenôf.

184-342. *Terre émaillée.* Images funéraires d'individus
non titrés: Ré (188), Onch-ouon-nofre (190, 191),
Oohmes fils d'Iri-ôtp-Neith (192), Bes (?) (193),
Hapi, fils de Tou et de Ten-neith-neb (215),
Oohmes (224, 225), Ha-ré-hèt (227), Petamon
(237, 238), Bai ou Rompe-nofre (254), Phtah-
hem-hé (255-260), Ré-ha-hèt-hem-tôou-en-ré,
fils de la dame Stéï (269-290), Psamtek (291-297),
Ré-ha-hèt, fils de Sa-noub-theth (298), Ooh-

14*

mes (300), Hor (306), Ré-ha-hèt, fils de Tahor (318-337), Horout fils d'Isi-en-mehth... (341, 342), et *dédications* à Osiris *Fent-hem-pamenti* (301-304).

P. 343-349. *Albâtre; talc, terre cuite.* IMAGES FUNÉRAIRES *d'hommes*, dans les inscriptions desquelles on a laissé vide la place du nom et des titres du défunt. Le n. 345 porte un *pectoral* orné d'un *scarabée* entre le *sceptre divin* et l'emblème de la *vie.*

350-369. *Terre cuite, terre émaillée, pierre calcaire.* IMAGES FUNÉRAIRES *d'hommes*, avec inscriptions peu lisibles.

370-535. *Albâtre, basalte, terre cuite, bois, terre émaillée.* IMAGES FUNÉRAIRES *d'hommes*, sans inscriptions hiéroglyphiques.

536. *Pierre calcaire.* Grande IMAGE FUNÉRAIRE d'un *homme*, la face et les mains peintes en *rouge.* Avec inscription hiérogl. — *Haut. 0.54.*

537-540. *Albâtre, pierre calcaire, bois dur.* IMAGES FUNÉRAIRES *d'hommes*, sans légendes hiérogl-

541-543. *Terre cuite, pierre calcaire peinte et talc.* IMAGES FUNÉRAIRES *d'hommes*, d'un travail très-grossier; la dernière offre une inscription hiérogl. fausse, gravée en creux au-dessous d'une autre peinte en noir.

544. *Bronze.* IMAGE FUNÉRAIRE d'*homme.*

§ 3. FEMMES.

545-550. *Terre émaillée, bois.* IMAGES FUNÉRAIRES de *femmes*, *prêtresses*, nommées: Bôk-isi (545), Pascht-hem-hbai (548, 549), Mouth-hem-ôtp (550), etc.

551-575. *Albâtre, pierre calcaire, talc, terre cuite, terre émaillée, bois, bois peint, etc.* IMAGES FUNÉRAIRES de *femmes:* Nofret-ari (551 et 566), Hont-poni (552), Tati (558), Mouth-hem-ba (560), Touéi (561, 562), Isi (574), Nïëaéï (572).

576-578. *Bois.* IMAGES FUNÉRAIRES de *femmes*, avec inscriptions peu lisibles.

P. 579. *Bois.* Image funéraire représentant une *femme nue*, renfermée dans un petit Cercueil de momie.

580. *Bois peint.* Image funéraire d'une *femme*, avec une inscription hiéroglyphique.

Cette image et une autre d'une *femme nue*, (v. P. II. Sect. D. n. 140.) furent trouvées dans le Coffret funéraire (Q n. 11.), avec la Momie M. n. 83.

Q. Coffrets des images funéraires.

Q. 1. *Bois peint et doré.* Coffret funéraire en forme de Pylône. Face antérieure, l'image d'une *porte* fermée à deux *verroux;* le couvercle est surmonté d'un *épervier* accroupi, portant la coiffure de Socari.

2. *Id.* Coffret funéraire en forme de Pylône. Les quatre faces nous offrent la défunte Ast, debout, adorant Osiris *Fent-hem-pamenti*.

3. *Id.* Coffret funéraire en forme de Pylône. Sur les quatre faces, le défunt Naschti-thôth adorant Osiris *Fent-hem-pamenti*, Isis et Nephtys accroupies, et les *quatre génies de l'Amenti*.

4. *Id.* Coffret funéraire en forme de Pylône, ayant appartenu au défunt, *le prophète d'Amon à Thèbes,* etc. nommé Hor-sonf, *le fils du prophète d'Amon à Thèbes,* Hor-hbai, *et de la prêtresse d'Amon-Ra,* Ti-nofré-ôtp. Face antérieure: la corniche ornée du *disque ailé;* au-dessous un autre *disque;* les deux Anubis présentant des *bandelettes* et un *vase* à Phtah-Socari-Osiri, dont la tête sort du *naos.* Les légendes au-dessus et à côté de ces représentations nous offrent les titres, le nom et la filiation du *défunt,* les discours d'Osiris, et une dédication à ce dieu, les noms et les titres des deux Anubis. Face postérieure: le *scarabée* ailé, élevant le *disque* de Phré, dans lequel on

a figuré l'*épervier* du dieu ; à droite et à gauche du *scarabée*, les quatre *génies funéraires androcéphales.* Faces latérales : les quatre *génies funéraires* avec les têtes d'*homme*, de *cynocéphale*, de *schacal* et d'*épervier ;* au-dessus, la légende du *défunt* et une dédication à Osiris *Ouôn-nofre.* Le couvercle est surmonté d'un *épervier* accroupi, et orné des deux *schacals* couchés, avec leurs légendes, de deux *disques,* des titres d'Osiris *Fent-hem-pamenti,* et de la légende du *défunt.*

Q 5. *Id.* Coffret funéraire du *prêtre du temple de Mouth, le spondiste d'Amon, le scribe des divines offrandes à Thèbes,* Chons-mes, *fils du prêtre etc.,* Amon-hem-ôf. Sur l'une des faces latérales, une légende hiérogl. contenant une prière pour le défunt.

6. *Id.* Coffret funéraire, *à trois compartimens.* Sur les deux faces latérales, les images avec les légendes des quatre *génies funéraires ;* sur les trois couvercles, les légendes de la *prêtresse d'Amon,* Sa-tat-neb-en-nito.

7. *Id.* Coffret comme le précédent. Faces latérales : la *prêtresse d'Amon-Ra, le roi des dieux,* Mouth-hem-...., faisant des offrandes à une autre femme (sa mère ?). Les légendes hiérogll. sont analogues à celles des images funéraires ; les inscriptions des trois couvercles nous offrent le nom de la défunte.

8. *Id.* Coffret comme le précédent. Sur les quatre faces : le *défunt, le préposé aux sculpteurs (?) de la demeure d'Amon,* Scha-hem-tenou, recevant le breuvage divin d'Isis, la *grande mère,* sortant de l'*arbre mystique ;* le même adorant Phré et Amset, assis ; les quatre *génies funéraires,* dont deux, Amset et Hapi sont représentés à faces humaines. Sur les trois couvercles, les légendes du défunt.

9. *Id.* Coffret funéraire en forme de Sarcophage, avec un couvercle cintré. L'inscription autour du coffret contient la légende de Staéïoéï. Sur le dessus du couvercle, deux *barques.*

10. *Id.* Coffret comme le précédent, avec couvercle

plat. Sur les faces latérales, le *défunt* offrant une *image funéraire* à un *génie* accroupi devant un autel, sur lequel on voit un *crocodile*, et la légende du *défunt*. Sur les deux bouts, I s i s et N e p h t y s déplorant la mort d'O s i - r i s. Sur le dessus du couvercle, une *barque à voile*.
Q. 11. *Pierre calcaire et bois peint.* Coffret en forme de Sarcophage. Sur les deux bouts, I s i s et N e p h t y s déplorant la mort de leur frère, et N e t p é, agenouillée, les mains élevées. Sur le dessus du couvercle, une bande d'hiérogll. avec une dédication à O s i r i s.

Ce coffret fut trouvé avec la Momie M. n. 83 et renferme une statuette de femme (D. n. 140), et une *image funéraire* (P. 580).

R. Vases funéraires.

Les parties intérieures du corps; embaumées séparément et enveloppées de bandages, étaient renfermées dans quatre vases funéraires, qu'on a à-tort nommés *Canopiques*. Ces vases, placés dans un Coffret en *bois*, ou un Sarcophage en *pierre* (v. infra, Sect. S. n. 1.) étaient déposés auprès de la momie dans le tombeau. Les couvercles nous offrent souvent les têtes des *quatre génies de l'A m e n t i*, fils d'O s i r i s, qui, de concert avec A n u b i s, présidaient à l'embaumement du corps: A m s e t, à tête *humaine*, H a p i ou A p i, à tête de *cynocéphale;* S i o u m o u t f, à tête de *schacal* et K e b h n i - s n a u f, à tête d'*épervier*. Souvent aussi les couvercles de tous les quatre vases portent la tête *humaine*, de même que les monumens nous offrent les images des quatre *génies, androcéphales*. Quelquefois des vases, qui avaient servi aux vivans, et à des usages domestiques, étaient employés comme vases funéraires, comp. p. ex. le vase décrit dans la IIe Partie, Sect. H. n. 351. — Le Musée possède encore des vases destinés à contenir les parties intérieures du corps, qui nous offrent une forme entièrement différente de celle des vases funéraires. Les inscriptions contiennent des *prières* pour le *défunt*, adressées aux génies *funéraires* et aux déesses Isis, Nephtys, Neith et Selk.

R. 1-4. *Albâtre oriental.* Quatre Vases funéraires, avec couvercles représentant une tête *humaine*, ayant renfermé les parties intérieures du corps d'un *préposé aux auditeurs des ....*, nommé Nofre. — *Haut.* 0.445.

5-7. *Albâtre oriental.* Trois des Vases funéraires, couvercles à tête *humaine*, (Hapi, Sioumoutf et Kebhnisnauf), ayant appartenu à un *fonctionnaire* nommé Phtahmes. — *Haut.* 0.50.

8-11. *Albâtre oriental.* Vases funéraires comme les précédens, du *basilicogrammate, l'attaché au palais (de Memphis?)* nommé Eopeiï, *fils du scribe* Héti, *petit-fils du scribe,* Meresou-ré. Les nn. 8 et 10 ont chacun une ligne verticale d'hiérogll. sur le devant de la panse; sur les deux autres les inscriptions du couvercle, autour et sur le dessus de la tête, nous offrent, outre le nom et la filiation du défunt, une prière adressée à la *déesse de l'Amenti, afin qu'elle accorde un bon sarcophage au scribe* Eopeiï. — *Haut.* 0.50.

12-15. *Pierre calcaire.* Vases funéraires comme les précédens, avec couvercles représentant les têtes des quatre *génies funéraires.* Sur la panse du n. 13, le nom d'Hapi; l'inscription du n. 14 n'est pas achevée. — *Haut.* 0.38.

Ces vases n'ont pas encore été ouverts.

16-18. *Albâtre oriental.* Trois des Vases funéraires, avec les couvercles à tête d'Amset, d'Hapi et de Kebhnisnauf, appartenant à la *dame* Irirou. — *Haut.* 0.42.

19-22. *Albâtre zoné.* Quatre Vases funéraires, avec couvercles représentant les têtes des *génies funéraires;* avec inscriptions relatives au défunt Harout. Sur cha-

que vase on a figuré à la fin de l'inscription l'image
d'un des *génies*. — *Haut.* 0.40.

R. 23-26. *Pierre calcaire*, les inscriptions peintes. Quatres Vases funéraires comme les précédens, du défunt
Dsjot-Chonséï, *fils du divin* Mei-hor. Les inscriptions diffèrent de la formule ordinaire et nous offrent une
dédication à Osiris-Socari. — *Haut.* 0.33.

27-30. *Albâtre oriental.* Quatre Vases funéraires comme les précédens, ayant appartenu au *prêtre royal, ai-
mant la vérité, le scribe royal des arciers*, nommé Hou-
teo-iri, le fils de Neithoker (Nitocris). — *Haut.*
0.34 à 0.37.

31-33. *Pierre calcaire.* Trois Vases funéraires, avec
couvercles représentant les têtes d'Hapi, de Sioumoutf
et de Kebhnisnauf, ayant appartenu à un homme
nommé Takeloth. — *Haut.* 0.25.

> Le nom propre Takeloth, est renfermé dans un cartou-
> che, peut-être à cause de la similitude avec celui du
> Pharaon Takeloth de la XXII dynastie des Rois
> Bubastites. V. ma Lettre etc. pg. 112, Pl. XXII nn.
> 224, 225. Sur le vase n. 31 le nom d'Hapi est indiqué
> symboliquement par *deux oiseaux*, c. à d. *le second esprit.*

34-37. *Pierre calcaire*, les hiérogll. peints. Quatre
Vases funéraires, avec couvercles représentant les têtes
des *génies funéraires*, du défunt Hor-pen-menti. —
Haut. 0.335.

> Ces vases contiennent encore les parties intérieures du dé-
> funt, embaumées et enveloppées en *toile*; ils furent trou-
> vés, d'après les renseignemens joints à la collection
> d'Anastasy, dans le *coffret funéraire*, Sect. S. n. 2;
> mais ce coffret, à en juger d'après l'inscription, a ap-
> partenu à un autre défunt.

38-41. *Pierre calcaire.* Quatre Vases funéraires comme
les précédens, ayant appartenu au *prophète d'Amon* etc.,
nommé Pahos. Les inscriptions contiennent des dédicaces aux quatre génies, *afin qu'ils accordent: Amset,
des offrandes, Hapi, une transmigration; Sioumoutf,*

une bonne demeure ; et *Kebhnisnauf, des pains et des parfums au défunt.* — *Haut.* 0.205.

Les vases étant massifs n'ont pas pu servir à contenir les viscères du défunt. Suivant les renseignemens joints à la collection d'ANASTASY, ils furent trouvés dans le *coffret funéraire,* S. n. 3.

R. 42, 43. *Albâtre oriental.* Deux VASES FUNÉRAIRES, avec couvercles à tête d'Hapi et de Kebhnisnauf, du *défunt* Pirimeh, *le fils de* Tepench-Sébek. — *Haut.* 0.30.

44, 45. *Albâtre oriental.* Deux VASES FUNÉRAIRES, avec couvercles à tête *humaine,* et inscriptions relatives à Sioumoutf et Kebhnisnauf; ayant appartenu au défunt Son-ôtp. — *Haut.* 0.29 *et* 0.275.

46, 47. *Albâtre oriental.* Deux VASES FUNÉRAIRES, avec couvercles à tête de Sioumoutf et de Kebhnisnauf, ayant appartenu au défunt Ré-ha-hèt, *le fils de la dame* Tia. — *Haut.* 0.33 *et* 0.305.

48-55. *Albâtre oriental.* VASES FUNÉRAIRES de différens défunts: de Ré-ha-hèt (48, couvercle à tête d'Amset); Ré-ha-hèt-Neithmei (49, couvercle à tête d'Amset); d'un *grand-prêtre d'Amon,* Hor-hbai (50, couvercle à *tête humaine,* inscription relative à Sioumoutf); *du seigneur des vigilans* Nofre-ré-ha-hèt, *le fils de* Psamtek (Psamétichus) *et de la dame* Tases (51, couvercle à tête d'Hapi); d'Hor-en, fils d'Hornaschti (52, couvercle à tête d'Hapi); du *préposé aux prophètes, le chef* ... Son-nofre (53, couvercle à *tête humaine,* inscription relative à Kebhnisnauf); Ei-môtp, *le fils de* Neithokr (Nitocris) (54, couvercle à tête *humaine,* inscription relative à Hapi); et de la *princesse* Seten-isi, *la fille de* Ti-osiris (55, couvercle à tête de Sioumoutf). — *Haut.* 0.32 *à* 0.42.

56, 57. *Albâtre oriental* et *pierre calcaire.* VASES FUNÉRAIRES, couvercles à tête de Sioumoutf et de Kebhnisnauf; inscriptions relatives à Amset et à Hapi. — *Haut.* 0.28 *et* 0.295.

Les inscriptions prouvent que le couvercle placé sur le n. 56 a appartenu au troisième des quatre vases, dont le Musée possède le premier. Le n. 57, appartenant au défunt I r i r o u i, est le second des vases funéraires, mais il porte le couvercle du quatrième.

R. 58. *Pierre calcaire*, les hiérogll. peints. VASE FUNÉRAIRE, avec couvercle à tête de S i o u m o u t f. L'inscription est presque effacée. — *Haut.* 0.325.

59-61. *Terre cuite* peinte en *rouge*, avec inscriptions hiérogll. en *noir*. Trois VASES FUNÉRAIRES, couvercles à *tête humaine*, et inscriptions relatives à A m s e t, H a p i et K e b h n i s n a u f; ayant appartenu à un *chantre*, nommé A m e n - h e m - h é. — *Haut.* 0.35.

62. *Terre cuite*. VASE FUNÉRAIRE, couvercle à *tête humaine*, inscription relative à A m s e t, ayant appartenu à un *chantre du temple du dieu bon*, nommé H é ï. — *Haut.* 0.365.

Ce vase, ainsi que les trois précédens, paraissent appartenir à la XVI dynastie.

63-65. *Terre cuite*. VASES FUNÉRAIRES, couvercles à *tête humaine*, inscriptions relatives à A m s e t, H a p i et S i o u m o u t f; ayant appartenu au *protoprophète de M o n t h*, nommé N o f r e - A m o n. — *Haut.* 0.41.

Un de ces vases contient encore les restes des viscères.

66. *Terre cuite*. VASE FUNÉRAIRE, couvercle à *tête humaine*, inscription relative à H a p i; ayant appartenu à un *chantre et portier* (?) *d'A m o n*, A m e n ô t p. — *Haut.* 0.365.

Les vases nn. 63-66 paraissent appartenir au temps de la XVIII dynastie.

67, 68. *Terre cuite*. Deux VASES FUNÉRAIRES, ayant appartenu à *l'auditeur de la justice, dans la salle du trône*, nommé M e h t - n a s c h t i. — *Haut.* 0.22.

Ces vases contiennent encore les restes des viscères embaumés. Les inscriptions sont peintes en dix lignes verticales d'hiérogll. très grands, autour de la panse.

69. *Terre cuite*, peinte en *vert*, les hiérogll. en *noir*.

Vase funéraire, le couvercle à tête *humaine;* ayant appartenu au défunt Baik-ti-oernouri (?). Sur la panse on a figuré Osiris *Ouôn-nofre,* assis sur son trône, et le *défunt* faisant des offrandes au dieu. Une inscription au-dessous de cette scène contient une dédicace à Anubis. — *Haut.* 0.36.

R. 70. *Terre cuite.* Vase funéraire, couvercle à tête *humaine.* Sur la panse, Anubis assis sur un trône devant une table à offrandes; au-dessus de la table, le nom hiérogl. d'Hapi. — *Haut.* 0.37.

71. *Terre cuite.* Vase comme le précédent, ayant appartenu au *Basilicogrammate du palais de Phtah,* nommé Amon... Sur la panse on voit le *défunt* offrant à Osiris assis sur son trône. Sur le dessous du couvercle est gravé l'hiéroglyphe phonétique u. — *Haut.* 0.32.

72. *Terre cuite.* Vase funéraire comme le précédent, ayant appartenu au *Grammate de Phtah,* nommé Ari...? — *Haut.* 0.28.

73-76. *Albâtre oriental.* Quatre Vases funéraires, avec couvercles à tête *humaine;* sans inscriptions.—*Haut.* 0.48.

77-80. *Albâtre zoné.* Quatre Vases comme les précédens. — *Haut.* 0.47.

81-84. *Pierre calcaire.* Deux paires de Vases funéraires, comme les précédens; les têtes des deux premiers peintes en *rouge.* — *Haut.* 0.40, 0.305 *et* 0.38.

85-89. *Albâtre zoné.* Cinq Vases funéraires, avec couvercles *cintrés,* et garnis d'un *pommeau;* sans inscriptions. — *Haut.* 0.32.

90-92. *Albatre zoné.* Trois Vases funéraires, en forme de *boîtes oblongues,* avec couvercles plats.— *Haut.* 0.335, *long.* 0.335.

93-102. *Terre cuite peinte, marbre, albâtre.* Dix *couvercles* de Vases funéraires, dont six représentent des têtes *humaines;* deux des têtes d'Hapi, et deux des têtes de Kebhnisnauf.

S. Coffrets des vases funéraires.

———

S. 1. *Grès-granitique.* Grand coffret funéraire, imitant un *naos* monté en *traineau*, couvert d'hiéroglyphes et de figures sculptés, et ayant renfermé les Vases funéraires du *Basilicogrammate, le préposé à la maison, le chef à Memphis*, Amenôtp, la légende duquel se lit dans les bandes hiéroglyphiques horizontales, sur la partie supérieure des quatre faces. Face antérieure: Selk et Neith; face postérieure: Isis et Nephtys, avec les légendes hiérogll. relatives à ces déesses et contenant les discours qu'elles adressent au *défunt*. Face latérale droite: les deux génies Amset et Sioumoutf, avec leurs légendes hiérogll. et celles d'Anubis. Face latérale gauche: les génies Hapi et Kebhnisnauf, avec leurs légendes, et les légendes de l'Amenti et de Phré. Couvercle: au milieu, l'image de Netpé, les ailes et les bras étendus; légendes relatives au *défunt*, à Netpé, à Phré, etc. Vers la face postérieure, les deux *schacals* couchés sur des naos. — *Long.* 1.10; *larg.* 0.90; *haut. avec couv.* 0.86.

Remarquez que sur les faces latérales Sioumoutf et Kebhnisnauf sont tous les deux figurés à tête de *schacal*.

2. *Bois peint.* Coffret *carré*, avec un couvercle mobile en forme de *toit de naos*, ayant servi à contenir les Vases funéraires du défunt Amenôtp. Les quatre faces sont décorées de différentes peintures: sur la première l'on a figuré une *porte* fermée à deux verroux, et ornée des figures de Thôth *ibiocéphale* et d'Horus *hiéracocéphale*, versant un liquide d'un vase, qu'ils tiennent dans leurs mains. Au-dessus de la porte, le *disque ailé* d'Harhat; à droite Isis, à gauche Nephtys, debout. Seconde face: Isis *ptérophore*. Faces latérales, à droite: Amset et Hapi, face gauche, Sioumoutf et Kebhnisnauf, debout, dans des *naos*. Une inscription sur le dessus du couvercle et continuée sur la face posté-

rieure du coffret, contient une dédicace à O s i r i s, *résidant dans l'A m e n t i, le dieu grand, seigneur d'A b y d o s,
afin qu'il accorde différens biens au défunt* A m e n ô t p.

D'après les renseignemens joints à la collection d'ANASTASY,
les quatre vases funéraires, Q. nn. 34-37, seraient trouvés dans ce coffret, quoique leurs inscriptions soient relatives à un autre défunt.

S. 3. *Bois peint.* COFFRET *carré*, avec un couvercle mobile, en forme de *toit de naos.* Le coffret est placé sur
un *brancard.* Sur la face antérieure, une *porte à deux
verroux,* surmontée du *disque ailé* d'H a r h a t; à droite
I s i s et un *uréus* coiffé de la partie inférieure du *pschent,*
et dressé sur un *lotus,* à gauche N e p h t y s et un *lotus*
avec un *uréus* coiffé du *pschent.* Les trois autres faces
sont ornées de fleurs de *lotus.* L'inscription sur le dessus du *naos* contient une dédicace à O s i r i s *Fent-hem-
pamenti.*

D'après les renseignemens joints à la collection d'ANASTASY,
les vases 38-41, seraient trouvés dans ce coffret.

4. *Bois peint.* COFFRET *carré,* avec deux couvercles,
l'un plat à bouton, l'autre cintré, ayant contenu les
VASES FUNÉRAIRES d'un roi S e b a k - h e m - ô f. Les quatre
faces sont ornées de quatre *schacals* couchés sur des autels. Sur la première face on lit la légende du roi S e-
b a k - h e m - ô f, *l'aimé d'I s i s et de N e p h t y s;* sur la
face postérieure, le voeu: *qu'I s i s étende ses bras sur le
roi* S e b a k - h e m - ô f, *l'aimé d'H a p i;* et la légende du
roi. Faces latérales, droite: légendes du roi, qualifié
l'aimé d'O s i r i s, d'A n u b i s et d'H a p i; face gauche:
que N e p h t y s étende ses bras sur le roi S a b a k - h e m - ô f,
et légendes du roi qualifié, *l'aimé de S i o u m o u t f et
de K e b h n i s n a u f.* Les trois légendes sur le dessus du
couvercle cintré, qualifient le roi, *l'aimé d'O s i r i s.*
Sur le couvercle intérieur, plat, sont figurés quatre *vases
funéraires,* avec couvercles représentant des têtes *humaines,* ornés d'inscriptions analogues à celle des vases
funéraires, et contenant des prières à N e p h t y s, N e i t h,

Selk et Isis, pour le roi Sebak-hem-ôf, assimilé
aux génies funéraires.

Voyez les cartouches dans ma Lettre, pg. 129, Pl. XXIII.
nn. 236, 237, 238; et Monumens égyptiens du mus.
d'antiqq. des pays-bas, Tabl. ?. n. 80, texte pg. 76.

T. Manuscrits funéraires.

Les Mss. funéraires étaient placés sur le corps des momies, entre les bandages, dans le cercueil, mais ordinairement, roulés et renfermés dans des Statuettes en
bois (v. la section Y) à côté du cercueil. Un des papyrus du Musée (le n. 2) fut trouvé, plié en treize grandes feuilles, et étendu sur le corps d'une momie. Ils
nous offrent tous des extraits plus ou moins complets du
Grand rituel funéraire ou livre des manifestations a la
lumière, de l'âme dans l'amenti, dont le Musée de *Turin*
possède un exemplaire complet. Ces extraits cependant
ne se suivent pas toujours dans le même ordre. Le contenu est relatif au sort de l'âme après la séparation du
corps, aux différentes stations qu'elle est censée parcourir pour s'élever jusqu'à l'Être suprème, dont elle était
sortie, et nous offre, dans un texte hiéroglyphique ou
hiératique, illustré de tableaux et de vignettes, les prières que le défunt adresse aux divinités.

Les savans qui ont eu l'occasion d'étudier le magnifique
Rituel de *Turin*, ont adopté une division de l'entier en
Parties, Sections et Chapitres; mais il faudra attendre la
publication de cet intéressant monument, pour que cette
division puisse généralement être admise. Nous espérons
que l'ami et le collaborateur de champollion, le célèbre
Professeur de Pise, voudra rendre ce nouveau service à
l'étude des hiéroglyphes (1); car le monument est indis-

(1) V. rosellini, I Monumenti della Nubia e dell' Egitto,
Monumenti Civili. T. III. p. 291.

pensable pour l'explication des Mss. funéraires. Deux ri-
tuels funéraires sont publiés dans la *Description de l'Égypte*, mais ils ne sont pas complets dans toutes leurs parties.
Feu M. SALVOLINI s'était proposé de publier les vignettes
avec les commencemens du texte de chaque chapitre (1),
mais une mort prématurée nous a ravi ce savant, avant
qu'il pût accomplir sa promesse.

Nous avons provisoirement adopté pour la description
de nos papyrus, une division en trois parties. La première comprend *l'adoration d'O s i r i s et de P h r é*, et
la scène du *transport de la momie*, elle finit avec le grand
tableau de *l'adoration du S o l e i l et de la L u n e*. La
seconde partie contient le tableau des *champs de la
déesse T m é*, et finit avec celui du *jugement de l'âme
dans l'Amenti*. Tout le reste est compris dans la troisième partie. Les sujets de chaque vignette étant indiqués
pour les principaux papyrus que le Musée possède, les
savans qui s'occupent de l'archéologie Égyptienne pour-
ront facilement reconnaître les sections et les chapitres
contenus dans les textes de nos Mss.

Il y a encore une autre classe de Mss. funéraires, de
laquelle nous parlerons plus bas, § 4 des Mss. FUNÉRAIRES
ASTROLOGIQUES.

§ 1. MANUSCRITS HIÉROGLYPHIQUES.

T. 1. *Papyrus*. Ms. HIÉROGLYPHIQUE. Extraits des trois Parties du RITUEL FUNÉRAIRE, ayant appartenu à S a - n a s c h t-
o u i (ou S a - s c h ô o u i), *fils de* ... (les noms du père
et de la mère ne sont pas ajoutés dans l'espace vide après
l'expression *fils de*). Les tableaux et les vignettes sont
coloriés, le texte est écrit en hiérogll. linéaires et se lit
de droite à gauche.

(I° Partie du Rituel.) **1°.** Le défunt adorant O s i r i s

---

(1) V. F. SALVOLINI, Analyse Grammaticale de différens textes
Égyptiens. Par. 1836. Vol. I. Préf. pg. XXVIII.

Fent-hem-pamenti assis sur son trône; **2°**. Transport de la momie dans l'hypogée de sa famille: on y voit la *barque* avec la *momie* du défunt, étendue sous un catafalque, entre I s i s et N e p h t y s, qui déplorent sa mort comme celle-de leur frère O s i r i s; après cette barque suit un *traineau* avec le *coffret* qui contient les vases funéraires (v. Sectt. R. et S.), et sur lequel est couché le *schacal*, emblème d'An u b i s; deux prêtres suivent avec un autre *coffret* placé également sur un *traineau*, et contenant les *images funéraires* (v. Sectt. P. et Q.); enfin des *femmes* et des *hommes*, parens ou amis du défunt, suivent le cortège, indiquant leur deuil par leurs gestes. La barque est précédée de trois *prêtres* avec une vache (emblème d'H a t - h o r), et quatre autres *prêtres* portant des *enseignes* sacrées. Vers la gauche, des *prêtres* faisant des offrandes, à l'entrée des hypogées, indiquée par deux *obélisques*; la *momie*, placée sous la protection et dans les bras d'A n u - b i s, est purifiée pour la dernière fois par un *prêtre*, tandis qu'une femme agenouillée lui adresse ses derniers adieux. Derrière A n u b i s on voit la *stèle sépulcrale*, avec l'inscription: O s i r i s, *résidant dans l'A m e n t i, le dieu grand, seigneur d'A b y d o s*, placée devant l'entrée même du tombeau. **2°**. Le *défunt* adore P h r é assis sur son trône; **3°**. Grand tableau à quatre registres; dans le registre supérieur le *défunt*, dans une même *barque* avec P h r é et deux parèdres, adore ce dieu; dans le second registre il adore, avec son épouse, le *disque rayonnant* du S o l e i l; dans le troisième, quatre *cynocéphales* et deux *éperviers androcéphales* adorent le dieu M o u i (?) ou O o h (?) avec le *disque de la lune*; le quatrième registre enfin nous représente le *défunt* avec son *épouse* recevant les offrandes de leur fils (?).

(II° Partie.) **1°**. le défunt adorant T h ô t h *ibiocéphale*, O s i r i s, A n u b i s, H a r o ë r i, coiffé du *pschent*, I s i s, A m s e t, H a p i, M o u i et S e b (?) coiffé de la partie supérieure du *pschent*; **2°-5°**. le défunt combattant ou tuant les *crocodiles*, l'âne, le *serpent* etc.; **6°**. *l'éper-*

vier embaumé; **7.** la *vache* d'Hathor; **8°-10°**. le défunt devant l'emblème de l'*occident*, avec le *serpent* à jambes *humaines*, devant l'emblème d'une *région mystique;* **11°**. adorant le *disque rayonnant;* **12°**. la tête de Phré, *androcéphale* dans la *fleur* de *lotus;* **13°**. Phtah; **14°-16°**. l'oiseau Benno et un autre oiseau, et l'*épervier androcéphale*, emblèmes de l'âme; **17°**. l'*hirondelle;* **18°**. l'*uréus androcéphale;* **19°**. le *défunt* étendu sur son *lit funèbre*, avec l'*âme* planant au-dessus; **20°**. le *défunt* avec l'*âme;* **21°**. avec l'âme renfermée dans un *naos;* **22°**. présentant ses offrandes à Thôth *ibiocéphale*, accroupi devant le signe de l'*occident;* **23°, 24°**. dans les *barques* du Soleil; **25°**. agenouillé sur un *naos*, vis-à-vis de deux *génies* accroupis également sur un *naos;* **26°**. adorant, à l'entrée d'une *demeure* céleste; **27°**. la barque de Thore (l'une des formes de Phré à tête de *scarabée*); **28°-31°**. le *défunt* adorant Osiris avec Isis, un autre *dieu*, et deux *génies* accroupis; **32°**. tableau divisé en quatre registres représentant les champs de Tmé, la déesse de la *vérité* et de la *justice*, *a.* le *défunt* accompagné de Thôth se présente devant deux *génies* accroupis; il traverse le *Nil céleste* dans une *barque*, et il adore l'*épervier* placé sur un *naos* vis-à-vis d'une *momie; b.* le *défunt* conduisant deux *boeufs* et coupant la moisson; agenouillé devant l'*oiseau* Benno; debout, adorant le dieu Hapi-môou, ou le *Nil; c.* le *défunt* labourant et semant du blé; *d.* trois *génies* accroupis, et deux *barques*, avec l'*escalier mystique* et le *trône*, la dernière placée sur une *hauteur*. Le *Nil céleste* entoure et coupe ces champs élysées; **33°-37°**. le défunt adorant les *génies* de l'*Orient* et de l'*Occident*, Thôth, Atmou, Pascht, etc.; **38°, 39°**. le *défunt* avec Anubis, à l'entrée d'une autre *demeure* céleste; **40°**. le *défunt* adorant trois *divinités;* **41°**. Grand tableau du *jugement de l'âme dans l'Amenti, devant le tribunal d'Osiris.* Un grand *naos*, dont la corniche est surmontée d'*uréus* dressés, de *plumes d'autruche*, et de *vases* remplis d'un *feu liquide;* au milieu, un *dieu*

accroupi, les bras étendus, et soutenant les *yeux symboliques*. Dans le temple, on voit au centre, la *balance*
infernale surmontée de l'image d'un *cynocéphale* assis;
Anubis pèse l'image du *défunt* contre celle de Tmé, et
Thôth *ibiocéphale* accompagné de Tmé, se prépare à
noter sur sa palette d'écrivain le résultat; près de la balance, on voit deux *coudées* ornées d'une tête *humaine*;
à droite, le *défunt*, guidé par Tmé, se présente devant un
naos avec les figures accroupies de sept génies; à gauche
Horus, coiffé du *pschent*, rapporte le résultat de la psycostasie à Osiris, assis sur son trône dans un riche
naos, et accompagné de ses soeurs Isis et Nephtys,
l'oeil symbolique plane au-dessus, et les quatre *génies
funéraires* se trouvent sur un *calice de lotus* devant le dieu.
Derrière Horus on a figuré le *cerbère Égyptien* nommé
Tôm, ou Omt, animal fantastique composé de la tête
de *crocodile*, avec la partie antérieure du *corps* de *lion*,
et la partie postérieure d'*hippopotame*; 36 des 43 *juges
parèdres*, sont accroupis au-dessus de cette scène.

(IIIe Partie). **1°**. le *défunt* adore Osiris *le seigneur de
Tatou*, et traverse avec son *âme*, dans une *barque*, *l'eau*
pour arriver à la région de ce dieu; **2°**. le défunt adore
11 *gardiens* des demeures célestes, debout devant des
portes, et armés de *couteaux*; **3°**. 11 autres *gardiens*, armés
de *couteaux*, accroupis dans des *naos* surmontés de *serpens*, de *chats*, de *divinités*, etc.; **4°**. Cinq *divinités*, à
têtes d'*homme*, de *taureau*, d'*épervier*, de *bélier* et de
cynocéphale; **4°**. Tableau représentant un grand *naos*,
dans lequel on voit: *a*. le défunt adorant la momie d'Osiris *hiéracocéphale*, coiffée de l'*otf*, dans les bras d'Hathor
qui porte ici la *plume d'autruche* de Tmé; *b*. les sept *vaches* et le *taureau sacré*; *c*. les quatre *gouvernails* des *barques* des quatre *points cardinaux du ciel*, avec les *yeux
symboliques*; *d*. les *génies* de ces parties célestes; **5°-7°**.
génies gardiens de diverses demeures célestes, armés de
couteaux; **8°**. *hippopotame* dressé; **9°**. le *scarabée*; **10°**.
divinité à tête de *lièvre*, tenant deux *arcs* dans les mains;

15 *

11°. le *défunt* étendu sur un *lit funèbre*, le *disque rayonnant* planant au-dessus de son corps embaumé; **12°-16°.** les emblèmes de la *stabilité* et des *bandages*, le *vautour*, l'ornement *osh*, et les deux *colonnes d'or;* **17°.** Tableau représentant les quatre Thôth ouvrant les *portes* des quatre *points cardinaux du ciel;* **18°.** l'*oeil symbolique* à jambes *humaines* et *ptérophore;* **19°.** le serpent de Chnouphis, à *jambes humaines;* **20°-23°.** les *divinités cosmogoniques*, Phtah *Panthée* et Amon; **24°.** Chnouphis; **25°.** Hathor et, **26°.**, la *vache sacrée* de cette déesse. — *Long.* 6.80, *haut.* 0.31.

Ce Papyrus est publié dans la seconde et la troisième livraisons des Monumens égyptiens, etc.

T. 2. *Papyrus*. Ms. hiéroglyphique contenant des extraits du Rituel funéraire, d'un homme nommé Mouti-knona. Le Revers porte vers le commencement, l'intitulé du Ms., et le nom du *défunt*, en caractères hiératiques très-grands. Le papyrus lui-même nous offre les scènes suivantes:

(I^e Partie.) **1°.** Le *disque* du Soleil élevé au-dessus des montagnes célestes par deux *bras*, qui reposent sur les emblèmes de la *vie* et de la *stabilité;* six *cynocéphales*, et deux déesses (Isis et Nephtys), agenouillées adorent le *disque;* **2°.** le *défunt* et son *épouse* (?), le premier avec trois *tiges de papyrus* dans la droite, en adoration devant la scène que nous venons de décrire; ils prononcent une prière au *Soleil, qui luit dans l'Orient*, cette prière est conçue en 23 lignes d'hiérogll. **3°.** L'*épervier discophore* de Phré, sur le signe de l'*Occident*, au pieds des montagnes (emblème du Soleil *couchant*) adoré par trois génies à tête de *schacal*, et trois autres, *hiéracocéphales;* **4°.** deux *lions discophores*, assis dans un bosquet de *papyrus*, et adoré par les déesses Nephtys et Isis, agenouillées; **5°.** l'*âme* du défunt sur un petit *naos*, devant une table à offrandes; au-dessus, le *défunt* lui-même agenouillé; **6°.** même scène que celle du n. **2**, la prière est conçue en 16 lignes d'hiérogll., qui se lisent, aussi bien que l'inscription du n. **2**, de gauche à droite, mais tous les caractères sont tournés vers la droite, c. à d., vers l'emblême du Soleil; **7°**. Transport de la *momie* (comp. la déscription du Pap. 1. I^e Part. n. **2**. Un *prêtre* revêtu d'une peau de *panthère* précède la *barque*, tenant dans sa droite un *encensoir*, dans sa gauche un *vase à libations*. Cinq *hommes*, vêtus de la *calasiris*, et trois autres, la tête rasée, et revêtus du *schenti*, tirent le traineau avec la *barque*; ce groupe est conduit par un *homme* revêtu de la *calasiris*, et précédé de deux *vaches* à côté desquelles on voit un *homme* semant du blé; quatre hommes vêtus du *schenti* portent le *coffret* avec les *vases funéraires*, cinq autres *hommes*, vêtus de la *calasiris* suivent le cortège, les bras pliés sur la *poitrine*.

(IIe Partie.) **1°**. Scène du jugement (v. Pap. n. 1. IIe Partie, **41**). Le *vase funéraire* avec le coeur du défunt est pesé contre l'image de Tmé; la balance est surmontée d'une tête de *schacal;* un *cynocéphale*, la tête ornée du *disque* et du *croissant* combinés, emblème d'Ooh-Thôth, est assis sur un *naos;* le défunt est présenté à Osiris par Anubis; un peu plus loin il est agenouillé devant une table à offrandes, adorant Osiris *Ouôn-nofre, le seigneur de l'Amenti;* **2°**. Le défunt assis sur une *chaise* dans une chambre hypostyle, devant un échiquier; **3°**. l'*âme* et le défunt agenouillé adorent le *disque* du Soleil, placé sur les dos de deux *lions*, et l'oiseau *Benno;* **4°**. Un *catafalque* avec la *momie* étendue sur un *lit funèbre*, entre deux *éperviers;* **5°**. Deux divinités, dont la *chair* est peinte en *vert*, l'une debout entre deux *bassins d'eau*, l'autre agenouillée, tenant le *sceptre des années*, entre ces dieux l'*oeil symbolique;* **6°**. La *montagne céleste*, surmontée d'une *porte* fermée à deux *verroux;* **7°**. la *vache* embaumée d'Hathor; l'*oeil symbolique* et un *génie* accroupi à tête de *chien;* **8°**. un *sarcophage*, placé entre les quatre *génies funéraires*, et gardé par un *schacal* couché; une tête *humaine* sort du milieu du sarcophage; **9°**. Deux *momies* assises sur des trônes; **10°**. *génie hiéracocéphale* et P h t a h, accroupis; **11°**. un *chat* coupant la tête à un énorme *serpent* près d'un *arbre;* **12°**. le *défunt* agenouillé adorant le *disque* du S o l e i l; **13°**. Deux *cynocéphales* accroupis, adorant la *barque* avec le dieu T h o r e, à tête de *scarabée;* derrière la *barque*, le *défunt* agenouillé; deux *autels*, un génie gardien à tête de *chien*, deux *momies* avec les *yeux symboliques* planant au-dessus de leur tête, un *épervier* volant au-dessus de l'*oie chénalopex*, et quatre *génies* accroupis à tête d'*épervier*, d'*homme*, d'*ibis* et d'O s i r i s; **14°**. La *barque* avec le *disque* du S o l e i l, dans lequel on voit l'image du dieu sous la forme d'une *momie* humaine; **15°**. Le défunt adorant l'*uréus* dressé sur une tige de *papyrus* et le *lion* couché sur une *enseigne.* **16°**. Le défunt debout et deux *prêtres*, revêtus d'une *peau de panthère*, adorant 40 divinités embaumées, ou accroupies, T h ô t h, les *génies funéraires*, I s i s, N e p h- t y s, O s i r i s *Fent-hem-pamenti*, P h r é, etc. **17°**. Le dé- funt agenouillé adore P h r é *hiéracocéphale*, *discophore*, accompagné de deux dieux *parèdres androcéphales;* **18°**. Le *défunt* adorant A t m o u et deux dieux *parèdres an- drocéphales*, accroupis; **19°**. une *porte* ouverte, et deux *génies* accroupis à têtes de *lion* et de *vautour;* **20°**. Phré embaumé, *hiéracocéphale*, *discophore*, accroupi, et adoré par deux autres *génies* accroupis et le *défunt* agenouillé; **21°**. Tableau représentant l'embaumement de la momie par A n u b i s. Au centre du tableau nous voyons un *naos* dans lequel A n u b i s embaume la momie étendue sur un *lit funèbre*, à droite et à gauche, I s i s et N e p h t y s agenouillées. L'encadrement de cette scène est entouré des *quatres génies funéraires*, *androcéphales*, sur les quatre *coins*, de l'emblème de la *stabilité*, d'un *autel*, du *scha- cal* couché sur un *naos*, et d'une *momie humaine;* der- rière les génies sont encore figurées deux *âmes* représen- tées sous la forme d'*éperviers androcéphales* et deux *mo- mies;* **22°-24°**. Les oiseaux B e n n o et le *bélier*, emblè-

mes de l'*âme*; **25°** et **26°**. *l'épervier* et *l'hirondelle*;
27°. le *défunt* assis sur une *chaise*, dans une *barque*,
accompagné d'Isis; **28°**. Osiris *Fent-hem-pamenti*, assis sur un *trône* dans un *naos*; devant le naos la momie
d'Horus *hiéracocéphale*; derrière le naos une *momie
humaine*, mais portant le nom d'Isis écrit au-dessus de
la tête; **29°** le *schacal* couché sur un *coffret funéraire*,
à droite et à gauche les quatre *génies funéraires androcéphales*; **30°**. Tableau du jugement de l'*âme* devant le
tribunal des 42 *juges*. Le *vase* avec le *coeur* du défunt
est pesé dans la *balance* infernale par Thôth *ibiocéphale*
en présence d'Osiris *Fent-hem-pamenti*, identifié avec
Atmou; le défunt suppliant avec les bras croisés sur
la poitrine, les deux déesses de la justice; le défunt
prononçant la confession négative devant les 42 *juges*,
parèdres d'Osiris.

(IIIe Partie.) **1°**. Le *bassin* avec le feu liquide, sur
les bords duquel on voit les quatre *cynocéphales* accroupis et quatre fontaines jettant du feu; sur l'intérieur des
bords, dix *uréus*; **2°**. *génie crocodilocéphale*, le *serpent*
à jambes *humaines*; **3°** et **4°**. *Barques* avec deux *éperviers discophores*, debout sur des *enseignes*; **5°**. *Barque*
avec le dieu Phré, accompagné de deux *dieux*, de deux
déesses, d'Osiris *Fent-hem-pamenti*, d'une *déesse* et
d'un garçon agenouillé près du *gouvernail*; **6°**. Le *défunt*, Osiris et un *uréus* dressé, **7°**. Le défunt adorant les *génies gardiens* du palais d'Osiris; **8°**. Quatre
crocodiles, nageant dans l'eau; **9°**. Le défunt tuant le
grand *serpent*; **10°**. Phtah debout, devant une table à
offrandes; **11°**. Lacunes; **12°**. l'âme du *défunt* adorant
trois *momies humaines*; **13°**. le *défunt* se baignant dans
l'eau du *Nil céleste*; **14°**. La momie du *défunt*, couchée
sur un *lit funèbre*, l'âme planant au-dessus du corps;
15°. Le défunt admis dans les champs de la déesse Tmé,
labourant et coupant le blé; **16°**. le *taureau* avec les
sept *vaches*, et les *gouvernails* des *barques* sacrées; **17°**.
Le *défunt* agenouillé adore Osiris *Fent-hem-pamenti*,

debout dans un *naos*, et entouré de *génies androcéphales* qui offrent des encens au dieu; **18°**. Le *disque* élevé
par une *femme* sans tête, sortant de la *montagne* céleste
(emblème de la *lumière* primitive sortant des *ténèbres*) et
l'*hippopotame* dressé. — *Long.* 1.77, *haut.* 0.36.

Ce papyrus, dont le travail appartient à la XVIII dynastie doit être considéré un monument unique, à cause de la richesse et du soin avec lesquels les viguet-
tes sont détaillées et coloriées. Les hiéroglyphes de la
Iᵉ Part. nn. **2** et **6**, ainsi que ceux de la IIᵉ Part. n. **1**,
sont tous coloriés de diverses couleurs. Il fut trouvé
plié en 13 grandes feuilles, et étendu sur le corps d'une
momie à Thèbes; la 12ᵉ feuille est très-endommagée
par l'asphalte, qui la couvre encore pour une grande
partie. Il fut acheté par feu M. le Prof. REUVENS pour
le Musée, à la vente de la collection d'antiquités Égyptiennes de SALT, à Londres en 1835 (1).

T. 3. *Papyrus.* Ms. HIÉROGLYPHIQUE, orné de vignettes et
de tableaux dessinés en *noir* et en *rouge*, et contenant
des extraits du RITUEL FUNÉRAIRE. Il appartient à la *prêtresse d'Amon-Ra, le roi des dieux, la chanteuse de ...*
nommée Taéïouihra, *la fille du spondiste d'Amon,
l'attaché aux palais d'or d'Amon, le préposé à la salle
blanche des palais d'Amon,* nommé Chonsmes, *et de
la dame, prêtresse d'Amon-Ra, le roi des dieux,*
Tentamon.

Nous ferons suivre ici la description un peu détaillée
de ce magnifique Ms., parce qu'il offre des variantes très-
curieuses, surtout dans les vignettes. Il paraît que le
papyrus n'est pas achevé. Le Recto contient des Sections
de la IIᵉ et de la IIIᵉ Parties du RITUEL; les premières
Sections de la IIᵉ Partie sont écrites sur le Revers; mais
ce Revers n'est rempli qu'à une longueur de 1.40 mètres,
de la droite du spectateur; tout le reste était probablement destiné à contenir les autres Sections de la IIᵉ et
de la première Partie entière du Rituel; de sorte que

____

(1). V. Catalogue of Mr. SALT's Collection of antiquities, n. 283.

l'hiérogrammate paraît avoir d'abord rempli le Recto du papyrus, pour tracer ensuite sur le Revers, ce qui restait; il a donc bien dû commencer avec le texte qui précédait immédiatement celui du Recto, pour ne pas risquer de devoir laisser une lacune ou une place vide, au milieu du texte. Les scènes et les légendes se suivent de gauche à droite, quelques-unes de droite à gauche, mais les signes sont tous tournés vers la droite du spectateur.

(IIe Partie du RITUEL.) *1°*. La *défunte* avec Anubis; *2°*. devant les quatre *crocodiles*, *3°*. avec le grand *reptile*; *4°*. avec la *barque* de Thore, pour passer dans la région du Soleil; *5°*. La *défunte* adorant le *disque* dans la *montagne céleste;* *6°*. adorant les esprits de la montagne de l'*Occident*, Sebek, Atmou et Hathor; *7°*. navigant dans une *barque* à voile, avec Phré *hiéracocéphale*, et poussant avec un long bâton la barque vers le rivage indiqué par deux *arbres;* *8°*. La *défunte* avec l'*hirondelle;* *9°*. avec le *serpent* à jambes *humaines;* *10°*. adorant le *crocodile* embaumé; *11°*, *12°*. les *éperviers* sacrés; *13°*. Phtah assis dans un *naos;* *14°*. Le *bélier*, l'esprit d'Atmou; *15°*. La *défunte* adorant l'oiseau *Benno*, *16°*. l'*héron;* *17°*. un *dieu* assis sur un *naos* et *18°*. la tête de Phré sortant du *lotus;* *19°*. la *défunte* adorant un dieu *androcéphale* devant une table à offrandes; *20°*., l'*épervier* planant au-dessus des eaux, et *21°*., contemplant l'*épervier* sacré et le *disque* de Phré; *22*. Grand tableau dans lequel nous voyons la défunte avec le *sistre* dans la droite, faisant des adorations et des offrandes devant un énorme palais, dont les portes sont ouvertes, et dans les 124 compartimens duquel on a figuré, avec les noms écrits au-dessus de leurs têtes, un grand nombre de divinités: Osiris et 62 des noms de ce dieu, Phré, Nun-en-pé, Tmé, la *barque* du Soleil personnifiée, Atmou, Hathor, Moui, Tafné, Seb, Netpé, Isis, Nephtys, etc., les *génies funéraires*, etc., Thôth, les *dieux* des quatre points cardinaux de l'univers, etc. La corniche du naos est surmontée *d'uréus discophores.* Immédiatement avant cette scène nous lisons dans le texte un cartouche avec le nom de l'Amenti, précédé des signes *le Roi*, et suivi de l'expression *justifié;* **23°.** La *défunte* dans la *barque* de Phré-Atmou, avec Tmé, Thôth et Horus; **24°.** La *défunte* debout, prononçant une invocation de diverses divinités; **25°.** La *défunte* traversant l'eau dans une *barque* à voile, tirée par Amset, Simoutf et Kebhnisnauf, **26°.** La *défunte* avec un *sistre* dans la gauche faisant des offrandes et prononçant une prière; **27°.** La *défunte* dans les champs de Tmé (v. Pap. 1. II° Part. n. **32**); **28°.** La *défunte* avec un *sistre* dans la gauche, adorant; **29°.** La *défunte* avec un *filet*, entre deux *momies;* **30°.** La *momie* de la *défunte*, étendue sur le *lit funèbre*, et son *âme* planant au-dessus du corps; **31°.** la *défunte* purifiée par un dieu *androcéphale;* **32°.** le *bassin* à feu liquide, avec les quatre *cynocéphales* et les *fontaines;* **33°.** Scène de la *Psycostasie* (v. Pap. 1. II° Part. n. **41**); **34°.** La *défunte* prononçant une prière à l'entrée du Palais d'Osiris et des 42 juges; **35°.** le *palais* de ces juges, avec les portes ouvertes; la corniche surmontée de *plumes d'autruche* et *d'uréus* alternés; sur les deux bouts un *cynocéphale* assis devant *l'oeil symbolique.* Dans le palais on voit 44 *juges parèdres*, placés dans 41 compartimens, au-dessous la *confession négative;* vis-à-vis des juges et à droite du spectateur, nous voyons dans trois registres, *a.* l'image de Tmé, debout, vis-à-vis d'une autre image de la même déesse, assise sur un trône, et distinguée par deux *plumes* sur la tête; *b.* Thôth dessinant l'image d'une grande *plume d'autruche;* derrière le dieu on a figuré le *stile*, la *pallette d'écrivain*, et le *pot* à délayer les couleurs, insignes de Thôth; *c.* Horus *hiéracocéphale* et la *balance.*

(III° Partie). **1°.** La défunte prosternée devant six *dieux* castigateurs *androcéphales;* cinq de ces dieux portent des *bâtons* en forme de *serpens* dans la droite, l'emblème de la *vie* et la *plume d'autruche* dans la gauche ; deux portent les deux parties du *pschent*, celui du milieu de la série inférieure, tient dans sa droite le *vase* emblème du *coeur* ; 2°. la *défunte* suppliant un génie *castigateur*, qui branle le bâton en forme de serpent au-dessus de sa tête ; derrière ce génie Anubis armé d'un bâton semblable ; 3°. Anubis embaumant la *momie* de la *défunte* en présence d'Isis, Nephtys, Amset, Hop-hiôoue, Thôth, Hapi, Kebhnisnauf, etc.; 4°. Huit momies *humaines* ; 5°. La *défunte* devant dix *naos* avec les images des *génies gardiens* accroupis, 5°. la *défunte* avec le *sistre* dans la gauche, adorant les emblémes des onze demeures célestes. Dans l'onzième demeure se trouvent Amon (?) assis, coiffé de la partie inférieure du *pschent*, un *génie androcéphale*, Anubis, l'*épervier discophore*, le *crocodile*, *deux lions* et le *serpent* ; 6°. les emblèmes d'autres demeures célestes ; 7°. la *défunte* debout, adorant et offrant de l'encens à Osiris *Fent-hem-pamenti*, assis sur un trône, dans un naos, la chair du dieu est peinte en *vert.* Cette scène coloriée à diverses couleurs est placée ici à la fin du Papyrus. Dans les autres exemplaires du RITUEL elle est la première, et précède celle du transport de la *momie.* — *Long.* 11.07, *haut.* 0.33.

Trouvé à Thèbes.

T. 4. *Papyrus.* Ms. HIÉROGLYPHIQUE. Extraits de toutes les parties du grand RITUEL FUNÉRAIRE, avec tableaux et vignettes dessinés en *noir* et en *rouge*, et détaillés avec un soin extrème. Le style du travail et la finesse du papyrus lui-même, prouvent que le Ms. appartient à une époque très-ancienne. Il nous offre cette particularité, que les légendes se suivent de gauche à droite, quoique les signes, soient tous tournés vers la scène principale. Il a appartenu au *Préposé aux* .... *de Phtah*, Pakaroro et nous offre les scènes suivantes, accompagnées des textes explicatifs (une petite partie du commencement manque):

(1ᶜ Partie). *1°.* Le défunt et sa soeur E a é ï adorant le dieu O s i r i s *Fent-hem-pamenti, Ouôn-nofre;* *2°.* les mê-mes adressant une prière au S o l e i l, le *disque* porté par deux *lions* assis sur un *naos*, et adoré par deux es-prits à tête de *schacal*. *3°.* Grand tableau représentant le transport de la *momie* dans l'hypogée, en trois regis-tres. Dans le premier registre on voit au centre, le *trai-neau* avec la *momie* dans un *catafalque*, le *schacal* d'A n u b i s est couché sur le dessus du catafalque; trois hommes revêtus du *schenti* tirent le *traineau*, accompa-gnés d'un prêtre revêtu de la *calasiris* et d'une *peau de panthère.* Plusieurs femmes avec les cheveux souillés de poussière et des hommes portant des offrandes précèdent le convoi et se dirigent vers une table chargée d'offran-des; devant cette table se trouve une *femme* qui porte la main vers la tête en signe de deuil. Derrière le *traineau* avec la *momie,* vient un *autre* tiré également par trois *hommes,* et portant un *coffret* en forme de *naos,* dans lequel on a figuré un homme (le *défunt?*) la *chair* peinte en *noir,* revêtu de la *calasiris,* et tenant le signe de la *vie* dans la droite, un long *bâton* dans la gauche. Le second registre nous offre, au centre, une *barque* mon-tée en *traineau* avec la *momie* de P a k a r o r o, et tirée par quatre vaches; deux femmes, I s i s et N e p h t y s, veillent à la tête et aux pieds de la momie, un homme vêtu du *schenti* conduit les vaches, et un prêtre revêtu de la *calasiris* et de la *peau de panthère* précède la bar-que, avec l'*encensoir* et le *vase* à libations; la barque est suivie de *femmes* échevelées et se lamentantes, et de quatre *hommes,* dont deux ont la tête rasée. Un *homme* vêtu de la *calasiris* précède les vaches, en récitant des prières d'un *papyrus* qu'il tient déployé dans les mains. Vers la fin de ce registre, à droite, on a figuré l'entrée de l'hypogée, dont la porte est surmontée du *schacal* couché; le *prêtre* revêtu de la *peau de panthère* accom-plit les dernières cérémonies sur la momie, à laquelle une *femme* agenouillée et un *homme* adressent leurs derniers adieux.; une lacune a fait disparaître un autre *coffret* placé entre ce *prêtre* et celui qui récite les prières. Sur le troisième registre enfin sont figurés : deux *momies*, deux *coffrets funéraires* et divers emblèmes, une *vache* avec un *veau*, un *homme* épanchant l'eau d'un *vase* (v. P. II. Sect. H. nn. 277-286), des *hommes* apportant des offrandes, et une *femme* faisant une prière ; *4*⁰. Tableau de la *psycostasie :* A n u b i s pèse le *vase* avec le *coeur* dans la *balance* de l'A m e n t i, T m é accroupie, le *cerbère* Égyptien, le *défunt* et son *épouse* sont représentés à gauche ; plus haut on voit le *défunt* et son *épouse* et un autre *homme* (son père) assis sur des trônes avec P h r é *discophore.* T h ô t h rapporte le résultat de l'examen à O s i r i s assis dans un *naos* et accompagné d'I s i s et de N e p h t y s. (L'image du dieu et celles des deux déesses ont péri.)

(IIᵉ Partie.) *1*⁰. Le défunt assis dans une salle hypostyle devant un *échiquier ;* il adore ensuite, revêtu alternativement de la *longue* et de la *courte tunique : 2*⁰, *3*⁰. les emblèmes du S o l e i l ; *4*⁰. le *coffret* avec la tête *humaine,* placé entre les quatre *génies funéraires ; 5*⁰. l'oiseau *Benno ; 6*⁰. le dieu avec le *sceptre des années* et trois *génies gardiens* accroupis sur des naos ; *7*⁰. le *chat* tuant le *serpent ; 8*⁰. la *barque* de P h r é ; *9*⁰. le *bassin* de feu liquide avec les *génies gardiens ; 10*⁰. la *vache embaumée* d'H a t h o r ; *11*⁰. la *momie* étendue sur le *lit funèbre ; 12*⁰. les deux *éperviers* d'I s i s et de N e p h t y s ; *13*⁰, *14*⁰. les deux *uréus* coiffés des deux différentes parties du *pschent ; 15*⁰-*17*⁰. divers *génies gardiens.* Le *défunt* et son *épouse,* agenouillés ou debout, adorent : *18*-⁰*32*⁰., P h r é *discophore,* A t m o u, E m p h é, M o u i, O s i r i s, H a r o ë r i, I s i s, N e p h t y s, T h ô t h, A n u b i s et différens génies à têtes d'*épervier,* de *bélier,* d'*homme,* de *taureau,* etc. ; *33*⁰. P h r é *discophore* accroupi, avec deux *génies androcéphales,* les *esprits de l'Orient ; 34*⁰. deux autres génies, les *esprits de l'Occident,* avec I s i s *céleste,* accroupis ; *35*⁰. le *défunt* dans la *barque* de Thore avec Ooh-Thôth et Tmé; *36⁰*, *37⁰*. Le *défunt* et son *épouse*, recevant le breuvage divin de Netpé assise dans *l'arbre mystique*, et le *défunt* combattant quatre *serpens*; le *défunt* combattant *38⁰.*, le *serpent* qui attaque l'*âne*, et, *39⁰*, *40⁰.*, autres *reptiles*; (il est armé dans ces vignettes d'un *couteau* au lieu d'une *lance*); *41⁰-45⁰.* l'oiseau *Benno*, le *serpent à jambes humaines*, l'*épervier d'or*, l'*hirondelle*, l'*épervier d'Horus*, et quelques prières sans leurs vignettes, p. ex. celle adressée aux deux *uréus*; *46⁰.* la *téte* de Phré (?) sortant du *calice* de *lotus*, la prière à côté de cette vignette est adressée au *lotus*, par l'épouse (?) du défunt, nommée Eméï; *47⁰.* le *bélier d'Atmou*; *48⁰.* le *défunt* navigant avec son épouse dans une *barque à voile*; *49⁰.* Le *défunt* agenouillé et prononçant une prière aux 42 juges de l'Amenti. *50⁰.* Grand tableau représentant le palais avec les 42 *juges* et la *confession négative*.

(IIIe Partie). *1⁰.* Le *défunt* et son *épouse* adorant Osiris *hiéracocéphale*, le taureau et les *vaches* sacrés, les *gouvernails* et les *génies* des quatre *parties du ciel*; *2⁰.* le *défunt* et son *épouse* prononçant la prière de *l'abordage dans les champs de Tmé*; *3⁰.* Tableau représentant ces *champs* et le *défunt* labourant et coupant la moisson; *4⁰.* le *défunt* et son *épouse* prononçant une prière à la vache sacrée d'Hathor, sortant de la *montagne*. — *Long.* 12.22, *haut.* 0.39.

Trouvé à Memphis.

T. *5.* *Papyrus.* Ms. hiéroglyphique, en deux fragmens, contenant des extraits avec vignettes, dessinées en grand et à trait, des deux dernières parties du Rituel funéraire, et ayant appartenu au *scribe des offrandes du Seigneur des mondes dans la région de Poni*, nommé Ré. Ce Ms. nous offre, à partir de la gauche du spectateur, les scènes suivantes:

(IIe Partie du Rituel.) *1⁰.* Le grand *serpent* et *2⁰.* la *tête* sortant du *lotus*; *3⁰.* le *défunt* adorant les 42 *juges* de l'Amenti; *4⁰.* le *défunt* contemplant la *barque*;

5⁰. les quatre *génies funéraires, androcéphales,* un de ces génies présente au *défunt* le *vase* symbole du *coeur; 6⁰*. le *défunt* agenouillé, avec le signe de *transmigration* dans la gauche, devant O s i r i s accompagné d'H a t h o r, la déesse de l'A m e n t i; *7*. Le *défunt* agenouillé devant P h r é *discophore* assis sur un trône; *8⁰*. A n u b i s conduisant le défunt à O s i r i s *Fent-hem-pamenti,* assis sur nn trône dans un *naos, 9⁰*. le défunt avec le *schacal; 10⁰*. lacunes, mais le texte est relatif au grand *serpent* A p o p (A p o p h i s) l'ennemi du S o l e i l; *11⁰*. le *défunt* et son *épouse, la prêtresse d'A m o n,* B a ï r i é ï, prononçant une prière et faisant des offrandes; *12⁰*. lacunes.

(IIIᵉ Partie.) *1⁰*. Le *défunt* agenouillé, adorant les emblèmes des régions habitées par les âmes; *2⁰*. le défunt adorant l'*hippopotame* dressé, *discophore,* et la *vache sacrée,* emblèmes d'H a t h o r, *la directrice de l'A m e n t i, celle qui nourrit* (?) *le monde et qui remplit les eaux, la grande vache.*

Le Revers du Ms. nous offre une ligne horizontale de signes hiératiques, contenant une dédication et les légendes du *défunt.* Ces signes portent, aussi bien que le reste du Ms., le caractère du style de la XVIIIᵉ dyn. Les inscriptions des scènes principales se suivent de gauche à droite, mais les signes sont tous tournés vers la droite. — *Long.* 6.10, *haut.* 0.32.

Trouvé à Memphis.

T. 6. *Papyrus.* Ms. ʜɪᴇ́ʀᴏɢʟʏᴘʜɪǫᴜᴇ contenant des extraits de la fin de la IIᵉ et de la IIIᵉ Parties du Rɪᴛᴜᴇʟ ꜰᴜɴᴇ́ʀᴀɪʀᴇ, et ayant appartenu au *spondiste d'A m o n - R a, le roi des dieux, le prêtre préposé à l'autel, préposé aux scribes des temples d'A m o n é i (T h è b e s) le préposé aux scribes de tous les dieux de la région supérieure et de la région inférieure (la haute et la basse Égypte)* nommé H o r - h e m ..... Les vignettes dessinées en grand et coloriées. Les scènes, en commençant de droite à gauche, sont les suivantes: *1⁰*. le *défunt,* revêtu de la *calasiris,*

et portant le *thyrse* avec la *peau de panthère* dans la gauche, adore P h r é - A t m o u, *hiéracocéphale*, *discophore*
et O s i r i s *Fent-hem-pamenti*, assis sur des trônes dans
un *naos;* la chair d'O s i r i s est peinte en *noir.* **2**[0]. Prière
du *défunt* dans la quelle il demande l'*entrée dans le ciel,
dans la terre, l'Ouest, l'Orient, les eaux de la haute et
de la basse Égypte,* etc. **3**[0]. Le *défunt* entre les deux
barques, avec le *disque* du S o l e i l; **4**[0]. La *barque* de
T h o r e, accompagné de T h ô t h et d'I s i s, le *défunt* se
trouve près de la poupe; **5**[0]. Sept *gardiens des demeures
célestes,* assis près des portes; prières adressées à ces
gardiens; **6**[0]. les 20 *gardiens des demeures célestes,* assis
près de leurs portes et les prières que le *défunt* leur
adresse. Ces prières font mention de 21 gardiens, tandis
que les vignetttes n'en offrent que 20; **7**[0]. le *défunt* dans
les champs de T m é; **8**[0]. les emblèmes des dix différentes *régions symboliques;* **9**[0]. Le *défunt,* portant sur la
poitrine l'emblème des *bandages,* adresse une prière aux
42 *juges de l'A m e n t i,* qui se trouvent vers la fin du
papyrus, dans un *naos,* avec la *confession négative* écrite
au-dessus de leurs têtes. — *Long.* 6.48, *haut.* 0.35.

Trouvé à Thèbes.

T. 7. *Papyrus.* Ms. hiéroglyphique, contenant des extraits
de la IIe et de la IIIe parties du Rituél, et ayant appartenu au *Spondiste d'A m o n - R a, le roi des dieux,*
nommé P i s a r - o ë r, *et son épouse la prêtresse d'A m o n,*
T a l i. Les tableaux et les vignettes sont dessinés en
grand et coloriés. Les scènes avec leurs texte se suivent
de gauche à droite; mais les légendes se lisent de la
manière ordinaire, de droite à gauche.

1[0]-**4**[0]. Quatre tableaux, dans lesquels le *défunt* coupe
la moisson, laboure la terre et navigue sur les eaux qui
arrosent les champs de T m é. Au-dessous, **5**[0]., il adore
une représentation de l'*Univers.* La déesse du *ciel,*
N e t p é, dont le corps avec les bras et les pieds étendus forme la *voute céleste,* est soutenue par le dieu
M o u i; la *terre* paraît être indiquée par un *homme* éten-

du à ses pieds. Deux *barques* portant la *montagne céleste*
avec le *disque*, l'une montant le long des jambes, l'autre descendant le long des bras de Netpé, indiquent
le cours du Soleil. Deux *âmes* sont figurées dans l'espace entre la terre et le ciel; à côté de cette scène, nous
voyons, dans quatre tableaux: **6**°. l'*hirondelle*, l'*oeil droit
symbolique*, l'*épervier androcéphale* et le *défunt* devant
une porte. L'inscription qui suit contient une invocation
d'Osiris *Fent-hem-pamenti*, *Ouón-nofre*, et d'Isis,
pour le défunt.

(III° Partie du Rituel.) **1**°. L'*âme* du *défunt* sur les
emblèmes de l'Amenti, les quatre *génies funéraires*;
au-dessous, le *bassin à feu liquide* avec les quatre *cynocéphales*; **2**°. Le *défunt* et son époux, debout, adorent Phré,
ou Osiris identifié avec ce dieu, le *taureau* avec les
sept *vaches sacrées*, les quatre *gouvernails* et les douze
génies esprits des quatre régions du *ciel*. Dans le palais
qui contient toutes ces divinités, on a répété l'image du
défunt devant celle de Phré; les lignes hiérogll. se lisent ici de gauche à droite; **3**°. Le *défunt* et son épouse
adorent Osiris *Fent-hem-pamenti*, assis dans un riche
naos sur un trône, et accompagné de Nephtys *ptérophore*, qui l'embrasse de ses ailes, et d'Isis, *la divine
mère*; devant le dieu, le *thyrse* avec la *peau de panthère*
les quatre *génies funéraires* sur une fleur de *lotus*, et le
schacal sur une *enseigne*. Devant le *naos* nous lisons les
légendes d'Isis et de différentes autres divinités, de
Seb, des *dieux des quatre parties du monde*, d'Atmou,
de la *barque du Soleil*, de Noun-en-pé, de Phré,
d'Osiris *Fent-hem-pamenti*, de Tafne, d'Horus, le
seigneur du pschent, de Moui et 48 surnoms d'Osiris.
L'intitulé du Ms. est écrit en hiérogll. noirs sur le Revers, vers la fin. — *Long.* 3.65, *haut.* 0.40.

Trouvé à Thèbes.

T. 8. *Papyrus.* Ms. hiéroglyphique. Fragment extrait d'une
des dernières Sections de la II° Partie du Rituel, et ayant
appartenu à la *Prêtresse d'Amon-Ra*, (un espace vide

est laissé pour le nom de la *défunte*), *la fille de la prêtresse* d'*A m o n - R a*, T a f n e. — *Long.* 0.31, *haut.* 0.11.
T. 9. *Papyrus.* Ms. HIÉROGLYPHIQUE, ayant appartenu à une
prêtresse d'A m o n - R a, le roi des dieux, S a c h o n s - t e p,
et offrant une représentation du commencement de la I[e]
et de la IIIe Parties du RITUEL : *1*[0]. La *défunte* fait une
offrande d'encens à O s i r i s, à face noire, *le seigneur
éternel, le dieu grand, seigneur dans l'A m e n t i*, assis
sur un trône; *2*[0]. Le *bassin à feu liquide*, les traits qui
devaient séparer les lignes hiérogll. sont démarqués,
mais le texte lui-même est omis. — *Long.* 0.63, *haut.* 0.25.

10. *Papyrus.* Ms. HIÉROGLYPHIQUE. Fragment du commencement du RITUEL FUNÉRAIRE, représentant une partie
de la scène du transport de la momie d'H é i. Les figures sont coloriées, le style appartient à la XVIIIe dyn. —
Long. 0.62, *haut.* 0.18.

11. *Papyrus.* Ms. HIÉROGLYPHIQUE ayant appartenu à
H o r - s a f, *le fils de la dame* T a s c h i é ï, et orné de
vignettes d'une des dernières sections de la IIe Partie du
RITUEL FUNÉRAIRE. — *Long.* 0.135, *haut.* 0.36.

12. *Papyrus.* Ms. HIÉROGLYPHIQUE, ayant appartenu à
P e - b e r o f, *le fils de la dame* T a o ë r, et offrant des
extraits de la fin de la I[e] Sect. I[e] Partie du RITUEL. —
Long. 0.43, *haut.* 0.20.

13. *Papyrus.* Ms. HIÉROGLYPHIQUE, ayant appartenu à
la dame S a - h o r - s e t, *fille de la dame* T a r o r - e n -
p a s c h t, et offrant la scène de la *Psycostasie* et quelques vignettes, accompagnées de texte, extraites des dernières sections de la IIe Partie du RITUEL. — *Long.* 1.13,
haut. 0.19.

14. *Papyrus.* Ms. HIÉROGLYPHIQUE en trois fragmens. Le
Revers offre une légende hiéroglyphique sur une ligne
horizontale, en signes très-grands.

Ces fragmens sont trouvés dans la STATUETTE U. n. 22,
et appartiennent à une très-ancienne époque.

15. *Papyrus.* Ms. HIÉROGLYPHIQUE. Fragmens du RITUEL
FUNÉRAIRE, ayant appartenu au défunt N o f r e - m e n.

§ 2. Manuscrits hiératiques.

T. 16. *Papyrus*. Ms. hiératique. Exemplaire complet du grand Rituel funéraire, ayant appartenu à une *prêtresse* d'*Amon-Ra*, nommée Isi-oër, *fille de la dame* Chons-iri-tes. Les vignettes tracées en *noir*.

(I^e Partie du Rituel.) *1*^{0}. Le transport de la *momie* (v. I. l. n. *2*), les sacrifices faits à l'entrée de la *cata-combe*, et la purification de la *momie*; *2*^{0}. Isioër age-nouillée devant Phré assis sur un *trône*, et *3*^{0}. la même déesse agenouillée dans une *barque* avec Phré. Atmou et Moui; *4*^{0}. Tableau divisé en trois registres: dans le premier, le *disque* du Soleil, adoré par deux déesses, à droite le signe de l'*Occident*, à gauche, celui de l'*Orient;* dans le second registre, le dieu Moui élevant le *disque* de la lune, et adoré par quatre *cynocéphales* et deux *âmes*; reg. infér., un des parens de la *défunte*, lui faisant une libation. Isioër est assise sur une chaise et tient un *sceptre* dans la gauche.

(IIe Partie.) *1*^{0}. et *3*^{0}. Isioër assise dans une salle *hypostyle; 2*^{0}. adorant Phré; *4*^{0}. une *âme humaine; 5*^{0}. la *barque* avec le *bélier* de Chnouphis, mise en mouvement par six dieux, et précédée d'un *prêtre* qui porte l'image d'Amon-Saph; *6*^{0}. le *disque* du Soleil sur le dos de deux *lions; 7*^{0}. l'oiseau *Benno; 8*^{0}. la *momie* étendue sur un *lit funèbre*, au-dessous du lit les quatre *vases funéraires*, à la tête et aux pieds du défunt Isis et Nephtys; *9*^{0}. les deux *divinités* avec les *scep-tres d'années*, accroupies devant un *naos* avec un *serpent; 10*^{0}. Isioër agenouillée et un *génie* à tête de *cynocé-phale* accroupi devant la *vache* embaumée; *11*^{0}. le *cof-fret funéraire* avec les *quatre vases; 12*^{0}. deux *momies* debout; *13*^{0}. six autres assises sur des *trônes; 14*^{0}. le *chat* tuant le *serpent; 15*^{0}. l'*épervier; 16*^{0}. la *barque* d'*Ooh*, avec quatre *cynocéphales*; Isis, Nephtys, un prêtre portant un *naos*, et Anubis; *17*^{0}. Isioër adorant Osiris, derrière le dieu, une *femme* s'inclinant au-dessus d'un *lion*, I s i s et N e p h t y s assises; *18°*. Isioër adorant A t m o u, M o u i et T a f n e; *19°*. I s i o ë r adorant O s i r i s *Fent-hem-pamenti*, I s i s, N e p h t y s et H a r o ë r i; I s i o ë r adorant: *20°*., H a r o ë r i et Thôth; *21°*. H a r o ë r i, I s i s, A m s e t et H a p i; *22°*. Osiris, I s i s, N e p h t y s, S i o u m o u t f; *23°*. Thôth, O s i r i s, A n u b i s, A m s e t; *24°*. Thôth, O s i r i s, et les deux A n u b i s; *25°*. I s i o ë r adorant P h r é, O s i r i s, Moui et un dieu coiffé de la partie supérieure du *pschent;* *26°*. I s i o ë r adorant O s i r i s, I s i s et H a r o ë r i; *27°-29°*. la même recevant les offrandes des membres de sa famille; *30°*. offrant le *vase* avec son *coeur*, à l'*âme* sous la forme de l'*épervier androcéphale*; *31°*. aux quatre *génies funéraires;* *32°*. à un *génie funéraire* assis sur un *naos;* *33°*. I s i o ë r debout, adorant un *génie funéraire*, devant lequel on apperçoit une *enseigne* avec un objet *symbolique;* *34°*. I s i o ë r adorant le *scarabée;* *36°*. contemplant le *disque;* *37°*, *38°*. tuant les huit *crocodiles;* *39°*, *40°*, *42°*, *44°-46°*. tuant un grand *serpent*, *41°*. un *insecte;* *43°*. avec le signe de *transmigration*; *47°*. agenouillée devant Empé, Phré, Netpé, A n u b i s, M o u i, A t m o u, I s i s *terrestre*, O s i r i s, N e i t h, P a s c h t, T h ô t h et divers *génies* et *parèdres* présidant aux diverses parties du corps humain; *48°*. adorant un dieu devant lequel on voit trois *têtes;* *49°*. devant un *naos* fermé; *50°*. A n u b i s avec la *momie;* *51°*. I s i o ë r debout; *52°*. devant un *naos*, au-dessus duquel on voit l'*épervier* et l'oiseau *Benno*; *53°*. devant une table à offrandes, *54°*. I s i o ë r debout, *55°*. devant une *stèle* sur laquelle on voit une *harpe;* *56°*. devant trois *fleurs;* *57°*, *58°*. devant des tables à offrandes; *59°*, *60°*, *63°*, *64°*, I s i o ë r avec le signe de *transmigration*; *61°*, *62°*. abreuvée par N e t p é dans l'*arbre mystique;* *65°* faisant une *libation;* *66°* I s i o ë r debout; *67°*. devant une *table* à offrandes; *68°*. devant le *naos* d'une déesse; *69°*. le *taureau* et l'*épervier* embaumés; *70°*. I s i o ë r adorant O s i r i s et A m s e t; *71°*. I s i o ë r et le *serpent* à *jambes humaines;* **72°**. devant une porte ouverte; **73°**. Isioër debout; **74°**, **75°**. les deux *éperviers* sacrés; **76°**. Isioër devant trois *génies;* **77°**. adorant Osiris; **78°**. la tête *humaine* sur le calice de *lotus;* **79°**. Phtah; **80°**, **81°**. l'oiseau *Benno* et la *grue;* **82°**. l'*âme humaine;* **83°**. l'*hirondelle;* **84°**. l'*uréus androcéphale;* **85°**. le *crocodile* à *jambes humaines;* **86°**. la *momie* d'Isioër, étendu sur le *lit funèbre,* avec l'*âme* planant au-dessus du corps; **87°**. Isioër et un *homme* avec un rouleau de papyrus; **88°**. avec une *âme humaine;* **89°**. ouvrant un *naos,* dans lequel on voit une *âme;* **90**. adorant une *barque* avec un *génie;* **91°**, **92°**. avec Thôth; **93°**. devant une barque avec un *génie;* **94°-97°**. donnant le mouvement à la *barque* de Phré; **98°**. ouvrant un *naos* d'Isis *céleste;* **99°**. agenouillée devant trois *génies* assis; **100°**. adorant Phtah; **101°**. devant une table à offrandes; **102°**. Isioër debout; **103°**. adorant Phré, Hapi et Amset; **104°**. adorant la barque de Phré, avec un *veau;* **105°**. représentée debout; **106°**. Tableau représentant les champs de Tmé, (v. T. 1. IIe Part. **32**); **107°**. Isioër adorant Haroëri, Amset et Hapi; **108°**, **110°**. Thôth, un dieu portant une *queue de crocodile* sur la tête, et Atmou; **109°**. Isioër adorant Phré, Moui, et Pascht *léontocéphale;* **111°**. Anubis conduisant Isioër à l'entrée d'un *naos;* **112°**, **113°**. Isioër entrant et sortant du *naos;* **114°**, **116°**. Isioër seule; **115°**. devant le *naos;* **117°**. devant les quatre *génies funéraires;* **118°**. Tableau du *jugement de l'âme dans l'Amenti.*

(IIIe Partie du Rituel.) **1°**. Isioër près du *bassin de feu liquide;* **2°**. adorant Osiris, Haroëri, Isis; **3°**. derrière l'image dOsiris, avec le signe de *stabilité;* **4°**. donnant le mouvement à la *barque* de Phré; **5°**. adorant la *barque* de Phré accompagné de Thôth, d'un autre *dieu* et d'Isis; **6°**. contemplant le *disque;* **7°**. debout, devant l'entrée d'une *catacombe;* **8°**. adorant Phré dans une *barque*; **9°.** adorant dans une *barque* le *disque* avec l'*épervier* sacré et neuf divinités *parèdres*; **10°.** adorant dans une *barque* le dieu O o h; **11°.** donnant le mouvement à la *barque* de P h r é; **12°.** adorant le *schacal* couché sur un *naos*, le dieu avec l'*oeil symbolique* et P h r é; **13°.** assise sur une *chaise* avec un *sceptre* dans la gauche; **14°.** adorant les emblèmes de l'A m e n t i et d'O s i r i s; **15°.** I s i o ë r debout; **16°.** la *barque* avec l'*épervier* de P h r é; **17°.** I s i o ë r dans la *barque* avec deux *disques*; **18°.** *Barque* avec deux *éperviers* sur des *enseignes*; **19°.** I s i o ë r debout, adorant; **20-26°.** Sept *sacelles* avec des *gardiens* du *palais* d'O s i r i s, à côté de ces *sacelles*, neuf dieux à têtes de *bélier* ou d'*épervier*; **27°-47°.** I s i o ë r se présentant devant-les 21 portes gardées par des *génies* armés de *couteaux*; **48°-62°.** Quinze autres *sacelles* avec les *génies gardiens* de la demeure d'O s i r i s; **63°-69°.** I s i o ë r adorant diverses divinités à têtes de *cynocéphale* et de *taureau*, **70°.** Grand tableau, dans lequel I s i o ë r adore O s i r i s *Ouón-nofre*, *hiéracocéphale* et coiffé de l'*Otf*, dans les bras de l'H a t h o r de l'A m e n t i; **71°-78°.** Le *taureau sacré* avec les sept *vaches*; **79°-82°.** les quatre *gouvernails*; **83°-86°.** douze *génies esprits* des quatre parties du *ciel*; **87°-100°.** Quatorze *génies gardiens* représentés sous différentes formes; **101°.** Tableau en 24 compartimens, avec les emblèmes des *demeures célestes*; **102°.** I s i o ë r devant l'entrée d'un *tombeau*; **103°.** *Schacal couché* sur un *naos*, entre deux *momies humaines*; **104°.** A n u b i s embaumant la *défunte* étendue sur un *lit funèbre*, et gardée par I s i s et N e p h t y s; **105°.** I s i o ë r recevant des offrandes; **106°.** devant une table à offrandes; **107°.** étendue sur le *lit funèbre*, au-dessous du *disque* rayonnant; **108°-113°.** Les symboles de la *stabilité* et des *bandages*, le *vautour*, le *collet Osh*, les deux *colonnes mystiques*; **114°.** Tableau des quatre T h ô t h, qui ouvrent les quatre *portes des cieux*, celle du *Nord*, d'O s i r i s; du *Sud*, de P h r é; de l'*Orient*, de N e p htys; et de *l'Occident*, d'Isis; **115°**. Les deux *yeux symboliques à jambes humaines*; **116°**. Le *serpent* cornu à *jambes humaines*; **117°**. les divinités *cosmogoniques* et la vache sacrée d'Hathor. — *Long.* 11.25, *haut.* 0.385. Trouvé à Thèbes.

T. 17. *Papyrus*. Ms. HIÉRATIQUE, avec quelques parties du texte des scènes principales, en HIÉROGLYPHES. RITUEL FUNÉRAIRE appartenant au *prophète de Phtah*, *prêtre des dieux du temple du quartier blanc, prophète de Nofre-Atmou, le directeur des mondes*, Psamtek, *fils de la dame* Onch-hi (ou Hi-ônch). Ce papyrus offre quelques variantes du précédent; la scène du transport de la momie est précédée du tableau, dans lequel le défunt offre des encens etc. à Osiris *Fent-hem-pamenti* assis sur un trône dans un riche naos, et accompagné de sa soeur Isis. Dans la scène de la *Psycostasie* le nom d'Osiris *Ouôn-nofre*, se lit au-dessus de la tête du dieu, renfermé dans un cartouche. — *Long.* 17.75, *haut.* 0.33.

V. le cartouche dans ma Lettre, Pl. I. n. 2 et pg. 16.

18. *Papyrus*. Ms. HIÉRATIQUE, contenant des extraits de la IIe et de la IIIe Parties du RITUEL FUNÉRAIRE, le texte orné de vignettes dessinées en *noir* avec une finesse remarquable. — *Long.* 5.39, *haut.* 0.12.

Le Ms. paraît appartenir à la XXVIe dynastie; la moitié inférieure et la plus grande partie du texte ont péri.

Trouvé à Thèbes.

19. *Papyrus*. Ms. HIÉRATIQUE, les vignettes tracées en *noir*; contenant les dernières sections de la IIIe Partie du RITUEL FUNÉRAIRE de la défunte Ta-set-saf, *fille de* Sachons. Les vignettes ressemblent à celles du Pap. n. 16; excepté que vers la fin, derrière la *vache* d'Hathor, on a figuré encore la déesse elle-même à tête de vache, coiffée du *disque* avec les deux *plumes d'autruche*.— *Long.* 3.56, *haut.* 0.245.

20. *Papyrus*. Ms. HIÉRATIQUE. Extraits ornés de vignettes tracées en *noir*, des deux premières Parties du RITUEL, ayant appartenu au défunt *le prophète d'Amon à Thèbes*,

nommé Sa-ho ou Dsja-ho, *le fils du* ..... Ré-ha-
hèt, *et de la dame* Takel-hib. — *Long.* 3.68, *haut.* 0.39.

Comp. pour la description des vignettes le Pap. T. n. 16.

T. 21. *Papyrus.* Ms. ʜɪᴇʀᴀᴛɪǫᴜᴇ. Extraits de la IIᵉ Partie jusqu'à la fin du Rɪᴛᴜᴇʟ; le texte est orné du tableau
de la *Psycostasie*, et des vignettes de la dernière Section
de la IIIᵉ Partie. Le Rituel a appartenu à la dame Isioër, *la fille d'*Isi-rasch..? — *Long.* 3.48, *haut.* 0.35.

22. *Papyrus.* Ms. ʜɪᴇʀᴀᴛɪǫᴜᴇ. Fragment offrant une partie du tableau de la *Psycostasie.* — *Long.* 0.28, *haut.* 0.13.

23. *Papyrus.* Ms. ʜɪᴇʀᴀᴛɪǫᴜᴇ. Extraits et vignettes de
la dernière Section IIIᵉ Partie du Rɪᴛᴜᴇʟ. — *Long.* 1.45,
haut. 0.08.

24. *Papyrus.* Ms. ʜɪᴇʀᴀᴛɪǫᴜᴇ. Extraits ornés de vignettes des différentes Sections du Rɪᴛᴜᴇʟ, ayant appartenu
à un *prêtre* Ei-hem-ôtp, *fils de* .... *et de la dame*
Isioër, *petit-fils de* Chonsou. L'écriture, qui se
rapproche du démotique, est très-mauvaise, et les trois
tableaux sont d'un travail négligé. Le premier de ces
tableaux nous représente le *défunt* adorant Osiris *Fent-
hem-pamenti*, assis sur un trône, avec Isis *terrestre*,
debout derrière lui. Le second tableau nous offre les
mêmes figures, et les restes d'une seconde image d'Isis,
qu'on a effacée. Dans le troisième tableau, le *dieu*, debout et accompagné d'Isis, reçoit les adorations du *défunt*. Au-dessus du texte, entre les deux premiers tableaux, un espace est resté vide pour les vignettes, qui
auraient dû être ajoutées. — *Long.* 2.60, *haut.* 0.31.
Trouvé à Thèbes.

25. *Papyrus.* Ms. ʜɪᴇʀᴀᴛɪǫᴜᴇ. Extraits sans vignettes,
de la seconde Partie du Rɪᴛᴜᴇʟ, ayant appartenu à la
prêtresse d'Amon Sasou-chons-paset, *la fille de la
dame* Ta..... *et du prophète d'Amon etc.* Sasour-
amon. Au commencement se trouve un tableau représentant la *défunte* adorant Osiris *hiéracocéphale*, identifié avec Phré, assis sur son trône. Au milieu de la
VIᵉ col. du texte nous lisons un prénom royal du roi

Ré...tmé, dans la phrase: *le roi Soleil gardien de la vérité, dans la région de Noutekelt.* — *Long.* 1.97, *haut.* 0.25.

Trouvé à Thèbes.

T. 26. *Papyrus.* Ms. HIÉRATIQUE. Extrait sans vignettes, de la II⁰ Partie du RITUEL, ayant appartenu à une *prêtresse d'Amon*, Tent-sos-ré. Au commencement un tableau représentant la *défunte* adorant Atmou assis sur un trône. Le nom de Tent-sos-ré est marqué sur le Revers. — *Long.* 0.60, *haut.* 0.25.

Trouvé à Thèbes.

27. *Papyrus.* Ms. HIÉRATIQUE. Extraits sans vignettes, de la II⁰ Partie du RITUEL, ayant appartenu à un *prêtre* d'Amon. Quatre colonnes de texte, précédées d'un tableau, dans lequel le *défunt* offre à Osiris *Fent-hem-pamenti*, coiffé du *pschent* et assis sur son trône; Isis *céleste* est agenouillée devant le dieu et Nephtys se trouve debout derrière le défunt. L'écriture est belle. — *Long.* 1.22, *haut.* 0.25.

Trouvé à Thèbes.

28. *Papyrus.* Ms. HIÉRATIQUE. Extraits sans vignettes, de la II⁰ Partie du RITUEL, ayant appartenu à une *prêtresse* d'Amon-Ra, *le roi des dieux*, Sa-chonsou. Le texte est conçu en cinq colonnes précédées d'un tableau, dans lequel la *défunte* fait une offrande à Osiris *Fent-hem-pamenti*, à *face noire*, assis sur un trône. — *Long.* 1.29, *haut.* 0.25.

Trouvé à Thèbes.

29. *Papyrus.* Ms. HIÉRATIQUE. Extraits sans vignettes, de la II⁰ Partie du RITUEL, ayant appartenu à *un* .... à *Amonéi*, nomme Fofe-n-mouth. Les trois colonnes du texte sont précédées d'un tableau, dans lequel le défunt adore Phré *hiéracocéphale*, assis sur son trône. A la dernière ligne de la III⁰ col. on lit le nom d'Ouônnofre, renfermé dans un cartouche. — *Long.* 1.00, *haut.* 0.25.

Trouvé à Thèbes.

T. 30. *Papyrus.* Ms. ʜɪÉʀᴀᴛɪQᴜᴇ. Extrait de la IIᵉ Partie du Rɪᴛᴜᴇʟ, sans vignettes, ayant appartenu à la *prêtresse d'Amon-Ra, le roi des dieux,* Mouth-en-ap. Une colonne de texte, précédée d'un tableau, dans lequel la *défunte* offre à Ré-Atmou, identifié avec Osiris *Fent-hem-pamenti, à face noire,* assis sur un trône. — *Long.* 0.79, *haut.* 0.24.

31. *Papyrus.* Ms. ʜɪÉʀᴀᴛɪQᴜᴇ. Texte sans vignettes, contenant diverses prières de la défunte Tasetta, *fille* d'Isioër. Les premières lignes du Ms. sont détruites pour la plus grande partie, mais la légende qu'elles ont contenue, revient encore une fois à la 45ᵉ ligne de la IVᵉ col., et fait mention d'un *attaché au palais du roi* Soleil *gardien de la vérité.* A la 17ᵉ ligne de la Iᵉ col. nous lisons les restes d'une phrase, dans laquelle il y a question d'un Amenôtp, *fils de* ....? Le nom d'Ouôn-nofre se lit, renfermé dans un cartouche, dans la VIᵉ col. lignes 14 et 28. Cette dernière colonne contient encore plusieurs dates. — *Long.* 0.98, *haut.* 0.43.

Trouvé à Thèbes.

32. *Papyrus.* Ms. ʜɪÉʀᴀᴛɪQᴜᴇ, sans vignettes, d'un *prêtre d'Amon,* nommé Harsiési, en huit colonnes de texte, d'environ 31 lignes chacune, d'une écriture très-serrée et petite. Vers le commencement, sur la marge, on lit trois lignes en écriture démotique; au-dessus de la 16ᵉ ligne de la IIᵉ col. se trouvent encore quelques signes démotiques, de même qu'au-dessus de la 27ᵉ ligne, VIIᵉ col. Le nom d'Ouôn-nofre, renfermé dans un cartouche se lit à la 10ᵉ et la 26ᵉ lignes col. IV, et à la 8ᵉ ligne col. VII. Mais ce qui rend ce Ms. surtout intéressant, c'est une date de *la Xᵉ année, le* 30 *d'Athyr, de* César (ⲕⲁⲓⲥⲁⲣⲥ) Auguste; v. col. VIIᵉ ligne 29. Sur le Revers, une courte inscription démotique en trois lignes. — *Long.* 1.18, *haut.* 0.24.

33. *Papyrus.* Ms. ʜɪÉʀᴀᴛɪQᴜᴇ, sans vignettes, ayant appartenu à la momie d'Hathorset-dsjaho (Sensaos) *fille de* Cléopatre *surnommée* Candace (v. supra

Sect. M. nn. 75, 76). Sur le Revers on a écrit en lignes hiératiques, la légende de la *défunte*, et en caractères Grecs le nom S e n s a o s. — *Long.* 0.23, *haut.* 0.25.

T. 34. *Papyrus.* Ms. HIÉRATIQUE. Fragment avec une vignette représentant l'adoration d'A m o n - S a p h; de la dernière Section, IIIᵉ Partie du RITUEL.

35. *Papyrus.* Ms. HIÉRATIQUE. Fragment avec la moitié d'une colonne et deux colonnes entières de texte. Entre la Iᵉ et la IIᵉ colonne on voit la figure d'une *momie* avec les bras levés. — *Long.* 0.50, *haut.* 0.18.

36. *Papyrus.* Ms. HIÉRATIQUE. Fragment du RITUEL, ayant appartenu à P a - a m o n - h e m - ô p h, *le fils d'*Isi-oër. — *Long.* 0.71, *haut.* 0.165.

37-39. *Papyrus.* Mss. HIÉRATIQUES. Fragmens du RITUEL, ayant appartenu, le premier à I s i é ï (?), le second à P i s i - a m o n. L'écriture de tous les trois est très-mauvaise. — *Long.* 0.24, 0.59 *et* 0.44; *haut.* 0.22, 0.165 *et* 0.08.

Le n. 39 trouvé à Thèbes.

40, 41. *Papyrus.* Mss. HIÉRATIQUES. Amulettes funéraires, contenant des extraits du RITUEL, et ayant appartenu, le premier à une femme nommée I s i..., le second à un *prêtre de S a p h.* — *Long.* 0.09, *haut.* 0.31.

Trouvés à Thèbes.

§ 3. MANUSCRITS SUR TOILE.

42. *Toile.* Ms. HIÉROGLYPHIQUE avec une invocation à P h r é, M o u i, un dieu coiffé de la partie inférieure du *pschent*, surmontée des *cornes* et des *plumes de S o c a r i*, à N e t p é, O s i r i s, I s i s, N e p h t y s, au *schacal couché*, aux emblèmes de *l'Occident*, de *l'Orient* et d'A t-m o u. — *Long.* 0.92, *haut.* 0.05.

43. *Toile.* Ms. HIÉRATIQUE, vignettes extraites d'une des dernières sections de la IIᵉ Partie, et du commencement de la IIIᵉ Partie du RITUEL, ayant appartenu au défunt H o p e t m e n, le fils d'O n c h... — *Long.* 3.26, *haut.* 0.065.

T 44. *Toile.* Ms. ʜɪÉʀᴀᴛɪQᴜᴇ, avec vignettes et texte extraits des dernières sections, II° Partie du Rɪᴛᴜᴇʟ. — *Long.* 0.90, *haut.* 0.16.

45-58. *Toile.* Mss. ʜɪÉʀᴀᴛɪQᴜᴇs. Fragmens avec vignettes et textes extraits de la II° et de la III° Parties du Rɪᴛᴜᴇʟ, ayant tous appartenu à un même défunt. — *Long. de tous les fragmens ensemble* 11.06, *haut.* 0.14.

59-62. *Toile.* Mss. ʜɪÉʀᴀᴛɪQᴜᴇs. Fragmens ornés de vignettes et de textes, extraits de différentes sections des deux Parties du Rɪᴛᴜᴇʟ; et ayant tous appartenu à un même défunt. — *Long.* 2.40, *haut.* 0.10.

63-70. *Toile.* Mss. ʜɪÉʀᴀᴛɪQᴜᴇs. Fragmens ornés de vignettes et de textes, extraits des trois Parties du Rɪᴛᴜᴇʟ, et ayant appartenu à un défunt N o f r e.... Les fragmens n. 66 et 67 offrent des légendes hiéroglyphiques, dans le tableau principal. — *Long.* 4.55, *haut.* 0.14 *à* 0.16.

Tous ces fragmens de Mss. sur *toile* ont servi de *bandages* de momies; c'est pour cela que quelques–uns portent des marques numériques; comp. p. ex. les nn. 44 et 67.

§ 4. Mᴀɴᴜsᴄʀɪᴛs ғᴜɴÉʀᴀɪʀᴇs ᴀsᴛʀᴏʟᴏɢɪQᴜᴇs.

Cette classe de Pᴀᴘʏʀᴜs nous offre la représentation d'une partie du cours du S o l e i l dans l'hémisfère inférieur, et des différentes stations et régions, que ce dieu est censé parcourir depuis sa disparition au-dessous de l'horizont. Ces scènes sont renfermées dans un encadrement qui finit, vers la droite du spectateur, dans un demi-cercle parsemé souvent de petites taches *rouges*, qui indiquent la *lumière céleste.* Au-milieu de ce demi-cercle sont figurés le *disque du S o l e i l,* et le dieu M o u i avec les bras étendus, mais duquel la tête seulement et les bras sont visibles; au-dessus de ce dieu un grand *scarabée*, et sur le bord inférieur du demi-cercle une *momie humaine* étendue. Le tableau est souvent précédé d'une inscription plus ou moins longue, divisée en plusieurs chapitres et contenant des litanies de *ce dieu grand* (le Soleil).

Les tombeaux des Rois nous offrent les exemplaires complets de ces représentations astrologiques; on les trouve aussi sur les sarcophages royaux, (p. ex. celui du Pharaon Menephtah I dans le Musée du Chev. soane à Londres), et sur quelques Cercueils de momies (p. ex. le Cercueil Sect. M. n. 10 de notre Musée).

V. sur ces représentations astrologiques, Champollion, Lettres écrites d'Égypte et de Nubie, L. XIII. pgg. 225-240; Reuvens, Lettres à M. Letronne, I. pg. 13, note *d*, et ma Lettre sur les Monumens Égyptiens portant des légendes Royales, pgg. 81, 82.

T. 71. *Papyrus*. Ms. hièroglyphique. Les *litanies* qui précèdent le grand tableau, sont divisées en douze chapitres; le tableau est divisé en quatre sections, par des litanies adressées au Soleil; chaque section contient trois registres.

I^e Section.) Dans le registre du milieu on voit la *barque* du Soleil *criocéphale*; le dieu est représenté debout, la tête surmontée du *disque*, avec un *bâton* en forme de *serpent* dans la gauche et l'emblème de la *vie* dans la droite; sous le pli d'un *serpent*, nommé Mehn, et accompagné des dieux: Hop-hiooue, Kame, de la déesse Tneb-ba (coiffée du *disque* entre les deux *cornes*), et des dieux ...haken, Toou, Nhs, Hou et Naschti-ba; près de la proue, le *scarabée*, nommé Scha-pe. La *barque* est précédée d'un énorme *serpent*, et remorquée à une longue corde par douze *dieux* et douze *déesses*. Dans le registre supérieur nous voyons douze *dieux*, les mains levées en adoration, suivis de douze *déesses*, portant sur les épaules, des *serpens* qui vomissent des *flammes*. Le registre inférieur nous offre également douze *dieux* en acte d'adoration, suivis de quatre *dieux* avec les *rames* de la *barque*, d'un *serpent* dressé vomissant des *flammes*, de quatre autres *dieux* portant des *rames* (le premier à *double tête d'oiseau*, le second à tête de *crocodile*), et enfin de quatre *dieux* avec le *sceptre divin*.

(II° Section.) La *barque* du Soleil, avec le *disque* sur la proue, attachée à une longue corde, qui est formée d'un *serpent* étendu au-dessus de douze *dieux*. Ce cortège est précédé de quatre *divinités*, (dont deux coiffées de la partie *supérieure*, et deux de la partie *inférieure* du *pschent*), et de deux *uréus* qui portent chacun une partie de la même coiffure. Registre supér. : quatre déesses assis sur des *uréus à doubles têtes*; sept hommes (les quatre derniers avec les bras liés sur le dos), un dieu à *double tête d'oiseau*, un *homme* élevant ses bras, un *dieu criocéphale*, un dieu à *double tête*; une figure *humaine* embaumée, accroupie sur un *serpent*, devant lequel se trouvent quelques *étoiles* (cette dernière représentation en *rouge*), un grand *serpent* à quatre jambes *humaines*, deux *ailes* étendues, et avec l'emblème de la *vie* dans la bouche, accompagné d'un *dieu discophore*, les bras étendus et la tête flanquée des deux *yeux symboliques*, et un *dieu discophore*, à deux têtes surmontées des différentes parties du *pschent.*, Reg. infér., un dieu avec le *sceptre divin*, quatre déesses de l'A m e n t i, une *enceinte* avec quatre *hommes*, quatre *bassins de feu liquide*, gardés par quatre *déesses léontocéphales* qui vomissent des *flammes*, et tiennent des *couteaux* dans les mains; on voit dans ces différens bassins, trois *têtes humaines*, trois *éventails*, et dans les deux derniers, trois *âmes coupables*. A gauche du spectateur, H o r u s *hiéracocéphale* et *discophore*, avec deux *bâtons* dans les mains, et précédé d'un *serpent* qui vomit du *feu*.

(III° Section). La *barque* du Soleil, précédée de douze dieux (les quatre premiers avec des *arcs*, quatre autres avec des *crochets*, et les quatre derniers avec des *flèches*), d'une petite *barque* avec un *serpent* et d'un *serpent amfisbène*, à quatre jambes *humaines*, coiffé des deux différentes parties du *pschent* et accompagné de l'*épervier*. Ce serpent est flanqué de deux déesses, l'une coiffée de la partie supérieure, l'autre de la partie inférieure du *pschent*. Reg. supér.: quatre *dieux* embaumés, coiffés de la partie supérieure du *pschent*, quatre autres à têtes d'*homme*, d'*épervier*, de *schacal* et le quatrième ayant au lieu de la tête deux objets inconnus; *cynocéphale* assis sur un trône vis-à-vis de huit déesses (quatre à têtes *humaines* et quatre à têtes de *lion*), le *disque* sur le signe de *dieu* entre deux *femmes* assises, le *disque* sur deux *serpens* dressés entre deux divinités assises, coiffées chacune d'une des deux parties du *pschent*; le *scarabée* avec le *disque* et un dieu avec le *sceptre divin* et l'emblème de la *vie*. Reg. infér.: le *sceptre de modérateur* surmonté de la tête de *griffon*, quatre *déesses léontocéphales* ayant la tête surmontée d'un *serpent;* douze *hommes* renversés et gardés par Horus *hiéracocéphale, discophore*.

(IVe Section.) Au milieu, une *momie* humaine ou divine (de Phré?), un *taureau discophore*, un *bélier* et un *sphinx* coiffé du *disque* avec les *deux plumes*, embaumés et couchés sur les signes de *dominion*; douze dieux tenant des *rames* dans les mains. Reg. supér.: douze *déesses*, debout, et huit *dieux* accroupis sur des *poteaux*. Reg. infér.: une *momie*, neuf *divinités* avec *sceptres*, et sept *serpens* vomissant du feu, placés sur des *poteaux*. — Long. 4.60, haut. 0.24.

T. 72. *Papyrus*. Ms. HIÉROGLYPHIQUE. Le tableau, précédé de quatre *litanies* du Soleil, ne contient que les trois premières Sections, pour la description desquelles on peut comparer le Ms. précédent. Dans la I^e Sect., Reg. infér., au lieu de douze *dieux* adorant, il n'y a que dix, dans la IIe Sect., Reg. infér., au lieu de quatre, il y a cinq *bassins* gardés par cinq déesses, dans le troisième bassin on voit quatre *oiseaux*. — Long. 4.55, haut. 0.48. Trouvés à Thèbes.

73. *Papyrus*. Ms. HIÉROGLYPHIQUE. Fragment, avec la IIe et la IIIe Sections. Le Reg. infér. de la IIe Sect.

offre cinq *bassins;* celui de la IIIe Sect. a 13 *hommes* renversés, au lieu de 12. — *Long.* 1.37, *haut.* 0.24.

T. 74. *Papyrus.* Ms. ʜɪÉʀᴏɢʟʏᴘʜɪǫᴜᴇ. Fragment ayant appartenu à une défunte nommée S a l e b o n - i s i, divisé en trois registres. Vers la droite du spectateur, la *tête* avec les *bras* étendus, le *scarabée* et la *momie;* dans le reg. supér., cinq *hommes* adorant, et quatre *déesses* vomissant des *flammes* et armées de *couteaux.* Second reg., quatre *dieux* et quatre *déesses.* Reg. infér.: un *bassin* avec les *âmes* des coupables, de chaque côté, H o r u s et un *génie gardien* armé d'un *couteau;* un *serpent* et sept *étoiles,* deux dieux (l'un à deux têtes surmontées des deux parties du *pschent,* l'autre à tête de *crocodile*) tenant des *rames,* le *serpent amfisbène* avec l'*épervier,* deux *déesses léontocéphales,* armées de *couteaux,* près d'un *bassin* avec les *têtes* des coupables. — *Long.* 0.375, *haut.* 0.24.

Trouvé à Thèbes.

75. *Papyrus.* Ms. ʜɪÉʀᴏɢʟʏᴘʜɪǫᴜᴇ, ayant appartenu au *gardien des portes d'A m o n é ï (T h è b e s).* Le texte initial contient, en trois lignes, l'énumération de ce qu'O s i r i s *Fent-hem-pamenti* accorde au *défunt.* Le tableau nous offre la *barque* du S o l e i l *criocéphale* accompagné de quatre divinités, précédée de cinq *dieux* adorant, de deux *déesses* assises sur des *uréus à doubles têtes,* chaque tête surmontée d'une des deux parties du *pschent;* de deux déesses, debout, portant des *serpens* sur les épaules, et de trois *dieux* qui remorquent la *barque.* — *Long.* 0.65, *haut.* 0.11.

Trouvé à Thèbes.

76. *Papyrus.* Ms. ʜɪÉʀᴏɢʟʏᴘʜɪǫᴜᴇ, ayant appartenu au *Spondiste d'A m o n, le roi des dieux,* O n c h - c h o n s. L'inscription initiale contient une prière; qu'il soit accordé au défunt, *de contempler le disque du S o l e i l.* Une ligne horizontale, le long de la marge supérieure du papyrus, contient une dédication à A t m o u. Le tableau est divisé en trois sections.

(I⁰ Section, en deux registres.) Reg. supér.: la *barque du Soleil criocéphale*, debout sous le pli d'un *serpent* nommé N e i t h, et accompagné de quatre *dieux* et d'une *déesse*; la proue est ornée du *disque*; la barque est précédée d'un *serpent* et de six *hommes* qui la remorquent; reg. infér.: trois *dieux* adorant, deux autres (l'un à tête d'*oiseau*) avec des *rames*, et quatre avec des *sceptres*.

(II⁰ Section, en trois registres.) Reg. supér.: trois paires d'*uréus*, une *momie* coiffée de la partie supérieure du *pschent*, la *momie* accroupie sur un *serpent*, avec huit *étoiles*, le *serpent* ailé avec le dieu *discophore*; reg. du milieu: cinq *hommes* renversés dans l'eau, et gardés par un *dieu* qui est armé d'un long *bâton*; reg.: infér. huit dieux adorant, la *barque* avec la *proue* ornée du *disque*, et sept *divinités*.

(III⁰ Sect., en deux registres.) Reg. supér.: le *disque* sur les deux *serpens* dressés, entre deux divinités assises et coiffées des deux parties du *pschent*, le *disque* sur le signe *dieu*, entre deux *hommes* assis, et le *serpent amfisbène* avec l'*épervier*; reg. infer.: la *barque* avec le *serpent*; quatre divinités portant des *serpens* sur les épaules. Suivent encore, dans deux registres, quatre *hommes* avec des *rames*. — *Long.* 1.235, *haut.* 0.24.

Trouvé à Thèbes.

T. 77. *Papyrus.* Ms. hiéroglyphique, ayant appartenu à un *Spondiste d'Amon, le roi des dieux, le prophète préposé aux scribes d'Amon*, D s j o t - m o n t h. Les *litanies* qui précèdent le grand tableau, se lisent de droite à gauche, et sont elles-mêmes précédées d'une scène, dans laquelle D s j o t - m o n t h adore P h r é identifié avec O s i r i s, *hiéracocéphale, discophore*, assis sur un trône et accompagné de la déesse M e r e s k a r. La section du tableau est la première de celui décrit sous le n. 71; mais dans le registre du milieu le *dieu criocéphale* est accompagné de six *dieux* avec une *déesse*, et la *barque* est remorquée par 13 *déesses* et 9 *dieux*. Dans le reg. supér. nous voyons 17 *dieux* et 10 *déesses*, dans le reg. infér., 8 au lieu de 12 *dieux*, adorant, et au lieu des 4 dieux, à la fin, 8 *déesses* avec des *sceptres* à tête de *coucoupha*. La fin du Ms. manque. — *Long.* 1.33, *haut.* 0.225.

> Ce Ms., trouvé à Thèbes, a peut-être appartenu au même Dsjot-month, dont le Cercueil et la Momie ont été décrits, Sect. M. nn. 3, 4.

T. 78. *Papyrus.* Ms. hiéroglyphique. Fragment, avec la I^e Sect. du grand Tableau, précédée d'un texte en sept lignes, et d'un fragment d'un autre tableau initial, dans lequel nous voyons S o c a r i assis sur un trône, la partie qui manque a probablement représenté le *défunt* adorant ce dieu. Dans le grand tableau astrologique le *serpent*, devant la *barque du S o l e i l*, est coiffé du *disque* avec les deux *plumes* ou *palmes*. La *barque* est remorquée par 10 *hommes* et 9 *femmes*. Dans le reg. supér. nous voyons 11 *dieux* adorant, et 3 *déesses* vomissant du *feu* dans des *bassins*; reg. infer., 9 *dieux* adorant, deux autres assis sur des *serpens*; la fin de cette section manque. — *Long.* 0.59, *haut.* 0.25.

Trouvé à Thèbes.

79. *Papyrus.* Ms. hiéroglyphique. Le texte initial contient en 15 lignes, les *litanies* du S o l e i l. Le tableau n'offre que la I^e Section (v. la description du Ms. T. n. 71). Dans le registre du milieu, la *barque* du S o l e i l *criocéphale*, *discophore*, accompagné de T m é, d'I s i s, d'Horus, de M o u i et d'un autre *dieu*. La barque est remorquée par 13 *femmes* et 13 *hommes* qui ont la tête tournée en arrière; reg. supér.: 16 *hommes* adorant, et 14 *femmes* portant sur les épaules des *serpens* qui vomissent des *flammes*; reg infér.: 16 *hommes* adorant, 10 autres portant des *rames*, et trois *déesses*. — *Long.* 1.85, *haut.* 0.23.

Trouvé à Thèbes.

U. Statuettes, étuis des manuscrits funéraires.

Les statuettes décrites dans cette Section étaient placées dans quelques tombeaux auprès du Cercueil, et servaient à contenir les Mss. funéraires. Elles représentent
Osiris *Fent-hem-pamenti*, coiffé de la partie supérieure
du *pschent* avec les deux *plumes*, ou le même dieu, identifié avec Socari, Osiris-Socari, caractérisé par la
coiffure du *disque* et des *deux plumes* avec les *cornes de
bouc*. Les Mss. se trouvent ordinairement dans l'intérieur
des statuettes de la première classe, ou dans les bases de
celles de Socari-Osiris. Les bases sont ordinairement
fermées sur le dessus par un couvercle à coulisse, qui
porte un petit *coffret carré* ou une image de l'*épervier*
embaumé, accroupi (v. I^e Partie, Sect. B., nn. 389–399).
L'intérieur des statuettes de la dernière classe ou la cavité dans les bases renferment souvent un *corps embaumé*,
enveloppé de *toile*, avec une quantité de *blé*; en plusieurs cas on a trouvé, que c'était le phalle du défunt,
que l'on avait séparé du corps et embaumé à part,
(v. Rosellini, I Monumm. della Nub. e dell' Eg. Monumm.
Civv. T. III. pg. 349, note 2).

U. 1. *Bois peint.* Statuette avec sa base, représentant le
dieu Socari-Osiris, à face *verte*, et ayant appartenu
à un *Prophète de Month* ou *Mandou*. Une inscription
sur le devant et sur le dos de la statuette contient la légende du *défunt*. Une cavité dans la base est fermée à
couvercle plat.

2. *Bois peint.* Statuette comme la précédente, à face
rouge, ayant appartenu à un *fonctionnaire du temple
d'Amon* ou *d'Amonéi*, nommé Hor, *le fils de* Petisis *et de la dame* Dsjot-ament. Ces légendes se lisent
sur le devant et sur le dos de la statuette. La cavité
dans la base est fermée par un couvercle surmonté de
l'épervier accroupi, et contient un *corps embaumé*.

17*

U. 3. *Bois peint.* Statuette comme les précédentes, à face *verte.* L'inscription sur le devant contient une dédication à O s i r i s *Fent-hem-pamenti, le dieu grand, le seigneur d'A b y d o s, pour le préposé aux ... du temple d'A m o n é i,* P e t . . h ô s; sur le dos, une dédication à H o r u s. La cavité dans la base, fermée comme celle du n. 2, était entièrement vide.

4. *Bois peint.* Statuette comme les précédentes, à face *jaune,* ayant appartenu au *Prophète, préposé à la montagne de P h r é,* nommé P s a m t e k, *le fils de l'attaché au palais du dieu mondain,* S c h e s c h o n k. Les inscriptions sur la statuette et sur le dessus de la base contiennent les légendes du *défunt*; autour du piédestal, avec lequel la statuette est placée sur la base, nous lisons une dédication à O s i r i s *Fent-hem-pamenti*; le devant de la base est surmontée d'un *épervier couché.* Une cavité dans le dos de la statuette a été fermée.

5. *Bois peint.* Statuette représentant O s i r i s *Fent-hem-pamenti,* à face *verte,* la tête ornée de l'*uréus.* L'inscription sur le devant contient une prière pour le défunt P a s c h a l i etc. La cavité dans l'intérieur de la statuette a été fermée par un couvercle à coulisse, sur le dessous de la base.

6. *Bois peint.* Statuette représentant S o c a r i - O s i r i s à face *rouge.* L'inscription sur le devant, continuée sur le dos, nous offre une dédication à O s i r i s *Fent-hem-pamenti,* pour le défunt S i - i s i.

7. *Bois peint.* Statuette comme la précédente, à face *verte*; les inscriptions contiennent des dédicaces à O s i r i s et à P h r é pour un défunt P e t n o u b. La cavité dans la base est fermée par un couvercle surmonté de l'*épervier.*

8. *Bois peint.* Statuette de S o c a r i - O s i r i s à face *jaune,* ayant appartenu à la défunte, une *prêtresse d'A m o n - R a,* I s i - t o ë r, *la fille d'un prophète d'A m o n - h e m - o p t, et de la prêtresse d'A m o n - R a,* nommée C h o n s - i r i - t e s. Les inscriptions sur le devant contiennent une prière; celle du dos, la légende de la *défunte.*

La base, dont la cavité a renfermé un corps embaumé, offre sur le dessus la légende de la *défunte*, et sur les faces, une dédication à O s i r i s *Fent-hem-pamenti, le dieu grand, le seigneur d'A b y d o s,* à I s i s, *la grande divine mère, la rectrice des dieux,* à N e p h t y s, *la divine soeur, la rectrice de la région des étoiles,* à A n u b i s, *demeurant dans les embaumemens, le seigneur du monde, le directeur du pays de* ..., *afin qu'ils accordent des biens à la défunte.* Les hiérogll. de la statuette sont peints en *jaune* sur un fond *noir,* ceux de la base, en *vert,* sur un fond *blanc.*

U. 9. *Bois peint.* Statuette d'O s i r i s *Fent-hem-pamenti,* à face *verte;* s'ouvrant comme un cercueil de momie. L'inscription sur le devant de la statuette, continuée sur la base, contient une dédication à O s i r i s pour *la dame, la prêtresse d'A m o n,* T e n t - a m o n.

10. *Bois peint.* Statuette de S o c a r i - O s i r i s. L'inscription sur le devant du corps et sur le dos, offre la légende de la dame I s i - ô n c h, la fille d'O u ô n - a m o n et de T m o u t h - i r i - t e s, *la fille d'un prophète de M o u t h.* La base a renfermé un corps embaumé.

11. *Bois peint.* Statuette comme la précédente; le corps est orné sur le devant, de trois lignes, et sur le dos, d'une ligne d'hiérogll. peints en *jaune* sur un fond *noir,* et contenant une prière de la défunte. La base, dans laquelle un corps embaumé a été renfermé, est ornée sur les quatre faces et sur le dessus, d'inscriptions hiéroglyphiques, contenant les titres et le nom de la défunte et une dédication à O s i r i s, pour la dame T e n - c h e i a t, *la fille du divin* O ë r *et d'une prétresse d'A m o n - R a,* I s i o ë r.

12. *Bois peint.* Statuette comme la précédente, à face *dorée,* la poitrine ornée du *disque ailé* et de l'*Osh.* Au-dessous, trois lignes d'hiérogll., surmontées du signe *ciel,* et contenant une prière de la défunte A ï r o u ï ou A ï r i r o u i, *la fille de là dame* N o f r e - i r i - S e b e k. La statuette s'ouvre comme un cercueil de momie, et contient des restes d'un corps embaumé.

U. 13. *Bois peint.* STATUETTE comme la précédente, à face *verte.* L'inscription offre une dédication à O s i r i s *Fent-hem-pamenti* pour une *défunte* T a ... La cavité dans la base est fermée par un couvercle surmonté de l'*épervier* accroupi.

14-20. *Bois peint.* STATUETTES de S o c a r i - O s i r i s. Le n. 14, à face *jaune*, porte une inscription relative à O s i r i s *Fent-hem-pamenti*, et sur le dos, une dédication à S o c a r i - O s i r i s. Le n. 15, à face *jaune*, s'ouvre comme un cercueil de momie, et a contenu un corps embaumé. Le n. 16, à face *rouge*, porte sur le dos, une dédication à P h r é, sur le devant, une inscription continuée sur le dessus de la base, avec l'énumération des *biens qu'O s i r i s accorde* au défunt; autour de la base, une dédication à O s i r i s *Fent-hem-pamenti*, et à S o c a r i, *qui réside dans les tombeaux*, pour le *défunt;* la cavité dans la base est fermée par un couvercle en forme de *coffret carré.* La statuette n. 17, à face dorée, est ornée de l'*Osh;* au-dessous, l'image de N e t p é agenouillée sur un naos; sur le dos, un *génie* accroupi avec la *plume d'autruche*, l'emblème de la *stabilité* et une *femme* debout sur le signe d'*or;* la base, ayant une cavité fermée par un couvercle, est ornée des emblèmes de la *vie*, entre les *sceptres divins* placés sur le signe de *dominion.* La statuette s'ouvre comme un cercueil de momie et contient encore un corps embaumé et enveloppé de toile. Le n. 18 s'ouvre de la même manière et contient également un corps embaumé. Le n. 19 a une cavité dans la base, ayant été fermée par un couvercle à coulisse. Le n. 20 est placé sur une boîte fermée s'ouvrant sur la face antérieure.

21-23. *Bois peint.* STATUETTES d'O s i r i s *Fent-hem-pamenti.* La première est enduite de bitume, la seconde, à face *verte*, est adossée contre une *boîte* fermée sur le dessus par un couvercle mobile; la troisième, également à face *verte*, est fermée sur le dessous de la base par un couvercle à coulisse. Toutes les trois ont contenu des PAPYRUS.

U. 24-33. *Bois*, *bois peint* et *bois couvert d'asphalte.*
Statuettes de Socari-Osiris. Le n. 25 renferme dans
la cavité de la base, et le n. 26 dans l'intérieur de la
statuette elle-même, un corps embaumé.

34. *Bois peint.* *Coffret carré*, ayant servi de *couvercle*
à la base d'une Statuette comme les précédentes, et
portant sur le dessus la légende du défunt Hor-hem-
mehhi.

La plupart des statuettes de cette Section ont perdu la
coiffure.

V. Stèles funéraires.

Les stèles funéraires étaient encastrées dans les parois
des tombeaux. Les représentations en creux, en relief
ou peintes, nous offrent ordinairement: 1°. le *défunt* et
son *épouse* adorant différentes divinités; le plus souvent
Osiris *Fent-hem-pamenti*, ou ce même dieu identifié
avec Phré; 2°. les défunts recevant les hommages et
les offrandes de leurs parens, et 3°., une inscription qui
contient une dédication aux dieux, une prière pour le
défunt, son nom, ses titres, et sa filiation. Quelquefois
ces inscriptions font mention du jour de la naissance ainsi
que de la mort du défunt et de son âge. D'autres stèles
portent une longue prière à Phré et aux différentes
formes de ce dieu. Une autre classe de ces monumens
enfin nous offre les images en relief des défunts, vues
de face; et dans les textes, autour de ces représentations
et sur les vêtemens des images, leurs légendes et les
dédications ordinaires.

§ 1. Stèles égyptiennes.

V. *1. *Pierre calcaire.* Stèle. Vers le haut les deux
schacals couchés au-dessus des *yeux symboliques*. Au-

204

dessous, une inscription hiérogl. de 21 lignes, contenant une prière à Osiris, à Thôth, *le seigneur des quatre mondes, le dieu grand, etc.* Le défunt, le *chef* Eoéï, *fils de* Fai-hor est représenté assis sur une chaise avec une *fleur de lotus* dans la gauche; son frère Eïéo est agenouillé à côté de la chaise. Suivent trois registres: dans le premier, on voit un autre frère, le *basilicogrammate et chef*, une *soeur*, le *père* et la *mére* du défunt; les deux derniers assis sur des chaises. Second reg., cinq *frères* et cinq *soeurs* agenouillés. Troisième reg.: cinq autres *frères* et cinq *soeurs* agenouillés. Le style du travail et les noms propres des individus rapportent ce monument aux temps de la XVIIIᵉ dynastie. Sur la 14ᵉ ligne de l'inscription on lit le nom d'Haroëri, *qui réside dans la demeure de Senofre;* ce dernier nom est renfermé dans un cartouche. — *Haut.* 1.05, *larg.* 0.68.

V. sur ce cartouche, ma Lettre, Pl. XXVIII. n. 285, pgg. 141, 142.

V. * 2. *Pierre calcaire.* Grande Stèle, les figures en relief. Vers le haut, une date de la *IXᵉ année* et le cartouche prénom Ré-to-ka du Pharaon Osortasen de la XVᵉ ou de la XVIᵉ dyn., précédé des signes de son *étendard,* et du titre, *dieu bon,* et suivi des titres: *l'aimé d'Osiris, le seigneur d'Abydos, celui qui donne la vie.* Une belle inscription hiéroglyphique de neuf lignes horizontales occupe la moitié supérieure du monument et nous offre une dédication à Osiris et une prière pour le défunt, un *chef* nommé Hem-hé ou Souten-hemhé. Sur la moitié inférieure nous voyons le *défunt,* debout, adorant les dieux, devant une table chargée d'offrandes; et deux *hommes* lui offrant, l'un une libation et des encens, l'autre une oie. — *Haut.* 1.61, *larg.* 0.69.

V. Lettre, Pl. III. n. 34, pg. 34.

* 3. *Pierre calcaire.* Stèle, les figures sculptées en relief et coloriées. Vers le haut, une date de la *XXXIIIᵉ*

année du Pharaon Re-to-ka (Osortasen 1). Au-dessous, une inscription hiérogl. de sept lignes, contenant une dédicace à Osiris *le seigneur de Tatou, celui qui réside dans l'Amenti, le dieu grand, seigneur d'Abydos,* et au *schacal* d'Anubis, de la part de quatre scribes, nommés: Am-hemsou, Amenéi, un second Amenéi et Enentof-Akor. Au-dessous de cette inscription, cinq registres. Dans le premier reg. on voit, à droite, le défunt Amenéi et son épouse Amené; à gauche, le scribe Am-hemsou avec ses deux *épouses*, Merit et Miou, assis sur des chaises, et une *table à offrandes*, à côté de laquelle un *homme* apportant des offrandes. Second reg.: Enentef-Akor et son *épouse* Kekou, assis sur des chaises devant une table à offrandes, et recevant les offrandes de leur fils Am-hemsou et de ses filles Hapiou et Mouthiou. Troisième reg.: Amenéi, *fils* d'Hapiou, avec son épouse Nene, recevant les offrandes de deux fils, qui tous les deux portent le nom d'Am-hemsou, de sa mère Hapiou, d'un homme nommé Titiou, de l'épouse de ce dernier, Titit, de son père Amenéi, et de l'épouse de ce dernier Hapiou. Quatrième reg.: à droite, les *fils* Am-hemsou, Amen-hem-hé-na et Amen-hem-hé, avec ses *filles*, Merrit et Etem; à gauche, le *fils* Am-hem-sou, sa *fille* Titit, le *fils* Sebek-titiou, deux autres nommés Osortasen, un quatriéme, Amen-hem-hé et une *fille* Hapiou. Cinquième reg.: Amenéi avec ses *filles*, Teneb-itf, Schet-ba-titit, Merrit et Titou; quatre *hommes* et deux *femmes*, apportant des offrandes.

Ce monument nous représente à ce qui paraît, dans le premier reg.: un Amenéi avec son *épouse*, et Am-hem-sou avec Merrit et Mouthiou, les *aïeux* d'Amenéi du 3e reg.; dans le second, le grand-père du même, nommé Enentef-akor, avec son épouse Kékou et ses *enfans;* dans le troisième reg., Amenéi, le *petit-fils* d'Enentef-akor, de sa *fille* Hapiou, avec ses *enfans* représentés dans le même reg. et dans les deux suivans. — *Haut.* 1.42, *larg.* 0.74.

V. sur la légende royale, ma Lettre, Pl. III. n. 33, pg. 33.

V. * 4. *Pierre calcaire.* Stèle en forme de *porte de naos*, les figures en relief et coloriées. Sur la corniche, un grand cartouche occupant touté la largeur de la stèle et contenant les *titres*, les *prénoms* et les *noms* des Pharaons Ré-to-ka, Osortasen I et [Ré-noub-nika] Amen-hem-hé (le second successeur d'Osortasen). La date de la *XLIV*e *année* à gauche, à côté du nom d'Osortasen, et celle de la *II*e *année* à droite, près du nom d'Amen-hem-hé, paraît indiquer l'époque de la naissance et de la mort du défunt. La stèle porte une inscription de 13 lignes horizontales, contenant les titres et les noms du *défunt*, une prière et une dédication à Osiris, *le seigneur de Tatou, le dieu grand, seigneur d'Abydos*, à Anubis, à Hakt, avec Nou etc. Au-dessous de cette inscription, deux registres: dans le 1r, le défunt, le *jeune-chef, préfet des prophètes* Hôp-hiooué-na, et son *épouse*, assis sur des chaises, au-dessous desquelles on a représenté leurs chiens, devant une table à offrandes; dix *hommes* et trois *femmes* apportant des offrandes. Dans le 2d reg.: le *défunt* debout, avec un long *sceptre* dans la gauche, le *sceptre* nommé *Pat* dans la droite, devant une table; neuf *hommes* et six *femmes*, apportant des offrandes et un homme tuant un *taureau*. Le cartouche d'Osortasen se lit aussi à la 7e ligne de l'inscription; le nom du défunt (ll. 3 et 13) est martelé, mais il en reste assez pour prouver que les signes qui l'ont composé, sont les mêmes que ceux du nom dans le 2d reg. — *Haut.* 1.63, *larg.* 1.03.

V. ma Lettre, Pl. IV. n. 37, pgg. 34-36.

* 5. *Pierre calcaire.* Stèle en forme de *porte de naos*. Cinq registres encadrés dans une double bande d'hiérogll., dont l'une contient des dédicaces à Osiris, *seigneur de Tatou, le dieu grand, seigneur d'Abydos et à Anubis, afin qu'ils accordent divers dons au défunt.* L'autre

bande nous offre les titres et les noms du *défunt, le pré-*
fet du palais R é - t o - k a, *fils de* S c h e n e. Dans le 1[r]
reg.: les noms hiérogll. avec les signes figuratifs de 28 offrandes, sculptés au-dessus de la tête du défunt; à quelque distance un *homme* avec la main droite étendue.
Dans le 2[d] reg., à gauche, son père F a i - h o r o u - o ë r,
fils de la dame S e t a k o r f, avec sa mère S o t e m e i t,
la fille de S e b e k - h e m .. s, assis sur des chaises; à
droite, ses frères, E n e n t o f et S e r o ë r, debout. 3[e] reg.:
à droite, trois *femmes*, à gauche une *femme* et un *hom-*
me, *filles* et *fils* d'une dame nommée T e i - h a r s e t et
d'une autre nommée O t p h; dans le 4e reg. à gauche,
une *femme* et deux *hommes*; à droite, deux *femmes* debout, (les femmes, filles de la dame T e i - h a r s e t, les
deux hommes, fils d'O u t t é i). Dans le 5e reg. nous voyons,
à droite et à gauche, le *défunt* adorant les deux *yeux*
symboliques sculptés au-dessus d'un naos à double porte
fermée à deux verroux. — *Haut.* 1.65, *larg.* 0.94.

    V. ce cartouche dans ma Lettre., Pl. III. n. 29. L'inscrip-
tion n'étant pas complète en plusieurs endroits du monument, je me suis trompé, lorsque, pgg. 30, 31 de
l'ouvrage cité, j'ai nommé le défunt un *Préfet du palais*
de R é - t o - k a, I n i i n i ou I n i a n i; son nom est composé des signes du prénom du Pharaon, que par respect
on a renfermé dans un cartouche. On observe cette
même particularité dans les inscriptions d'autres monumens, surtout de ceux qui appartiennent à la XXVIe
dyn. V. ma Lettre pgg. 126, 127.

V. *6. *Pierre calcaire.* STÈLE en forme de *porte de naos*, les
figures sculptées et coloriées. Sur l'entablement, la date
de la *IXe année* et les titres avec le prénom du Pharaon
R e - n o u b - n i k a (A m e n - h e m - h é II) de la XVIIe
dyn. La moitié supérieure de la stèle nous offre, dans
une inscription de 12 lignes, des dédications à O s i r i s.
La moitié infér. est divisée en trois registres. Dans le 1[r],
le défunt, un *préposé à l'autel* (?) E n e n t e f, *fils de la*
dame R a n f - ô n c h, avec son *épouse* A m e m, assis sur
des chaises, et deux *fils*, dont l'un est également nommé

Enentef, apportant des offrandes à leurs parens. 2ᵈ reg.: à gauche, son *père* Enentef, *le fils de* Sentenentef et sa *mère* Ranf-ônch, assis; à droite, ses deux frères apportant des offrandes. 3ᵉ reg.: quatre *filles* et deux *hommes* apportant des offrandes. La stèle nous offre encore, à droite et à gauche de ces représentations, deux bandes d'hiérogll. avec les titres et le nom du *défunt*, qui est représenté debout, adorant, à la fin de chacune de ces bandes. — *Haut.* 1.19, *larg.* 0.55.

Cette stèle nous offre dans la légende royale, un des plus anciens exemples de l'emploi des signes *hiératiques* sur des monumens en pierre. V. le cartouche, Lettre etc. Pl. V. n. 44 et pg. 39.

V. * 7. *Pierre calcaire.* Stèle. Vers le haut, au-dessous du *disque* ailé d'Harhat, Osiris offrant les emblèmes de la *vie durable et pure* à l'*épervier* royal qui surmonte l'*étendard* et le cartouche prénom Ré-en-tmé (du Pharaon Amen-hem-hé III de la XVIIᵉ dyn.), précédés des titres: *dieu bon, seigneur de l'Égypte (?), seigneur de tous les mondes,* et suivis du titre: *vivificateur pour toujours.* Au-dessous de cette représentation nous voyons, au centre, une *porte de naos* ornée des deux *yeux symboliques*, et d'une *enseigne*, sur laquelle est placé, entre deux *bras élevés*, le cartouche prénom Re-sôtp-hèt (d'Amen-hem-hé I) flanqué des signes de la *vie;* à droite, le défunt, *préposé au lieu des charrues du palais* de ce Pharaon, nommé Onch, *le fils* d'Hathor-set, assis devant une table à offrandes; à gauche, un autre *fils* de la même Hathor-set, nommé Schemou, également assis. Au milieu, au-dessous de la porte, un *homme, préposé aux prêtres*, Nofre-hem-ôf, *le fils de* ..., avec son *épouse* Hathor-set *la fille de* Sethbai-ôtp (ou Set-neb-ôtf), les *parens* des deux *défunts*, assis vis-à-vis du second de leur fils. La partie infér. du monument nous offre deux registres. Dans le premier, à gauche, trois *hommes* et une *femme*; à droite, un *homme* et trois *femmes*, apparemment les membres de la même famille, agenouillés. Les contours seulement de ces figures sont peints en *rouge*; les inscriptions qui contiennent les noms, en *noir*. Le second registre est laissé entièrement vide, de sorte que la stèle ne paraît pas avoir été achevée. — *Haut.* 0.75, *larg.* 0.51.

V. les cartouches, Lettre etc. Pl. IV. n. 38 et V. nn. 50 et 51, pgg. 36 et 41.

V. *8. *Pierre sablonneuse.* Stèle, les figures sculptées et coloriées, à trois registres. 1ʳ reg.: P h r é *hiéracocéphale, discophore, le plus grand des dieux vivans,* assis sur un trône, accompagné de T m é, et O s i r i s *Fent-hem-pamenti, Ouôn-nofre, le directeur des vivans,* également assis sur un trône, accompagné d'I s i s, *la grande mère divine.* 2ᵈ reg.: Le Pharaon A m e n ô t p I de la XVIIIᶜ dyn., et les *reines, la divine épouse* O o h-m e s - n o f r e - a t a r i, et la *royale épouse,* la *royale mère* O o h ô t p, assis sur des *trônes,* vis-à-vis d'H a r s i é s i et d'A n u b i s. 3ᵉ. reg.: un *préfet des prophètes de tous les dieux, le protoprophète d'A m o n,* nommé R i m é ou R o-m é, avec un *gardien de la salle blanche du temple d'A m o n,* A m o n - m e n et sa sœur, agenouillés. — *Haut.* 0.90, *larg.* 0.60.

V. les cartouches, Lettre Pl. VII. 70-73, pg. 49.

*9. *Pierre calcaire.* Petite Stèle, les figures sculptées, à deux registres: 1ʳ reg.. au-dessous des deux *yeux symboliques,* le *préposé aux boeufs de la reine* N o f r e-a t a r i, *le scribe* T h ô t h - m e s, et sa *femme,* N o u b-n o f r e t, adorant O s i r i s, *le seigneur des directeurs,* assis sur son trône. 2ᵈ reg.: le *père* et la *mère* (à gauche), le *frère* et la *soeur* du *défunt* (à droite), assis sur des chaises. Au-dessous, une dédication à O s i r i s, *le directeur éternel.* — *Haut.* 0.23, *larg.* 0.18.

V. le cartouche, Lettre, Pl. VII. n. 78, pg. 50.

*10. *Pierre calcaire.* Stèle, les figures sculptées et peintes, à deux registres. 1ʳ reg.: au-dessous des *yeux symboliques,* un prêtre nommé A m e n - h e m - ô f t, faisant des offrandes au *préposé à la maison du porteur,*

M e n - t o, et à sa *soeur* S c h e - m o u t h; 2ᵈ reg.: à droite, *l'auditeur de la maison du Pharaon R é - m e n - t o* (T h o u t h m e s IV) nommé T h o u t h - m e s, et sa *soeur*, *la dame* M e h; à gauche, *l'auditeur de la demeure du même Pharaon*, nommé A m e n - h e m - m e i f, et sa *soeur*, la dame E ï r i, assis sur des *chaises.* — *Haut.* 0.72, *larg.* 0.56.

V. Lettre etc. Pl. VIII. 85. pg. 53.

V. * 11. *Pierre calcaire.* Stèle, les figures sculptées et coloriées. Vers le haut, le *disque ailé;* au-dessous, à droite, le Pharaon T h o u t m e s IV, à gauche A m e n - ô t p II, son successeur, assis sur des trônes, devant une table à offrandes. Deux lignes d'inscript. hiérogl., au-dessous de cette représentation, nous offrent une dédication à A m o n - R a, *le roi des dieux*, et à R é - m e n - t o (prénom de T h o u t h m e s IV), *le vivificateur*, afin qu'ils accordent *tous les biens purs* etc. à la *dame* H o n t - n o - f r e t. — *Haut.* 0.32, *larg.* 0.21.

Lettre, Pl. IX. nn. 104, 105, pg. 57.

* 12. *Pierre calcaire.* Stèle, en forme de *porte de naos*, les figures sculptées, à deux registres. Sur l'entablement, le *disque ailé*, au-dessous duquel, sur la stèle même, sont figurés les *deux yeux symboliques* et les *deux schacals*. 1ʳ reg.: un fonctionnaire *royal, prêtre du seigneur des mondes*, E i p o u, faisant des offrandes à O s i - r i s, P h t a h - S o c a r i, *qui réside dans le sacelle, le seigneur des régions de* R i o u *et de* T a t o u, assis dans un *naos*; derrière le dieu et au-dessous de ce reg., prières à P h r é et à O s i r i s. 2ᵈ reg.: le *défunt* avec sa *soeur* et sa *fille*, faisant une libation à ses *parens* (?) *le prêtre d'A m o n*, N o f r e - h é, et la soeur de ce dernier, T e o u, la petite-fille d'un autre E i p o u, accompagnés de deux *fils* et d'une *fille.* Ce reg. nous offre le cartouche prénom R e - n a - n i t o d'A m e n ô t p II. Sur la base de la stèle nous voyons, au centre, un *naos*, trois *femmes* déplorant le défunt et faisant des offrandes, quatre *hommes* et trois *femmes* apportant des offrandes.

Les deux côtés de la stèle portent encore des légendes relatives à Phtah-Socari et à Osiris *Ouôn-nofre.* — *Haut.* 1.29, *larg.* 0.76.

V. Lettre, Pl. IX. n. 104. pg. 59.

V. * 13. *Pierre calcaire.* STÈLE, les figures sculptées et coloriées, à deux registres. 1ʳ reg.: le défunt, un *gardien du palais* de Re-men-nito (Thouthmes V) nommé Noubti, et *la dame* Set-amon, adorant Osiris *Fent-hem-pamenti*, assis sur un trône devant une table à offrandes; 2ᵈ reg.: le *défunt* offrant à ses *parens*; au-dessous de la chaise de la femme, un *homme agenouillé.* — *Haut.* 0.27, *larg.* 0.19.

* 14. *Pierre calcaire.* STÈLE en forme de *porte de naos.* Sur l'entablement, une inscription hiérogl. et une dédication de la part du *Prophète, le préposé au temple du palais d'Amenôtp III* etc., nommé Phtah-mes. Sur la stèle, deux lignes horizontales d'hiérogll., portant les titres et le nom du défunt; deux autres lignes verticales, à droite et à gauche, contiennent des dédications à Phtah-Socari-Osiris et à Anubis. Au milieu de la stèle on voit les images en relief de trois *hommes* revêtus de la *peau de panthère*, et parés de riches *coiffures*, avec une *femme;* ces images portent les légendes de Phtah-mes, de deux *préposés à la région des porteurs*, nommés Thouthmes, et de sa *mère.* Il paraît que nous avons ici les images du *défunt* Phtah-mes, avec son *épouse* et son *fils*; les deux dernières personnes étant représentées deux fois; la légende sur l'habit de la femme placée à côté de Phtahmes, est relative à ce fils. Trois *cynocéphales* sont sculptés à côté des trois hommes. La partie infér. de la stèle manque, avec l'inscription qu'elle a contenue. — *Haut.* 0.82, *larg.* 0.92.

Lettre, Pl. X. n. 119, pg. 60.

* 15. *Pierre calcaire.* STÈLE, les figures sculptées, en deux registres: 1ʳ reg.: les *yeux symboliques*, un *prêtre d'Amon, Hor-hem-neb* (ces trois signes renfermés dans un cartouche), Pi-hor-oër, offrant des encens etc.

à Osiris assis sur son trône et accompagné d'Isis, *la divine mère, la dame du ciel, la directrice des deux mondes.* 2ᵈ reg.: son fils, *le prêtre d'Amon-Ra,* Amonnaschti, faisant une libation, et quatre *femmes* (la mère avec trois *filles* du *défunt*), apportant des offrandes. — *Haut.* 0.49, *larg.* 0.36.

Il faut observer que les légendes ne conviennent pas avec les trois dernières de ces figures. V. le cartouche, Lettre, Pl. XIV. n. 147, pg. 77.

V. *16. *Pierre calcaire.* STÈLE, les figures sculptées. Le Pharaon Ménéphtah I, avec les cartouches prénom et nom sculptés au-dessus de la tête, offrant deux *vases* à une déesse *uréocéphale,* Napré, *la nourrice divine,* avec le *sceptre à tête de coucoupha* et une poignée d'*épis de blé* dans la gauche, l'emblème de la *vie* dans la droite. L'inscription au-dessous, contient une dédicace à Napré et nous apprend, que le Pharaon Ménéphtah *a fait exécuter ce monument pour son père* Amon-Ra. — *Haut.* 0.90, *larg.* 0.58.

V. Lettre, Pl. XIV. 151, 152, pg. 80.

*17. *Pierre calcaire.* STÈLE, les figures sculptées. Vers le haut, au-dessous des deux *schacals* couchés, un cartouche avec quelques titres et les noms du Pharaon Rhamsès III. 1ʳ reg.: le défunt, *le basilicogrammate* Thôth-hem-hbai, adorant Osiris *Fent-hem-pamenti,* avec les quatre *génies de l'Amenti,* placés sur un *calice de lotus,* Horus, Isis, les deux Anubis, Chnouphis et Thôth. 2ᵈ reg.: le *basilicogrammate* Thôth-hem-hbai et sa *soeur* Oërt-hothes, faisant des offrandes à cinq *hommes* et cinq *femmes,* leurs ancêtres. Suit une inscription de 13 lignes horizontales, avec une dédidation à Osiris, Horus, Chnouphis, Netpé, Ré-Atmou, etc. — *Haut.* 0.69, *larg.* 0.42.

V. ma Lettre, Pl. XVII. n. 182, pg. 95.

*18, *19. *Pierre calcaire.* STÈLES, les hiérogll. et les figures peints en *noir.* Vers le haut, au-dessous d'une légende avec le nom du défunt Psamtek, *le fils*

d'Ooh-ouben, nous voyons, le *défunt* assis et recevant les offrandes de quatre *hommes*, dont un agenouillé, et un autre, son *fils le chef* Ooh-ouben. L'inscription au-dessous de cette représentation, et qui est,
à quelques variantes près, la même sur les deux monumens, nous apprend que: *le 1ʳ Epiphi de la Iᵒ année
du roi Necho II, naquit* Psamtek, *le fils d'Ooh-
ouben et de* Taônch, *qu'il vécut 75 ans, 10 mois et
2 jours, et mourut l'an XVII, le 28 de Pharmouthi* (du
règne d'Amasis). — *Haut. 0.45, larg. 0.39.*

V. *Lettre*, Pl. XXV. pgg. 130 suivv.

V. *20. *Pierre calcaire.* Stèle, les figures sculptées.
Vers le haut, le *disque ailé*, qui plane au-dessus des *barques* du *scarabée* et du *bélier*, voguant sur l'hiérogl. du
ciel. Au-dessous, le *prophète* Hor adorant Osiris,
Amon-Saf, Horus et Isis. Suit une inscription de
13 lignes, contenant une dédication à Osiris *Fent-
hem-pamenti, le dieu grand,* à Phtah-Socari-Osiris,
Ré, Har-saf, Horus et Isis, par le *prophète* Hor.
A la 8ᶜ et la 9ᵉ ligne se trouvent deux cartouches, prénom et nom, mais les signes sont trop martelés, pour
que l'on puisse les déchiffrer. — *Haut. 1, larg. 0.53.*

*21. *Pierre calcaire.* Stèle, en forme de *porte de
naos,* les figures sculptées et peintes. Inscription de cinq
lignes, contenant une dédicace à Har-saf, l'Horus
victorieux, fils d'Osiris, de la part du *préposé à la
demeure des porteurs de* ..., Hathor-si. Au dessous,
le *défunt* adorant Amon-Har-saf, debout, devant
une table à offrandes. — *Haut. 0.53, larg. 0.29.*

*22. *Pierre calcaire.* Stèle à trois registres. 1ʳ reg.:
le défunt, le *chef* Pihor, avec son *fils* et un autre
homme, adorant Har-saf *le victorieux;* 2ᵈ reg.: un
homme avec trois *femmes;* et 3ᵒ reg.: une *femme* avec
trois *hommes,* agenouillés. — *Haut. 0.42, larg. 0.29.*

*23. *Pierre calcaire.* Stèles, les figures sculptées et
peintes, à trois registres: 1ʳ reg.: la *barque* avec le *disque du Soleil;* 2ᵈ reg.: Amon-Ra avec Mouth et

P h r é avec H a t h o r, assis sur des trônes; 3° reg.: un *auditeur dans la salle de la justice*, et son *fils*, agenouillés, adressant une prière à P h r é. — *Haut*. 0.87, *larg*. 0.57.

V. *24. *Pierre calcaire*. Stèle, les figures sculptées. Vers le haut, le *disque ailé*. A droite et à gauche, les emblèmes de l'*Est* et de l'*Ouest*; au milieu, une femme nommée D s j o t - i s i . . h s, adorant P h r é. Au-dessous, une légende du *préposé aux portiers de* . . . nommé H o r . . . et de la *dame* D s j o t - i s i . . h s. — *Haut*. 0.37, *larg*. 0.28.

*25. *Pierre calcaire*. Stèle, les figures peintes à diverses couleurs. Vers le haut, le *disque ailé*, planant au-dessus du signe de *bonté* et des deux *yeux symboliques*. Au-dessous, deux *hommes* et deux *femmes*, adorant P h r é. — *Haut*. 0.37, *larg*. 0.32.

*26. *Pierre calcaire*. Stèle, les figures sculptées et peintes à diverses couleurs, à cinq registres. 1r reg.: au-dessous du *disque ailé d'H a t*, à droite, le *basilico-grammate*, S i - i s i, et la *dame* T e n t p o n i, adorant O s i r i s *Fent-hem-pamenti*, *résidant à A b y d o s, le dieu grand, demeurant dans la région des dominateurs;* à gauche, *le scribe de la salle blanche du dieu bienfaisant,* H é ï, et la *dame* M o u t h - n o f r e t, adorant O s i r i s, *Ouôn-nofre, le directeur des vivans, le dieu grand, le seigneur de la région de* R i o u, *demeurant parmi les dieux du ciel étoilé.* Le dieu est assis sur un trône dans un *naos*, le *fléau* et la *crosse* avec le *sceptre divin* dans les mains, et à l'hauteur des genoux, un petit *pot à vin* avec le *thyrse* et la *peau de panthère*. 2ᵈ reg: le *basili-cogrammate* S i - i s i, et son *épouse* (?) *la prêtresse d'A t-m o u*, assis sur des chaises, reçoivent les offrandes de leurs *fils*, les *scribes* H é i, H ô p - h i o o u é - m e s, R é a ï et E i r é, et de leurs *filles*, M o u t h - n o f r e t, P a s c h t et T a é i. 3ᵉ reg.: à droite, H é ï avec sa soeur, M o u t h - n o f r e t, recevant les offrandes de leur *frère*, le *scribe* T h o u t h - m e s et de leurs *soeurs*, E o s e r c h et M o u t h - h e m - b a; à gauche, son *père le préposé aux boeufs d'Amon*, S c h a o u, et sa *mère la prêtresse d'H ô p - h i o o u é*,

Tatoër, recevant les libations de leurs fils Héi et
Paéï. 4e reg.: le *scribe* Eoniéi et sa soeur Poni,
recevant les libations de cinq *frères* (le *scribe* du temple
d'Amon, Ré-mes, le *scribe* Hé-mes, le *scribe de
la salle blanche*, Schaou, Héï, et le *préposé aux
boeufs*, Héï-mes), accompagnés de trois *soeurs*, Phtah-
tou-schoui, Nofre-atari, et ...éa. 5e reg.: à
droite, le *préposé aux boeufs*, Meh, et la *dame* Tas-
nou-nofre, assis sur des chaises, reçoivent les offrandes de leur *fils*, *le scribe* Nofre-scharoui, et de
deux *femmes*, Mouth-anet et .....; à gauche, le
scribe Héi et la *dame* Mouth-nofret, recevant les
offrandes d'un *homme* nommé Piten, de deux *prêtres* et
de deux *femmes*. — *Haut.* 1.46, *larg.* 0.88.

V. *27. *Pierre calcaire.* Stèle, les figures sculptées, à
deux registres. 1r reg.: à droite, Amon-Ra; à gauche,
Emphé ou Empé et Pascht ou Mouth, assis sur
des trônes; 2d reg.: le *scribe des offrandes d'Amon*,
Pen-rannou, adorant, devant un *naos*, dans lequel
on voit Osiris *hiéracocéphale* et Isis avec un emblème
de l'Amenti. — *Haut.* 0.52, *larg.* 0.35.

*28. *Pierre calcaire.* Stèle, les figures sculptées et
peintes. Vers le haut, le *disque ailé* et les *yeux symboliques;* au-dessous du signe *ciel*, une *femme*, Iriéïri
avec son *mari* (?) et sa *mère* adorant Phré. L'inscription de trois lignes, contient une dédication à Osiris.—
Haut. 0.40, *larg.* 0.32.

*29. *Pierre calcaire.* Stèle, de forme carrée, les
figures sculptées et peintes. Le *défunt*, *le préposé aux
arciers* Oër-hor-hem-hbai, adorant Phré.— *Haut.*
0.59, *larg.* 0.62.

*30. *Pierre calcaire.* Stèle. Le prêtre Onch-hor-
si-isi, adorant Phré. — *Haut.* 0.39, *larg.* 0.23.

*31. *Pierre sablonneuse.* Stèle. Sur la moitié supér.,
au-dessous du *disque ailé d'Hat*, le *défunt* adorant, à
droite Phré, à gauche Atmou. Sur la moitié infér.
une inscription en six lignes, contenant une dédication

à **P h r é** de la part d'un *prêtre* nommé **D s j o t - h o**, *fils* de **P e t - O s i r i s** et de la *dame* **P a s c h t - i r i - t e s**. — *Haut.* 0.63, *larg.* 0.40.

V. * 32. *Pierre calcaire.* STÈLE. Vers le haut, le signe du *ciel*, reposant des deux côtés sur les emblèmes de l'*Est* et de l'*Ouest*, le *disque ailé d'H a t* ; au-dessous du *disque*, deux *femmes*, la *chanteuse* d'**A m o n**, **M e i t s o u - A m o n** et **T a m e i t - A m o n** adorant **P h r é**. — *Haut.* 0.43, *larg.* 0.29.

* 33. *Pierre calcaire.* STÈLE en forme de *porte de naos*. Dans le *fronton*, les deux *schacals* couchés. La stèle est divisée en deux registres. 1ʳ reg.: au-dessous des *yeux symboliques*, le défunt **A m e n m e s** adorant **O s i r i s**. 2ᵈ reg.: **A m e n m e s** et sa *soeur*, assis sur des chaises et accompagnés d'un *enfant*, reçoivent les adorations de deux femmes **R i é ï** et **T a é ï**. — *Haut.* 0.66, *larg.* 0.33.

* 34. *Pierre calcaire.* STÈLE à trois registres. 1ʳ reg.: au-dessous des *yeux symboliques* et des deux *schacals* couchés, la *barque* de **P h r é - A t m o u** avec le *scarabée* ailé, le *disque* et deux *cynocéphales* adorant; 2ᵈ reg.: à droite, **A m o n - R a** et **T h ô t h** *ibiocéphale ;* à gauche **O s i r i s**, **P h r é** et **I s i s**, assis sur des trônes, devant une table à offrandes; 3ᵉ reg.: à droite, le *défunt* accroupi devant *l'arbre mystique*, d'où l'on voit sortir la figure de **N e t p é** versant le breuvage divin; à gauche, un *homme* faisant des offrandes à un *homme* et une *femme* assis sur des *chaises*. — *Haut.* 0.57, *larg.* 0.39.

* 35. *Pierre calcaire.* STÈLE, en forme de *porte de naos*, à deux registres. Deux légendes hiérogll., commençant au-dessus du 1ʳ reg., et continuées le long des deux côtés, contiennent des dédications à **A t m o u** et à **P h t a h - S o c a r i**, pour le *défunt, le grand (le chef?) des demeures de P h t a h*, **M a é ï**. 1ʳ reg.: **M a é i** et sa *soeur* **T a t k a r i h**, offrant à **O s i r i s**. 2ᵈ reg.: les mêmes recevant les offrandes de leurs fils **P i h o r** et **O t p - t p é**, avec deux filles **N o f r e t** et **H é**. — *Haut.* 0.68, *larg.* 0.45.

V. * 36. *Pierre calcaire.* Stèle, les figures et les hiérogll. peints. Vers le haut, le *disque ailé*, les *yeux mystiques* et les deux *schacals*; au-dessous, une *femme* adorant Phré, Horus ou Harsiési coiffé du *pschent* et Isis. Les trois lignes hiérogll. au-dessous de cette scène sont effacées en partie et contiennent une dédicace à Osiris *Fent-hem-pamenti*. — *Haut.* 0.34, *larg.* 0,26.

* 37. *Pierre calcaire.* Stèle, les figures et les hiérogll. peints. Vers le haut, le *disque ailé* et les deux *schacals*. Au-dessous, deux *femmes* adorant le dieu Phré. Suivent trois lignes hiérogll. contenant une dédicace à Osiris *Fent-hem pamenti*, à Anubis et à Horus, pour la *défunte*. Au-dessous de cette inscription on a sculpté une date de l'année. XIII. — *Haut.* 0.41, *larg.* 0.32.

* 38. *Pierre calcaire.* Stèle, en forme de *porte de naos*, en trois registres. 1ʳ reg.: à droite, un *prince royal*, *prêtre d'Amon*, Eopou, offrant des encens au *sceptre Pat*; à gauche, son *fils* Amon-nofre offrant à Osiris. 2ᵈ reg.: inscription de neuf lignes, contenant une dédicace à Osiris *Fent-hem-pamenti* et à Anubis, pour le *prêtre* Amen-nofre; une autre dédicace à Osiris *seigneur d'Abydos* et à Anubis, pour le *même*, *le fils* d'Eopou; 3° reg.: à gauche, Amon-nofre et sa *femme*, assis sur des chaises; à droite, en 35 compartimens, une énumération d'offrandes indiquées par leurs noms phonétiques, et les signes figuratifs, avec l'addition des nombres. — *Haut.* 1.16, *larg.* 0.52.

Cette stèle appartient à une époque antérieure à la XVIIIᵉ dyn. Le nom d'Amon y est martelé en plusieurs endroits.

* 39. *Terre cuite.* Fragment d'une Stèle, la surface couverte d'un *émail bleu foncé*, les figures et les hiérogll. d'un *bleu clair*. Dans le fronton, au-dessous du *schacal* d'Anubis avec l'*oeil symbolique*, *le défunt*, *le préposé aux ... de la demeure de Phtah*, Amen-hem-hbai, et la *dame* Ka-iri-moui, agenouillés et adorant Osiris, *le seigneur de l'Amenti*, assis sur son trône. — *Haut.* 0.22, *larg.* 0.28.

V. * 40. *Pierre calcaire.* Stèle, les figures sculptées et peintes. Dans le fronton, le *schacal* couché. Au-dessous, le défunt, l'*auditeur* A s e i o - h i - a m e n t i, adorant O s i r i s ; suit, une dédication à O s i r i s, *afin qu'il accorde une transmigration.* — *Haut.* 0.43, *larg.* 0.36.

* 41. *Pierre calcaire.* Stèle en forme de *porte de naos*, les figures sculptées en deux registres. Dans le fronton, un *homme* agenouillé, entre deux *schacals.* Deux légendes hiérogll., commençant au-dessus du premier reg. et continuées le long des deux côtés, contiennent des dédicaces à P h t a h - S o c a r i - O s i r i s, pour le *prêtre de P h t a h*, O n c h - P h t a h, et son *fils, le prêtre* F a i - p o u. 1ʳ reg. : le *défunt*, avec son *épouse* T a t n i r o, et son *fils*, offrant à O s i r i s. 2ᵈ reg. : F a i - p o u, un autre *prêtre* et quatre *femmes*, leurs *soeurs*, offrant au *gardien des demeures de P h t a h*, E o m e s, et une *femme* N o u b . . . ., assis sur des chaises. — *Haut.* 0.88, *larg.* 0.55.

* 42. *Pierre calcaire.* Dans le fronton, le *schacal* couché. Au-dessous, la dame M é r é - S o c a r i et une autre *femme* adorant O s i r i s. — *Haut.* 0.55, *larg.* 0.34.

* 43. *Pierre calcaire.* Stèle, les figures sculptées et peintes, en trois registres. 1ʳ reg. : au-dessous des *yeux symboliques*, le *défunt, un chef de . . . ., préposé aux arciers, le chef de la contrée de P e r i l i*, N e b b é i, et sa soeur T a - o s o r t, adorant O s i r i s. 2ᵈ reg., à droite, le *prêtre d'A m o n*, A m o n - h e m - h é et la dame T a t e a, recevant les adorations de leur *fille* M e i t - h o r ; à droite, N e b b é i et T a - o s o r t, adorés par leur *fils* H o r - h e m - h b a i. 3ᵉ reg. : dédicace, en quatre lignes, à O s i r i s pour N e b b é i. — *Haut.* 0.54, *larg.* 0.36.

* 44. *Pierre calcaire.* Stèle à trois registres. 1ʳ reg. : *le préposé aux taureaux d'A m o n*, T i s i o u - h e t, son *fils*, son *épouse* M e s t - n o u t e, et sa *fille*, faisant des offrandes à O s i r i s. Derrière le dieu, un homme avec une *enseigne* surmontée de la *plume d'autruche.* 2ᵈ reg. : deux *hommes*, dont l'un fait une libation, l'autre apporte une chèvre, pour l'offrir au défunt A m e n é i accompagné de

son épouse; sous la chaise de cette dernière, un *cynocé-phale*; 3⁶ reg.: cinq *hommes*, parmi lesquels deux *scribes*, apportant des victimes. — *Haut.* 0.53, *larg.* 0.38.

V. * 45. *Pierre calcaire.* Stèle, à trois registres: 1ʳ reg.: au-dessous des *yeux symboliques*, deux *scribes* adorant Osiris; 2ᵈ reg.: à droite, le premier de ces *scribes* avec sa *soeur*, recevant les offrandes d'une *fille* (?); à gauche, un *homme* présentant ses offrandes à son père (?) Sou-nofre et la dame Bôkt; 3ᵉ reg.: deux *fils* et deux *filles* agenouillés devant quatre tables à offrandes. Au-dessous, une inscription hiérogl. de deux lignes, contenant une dédicace à Osiris, de la part du *scribe* Ré, le fils du *scribe* Faiéi, et de Noub-nofret. — *Haut.* 0.37, *larg.* 0.25.

* 46. *Pierre calcaire.* Stèle. Au-dessous de l'*oeil droit symbolique*, Osiris *Ouôn-nofre*, recevant les adorations du *protoprophète* de Thôth etc. nommé Hemou-nofre, et de sa *soeur* Thôth-maéïé. Au-dessous, une dédicace à Amon, *le roi des dieux*, à Osiris, à Hapi-môou etc. — *Haut.* 0.39, *larg.* 0.26.

* 47. *Pierre calcaire.* Stèle, les figures sculptées, à trois registres. 1ʳ reg.: les deux *yeux symboliques*, Osiris adoré par le *gardien de la salle blanche*, Nofre-rompe, et la *dame* Eàéï; 2ᵈ reg.: le *défunt* adorant une *barque* avec les quatre *génies funéraires*, le gouvernail est dirigé par un homme portant le même nom que le défunt; 3ᵉ reg.: le *défunt* et la *défunte* presentant leurs hommages à un *homme*, nommé Tek-noute et son épouse, assis sur des chaises. — *Haut.* 0.50, *larg.* 0.28.

* 48. *Pierre calcaire.* Stèle, les figures sculptées et peintes, à trois registres. 1ʳ reg.: au-dessous des *yeux symboliques*, Osiris recevant les adorations d'un *préposé aux sculpteurs d'Amon*, Neb-oër, son *épouse*, Tneb-en-nito et ses deux *fils*; 2ᵈ reg.: à droite, le *défunt* et son *épouse* recevant les adorations de leur *fille*; à gauche, son *frère* et l'*épouse* de ce dernier, assis sur des chaises et recevant une offrande de leur *fille*; 3ᵒ reg.:

le *fils* du défunt avec son *épouse* assis, devant eux un *fils* et trois *filles* agenouillés. Au-dessous, une dédication à O s i r i s *Fent-hem-pamenti*, de la part de N e b - o é i et de son fils N a – t h o – k a. — *Haut.* 0.68, *larg.* 0.45.

V. * 49. *Pierre calcaire.* STÈLE, les figures sculptées, à deux registres. 1ʳ reg.: vers le haut, le *disque* avec l'*aile droite*, et l'*oeil gauche symbolique*; au-dessous, un *auditeur* nommé P i é o - h e m - r o t, et une *femme* adorant O s i r i s, derrière le dieu un *riche éventail*; 2ᵈ reg.: le *père* du *défunt*, un *employé royal* et son *épouse*, recevant les libations de leur *fils* et de sa *soeur*. Au-dessous, une dédication à O s i r i s, à P h t a h et à A n u b i s pour le *défunt*. — *Haut.* 0.75, *larg.* 0.48.

Cette stèle fut trouvée dans un même tombeau que la PORTE SÉPULCRALE, K. n. 9.

* 50. *Pierre calcaire.* STÈLE à deux registres. 1ʳ reg.: O s i r i s et I s i s recevant les adorations d'un scribe des offrandes P i é a é i, et d'un *scribe de la salle du* ..... R i m é i; 2ᵈ reg.: un *homme* et quatre *femmes*. — *Haut.* 0.63, *larg.* 0.46.

* 51. *Pierre calcaire.* STÈLE en forme de *porte de naos*. Au-dessous de l'entablement, à droite et à gauche, un *schacal* couché et adoré par deux *femmes* accroupies. Deux légendes, continuées le long des côtés de la stèle, contiennent des dédications à O s i r i s et à A n u b i s, pour le *scribe, préposé aux boeufs d'Amon*, nommé T h ô t h et pour sa *soeur* O u é ï. La stèle elle-même est divisée en deux registres. 1ʳ reg.: le *défunt* et sa *soeur* offrant à O s i r i s et à T m é; 2ᵈ reg.: les mêmes recevant les adorations d'un *homme* et de quatre *femmes*. — *Haut.* 0.90, *larg.* 0.68.

* 52. *Pierre calcaire.* STÈLE, à deux registres. 1ʳ reg.: deux *prêtres* H é i a et H é faisant une libation à O s i r i s; derrière le dieu, un *bouquet de lotus;* 2ᵈ reg.: quatre *femmes* et trois *hommes*. — *Haut.* 0.30, *larg.* 0.25.

* 53. *Pierre calcaire.* STÈLE, les figures en relief et peintes, à deux registres. 1ʳ reg.: le *défunt* et son

épouse adorant O s i r i s assis sur son trône; 2ᵈ reg.: deux *hommes* et une *femme* devant une table à offrandes. — *Haut.* 0.16, *larg.* 0.15.

V. * 54. *Pierre calcaire.* Stèle, les figures sculptées. Un défunt adorant O s i r i s. — *Haut.* 0.29, *larg.* 0.21.

* 55. *Pierre calcaire.* Stèle. Vers le haut, les *deux yeux symboliques*. Au-dessous, la *défunte* adorant O s i - r i s et I s i s, dont les images sont sculptées en relief. A droite et à gauche, des légendes relatives à la *défunte* et à N a s c h b é i. — *Haut.* 0.52, *larg.* 0.36.

Le style du travail de cette stèle appartient à une époque antérieure à la XVIII° dyn.

* 56. *Pierre calcaire.* Stèle en forme de *porte de naos*. Dans le fronton, le *schacal* d'A n u b i s. 1ʳ reg.: le *défunt* P i s c h a l i et son *épouse* adorant O s i r i s avec N e p h - t y s et I s i s; 2ᵈ reg.: le *défunt* agenouillé, recevant le breuvage divin de N e t p é assise dans *l'arbre mystique*. Au pied de l'arbre, *l'âme* du *défunt;* derrière ce dernier, sa *mère*, trois *femmes* et son *fils*, adorant. — *Haut.* 0.70, *larg.* 0.47.

* 57. *Pierre calcaire.* Stèle en forme de *porte de naos*, en trois registres. Dans le fronton, le *défunt, prêtre de P h t a h*, H o r é i, agenouillé, adorant à droite et à gau- che, le *disque du S o l e i l*, élevé par deux *bras humains*, au-dessus du signe de *stabilité*. Sur l'entablement, le nom du défunt répété cinq fois. 1ʳ reg., divisé en deux tableaux: à droite, le *défunt* adorant P h r é; à gauche, *l'auditeur de la demeure de P h t a h*, N i o u r i, avec son *épouse*, les parens de H o r é ï, adorant O s i r i s. 2ᵈ reg.: le *défunt* et son *épouse*, recevant les adorations de leur *fils, un prêtre de P h t a h* et de trois *filles* avec des *sis- tres* dans la gauche; 3ᵉ reg.: les mêmes recevant les of- frandes d'un *prêtre de P h t a h*, N i o u r i (leur *fils?*) d'un *prophète* et de deux *femmes*. Les deux légendes, le long des côtés de la stèle, contiennent des adorations à O s i r i s, P h r é, A t m o u, P h t a h - S o c a r i - O s i r i s pour H o - r é ï. — *Haut.* 1.54, *larg.* 0.97.

V. * 58. *Pierre calcaire*. Stèle. Vers le haut, le *disque ailé* d'Hat, flanqué des deux *yeux symboliques*. Le *défunt*, *spondiste, prophète*, Eintosch, *fils du prophète* Thouthmes *et de la dame* Barchas, adorant, à droite, les dieux Empé-Moui, *le fils du Soleil*, Horus, *le vengeur de son père,* et Anubis, *le directeur des mondes;* à gauche, Osiris, Isis et Nephtys. Inscription hiérogl. de 16 lignes horizontales, contenant une dédication à Osiris, Isis, Nephtys, Empé-Moui, Horus, Anubis, et aux *dieux* et *déesses, résidant dans la région de* .... *pour le défunt, le spondiste, prophète, scribe etc.* Bôk-en-hor, *le fils de* Thouth–mes *et de la prétresse* Barchas, et pour Empentasch. — *Haut.* 0.78, *larg.* 0.51.

Style de la dynastie des Ptolémées.

* 59. *Pierre calcaire*. Stèle, les figures sculptées et peintes, à deux registres. 1ʳ reg.: le *défunt* Si-phtah-hem-amon adorant Phtah, *le seigneur de la coudée*, assis sur un trône; 2ᵈ reg., une *femme* nommée Tatneb, avec sa *fille* Taoër, agenouillées devant une table à offrandes. — *Haut.* 0.24, *larg.* 0.19.

* 60. *Pierre sablonneuse*. Stèle, les figures sculptées en relief. Un *homme* offrant à un *uréus* dressé et coiffé des deux *palmes*. — *Haut.* 0.32, *larg.* 0.25.

* 61. *Pierre calcaire*. Stèle, les figures sculptées et peintes. Vers le haut, au-dessous du *disque ailé*, le défunt couché sur un *naos;* à droite, son *âme*, à gauche le *schacal* couché. Au-dessous, un *prêtre d'Amon*, adorant Osiris, Harsiési et Isis. — *Haut.* 0.23, *larg.* 0.17.

* 62. *Pierre calcaire*. Stèle, les figures sculptées, dorées et peintes, à deux registres. 1ʳ reg.: le *disque* orné des deux *uréus* (le *Soleil*), et le *disque* avec le *croissant* (la *Lune*); au-dessous, un dieu à figure *humaine*, nommé Noubti, *le dieu grand*, perçant avec une haste un énorme *serpent* à tête et bras *humains;* 2ᵈ reg.: le *défunt* Kiana agenouillé devant une quantité d'offran-

des et adorant le dieu S o l e i l.° — *Haut.* 0.42, *larg.* 0.29.

V. Lettre, Pl. XVI. n. 167, pg. 88.

V. * 63. *Pierre calcaire.* Stèle, les figures sculptées, à deux registres. 1ʳ reg.: au-dessous du *disque ailé*, le défunt, S e n - h o r - h i, *fils de* P e t i s i s, adorant O s i r i s, H a r s i é s i et I s i s; 2ᵈ reg.: dédication à O s i r i s et à H o r u s. — *Haut.* 0.37, *larg.* 0.28.

* 64. *Pierre calcaire.* Stèle, les figures sculptées et peintes, à trois registres. 1ʳ reg.: les *yeux symboliques* et les *schacals couchés*; 2ᵈ reg.: le *spondiste* (?) S e n - n o u b - ô t p, son *épouse* T p é - n o f r e o, son *fils* N e b, adorant O s i r i s, H o r u s, *le vengeur de son père*, A n u - b i s et I s i s, *la divine mère;* 3ᵉ reg.: dédication à O s i r i s, H o r u s et I s i s, de la part de S e n - n o u b - ô t p, *le fils de* N e b, *qui était le fils* d'O u s c h e b t; d'A m o n - t f e f; d'E m p h é - E o u ô n c h, qui était le fils d'O n c h - p e f - h i - t p é; et d'une prêtresse. — *Haut.* 0.89, *larg.* 0.51.

* 65. *Pierre calcaire.* Stèle, à deux registres. 1ʳ reg.: *le préposé aux arciers, le protoprophète d'A m o n - R a, le roi des dieux* ...H o r, et une *femme* adorant O s i r i s, *le seigneur éternel, le roi des dieux,* H o r u s, I s i s et la *vache d'H a t h o r,* sortant de la montagne sacrée. Au-dessus, le *disque ailé.* 2ᵈ reg.: prière adressée à O s i r i s, *Ouôn-nofre, le fils de N e t p é,* à P h r é, à T m o u, etc. — *Haut.* 0.75, *larg.* 0.60.

La figure du défunt et le commencement de son nom, à la 4ᵉ ligne de l'inscription du 1ʳ reg., et à la 1ᶜ et la 8ᵉ lignes du 2ᵈ reg., sont martelés.

* 66. *Pierre calcaire.* Stèle. Au-dessous du *disque ailé,* I s i s et N e p h t y s, debout, adorant les *génies funéraires* placés sur une *fleur de lotus,* O s i r i s, la déesse de l'A m e n t i, et T m é. — *Haut.* 0.49, *larg.* 0.52.

L'image du *défunt* ou de la *défunte,* ainsi que la légende hiérogl., au-dessous de la représentation, sont martelées.

* 67. *Pierre calcaire.* Stèle, en forme de *porte de*

naos, les figures sculptées et peintes, à cinq registres. 1ʳ reg.: dédication à O s i r i s, de la part de P i - n o u b - t i t i ; 2ᵈ reg.: trois *hommes* agenouillés et une table à offrandes; l'un de ces hommes est nommé son *frère* O s o r - s e n ; 3ᵉ: à droite, deux *hommes*, A m e n s i et T é r é ï, agenouillés; à gauche, un *homme* P i h o r et une *femme*, agenouillés; 4ᵉ: à droite, deux *hommes*; à gauche, un *homme* et une *femme*, agenouillés; 5ᵉ reg.: en 11 lignes verticales, les noms de plusieurs frères, de la fille, d'un fils et du père du défunt. — *Haut.* 0.48, *larg.* 0.31.

Cette stèle appartient à une dynastie antérieure à la XVIIIᵉ. V. * 68. *Pierre calcaire.* Stèle, en forme de *porte de naos*, à trois registres. 1ᵉ reg: le *chef, préposé aux prophètes,* E o k é, *fils* de C h o n s o u - ô t p et son *épouse*, recevant les hommages d'un *joueur de la harpe*, agenouillé, nommé N o f r e - ô t p, *fils* d'H è t ; 2ᵈ reg.: le défunt recevant les offrandes de ses fils N o f r e - ô t p, N a s c h t i..?, et de deux autres *hommes*, dont l'un tient un *bâton* dans la gauche; 3ᵉ reg.: deux *hommes* debout, offrant leurs hommages à un autre *fils* et deux *filles* du défunt. — *Haut.* 0.64, *larg.* 0.45.

* 69. *Pierre calcaire.* Stèle en forme de *porte de naos*, les figures sculptées, l'entablement et l'encadrement sculptés et peints, à quatre registres. 1ʳ reg.: une ligne hiérogl. avec dédication à O s i r i s, *le seigneur de T a - t o u* ; au-dessous, à droite, le *prophète* A m e n - h e m - h é, le *fils* de K e f t, assis vis-à-vis d'un *prophète* M o n t h - n a - h e m, le *fils* d'A o u, également assis sur une chaise. Derrière ce dernier, *son fils, le prophète* d'A m e n - h e m - h é, le *fils* de T e t o u ; 2ᵈ reg.: dédication à O s i r i s ; au-dessous, à droite, la dame A o u, et la dame T e t o u, assises vis-à-vis de la *dame* A m e n - s e t et de la *dame* A m e n é ï; 3ᵉ reg.: quatre *fils*, un *frère*, et deux *filles*; 4ᵉ reg.: cinq *frères*, un *fils* et une *soeur*. — *Haut.* 0.80, *larg.* 0.50.

* 70. *Pierre calcaire.* Stèle, de forme carrée, avec

une inscription de 13 lignes horizontales, contenant une prière d'une femme nommée P h t a h - m e i t, adressée au dieu P h r é et aux diverses formes de ce dieu. — *Haut.* 1.03, *larg.* 0.69.

V. * 71. *Pierre calcaire.* STÈLE, les figures sculptées et peintes. Sur la moitié supérieure, à droite, une dédication à O s i r i s, *le seigneur de T a t o u*, de la part du prêtre royal T m é s i - m e r r i, le fils d'O t p; une autre dédication à R e - s e b, le mari de N e t p é, de la part d'une *femme*, nommée A s e n é ï s e n, la *fille* d'H e m-k o t; à gauche, une dédication à O s i r i s, *le seigneur de* R i, de la part de *l'attaché au palais*, S i - i s i, *fils* d'A s e n é ï s e n, et de la *mère* d'A s e n é ï s e n, nommé H e m k o t, la *fille* de S a t - O s o r. T m é - s i - m e r r i et S i - i s i sont assis sur des chaises, au-dessous de ces inscriptions, le premier accompagné d'A s e n é i s e n, le second d'H e m k o t (?). 2ᵉ reg.: deux *hommes* et une *femme* devant une table à offrandes; à gauche, trois *fils* et deux *filles* d'A s e n é ï s e n, et un autre *homme*, tous debout. 3ᵉ reg.: au centre, deux *hommes* immolant un *boeuf*; à droite, deux hommes, M o n t h - ô t p et S i - i s i, un *homme* jouant de la *harpe*, un quatrième portant sur son épaule un bâton avec deux vases, et un cinquième adorant; à gauche, quatre *hommes* et une *femme* apportant des offrandes. — *Haut.* 1.62, *larg.* 0.76.

* 72. *Granit rouge.* STÈLE, les figures sculptées et peintes. Inscription hiérogl. de 10 lignes horizontales, avec une dédication à O s i r i s, *le seigneur éternel, le directeur des vivans* à A b y d o s. Au-dessous, le défunt O n c h o u - e n - s c h e m s c h e, *le fils* d'A m e n é i, assis, vis-à-vis de son *père* et de sa *mère*, qui sont également assis sur des chaises. — *Haut.* 0.48, *larg.* 0.30.

* 73. *Pierre sablonneuse.* STÈLE, les figures sculptées, à deux registres. 1ʳ reg.: dédication à O s i r i s, *seigneur de T a t o u*, de la part de S i - m e s - c h o n - t e s h, *le fils de* S e t - r o r o u; à droite, le *défunt* adorant; 2ᵈ reg.: le même (?) assis devant une table à offrandes; à gau-

che, un *homme* O s r é (son *fils?*) apportant des offrandes.—
Haut. 0.52, *larg.* 0.33.

V. * 74. *Pierre calcaire.* Stèle, les figures sculptées et
peintes, à deux registres. 1ʳ reg., au-dessous des deux
yeux symboliques, le *défunt* O o h - m e s et une *femme*
recevant les libations de leur *fils* S o n; 2ᵈ reg.: les *défunts* assis, recevant les hommages d'un *homme*, d'une
femme, et d'un *fils* T h ô t - n o f r e; les deux dernières
figures agenouillées. Au-dessous, une dédicace à O s i r i s,
le seigneur éternel. — *Haut.* 0.55, *larg.* 0.32.

* 75. *Pierre calcaire.* Stèle à deux registres. 1ʳ reg.:
les *yeux symboliques*; le *basilicogrammate* P e n s o r t assis
et recevant une libation de son *épouse*; 2ᵈ reg.: dédication à O s i r i s, *seigneur de T a t o u*, à droite, un *homme* debout. — *Haut.* 0.34, *larg.* 0.25.

* 76. *Pierre calcaire.* Stèle, en forme de *porte de
naos*, à trois registres. 1ʳ reg.: dédication à O s i r i s de
la part d'H a k k e n n o u, *le fils de la dame* T i t i; 2ᵈ reg.:
le *défunt* assis, recevant les hommages de deux *femmes;*
3ᵉ reg.: à gauche, deux *femmes* accroupies; à droite,
deux *hommes* debout, le dernier un *fils* de T i t i. —
Haut. 0.42, *larg.* 0.33.

* 77. *Pierre calcaire.* Stèle, à deux registres. 1ʳ reg.:
au-dessous des *yeux symboliques*, un *homme* nommé O oh-
m e s, offrant des libations à un autre A s c h t - h e m o u -
n o f r e. 2ᵈ reg.: dédicace à O s i r i s pour A s c h t -
h e m o u - n o f r e, de la part de sa *soeur* N o u b - h e m -
s c h a s. — *Haut.* 0.36, *larg.* 0.24.

* 78. *Pierre calcaire.* Stèle, à trois registres. Vers le
haut, les *yeux symboliques*, les deux *schacals* et une dédicace à O s i r i s *Fent-hem-pamenti*, pour le *préposé aux
esclaves* (?) de P h t a h – S o c a r i, P e p i. 1ʳ reg.: à
droite, le *défunt* recevant les adorations de son *fils* et
de son *épouse;* à gauche, un *homme*, O n c h é i (*père
du défunt?*), recevant les hommages de son *fils* P e p i.
2ᵈ reg.: deux *filles*, un *fils*, la *soeur*, l'*épouse* (du *père* (?)
du) *défunt*, et ce *père* lui-même, agenouillés. 3ᵉ reg.,

divisé en cinq tableaux,: **1°**. (à droite) un *homme* assis vis-à-vis de son *épouse* agenouillée; **2°**. un *préposé aux esclaves*, K e k i, assis et recevant les hommages de son *fils* N o f r e - ô t p et de sa *fille;* au-dessous, une légende hiérogl. de deux lignes. **3°**. (à gauche) deux *hommes,* **4°** et **5°**. un *homme* et une *femme*, agenouillés, membres de la famille du *défunt*. — *Haut*. 0.60, *larg*. 0.38.

V. *79. *Pierre calcaire*. Stèle, en forme de *porte de naos,* les figures sculptées. A droite, une dédication à O s i r i s, pour le *jeune chef*, ... *le préposé au palais*, F e n t - r o t i - o ë r; au-dessous, ce dernier, assis et accompagné de sa *mère*, recevant les hommages de son *frère;* à gauche, une prière, en sept lignes verticales, à O s i r i s; et l'image du défunt, debout, adorant. — *Haut*. 1.10, *larg*. 0.80

* 80 - * 83. *Pierre calcaire*. Quatre Stèles en forme de *porte de naos*, avec l'image en relief du *préposé aux porteurs* P e k - h r a - r é; (80) image du *défunt*, revêtu de la *calasiris*, sur le devant du vêtement, une dédication avec les titres du *défunt;* (81) sur l'habit, une dédication analogue, et autour de la stèle, autres dédicaces pour le *défunt;* le commencement de ces légendes a péri, avec les noms des dieux auxquels elles étaient adressées; (82) autour du monument, dédicaces à A t - m o u et à P h r é; (83) sur les épaules et sur la poitrine de l'image, le nom de la *demeure de P h t a h (Memphis)*, répété quatre fois; sur l'habit, dédicaces à S o c a r i - O s i r i s, et autour de la stèle, à O s i r i s *Fent-hem-pamenti* et à une déesse, *la grande directrice de l'Amenti*. — *Haut*. 0.59, *larg*. 0.28.

Ces quatre stèles furent trouvées ensemble avec la Table a libations, appartenant au même défunt, V. I Partie, Sect. C. n. 19.

*84. *Pierre calcaire*. Stèle du *prêtre* F a i - i t e n - h e m - h b a i, *le fils de la dame* P h t a h - m e i t.

V. la description de cette stèle, dans la Section K. Tombeaux, n. 7.

V. *85. *Pierre calcaire.* Stèle, les figures sculptées, à cinq
registres. 1ʳ reg.: dédicace à Osiris pour un *préposé,*
Ha-hare-hor. 2ᵈ reg.: le dernier et son épouse,
Isi-osor, assis et recevant les offrandes de leur *fils.*
3ᵉ reg.: à droite, le *défunt,* debout, apportant des offrandes pour son père Naschti, et sa mère Isi-sanofre, assis sur des chaises, derrière la mère, une *soeur*
Isi-sanofre, debout; derrière Ha-hare-hor, une
autre *épouse,* Isi-mentéi, tenant un *miroir* dans la
gauche. 4ᵉ reg.: quatre *fils* et une *soeur,* emmenant
des victimes etc. 5ᵉ reg.: trois *soeurs* du défunt et trois
autres *femmes,* avec deux *hommes* portant des offrandes. — *Haut.* 1.02, *larg.* 0.52.

*86. *Pierre calcaire.* Stèle, les figures sculptées et
peintes. Vers le haut, les *yeux symboliques;* au-dessous,
une dédicace à Osiris, *le seigneur de Tatou,* pour le
défunt Siïniou, *le fils de la dame* Phtah-enirome,
et d'Horéi. 2ᵈ reg.: le *défunt* assis vis-à-vis de son
épouse agenouillée. 3ᵉ reg.: une inscription en six lignes
horizontales, contenant les noms de deux *filles,* d'un *fils,*
d'un autre *homme,* de deux *filles,* d'un *frère* et de quatre autres femmes. — *Haut.* 0.46, *larg.* 0.27.

*87. *Pierre calcaire.* Stèle, les figures sculptées, à
deux registres. 1ʳ reg.: le *défunt* et son *épouse,* assis,
recevant les offrandes de leur *fils.* 2ᵈ reg.: trois *fils,*
dont l'un accompagné de son *épouse,* faisant des offrandes. — *Haut.* 0.49, *larg.* 0.29.
Le travail de cette stèle est très-mauvais.

*88. *Pierre calcaire.* Stèle, à trois registres. 1ʳ reg.:
dédication en 13 lignes verticales, à Osiris, *le seigneur*
de *Tatou, Fent-hem-pamenti, seigneur d'Abydos,* à
Hôp-hiooué, à Hakt et Nou, de la part du *préposé*
aux arciers du palais royal, Bebi. 2ᵈ reg.: le *défunt*
assis, derrière lui, son *épouse* debout; à gauche, un
homme apportant des offrandes. 3ᵉ reg.: une *femme,* le
fils et l'*épouse* de ce dernier, debout, la première portant des offrandes. — *Haut.* 1.00, *larg.* 0.56.

Travail antérieur à la XVIIIe dyn.

V. * 89. *Pierre sablonneuse.* Stèle de forme *carrée oblongue*, les figures sculptées et peintes, à quatre registres. 1^r reg.: dédicace à Osiris; à gauche, *le défunt, le prêtre royal, le préfet royal, etc.* Enentof, *fils de* Setosor, assis et recevant les offrandes de sa *mère* Setosor *la fille de* Set-ré. 2^d reg.: à droite, un *homme* portant une offrande; à gauche, un *homme* et deux *femmes*, (un *prêtre royal, fils* de Kenntoër, cette *dame* elle-même et Set-ré). 3° reg.: Hé-osor, *fils* de Setenentof, Osor, *fils de* Fent-roti et Enentof, debout. 4° reg.: Sebek-naschti, et trois autres *hommes*. A droite, une dédicace en trois lignes verticales, à Osiris *Fent-hem-pamenti*, et les titres du défunt. — *Haut.* 1.16, *larg.* 0.55.

Travail antérieur à la XVIIIe dyn.

* 90. *Pierre sablonneuse.* Stèle, les hiérogll. sculptés et peints. Inscription en six lignes verticales, contenant des dédicaces à Osiris, *le seigneur d'Abydos*, pour Nebouéi, la fille d'Ebio (ll. 1 et 2) à *tous les dieux d'Abydos*, pour Hik-hèt, *fils* d'Ebio (l. 4); à Hôphiooué, pour Ebio, *fille* d'Epi (l. 5), et au *schacal d'Anubis*, pour Hik-hèt le *fils* de Phtah-set (l. 6). — *Haut.* 0.50, *larg.* 0.32.

Travail antérieur à la XVIIIe dyn.

* 91. *Pierre calcaire.* Stèle, les figures sculptées et peintes, en cinq registres, chaque registre divisé en deux tableaux. Vers le haut, les *schacals* couchés. 1^r reg.: à droite, dédicace à Osiris, pour un *attaché au service d'Atmou*, nommé Senb; à gauche, son *fils* Héoéï, *le fils de la dame* Kake. 2^d reg.: 1°. dédicace à Hôphiooué pour le *gardien des charrues de Phtah*, Sòtphèt; 2°. à Osiris, *seigneur des vivans*, pour *la dame* Kake; 3° reg.: 1°. à Osiris, pour le *préposé aux* ... de *Phtah*, Eoéi, *fils de la dame* Sent; 2°. le *gardien des charrues de Phtah*, Akori. 4° reg.: 1°. dédicace pour Akori, *fils de la dame* Am-hem-péi; 2°. à

Osiris pour la dame Nebt-ahi-nte-ré. 5° reg.:
1°. à Hôp-hiooué, pour le *prophète de Phtah*,
Phtah-er-tin (ou Phtah-er-nati); 2°. pour une
femme Phtah-Socart. Toutes ces figures sont assises
sur des chaises, devant des tables à offrandes. Au-dessous du 5° reg., une dédicace à Osiris *Fent-hem-pamenti*,
pour la dame Noub-noui, la dame Ebot-hèt, et
la dame Nebt-en-hit. — *Haut.* 0.51, *larg.* 0.32.

V. *92. *Pierre calcaire.* Stèle, de forme *carrée oblongue*, les figures sculptées et peintes, à deux registres:
1ʳ reg.: dédicace, en quatre lignes horizontales, à Osiris, *seigneur de Tatou*, pour le défunt Hôp-hiooué-
naschti; à droite, le *défunt* debout avec le sceptre
pat, dans la droite, un grand *bâton* dans la gauche; à
gauche, un *fils* et une *fille* du *défunt* avec des offrandes. 2ᵈ reg.: le *défunt* et son *épouse* assis, accompagnés
d'une *fille*, reçoivent les offrandes d'une autre *femme*,
(qualifiée également *son épouse*), de trois *fils* et de deux
enfans. — *Haut.* 0.54, *larg.* 0.87.

*93. *Pierre calcaire.* Stèle, les figures sculptées. Vers
le haut, les *yeux symboliques;* au-dessous, à droite, un
basilicogrammate, Tmé-méi (le nom est martelé) offrant
ses hommages à un *fonctionnaire royal, le prêtre, préposé
à la maison*, Miri-ni-naschtouif, assis sur une
chaise; à gauche, un *prêtre* Baknéï et son *épouse*
Tent-ma-nofre, assis. Au-dessous, en 11 lignes
horizontales, une dédicace à Osiris *Fent-hem-pamenti*,
seigneur d'Abydos, à Isis, *la grande mère divine*, et
à Horus. — *Haut.* 0.65, *larg.* 0.42.

L'inscription de ce monument diffère du texte ordinaire des
Stèles funéraires, et est remarquable surtout à cause
des noms d'animaux, mentionnés dans la seconde moitié.

*94. *Pierre sablonneuse.* Stèle en forme de *porte de
naos*, les figures sculptées et peintes, à quatre registres.
1ʳ reg.: dédicace à Osiris pour le *préposé à la maison*, Osorten, *fils de* Nebte. 2ᵈ reg.: le *défunt* assis
vis-à-vis d'une femme. 3° reg.: le *préposé à la mai-

son A m e n - h e m..., *père* du défunt, avec son *épouse*
N e b t e, la *fille* de S e n t, assis et recevant les offrandes
d'un *fils*, A m e n - h e m - h é. 4ᵉ reg.: Inscript. hiérogl.
en sept lignes verticales, avec les noms de deux *hommes*
et de cinq *femmes*, membres de la famille du *défunt*. —
Haut. 0.48, *larg.* 0.30.

Travail antérieur à la XVIIIᵉ dyn.

V. *95. *Pierre calcaire.* Stèle en forme de *porte de naos.*
Dédicace à O s i r i s et à H a r s i é s i pour N o f r e - ô t p.
Au-dessous, un homme trés-corpulent, agenouillé devant
une table à offrandes, avec la légende d'un *scribe*. —
Haut. 0.53, *larg.* 0.26.

*96. *Pierre calcaire.* Stèle, à trois registres. 1ʳ reg.:
au-dessous du *disque ailé*, le *basilicogrammate* E o n i é i,
offrant à O s i r i s *Fent-hem-pamenti*, à H a r s i é s i et à
I s i s, assis sur des trônes. 2ᵈ reg.: à droite, E o n i é i,
avec sa *soeur*, assis, recevant les offrandes de leur *fille;*
à gauche, le *défunt* faisant une libation à ses *parens.*
3ᵉ reg.: un prêtre, S c h a - ô t p, assis, reçoit les libations
et les offrandes de deux *fils* et de deux *soeurs*. L'inscription
qui suit en huit lignes, contient une dédicace à O s i r i s,
H o r u s, I s i s, H ô p - h i o o u é, A n u b i s *et à tous les
dieux et toutes les déesses d'A b y d o s*, pour le *défunt*. —
Haut. 1.05, *larg.* 0.66.

*97. *Pierre calcaire.* Stèle, les figures sculptées, à
cinq registres. 1ʳ reg.: au-dessous des *yeux symboliques*,
une dédicace à O s i r i s et à A n u b i s. 2ᵈ reg.: le *défunt, le gardien des constructions*, P h t a h..., avec son
épouse E o t ï o u, assis, vis-à-vis du *père* I t e n - ô n c h,
et de la *mère* S e t - p e p é ï. 3ᵉ reg.: un *homme* et son
épouse assis vis-à-vis du *grand-père* (du défunt?), A p -
ô n c h et de l'*épouse* de ce dernier. 4ᵉ reg., à droite,
le *frère* avec son *épouse*, à gauche deux *soeurs* du défunt
agenouillés. 5ᵉ reg.: deux *femmes*, deux *hommes* (frères
du défunt?) avec leurs *épouses*, agenouillés. —Au-dessous,
une inscription de deux lignes. — *Haut.* 0.52, *larg.* 0.34.

*98. *Pierre calcaire.* Stèle, à trois registres. 1ʳ reg.:

au-dessous des *yeux symboliques*, une dédicace à Osiris, pour le défunt, le *préposé aux embaumemens* (?)
Sonbef, *le fils d'un gardien du temple*, Sonb et de
la *dame* Ha-hont. 2ᵈ reg.: le *défunt* assis, recevant
les offrandes de son *fils, le gardien de la demeure*, Sen-
bef-hem-ônch. 3ᵉ reg.: deux *fils*, Schemsche-
sonb et le *scribe* Faisonb, avec la *fille* Tahéït. —
Haut. 0.47, *larg.* 0.26.

V. *99. *Pierre calcaire.* Stèle, en forme de *porte de naos*,
à quatre registres. 1ʳ reg.: les deux *schacals*, dédicaces
aux *schacals*, à droite, pour le *préposé au …, le chef du
palais de* Phtah (?), Rororto, à gauche, pour *l'auditeur préposé à la maison, le chef* Teshemchotf;
2ᵈ reg.: les deux *défunts* assis sur des chaises. 3ᵉ et 4ᵉ
regg.: deux *hommes* avec deux *femmes* agenouillés devant des tables à offrandes. Les tableaux des quatre
registres sont séparés par une légende contenant une dédicace à Osiris pour le défunt Rororto. — *Haut.*
0.66, *larg.* 0.45.

*100. *Pierre calcaire.* Stèle, les figures sculptées et
peintes, à trois registres. 1ʳ reg.: au-dessous des *yeux
symboliques*, une dédicace à Osiris et aux deux *schacals*, pour le *préposé aux esclaves*, Horéi-Phtah-
Socari-en-pepe, le fils d'Onchneou et de la
dame Lotet. 2ᵈ et 3ᵉ regg.: à gauche, le *défunt* debout; à droite, son *épouse* et son *fils* faisant des offrandes (2ᵈ reg.), et son *fils* avec deux *filles* et sa *soeur*, agenouillées. — *Haut.* 0.60, *larg.* 0.34.

*101. *Pierre calcaire.* Stèle en forme de *porte de
naos*, les figures sculptées et peintes, à cinq registres.
1ʳ reg.: dédicace à Osiris, pour le *préfet de la maison*,
Osortasen, *le fils* d'Ha-ré; au-dessous, un *homme* assis
devant 2 *femmes* et un *homme*, agenouillés. 2ᵈ reg.: 3 *hommes* et 2 *femmes* agenouillés. 3ᵉ reg.: même représentation. 4ᵉ reg: 2 *hommes* et 2 *femmes* agenouillés. 5ᵉ reg.:
4 *hommes* et une *femme* agenouillés. — Au-dessous une
ligne horizontale d'hiérogll. — *Haut.* 0.54, *larg.* 0.32.

V. * 102. *Id.* Stèle, les figures sculptées, à 4 registres. 1ʳ reg.: les *yeux symboliques;* au-dessous, une dédicace à Osiris et aux *deux schacals*, pour le *préposé aux champs*, Ei, *fils de la dame* Merriti; à droite, le *défunt* assis. 2ᵈ reg.: un *fils* et 3 *filles* agenouillés. 4ᵉ reg.: quatre *hommes* agenouillés. Au-dessous, 2 lignes d'hiérogll. avec huit noms propres. — *Haut.* 0.50, *larg.* 0.30.

* 103. *Id.* Stèle, les figures sculptées et peintes. Au-dessous des *yeux symboliques*, une dédicace à Osiris et à Anubis pour le *préposé* à *la demeure*, Amonéi-ônch. Dans le tableau qui occupe le centre de la stèle, nous voyons un défunt, *préfet de la maison*, Osortasen, *fils* de Settasch, assis, accompagné, de son *épouse*, Amenset, et de ses 2 *fils* agenouillés; vis-à-vis d'Amenéï-ônch, le *fils* d'Hathor, accompagné de ses épouses Tet-tasch et Otptéi, agenouillées. Au-dessous, deux registres: 1ʳ reg.: le *préfet du palais*, Si-nofre assis, devant lui, sa *mère*, son *fils*, 3 *femmes*, 4 *hommes* et sa *fille*, debout; 2ᵈ reg.: le *grand-père* d'Osortasen, assis, devant lui, sa mère Hathorset, deux *fils*, un *frère*, une *épouse*, un *homme*, une *soeur*, une autre *femme* et un *scribe*. — *Haut.* 0.47, *larg.* 0.66.

* 104. *Id.* Stèle en forme de *porte de naos*, à 2 registres. Sur l'entablement, une dédicace à Osiris, pour les défunts Sonbou et Hem-naschti, le *fils* d'Eimeréi. 1ʳ reg.: dédicaces à Osiris et à Anubis; à droite, Sonbou assis; à gauche, la *dame* Meihart et un *homme*, debout. 2ᵈ reg.: dédications aux mêmes dieux et à Anubis, de la part d'Hemnaschti et d'Hare. La dame Bebou, assise et recevant les hommages de son fils Sonbou avec un autre *homme*, agenouillés, et de 2 *hommes*, debout. — Légende hiérogl. de 3 lignes, contenant les noms de 2 *femmes* et des dédications à Osiris et à Anubis, pour le *scribe* Ebi, et un homme Kakou-noutihor. — *Haut.* 0. 56, *larg.* 0.35.

* 105. *Albâtre.* Stèle, les figures sculptées et peintes, à 3 registres. 1ʳ reg.: dédication, en 3 lignes, à Osiris

et A n u b i s, pour le *gardien de la demeure....* sonb,
le fils de R a n - e n - s o n b. 2ᵈ reg. à droite, un *homme*
debout, vis-à-vis d'une *femme* agenouillée; à gauche, 3
femmes agenouillées. 3ᵒ reg. à droite, deux *femmes*, à
gauche trois *femmes* agenouillées. Au-dessous, une dédication à O s i r i s. — *Haut.* 0.38, *larg.* 0.33.

V. * 106. *Pierre calcaire.* Stèle, à 4 registres. 1ʳ reg.:
au-dessous des *yeux symboliques*, une dédication à O s i-
r i s, *le seigneur d'A b y d o s*, à A n u b i s, *le dieu grand*,
résidant à A b y d o s, pour *le préposé aux colliers*, S o n-
b e s o u m a i. 2ᵈ reg.: à droite, un *prêtre d'A t m o u*,
assis, recevant les offrandes d'un *homme*; à gauche, sa
mère T é t i, la fille d'H o - h e m - h b a i, assise. 3ᵉ reg.:
sa *soeur* agenouillée devant un *homme* assis et accompagné d'une *femme* agenouillée. 4ᵉ reg.: deux *hommes*
et une *fille* agenouillés. — *Haut.* 0.57, *larg.* 0. 33.

* 107. *Id.* Stèle, à 2 registres. 1ʳ. *Les yeux sym-*
boliques, et *les schacals;* au-dessous, à droite, un *homme*,
S i p h t a h - s a ô n c h, faisant une libation à son *père*, et à sa
mère; à gauche, son frère *R é*, faisant une libation à
P h t a h - m e i et sa *soeur*. 2ᵈ. reg.: un *frère*, P a r i é i offrant à un homme K n o - a m o n et à sa *soeur*, assis sur des
chaises; à gauche, sur deux plans, 5 *femmes* et 5 *hommes*
agenouillés; au-dessous, dédications à O s i r i s et à A n u-
b i s, pour P h t a h - m e s, de la part de son fils. — *Haut.*
0.56, *larg.* 0.36.

* 108. Stèle en forme de *porte de naos*, à 5 registres.
1ʳ. reg.: dédicaces, à droite, à P h t a h - S o c a r i - O s i r i s,
pour *le préposé aux arciers du temple*(?), E o é i, *le fils*
de la dame S o n b; à gauche, à O s i r i s *Fent-hem-pamenti*,
et a H ô p - h i o o u é, pour *le préposé aux arciers du tem-*
ple(?), P h t a h - e r t i n (ou P h t a h - e r n a t i) *le fils de la dame*
P e s e t. 2ᵈ reg.: à droite, P h t a h - e r t i n offrant à son
père(?) assis sur une *chaise;* devant lui, son *fils* agenouillé; à gauche, le même offrant à sa mère R é s e t, derrière
lui, *ses soeurs* agenouillées. 3ᵉ reg.: le défunt offrant au
préposé... du temple(?) S e r o ë r o u i, assis sur une chaise,

et à *l'épouse* de ce dernier S o n b, debout derrière la chaise; à droite, *l'épouse*, le *fils* et la *fille* du défunt. 4ᵉ reg.: à droite, 2 *soeurs* et une *femme*, à gauche une *fille*, un *homme* nommé T h ô t h - ô t p et une *femme*, debout. 5ᵉ reg.: 3 *hommes* agenouillés; à gauche, un *homme* et une *femme*, debout; au milieu, 5 légendes hiérogll. contenant les noms propres des membres de la famille du défunt. — *Haut.* 0.78, *larg.* 0.55.

V. *109. *Pierre sablonneuse rougeâtre.* STÈLE, de forme carrée, les figures sculptées et peintes, à 4 registres. 1ʳ reg.: dédication à O s i r i s et aux deux *schacals*, pour S e b e k - n e t *le fils* d'H a t h o r; 2ᵈ reg.: le *défunt* assis sur une *chaise*. 3ᵉ reg.: son *père* R o t i, son *frère* D s j a f - h a p i - m ô o u, *fils* d'H a t h o r, avec sa *mère*, H a t h o r, devant une table à offrandes. 4ᵉ reg.: dédicace à O s i r i s *Fent-hem-pamenti ;* au-dessous, un *homme* S e n o f r o u et deux *femmes*, *filles* d'H a t h o r, agenouillés. — *Haut.* 1.81. *larg.* 0.45.

*110. *Pierre calcaire.* STÈLE à 3 registres. 1ʳ reg.: au-dessous des *yeux symboliques*, une dédicace à P h t a h - S o c a r i - O s i r i s, et aux *schacals*, pour *l'auditeur* B e b i. 2ᵈ reg.: le *défunt* assis, adoré par son *fils*, *le scribe des porteurs*, S e b e k - ô t p, sa *fille* et son *épouse*. 3ᵉ reg.: son *père*, le *préposé à la maison des divines offrandes*, S e b e k n a, assis et recevant les adorations d'une *femme* et d'un *homme* agenouillés. — *Haut.* 0.71, *larg.* 0.38.

*111. *Id.* STÈLE, à 4 registres. 1ʳ reg.: dédicace à A n u - b i s, pour le défunt H a p o u. 2ᵉ reg.: le *défunt* et son *épouse*, assis, recevant les offrandes de 2 *fils* et d'une *fille*. 3ᵉ reg.: un *homme* et une *femme*, assis, recevant les offrandes de 2 *fils*. 4ᵉ reg.: un *homme* et son *épouse*, assis et recevant les offrandes de 2 *fils*, suivis de 4 *femmes*, portant des offrandes. — *Haut.* 0.47, *larg.* 0.25.

*112. *Granit rouge.* STÈLE représentant la face antérieure d'un *naos*. Les légendes, commençant vers le haut, et continuées le long des deux côtés, contiennent des dédications à O s i r i s *Fent-hem-pamenti*, à O s i r i s, *seigneur de* **T a t o u**, à Ph t a h, à Ph t a h -S o c a r i, pour *le préposé aux palais,* F a i-p h t a h -m e s. Dans le tableau supérieur, le *défunt* assis sur une chaise. Autour de la porte, des légendes hiérogll. contenant des dédicaces à A n u b i s et à P h t a h -S o c a r i. — *Haut.* 1.65, *larg.* 0.80.

V. *113. *Pierre calcaire.* STÈLE, à 4 registres. 1ʳ reg.: vers le haut, les *deux yeux symboliques,* au-dessus d'une sorte de *porte* flanquée des deux *schacals,* et dans laquelle on à représenté en haut-relief, l'image du *préposé aux embaumemens,* S o n b c n - r a s c h, *le fils de* M e k h o n *et de la dame* H ô s n a s; le nom se lit sur le devant de l'habit. Inscription hiérogl. de 3 lignes, contenant une dédicace à O s i r i s, à S a p h, résidant à A b y d o s, *et à tous les dieux et les dœesses demeurant dans la région des morts.* 2ᵈ reg.: le *défunt,* accompagné de son *épouse,* recevant les hommages d'un *homme* et de 3 *femmes,* dont une agenouillée. 3ᵉ reg.: un *homme,* préposé aux *embaumemens,* nommé S e b i - ô t p, accompagné de 2 *femmes* accroupies, reçoit les hommages de deux *hommes.* 4ᵉ reg.: le *père* du défunt assis, et recevant les hommages de son épouse agenouillée et de 2 autres *femmes,* debout. — *Haut.* 1.27, *larg.* 0.50.

*114. *Id.* STÈLE, à 5 registres. 1ʳ reg.: au-dessous des *deux yeux symboliques,* le défunt, un *gardien de la maison,* A m e n - h c m - h é - s o n b, *le fils* d'E o h è t - a r e s, assis sur une chaise et recevant les offrandes de son *frère* et de l'*épouse* de ce dernier, la fille de K a b é i. 2ᵉ reg.: la dame E o h è t - a r e s, fille d'H o n t, agenouillée, recevant les hommages de deux hommes, H i k s e n b et son *fils,* représentés debout; derrière le *fils,* sa *fille* E o h è t - a r i. 3ᵉ reg.: neuf lignes verticales, avec une prière à H a r o é r i s, pour le défunt. — *Haut.* 0.50, *larg.* 0.28.

*115. *Grès-granitique rouge.* STÈLE, en forme de *porte de naos,* les figures sculptées. Dans le fronton, au-dessus de l'entablement, les *yeux symboliques* et les *deux schacals.* La stèle elle-même nous offre les images en haut-relief, du defunt, le *scribe de la salle blanche,* N e b - e n - n i n o u t e avec sa *soeur*, Meit-Noub et sa *mère* Tiréi. — Les légendes hiéroglyphiques, commençant au-dessus de ces images, et continuées le long des deux côtés du monument, contiennent des dédicaces à Osiris, *le modérateur éternel*, *le dieu grand*, *seigneur d'Abydos*, à Anubis, à Phtah-Socari, *seigneur de Schtéi*, à Hathor, *qui réside dans l'Amenti et à tous les dieux demeurant dans la demeure des morts.* — *Haut.* 1.03, *larg.* 0.60.

V. * 116. *Pierre calcaire.* Stèle, sculptée sur les deux faces. L'une des deux faces, en forme de *porte de naos*, offre, au-dessous des *deux yeux symboliques*, une inscription hiérogl. contenant une dédication à Osiris, *le dieu grand*, *seigneur d'Abydos*, de la part du *gardien*, Sonbef, *fils* de la dame Ransonb. — Au-dessous, le *défunt*, assis devant une table à offrandes. — L'autre face de la stèle, cintrée vers le haut, est divisée en 3 registres. 1ʳ reg.: une dédication à Anubis, *seigneur d'Abydos*, pour la dame Sedsjot-eohor, *la fille de* Noubeouhem-hontéi, et d'Hemmé. 2ᵈ reg.: le défunt Sonbef, de l'autre face de la stèle, agenouillé devant une femme (Sedsjot-eohor). 3ᵉ reg.: *homme* et *femme* agenouillés. — *Haut.* 0.25, *larg.* 0.38.

* 117-* 120. *Pierre calcaire* et *pierre sablonneuse.* Monumens funéraires composés d'un *modèle de* naos, sur une grande base détachée, et d'une stèle.

* 117. *Pierre sablonneuse.* Base, avec une ouverture, pour y placer le *naos*. Sur cette base, derrière le naos, est placée une autre pierre (n* 118), pour servir de support à la stèle.

* 119. *Pierre calcaire.* Naos à deux entrées dans la face antérieure et une entrée dans les faces latérales. Les inscriptions sur ces 3 faces et sur le dessus du toit, sont sculptées et peintes en *bleu*, la corniche et les bandes verticales et horizontales sur les faces, peintes en rouge. Les inscriptions sur la face antérieure nous offrent, à droite, une dédicace à Osiris, *le seigneur d'Abydos*, et dans l'entrée, à Osiris *Fent-hem-pamenti*, pour *le pré-*

posé aux arciers, S o n b e b o u ; à gauche, dédications à
A n u b i s, et (dans l'entrée) à H ô p - h i o o u é pour le
préposé aux arciers, H i k - h è t. Face latérale droite: de-
dications à O s i r i s, *Fent hem-pamenti*, à O s i r i s *seigneur
d'Abydos* et à H ô p - h i o o u é, pour le *préposé aux arciers* S ô t p - h è t, *le fils* de K o u é i. Face latérale gauche:
dédications à (O s i r i s) *Fent-hem-pamenti*, à O s i r i s, *seigneur
d'Abydos* et à H ô p - h i o o u é, pour le *préposé aux arciers*, H i k - h è t *le fils* de K o u é i. Sur le dessus du
toit, dédications pour les *préposés aux arciers*, H i k ∘ h è t
et S o n b e b o u.

V* 120. La STÈLE nous offre 9 lignes verticales d'hiérogll.
sculptés et peints en *bleu*, et contenant des dédicaces à
O s i r i s *seigneur d'Abydos*, pour *le préposé aux arciers*
H i k - h è t *le fils* de N o f r e t - k e b h (ligne 1.); pour *son fils*,
le préposé aux arciers, S o n b e b o u, *fils* de S e t - n o f r e -
a t m o u (1. 2); à H ô p - h i o o u é, à (O s i r i s) *Fent-hem-
pamenti*, à O s i r i s, *seigneur d'Abydos* et à A n u b i s,
pour *le préposé aux arciers*, S o n b e b o u *fils de* S e t - n o f r e -
a t m o u (ll. 2-5); à (O s i r i s) *Fent-hem-pamenti* et à *tous
les dieux d'Abydos*, pour le *préposé aux arciers* S ô t p -
h è t, *fils* de K o u é ï (ll. 6 et 7), et pour *son fils, le préposé
aux arciers*, H i k - h è t, *le fils* de K o u é ï (ll. 8 et 9). — Dimensions: le n. 117, *larg.* 0.62 et 0.60, *haut.* 0.16; le. n.
118. *haut.* 0.31; le n. 119, *haut.* 0.35, *larg.* 0.32, et
0.28; et le n. 120, *haut.* 0.81. *larg.* 0.49.

Ces monumens nous offrent la filiation suivante:
1°. Une dame nommée N o f r e t - K e b h.
2°. Son fils H i k - h è t,
3°. le fils de ce dernier, et d'une épouse S e t - n o f r e -
a t m o u, nommé S o n b e b o u, et
4°. deux fils du même H i k - h è t et d'une autre épouse,
K o u é i, nommés S ô t p - h è t et H i k - h è t.

Le monument appartient à un temps antérieur à la
XVIII° dyn.

*121. *Albâtre*. STÈLE OU BASRELIEF FUNÉRAIRE, les figures
sculptées. — Un *prêtre royal, préfet de* . . . ., assis sur

une chaise devant une table à offrandes, derrière lui, un *homme* debout, avec un grand *bâton* et un *sceptre* dans les mains. — *Haut.* 0.36, *larg.* 0.47.

Le travail et le style appartiennent au temps de la construction des grandes Pyramides à Ghizeh.

V. *122. *Pierre calcaire.* STÈLE ou PIERRE VOTIVE, les hiérogll. sculptés et peints. Dédication à Seb, pour *le prophète*, le *préposé aux scribes*; Sebek-titi, *le fils* de Mei-hort. La face antérieure du monument offre une ligne d'hiérogll. avec une dédication pour le même (à droite), et une autre à Anubis, pour son *frère* (?) le *préposé aux scribes*, Sonbebou, *fils de* Mei-hort. — *Long.* 0.78, *larg.* 0.31.

*123. *Id.* STÈLE comme la précédente, avec une dédication à Seb, pour Sonbebou, *le fils de* Mei-hort.— *Haut.* 0.35, *larg.* 0.68.

*124. *Id.* STÈLE de forme carrée, les figures sculptées et peintes. Vers le haut, une dédication, en 3 lignes horizontales, à Osiris, *le seigneur de Tatou, pour le défunt, le préposé aux*....., Naschtou, fils de Sont; son *épouse* Sont, son *frère* Month-osiris et sa *mère*; au-dessous, ces quatre personnes, debout, devant une table à offrandes, le premier avec un long *bâton* dans la gauche et le *sceptre* dans la droite. — *Haut.* 0.38, *larg.* 0.50.

*125. *Id.* STÈLE comme la précédente. Vers le haut, une dédication, en 2 lignes, à Osiris, *le seigneur de Tatou* et à Anubis, pour l'*hiérogrammate* Otp-naschtou et son *frère* Sebek-ôtp, *le fils* de Tou. Au-dessous, ces deux *hommes* accompagnés du *fils* du second, Amenéi, et d'une *soeur*, Set-Osor, reçoivent les hommages d'un *fils* d'Otp-naschtou, nommé également Amenéi, et de la *mère* du dernier, Hapéi, *fille* d'Eoéi. — *Haut.* 0.36, *larg.* 0.61.

*126. *Id.* FRAGMENT, orné de l'image d'un *homme* apportant des offrandes. — *Haut.* 0.40, *larg.* 0.26.

§ 2. Stèles gréco-égyptiennes, grecques et coptes.

V. *127. *Pierre calcaire.* Stèle gréco-égyptienne, représentant, en relief, un *naos*, dans lequel on voit, une image d'Osiris *Fent-hem-pamenti*, la tête surmontée de la *coiffure d'Hermès*; à sa droite, un *homme* vêtu d'une *tunique*, tenant la main gauche sur la *poitrine*, et dans sa droite un *bâton*. — *Haut.* 0.34, *larg.* 0.26.

*128. *Pierre sablonneuse.* Stèle gréco-égyptienne, avec les images sculptées en relief, d'une *momie d'homme* et d'un *cippe conique* surmonté de la tête d'Osiris *Fent-hem-pamenti*. — *Haut.* 0.36, *larg.* 0.25.

La première de ces figures est ornée des symboles des hermès de Priape.

*129. *Pierre calcaire.* Stèle gréco-égyptienne, les figures sculptées. Vers le haut, l'indication du *disque ailé* au-dessus du signe *ciel*. Au-dessous, Anubis conduisant le *défunt*, qui est revêtu d'une *tunique Grecque*, devant le trône d'Osiris *Fent-hem-pamenti;* derrière le dieu on voit sa *soeur* Isis. L'inscription Grecque nous apprend, que c'est le monument funéraire d'Alexandre, *le fils de* Tyranis. — *Haut.* 0.36, *larg.* 0.36.

*130. *Marbre.* Stèle gréco-égyptienne, avec l'image sculptée en relief de Semné, *la fille de* Menandre, revêtue de la *tunique* et se reposant sur le *lit funèbre;* devant ce lit on voit une *table* avec des offrandes, et une *femme.* L'inscription Grecque se lit au-dessous. — *Haut.* 0.35, *larg.* 0.35.

*131. *Id.* Stèle grecque, d'une *femme* Euthenie, *morte à l'age de* 36 *ans.* — *Haut.* 0.42, *larg.* 0.28.

*132. *Id.* Stèle grecque de Sarapias, *agé de 9 ans.* — *Haut.* 0.29, *larg.* 0.155.

*133. *Pierre sablonneuse.* Inscription grecque en 10 lignes, de la *bienheureuse* Manma, décédée *le* 10 *de Choiach*. — *Haut.* 0.18, *larg.* 0.14.

*134. *Marbre.* Stèle avec inscription copte en 17 lig-

nes, contenant une prière à Jesus-Christ, pour l'âme
du bien-heureux George, décédé *le 12 de Pa(chons?).*—
Haut. 0.48, larg. 0.22.

W. Tableaux funéraires.

Les TABLEAUX FUNÉRAIRES étaient destinés à remplacer
dans les tombeaux à Thèbes, les STÈLES FUNÉRAIRES, que
l'on ne trouve ordinairement que dans les hypogées de
Memphis et d'Abydos. Ils sont peints à la détrempe
sur des tables de *bois*, coupées en forme de stèle, et couvertes d'un *stuc*, et nous représentent le *défunt* faisant ses
offrandes à Phré, à Atmou, à Osiris, identifié avec
Phré, ou à Osiris, *le roi de l'Amenti*, accompagné
d'Isis, de Nephtys, d'Horus et des *quatre génies funéraires*. Souvent le défunt est conduit par Anubis ou par
Thôth en présence de ces divinités. Vers le haut on a
figuré souvent le *disque ailé* d'Harhat, quelquefois aussi
la *barque de Phré* avec le *disque*. Les inscriptions contiennent des dédicaces aux divinités pour le défunt, et la
filiation de ce dernier, comme sur les stèles funéraires.

W. 1. *Bois peint.* Tableau funéraire à 2 registres. 1ʳ reg.:
le *défunt* adorant Phré et Osiris accroupis; 2ᵈ reg.:
inscription de 5 lignes contenant une dedication à Phré,
*le dieu grand, le seigneur du ciel, manifesté dans le mont
céleste ;* Atmou, *seigneur des deux mondes de* Poni,
*afin qu'il accorde une demeure, des boeufs, des oies, du
vin* etc. *au défunt* Horsi. — *Haut. 0.35, larg. 0.23.*

2. *Id.* Tableau funéraire. Vers le haut, le signe *ciel;* à
droite et à gauche, les emblèmes de l'*Orient* et de l'*Occident*. Au-dessous du *disque* d'Har-hat, le défunt Tef-
mouth, *fils du prophète d'Amon-Ra, le préposé aux
scribes du temple d'Amenéi*, Amenôtp, adorant Phré
assis sur son trône — *Haut. 0.235, larg. 0.21.*

W. 3. *Bois peint.* TABLEAU FUNÉRAIRE du *prêtre d'Amon*, Faitmef. Au-dessous du *disque ailé*, le *défunt* adorant Phré. — *haut* 0.28, *larg.* 0.24.

4. *Id.* TABLEAU FUNÉRAIRE du défunt Re-ha-hèt, à 2 registres. 1ʳ reg.: le *défunt* adorant Phré et les *quatre genies funéraires*; 2ᵈ reg.: dédication à Osiris *Fent-hem-pamenti.* — *Haut.* 0.32, *larg* 0.22.

5. *Id.* TABLEAU FUNÉRAIRE, à 2 registres. 1ʳ reg.: le *défunt* adorant Phré, Atmou et les *quatre genies funéraires;* 2ᵈ reg.: dédication à Osiris. — *Haut.* 0.385, *larg.* 0.23.

6. *Id.* TABLEAU FUNÉRAIRE, à 2 registres. 1ʳ reg.: la *défunte* une *chanteuse d'Amon*, Tanofre-ho, adorant Phré et les *quatre genies funéraires;* 2ᵈ reg.: dédication à Osiris *Fent-hem-pamenti.* — *Haut.* 0.38, *larg.* 0.22.

7. *Id.* TABLEAU FUNÉRAIRE, à 2 registres. 1ʳ reg.: le *défunt* adorant, à droite, Osiris *Fent-hem-pamenti*, à gauche, Phré *hiéracocéphale*, assis sur des trônes; au milieu, trois lignes d'hiéroglyphes contenant l'énumération des biens que ces dieux accordent au *défunt.* 2ᵈ reg.; énumération de ce que Phré accorde au *défunt, le chef dans Amonéi (Thèbes)*, Horus, *le fils de* Petisis. — *Haut.* 0.43, *larg.* 0.29.

8. *Id.* TABLEAU FUNÉRAIRE, à 2 registres. 1ʳ reg.: la *défunte*, Eomouth, adorant Phré, ou Osiris identifié avec ce dieu, accompagné d'Isis, d'Amset et de kebhnisnauf. 2ᵈ reg.: dédication à Osiris *Fent-hem-pamenti.* — *Haut.* 0.44, *larg.* 0.265.

9. *Id.* TABLEAU FUNÉRAIRE à 2 registres. 1ʳ reg. Tou-iri *la fille* d'Hiro et de la dame Sa-isi, adorant Phré, Isis *ptérophore* et les *génies funéraires*; au-dessus, une inscription relative aux dons que Phré accorde; 2ʳ reg.: dédication à Osiris. — *Haut.* 0.34, *larg.* 0.27.

10. *Id.* TABLEAU FUNÉRAIRE à 2 registres. 1ʳ reg.: dédication à Osiris; au-dessous, la *défunte,* une *fille du Protoprophète et chef* Sar-amon et de Mouth-irites, adorant les mêmes divinités; 2ᵈ reg.: dédication à Osiris. — *Haut.* 0.37, *larg.* 0.265.

W. 11. *Bois peint.* Tableau funéraire à 2 registres. 1ʳ reg.:
la *défunte* adorant P h r é et les *génies funéraires;* 2ᵈ reg.:
légende de la *defunte.* — *Haut* 0.28, *larg.* 0.19.

12. *Id.* Tableau funéraire, à 2 registres. 1ʳ reg.: au-dessous du *disque ailé,* la *barque* avec le *disque de P h r é,* dans
lequel on apperçoit le *bélier* de C h n o u p h i s; à droite
et à gauche, un *cynocéphale* adorant. — 2ᵈ reg.: la *défunte*
adorant, à droite, A t m o u, à gauche, P h r é; 3ᵉ reg.: inscription contenant l'énumération des biens que P h r é et
A t m o u accordent à la défunte O n c h - n a s - i t f, *fille du
Prophète d'A m o n à Thèbes,* le *prophète des . . . . du temple de
M o n t h,* N a s c h t - n a f - m o u t h et de la dame O u t c h o n s
petite-fille du *prophète* etc, H é. — *Haut.* 0.41, *larg.* 0.26.

13. *Id.* Tableau funéraire, à 2 registres. 1ʳ reg.: la *défunte* adorant, à droite, P h r é, à gauche, A t m o u; 2ᵈ
reg.: inscriptions hiérogll. en 2 tableaux; celui à droite
contient l'énumération des biens que P h r é accorde à la *défunte,* une *prêtresse d'A m o n - R a,* I r i - r o u i, *la fille
du prophète d'A m o n à T h è b e s,* M é r é - a m o n - i t e f i f;
le tableau à gauche porte une adoration de P h r é - A t-
m o u. — *Haut.* 0.395, *larg.* 0.27.

14. *Id.* Tableau funéraire, à 2 registres. 1ʳ reg.: Thôth
ibiocéphale, discophore, conduisant la dame T a k r i r i a,
fille du prêtre de M o n t h, R i o, *et petite-fille d'un prêtre
d'A m o n,* devant O s i r i s *Fent-hem-pamenti* accompagné
des *génies funéraires;* 2ᵈ reg.: dédication à O s i r i s, *Quôn-
n ò f r e. Haut.* 0.28, *larg.* 025.

15. *Id.* Tableau funéraire à 2 registres. 1ʳ reg.: la *défunte* adorant les *génies funéraires;* 2ᵈ reg.: dédication
à O s i r i s *Fent-hem-pamenti, pour la dame* O t p - a m o n,
fille de P o u s c h t o u, et de S a r a p - i r i é o u. — *Haut.*
0.405, *larg.* 0.28.

Remarquez que sur ce tabeau, dont le travail est très-grossier, on a placé le déterminatif *homme,* derrière les noms
propres des *femmes*

16. *Id.* Tableau funéraire à 3 registres. 1ʳ reg.: le *scarabée,* les ailes étendues, portant le *disque d'H a r - h a t* et

planant au-dessus des *deux uréus* de S o b e n et de S a t é ;
2ᵈ reg.: le *défunt*, P a n o u m - n o u t e, *fils de* T i h o r - h è t
et de la dame O s c h - i r i, adorant les 4 *génies funéraires*,
l'oeil symbolique et I s i s *ptérophore ;* 3ᵉ reg : légende et
prière du *défunt*. — *Haut.* 0.405, *larg.* 0.28.

W. 17. *Bois peint.* Tableau funéraire. Au-dessous du *disque ailé*, le *défunt*, un *prêtre*, adorant O s i r i s *Fent-hem-
pamenti*, I s i s et N e p h t y s; 2° une dédication à O s i-
r i s. — *Haut.* 0.26, *larg.* 0.26.

Sur ce tableau le signe de l'*Occident* est placé à droite.

18. *Id.* Tableau funéraire, à 2 registres. 1ʳ reg.: au-dessous du *disque ailé*, le *défunt* P i h o - n o f r e *fils* d'O s i-
r i m e n et d'I r i r o u i, adorant O s i r i s et I s i s; 2ᵈ reg.:
dédication à O s i r i s *Fent-hem-pamenti*, à P h t a h - S o c a r i
et à A n u b i s. — *Haut.* 0.43, *larg.* 0.27.

19. *Id.* Tableau funéraire, à 3 registres. 1ʳ reg.: le
disque ailé planant au-dessus du *scarabée*, et les deux
schacals couchés; 2ᵈ reg.: A n u b i s conduisant le *défunt*
devant O s i r i s *Fent-hem-pamenti* accompagné d'Isis, de
N e p h t y s et d'H o r u s; 3ᵉ reg.: inscription hiérogl.
de 8 lignes, les signes peints en *noir*, sur un fond alternativement *rouge*, *jaune* et *vert*, contenant des prières
pour le *défunt*, le *prêtre* P s e n p a, *fils de* P s e n - s a f et
de T a k e r h i b. La première ligne nous offre le cartouche
du *roi* O u ô n - n o f r e, le v é r i d i q u e, (O s i r i s). —
Haut. 0.43, *larg.* 0.275.

Ce tableau est du temps des P t o l é m é e s; v. le cartouche,
Lettre, Pl. I. n. 1. pg. 15.

20. *Id.* Tableau funéraire, à 2 registres. Vers le haut,
le *disque ailé* d'H a r h a t, *le dieu grand*, *le seigneur du
ciel*, *le donateur de la vie*, et une dédication à P h r é.
1ʳ reg.: la *défunte* H r a i s o u - m o u t h adorant O s i r i s
Fent-hem-pamenti, avec I s i s et les *génies funéraires*.
2ᵈ reg.: dédication à O s i r i s. — *Haut.* 0.39., *larg.* 0.275.

21. *Id.* Tableau funéraire, à 2 registres. 1ʳ reg.: Thôth
ibiocéphale, conduisant la *défunte* et une autre *femme* devant O s i r i s *Fent-hem-pamenti*, avec I s i s *ptérophore*,

Nephtys et Amset; 2ᵈ reg.: dédication à Osiris pour la *chanteuse d'Amon*, Chons-irites, *la fille du scribe du palais* Pnéiki, *et de la dame* Eopascht. — *Haut.* 0.345, *larg.* 0.26.

X. Tessères funéraires égyptiennes, gréco-égyptiennes, grecques ou coptes.

Ces Tessères trouvées au cou des momies, paraissent avoir remplacé les stèles ou les tableaux funéraires.

X. 1. *Bois.* Tessère (?) avec nne inscription *hiératique* de 3 lignes.

2. *Id.* Tessère grecque avec une inscription en 3 lignes, relative à Sarapion, *le fils d'*Hermaïscus Chryso-cherius, *membre du collège des interprètes, décédé à l'age de 55 ans.* — *Haut.* 0.075, *larg.* 0.25

3. *Id.* Tessère grecque de Thanis, *une mère de quatre enfans*; à côté de l'inscription la figure d'une *branche de palmier.* — *Haut.* 0.055, *larg.* 0.20.

4. *Id.* Tessère copte, de *l'abbé* Papnoute, *décédé le* 7 (?) *de Pharmouthi.*

Y. Cones funéraires.

On a supposé que ces instrumens aient servi à sceller le tombeau ou les offrandes placées auprès des momies; mais les nn. 13 et 14 de cette section démontrent qu'ils n'ont jamais pu être propres à un tel usage; d'ailleurs ils portent tous eux-mêmes l'empreinte d'un sceau. Suivant l'opinion de M Champollion, (*Not. descript. des Monn.*

Égyptiens du Musée Charles X,) ils seraient des *éti-quettes funéraires* destinées à être placées auprès des cercueils des momies; mais ce savant déclare en même temps, qu'il faudrait trouver ces cones dans un hypogée non violé, pour déterminer leur vraie destination d'une manière plus précise. Nous croyons que cette destination est rendue certaine par le MODÈLE DE L'ENTRÉE D'UN HYPOGÉE, dans le MUSÉE (v IIe Partie, Sect I § 4. n. 146). Dans la cour, devant l'entrée, parmi les diverses offrandes on a figuré quatre de ces CONES tournés avec leur plus grand diamètre vers l'HYPOGÉE. Ils étaient donc offerts au défunt avec les autres objets, qu'on plaçait dans le tombeau. — Les inscriptions contiennent ordinairement les *noms propres et les titres du défunt,* quelquefois aussi les *figures et les noms d'offrandes.*— Ces inscriptions nous ont fait connaître un grand nombre de ces monumens appartenant à un même défunt, et trouvés apparemment tous dans un même hypogée.

Y. 1-3. *Terre cuite.* Trois CONES FUNÉRAIRES, portant les empreintes en relief de *diverses offrandes,* et le nom d'un *préposé au...,* A m e n ô t p.

4. *Id.* CONE FUNÉRAIRE avec les noms du *Prophète d'Amon,* N o f r e - ô t p et de son *épouse, la dame* A m e n o (?).

5. *Id.* CONE FUNÉRAIRE, avec la *barque du Soleil,* portant la *montagne céleste* avec le *disque.* Au-dessous, deux lignes verticales d'hiéroglyphes, avec les légendes: *Le préfet du palais divin,* E o h o r, et le... *royal qui l'aime* E b e, *fils du divin* M e i - ô n c h - m o u t h; à droite et à gauche, un homme agenouillé.

8. *Id.* CONE FUNÉRAIRE, dont l'inscription n'est plus lisible.

7. *Id.* CONE FUNÉRAIRE avec une inscription relative au défunt, le *gardien* (?) N o f r e - r o m p e.

8. *Id.* CONE FUNÉRAIRE, avec une inscription relative à un *prince de K o s c h i (K o u s c h, É t h i o p i e)* nommé M e i m e s.

Les Musées de *Londres* et. de *Paris* possèdent plusieurs CONES du même M e i m e s.

10. *Id.* CONE FUNÉRAIRE, avec une légende relative au

jeune chef etc `des prophètes d' *Amon-Ra-men-to*, nommé S o n b.

Y. 10. *Id.* Cone funéraire, avec une légende en 4 lignes horizontales, relative au *jeune chef...*, *préposé à la salle dorée de l'épouse divine* .... O n c h h o r.

11, 12. *Id.* Cones funéraires, avec une légende relative au défunt, *le prêtre préposé aux* ...; R i k a s o t e m.

13, 14. *Id.* Deux Masses portant sur deux de leurs faces, quatre empreintes, chacune de 4 lignes verticales d'hiérogll. relatifs au même défunt, R i k a s o t e m.

INDEX

DES NOMS DIVINS ET DES NOMS ROYAUX.

—◦—

NOMS DIVINS.

*P*htah-Socari. M. 3. pag. 155.
Phré. H. 375. pag. 92.
Senofre. V. 1. pag. 164.
Ouón-nofre. T. 32. pag. 250; W. 19. pag. 304.
Osiris Ouón-nofre. T. 17. pag. 247.
Osiris Fent-hem-pamenti. M. 46. pag. 180.
Osiris, directeur éternel. ibid.

NOMS DE PHARAONS.

PHARAONS ANTÉRIEURS (?) A LA XVIe DYNASTIE.

Men-nofre-hèt. B. 1197. pag. 36.
Men-sche-ré. B. 1195. pag. 36.
Osorsen. B. 1198. pag. 36.
Ré-ooh-ninaa. B. 1173. pag. 36.
Ré-amon-mei-nito. B. 1194. pag. 36
Ré-amon-neb. B. 1184. pag. 36.

Ré-mei. B. 1162. pag. 36.
Ré-mei-amon. B. 1185. pag. 36.
Ré-mei-niouro. B. 1181. pag. 36.
Ré-mei-pascht. B. 1180. pag. 36.
Ré-men-ka. B. 1187. pag. 36.
Ré-men-ônch. B. 1173. pag. 36.
Ré-men-to-ka. B. 1202—1204. pag. 36.
Ré-méré-nofre. B. 1192, 1193. pag. 36.
Ré-noub-ôtp. B. 1171. pag. 36.
Ré-neb-men. B. 1172. pag. 36.
Ré-neb-ninofre. B. 1170. pag. 36.
Ré-nofre. B. 1163—1167. pag. 36.
Ré-nofre-nito...? G. 206. pag. 71; I. 299. pag. 110.
Ré-en-ka-neb. G. 547. pag. 77.
Ré-en-nito-iri-en-tmé. B. 1191. pag. 36.
Ré-scha-ônch, Sebekôtp. C. 13. pag. 43.
Ré-to-men (?) D. 134. pag. 60.
Ré-to-neb. G. 546. pag. 77.
Ré-tmé-to. B. 1174—1176. pag. 36.
Ré...tmé. T. 25. pag. 349; B. 1190. pag. 36.
Ré...tmé-neb. B. 1188, 1189. pag. 36.
Souten-ré-ônch. B. 1196. pag. 36.

XVIe OU XVIIe DYNASTIE.

Amen-hem-hé. G. 663. pag. 78.
Ré-to-ka, Osortasen I. V. 2. pag. 264; V. 3. pag. 265; V. 4.
pag. 266 et V. 5. pag. 267.
Ré-noub-nika, Amen-hem-hé. V. 4. pag. 266; V. 6. pag. 267.
Ré-en-tmé (Amen-hem-hé). V. 7. pag. 268 et B. 1353, 1354.
pag. 37 (?).

XVIIIe DYNASTIE.

Aah-mes ou *Ooh-mes.* G. 494. pag. 76.
Ré-naschti-ka, Amenôtp (I). M. 2. pag. 151; M. 3. pag. 155;
M. 5. pag. 156; O. 83—85. pag. 202; V. 8. pag. 269.
Ooh-mes-nofret-ari épouse d'*Amenôtp I.* B. 1205—1207. pag. 36;
M. 5. pag. 156; V. 8. pag. 269.
Ooh-ôtp autre épouse du même Pharaon. M. 5. pag. 156; V. 8.
pag. 269.

XIXe DYNASTIE.

Ré...tmé-mei-amon (*Rhamses IV*) B. 1349, 1350. pag. 37.

XXIIe DYNASTIE.

Ré-ini-éhréi-to-sôtp-en-ré, *Amonmei-Osorkon.*   B. 1351. p. 37;
  E. 4—8. pag. 62.
Ré-naa-to-sôtp-en-amon, *Osorkon.*   I. 330. pag. 111.

XXVe DYNASTIE (?).

Sabak-hem-ôf.   S. 4. pag. 222.

XXVIe DYNASTIE.

Amenirites (ou *Amenates*), mère de l'épouse de *Psamétichus II*,
  et *Kato*..... fils d'une princesse de la famille du dernier
  roi de la XXVe dyn. B. 1352, pag. 37.
Ré-nofre-hèt, *Psamétichus* (*I*) A. 53. pag. 3; D. 121. pag. 59.
Ré-hem-...hèt, *Neko* ou *Necho* (*II*). V. 18, 19. pagg. 272, 273.
Ré-en-hèt, *Aah-mes Neith-si.*   C. 9. pag. 42; H. 441. pag. 94.

XXVIIIe DYNASTIE.

Ré-ssch-hèt-sôtp-en-amon, *Amyrtéus.*   L. 8. pag. 148.

XXIXe DYNASTIE.

Ré-en-tmé (*Hakor* (?)).   B. 1353, 1354. pag. 37.

XXXe DYNASTIE.

Ré-to-ka, *Naschtinebf.* (*Nectanebo*).   C. 4. p. 41; I. 396. p. 123.

DYNASTIE DES LAGIDES.

Arsinoé philadelphe.   L. 9. pag. 148.
Ptolémée Épiphane.   C. 8. pag. 41.
Cléopatre et *Sôter II.*   I. 416. pag. 129.

Ptolémée Euergète II et *Cléopatre.* I. 373, 374. pag. **118.**
Cléopatre Coccé et *Ptolémée Philométor.* I. 377. pag. **119.**
Cléopatre et *Ptolémée Alexandre Philométors.* I. 414. pag. **128;**
I. 415. pag. **129.**
Ptolémée Alexandre I et *Bérénice.* I. 399. pag. **124.**
Ptolémée fils de *Ptolémée.* I. 378, 379. pag. **119.**
Ptolémée. I. 380. pag. **119;** I. 381. pag. **120.**
Ptolémée et *Cléopatre.* I. 405. pag. **125.**

EMPÉREURS ROMAINS.

César (*Auguste*). T. 32. pag. **250.**
Tibère César. I. 448. pag. **131.**
Trajan. M. 75. pag. **190.**

Cartouches dont l'explication est incertaine. B. 1355—1365, pag.
37; V. 20. pag. **273.**

CORRECTIONS ET ADDITIONS.

Pag. 17. lig. 25 au lieu de 1057, lisez 1052.
» 18. » 13 » 1120, lisez 1112.
» 24. » 14 » Ré-schen-to, lisez Ré-men-to.
» 26. » 9 » Sphynx, lisez Sphinx.
» 27. » 29 » Shinx, lisez Sphinx.
» 28. » 24 » 548, lisez 348.
» 41. » 12 » XXIXᵉ dynastie, lisez XXXᵉ dynastie.
» 57. » 28 » Penenôou, lisez Penesiouou.
» 58. » 16 » une espace est laissée, lisez: un espace est laissé.
» 63. » 2 » 18—20, lisez 18—20 et 20a.
» 63. » 21 » *Ivoire*, lisez *Bois, ivoire*.
» 65. » 7 » 63, 64, lisez 63. 64 et 64a, b.
» 76. » 30 » XXVIIIᵉ, lisez XVIIIᵉ.
» 80. » 36, après les nn. 1091—1102, il faut ajouter : a
1103—a 1192. Amulettes comme les précédens.
» 85. » 9 » Ceylon, lisez Ceylan.
» 88. » 3 au lieu de 178, lisez 177.
» 4 » 177, » 176.
» 5 » 187, » 186.
» 89. » 33 » 274, » 264.
» 35 » 275, » 265.
» 104. » 35 » d'une hypogée, lisez: d'un hypogée.
» 105. » 16 » oiseaux, lisez oiseaux.
» 138. » 17 » Toutéï, lisez Poutéï.
» 173. ll. 22 et 35, et Pag. 174. l. 24 au lieu de Teti-hor-noub, lisez Teti-hor-nib.
» 173. lig. 26 au lieu de *Mouth* Piënnunenpé, lisez *Month*, Horsiesi.
» 183. » 26 » Siotio, lisez Eotio.
» 195. » 16 » 92—94 *Trois* etc., lisez 92, 93. *Deux* etc.
» 197. dernière ligne, lisez: 11, 12 et 12a. *Bois, bronze.* Trois barbes, l'une d'un travail très-fin; la dernière a été incrustée.

www.ingramcontent.com/pod-product-compliance
Lightning Source LLC
Chambersburg PA
CBHW071531030726
47598CB00001B/79